José Castilho
Marques Neto

Solidão revolucionária

Mário Pedrosa e as origens do trotskismo no Brasil

Nova edição revista e ampliada

Copyright © 2022, Editora WMF Martins Fontes Ltda.,
São Paulo, para a presente edição.

Todos os direitos reservados. Este livro não pode ser reproduzido, no todo ou em parte, armazenado em sistemas eletrônicos recuperáveis nem transmitido por nenhuma forma ou meio eletrônico, mecânico ou outros, sem a prévia autorização por escrito do editor.

1ª edição 2022

Acompanhamento editorial
Rogério Trentini
Preparação de texto
Maria Luiza Favret
Revisões
Rogério Trentini
Ricardo Franzin
Produção gráfica
Geraldo Alves
Capa e projeto gráfico
Bloco Gráfico

Dados Internacionais de Catalogação na Publicação (CIP)
(Câmara Brasileira do Livro, SP, Brasil)

Marques Neto, José Castilho
  Solidão revolucionária : Mário Pedrosa e as origens do trotskismo no Brasil / José Castilho Marques Neto. - São Paulo : Editora WMF Martins Fontes, 2022.

  ISBN 978-85-469-0379-5

  1. Comunismo - Brasil - História 2. Pedrosa, Mário, 1900-1981 3. Trotski, Leon, 1879-1940 I. Título.

22-97956   CDU-340.12

Índices para catálogo sistemático:
1. Trotskismo : Ciência política   320.5323

Eliete Marques da Silva - Bibliotecária - CRB-8/9380

Todos os direitos desta edição reservados à
Editora WMF Martins Fontes Ltda.
*Rua Prof. Laerte Ramos de Carvalho, 133 01325-030 São Paulo SP Brasil
Tel. (11) 3293-8150 e-mail: info@wmfmartinsfontes.com.br
http://www.wmfmartinsfontes.com.br*

Para meus pais, Adair e João (*in memoriam*),
João Roberto, meu irmão, Ivan e Rafael, meus filhos,
e Gabriela, minha nora. E para Pilar, minha neta,
fruto de Ivan e Gabriela, que me reposicionou para o futuro.
Ciclos de confiança, amor e amizade.

Para Maria Elisa, com amor.

Homenagem ao saudoso amigo Fúlvio Abramo,
companheiro dos personagens destas histórias
e que, aos 84 anos, dava-me lições de juventude.

9	Apresentação à primeira edição **Francisco Foot Hardman**
13	Apresentação à segunda edição **Dainis Karepovs**
23	Prefácio à primeira edição
27	Prefácio à segunda edição
33	Introdução
45	I. O internacionalismo e a revolução mundial
111	II. Construindo a Oposição de Esquerda no Brasil
211	Caderno de imagens
245	III. O "proletariado do espírito"
313	Epílogo
319	Documentos: o espírito da época
411	Bibliografia

APRESENTAÇÃO À PRIMEIRA EDIÇÃO

A SOLIDÃO COMO FONTE
Francisco Foot Hardman

Este livro pode ser lido, antes de mais nada, como uma história de amor. Amor do filósofo por causas falidas, pela recordação de um passado perdido que susta, por algum instante, o implacável triunfo do tempo, anulador das diferenças. Amor pela pesquisa arqueológica de fragmentos da história pessoal, a amizade e a solidariedade, um reduzidíssimo círculo de amigos como fontes primárias, insubstituíveis, para além da historiografia de grandes tendências, de uma narrativa de falas e feitos cristalizados.

Amor sobretudo de quem já militou clandestinamente nesse sonho gigante chamado "revolução brasileira", de quem já experimentou azares e sortes, riscos e resultados, loucuras e clarões de cada gesto solitário com rapidez absorvido pela enorme máquina coletiva, centralista e disciplinada desse "proletariado do espírito". Amor pelo teatro de nossa história contemporânea, pelos elos indeléveis e trágicos que vinculam nossa "vagabunda paisagem" às guerras todas do século, internacionalismo que não é aqui pose abstrata, nem mera sucessão caótica de imagens da "política-mundo" via satélite, mas método concreto de produção de sentido, história que, sendo amorosa, preenche-se de nervos, sangue e carne, cujas ligaduras atravessam as fronteiras e instalam-se nos desvãos do planeta, nos descaminhos sofridos da humanidade.

José Castilho Marques Neto, entre tantas qualidades intelectuais, reuniu, neste trabalho de uma década, a paciência do arquivista e a ansiedade do publicista. As valiosíssimas cartas de Mário Pedrosa para Lívio Xavier, principal fonte histórica utilizada neste volume, foram garimpadas com o cuidado artesanal de um escavador de raridades. Ao mesmo tempo, o exame teórico rigoroso da história do movimento comunista internacional nos anos 1920, efetuado pelo autor, permitiu articular, de modo coerente, a trajetória individual de uma militância aos impactos políticos, culturais e sociais da "revolução permanente", no contexto provincianamente problemático da esquerda sindical e partidária de cidades como São Paulo e Rio de Janeiro nas primeiras décadas do século XX.

Castilho sabia, desde muito tempo, que havia descoberto algumas joias raras de alto poder corrosivo em relação a verdades históricas estabelecidas que tinham como versão única e consagrada a prosa oficial e autocomplacente do Partidão. Por isso, preparou sua tese de doutorado escrevendo-a já na forma de livro, consciente da urgência de tornar públicos processos e debates ainda tão obscuros sobre as origens, no Brasil, de uma das dissidências comunistas mais antigas, férteis e intelectualmente bem municiadas. Sua organização, na aparência precoce, está a indicar, na verdade, que, sob a capa do modelo bolchevique de partido de quadros para a revolução, mal se esconde um dos nós mais indigestos da esquerda socialista na modernidade: como revolucionar a sociedade sem trair os "amigos do povo", sem burocratizar ideais? Ou, ao reverso: como fazer a transição para o socialismo democrático sem capitular diante das engrenagens da ideologia do progresso e da máquina-dinheiro?

Por isso, Castilho mostrou, além de muita sorte e suor, humildade ao deixar que os mortos falassem. Este é, talvez, o derradeiro e mais tocante sinal de amor que o denso e formidável "romance" das próximas páginas revela: os impasses e as perplexidades de homens de tão bom caráter e tão arguta visão como Mário Pedrosa e Lívio Xavier tornam suas vozes muito parecidas com as nossas. Seus reclamos e críticas são, em essência, os que ainda hoje proferimos. Seu profundo mal-estar diante da cultura e da política institucionalizadas é, por assim dizer, idêntico ao que sentimos. Sua sensação de não estar de todo, de não fazer parte por inteiro dessa "comunidade imaginada" vem de longe e chega também até nós.

Sua solidão, em sociedade, é à maneira da que hoje vivemos. E por que haveria de ser revolucionária, afinal? Talvez porque, quase sempre, souberam ou tentaram não ser coniventes com seu isolamento. Transformaram sua solidão em fonte de combate, de crítica, de conhecimento. Às tacanhices do comunismo burocrático de algibeira e do modernismo provinciano de salão, preferiram as margens da história, nas franjas político-culturais mais à deriva dos anos 1920 e 1930. No universo unidimensional da contemporaneidade, hoje seria muito mais raro encontrar exemplos de tão libertário desprendimento. Restam-nos seus sinais luminosos. Por que se perderam?

Para salvar, quem sabe, um futuro livro de amor, aquele tramado descontinuamente, preservado ao acaso, mas também com tenacidade radical, escrito nos veios ocultos da pura ética, do afeto solidário e da amizade solar, fazendo-se a (e tratando da) única política digna do nome, aquela que revoluciona a própria política.

São Paulo, julho de 1993

APRESENTAÇÃO À SEGUNDA EDIÇÃO

A FORMAÇÃO DE UM GIGANTE
Dainis Karepovs[1]

Em 5 de novembro de 2021, completaram-se quarenta anos do desaparecimento de Mário Pedrosa. Uma enorme ausência para todos nós. Esse desamparo, no entanto, nos é compensado com esta nova edição de *Solidão revolucionária: Mário Pedrosa e as origens do trotskismo no Brasil*, de José Castilho Marques Neto, pela WMF Martins Fontes.

Ao longo de seus 81 anos de vida, Pedrosa deixou traçada uma luminosa trajetória nos campos da cultura e da política, no exercício dos quais jamais viu irreconciliabilidade: "Sempre convivi muito bem com a política e as artes. Nunca misturei setores."[2] E, sem dar margem a dúvidas, enfatizava seu lugar no mundo, como afirmou em uma de suas últimas entrevistas: "Ser revolucionário é a profissão natural de um intelectual."[3]

Se no campo da crítica das artes Pedrosa é considerado "um dos grandes responsáveis pela atualização da arte moderna no Brasil, especialmente no [segundo] pós-guerra, vindo a ser, como ele mesmo dizia, um 'arauto' das nossas vanguardas artísticas"[4], no campo da política, além de introdutor das ideias de Leon Trótski e de Rosa Luxemburgo no Brasil, foi um implacável defensor da independência de classe dos trabalhadores diante do Estado e um incansável adversário do stalinismo e do fascismo.

Hoje há um grande e significativo número de trabalhos voltados à sua atuação crítica. Já no campo da política essa atenção é bem mais escassa. Ainda se faz necessário um esforço no sentido de conjugar e compreender arte e política sob o influxo de Mário Pedrosa. Em boa parte deles, quando há referências à política, a trajetória de Pedrosa centra-se nos *highlights* que não vão além de um parágrafo: trotskista de primeira hora no Brasil; fundador da IV Internacional, em 1938, em Paris; nos Estados Unidos, rompeu com a IV Internacional e com Trótski, em 1940; dirigiu, entre 1945 e 1948, o jornal *Vanguarda Socialista*; após a ditadura instaurada em 1964 no Brasil, exilou-se e voltou para ser um dos fundadores e filiado número um do Partido dos Trabalhadores em 1980. E o "estigma" de Trótski permaneceu a ele pespegado, mesmo tendo abandonado as fileiras trotskistas em 1940, embora jamais deixasse de manifestar seu respeito pelas ideias do revolucionário soviético[5].

No entanto, como o leitor notará em *Solidão revolucionária*, a trajetória política de Mário Pedrosa é muito mais rica e complexa. Aqui Castilho expõe com clareza o seu vínculo com um fio de continuidade que atravessará sua vida, o marxismo, o qual será sempre utilizado como guia inspirador, e não trajado como uma apertada camisa de força.

Pedrosa fez parte de uma formidável geração de intelectuais brasileiros contemporânea da Primeira Guerra Mundial, da Revolução Russa de 1917, das revoltas tenentistas, do modernismo brasileiro e de uma vasta série de eventos que nela produziu um enorme anseio de compreender e mudar o Brasil. No caso de Mário Pedrosa, esse desejo intenso veio acompanhado pelo engajamento político, pelo emprego das ferramentas do marxismo, pela fidelidade às suas convicções e, sobretudo, pelo desapego à ocupação dos empregos públicos e dos aparelhos político-partidários.

É possível dizer que o seu papel de introdutor das ideias de Leon Trótski no Brasil ocorreu *à la* Mário Pedrosa. Sua primeira paixão artística, a música, cultivada com um grupo de jovens amigos nas salas do Teatro Municipal do Rio de Janeiro, fez com que ele tomasse contato com a crítica musical do francês Romain Rolland, o qual, ao final da Primeira Guerra Mundial, passara a capitanear o movimento antibelicista e pacifista *Clarté*, nome tomado de um de seus romances e que também intitulou a revista da organização. E o jovem Pedrosa, ao lado de seu amigo Lívio Xavier, a partir daí, como fica minuciosamente explicitado nas páginas deste livro, acompanhou a trajetória das evoluções da revista *Clarté*: aproximou-se dos comunistas, dos surrealistas e, ao fim, dos partidários de Leon Trótski.

Solidão revolucionária assenta-se fundamentalmente sobre um fabuloso conjunto documental, oriundo do acervo de Lívio Xavier. Ali o grande amigo de Mário Pedrosa preservara quase que incólume a documentação das origens do trotskismo no Brasil: jornais, folhetos, atas, cartas etc. Além disso, conservara ali sua correspondência com Pedrosa. Esta, em particular a que Pedrosa enviara de Berlim e de Paris no final dos anos 1920, tinha sobre si um caráter quase mítico. Todos os antigos companheiros de militância política nos anos 1929-30, como Edmundo Moniz, Fúlvio Abramo, Hílcar Leite, Plínio Gomes de Mello, nos vários depoimentos que deram, foram unânimes em destacar a importância dessa correspondência. Afirmavam que o quadro ali exposto os levara à conclusão de que a situação exigia uma tomada de posição por parte de todos eles. Isso tanto no que se refere às informações dali extraídas sobre os debates entre Trótski e Stálin e suas intercorrências nas seções nacionais da Internacional Comunista (IC) – especialmente nas maiores, a alemã e a francesa – como no convencimento daqueles que por aqui dela tinham ciência – pois o seu conteúdo e os documentos enviados dali por Pedrosa ao Brasil eram disseminados entre os camaradas brasileiros. E, mais, julgavam todos os contemporâneos aquela correspondência desaparecida.

Aqui me permito um pequeno depoimento pessoal. Em 1986, quando Castilho e eu, juntamente com muitos outros amigos e capitaneados pelo querido e saudoso Fúlvio Abramo, estávamos envolvidos na aventura de construção do Centro de Documentação do Movimento Operário Mário Pedrosa (Cemap) – que fora fundado em 1981, logo após o desaparecimento de seu patrono e com a homenagem aquiescida por sua viúva, Mary Houston Pedrosa –, ocorreu um episódio que pôs fim ao mito. Foi aquela especial virtude de Castilho, a diplomática, chamemo-la assim, que permitiu que, com a intervenção da sobrinha de Lívio Xavier, a professora da Universidade Estadual Paulista "Júlio de Mesquita Filho" (Unesp) Myriam Xavier Fragoso, fosse a ele franqueado o acesso ao apartamento de Lívio Xavier e à sua documentação. Nas vezes que ali estive, e creio que a impressão de Castilho era a mesma, tinha a convicção, e até hoje tenho essa vívida lembrança, de estar entrando em uma mágica caverna de tesouros: a biblioteca fabulosa e a documentação extraordinária conservadas por Lívio Xavier davam concretude a uma história da esquerda brasileira, deixando para trás seu caráter mítico. A isso se somou outra ação ainda mais generosa da professora Myriam Fragoso: a decisão, após o falecimento de seu tio, ocorrido em 1988, de disponibilizar publicamente o acervo de Lívio Xavier. Ele foi depositado naquele mesmo ano no Cemap, sendo em 2002 definitivamente incorporado ao acervo do Centro de Documentação e Memória da Unesp (Cedem).

Após três anos de exaustiva pesquisa no acervo de Lívio Xavier, Castilho defendeu sua tese de doutorado na Faculdade de Filosofia, Letras e Ciências Humanas da Universidade de São Paulo (FFLCH-USP), em 1992, sob orientação da professora Maria Sylvia de Carvalho Franco.

A tese foi um marco no campo da pesquisa relativa às organizações de esquerda no Brasil e não é ocioso dizer que, com ela, ao enfrentar teses acomodatícias até então existentes no campo da historiografia dos movimentos dos trabalhadores em que a presença dos defensores das ideias de Leon Trótski no Brasil e de Mário Pedrosa era apenas "tolerada" como exemplificação de diversidade, estes passaram a ser elementos necessários de diálogo para uma melhor e ampla compreensão dessa história brasileira. Em primeiro lugar por ter inaugurado o acervo de Lívio Xavier como fonte incontornável para esse período. Mas, mais do que isso, Castilho, em seu trabalho com fontes documentais inéditas, debruçou-se sobre acontecimentos que até então em grande parte haviam recebido tratamento sobretudo memorialístico, ou seja, sujeito a injunções não apenas mnemônicas, mas especialmente políticas. Estas últimas, recorrentes em uma historiografia caudatária de fontes oriundas do campo do stalinismo, sempre tenderam a caracterizar o movimento trotskista no Brasil como uma "ideia fora do lugar". Em seu exaustivo trabalho dedicado às discussões ocorridas ao longo da segunda metade dos anos 1920 em terras brasileiras, das quais Mário Pedrosa e seus companheiros foram participantes incisivos, Castilho deixou cabalmente configurada a interpenetração entre o nacional e o internacional ao afirmar que "não são artificiais ou simples transposições mecânicas de situações 'alheias à nossa realidade' as análises de oportunismo, independência de classes e outras que o pequeno grupo brasileiro faz ao se constituir". Esse equilíbrio da análise entre o nacional e o internacional, imprescindível àqueles todos que buscam estudar as diversas correntes do movimento comunista, permitiu a clara demonstração, por parte de Castilho, de que as mazelas apontadas por Trótski e seus companheiros no debate com a corrente stalinista tinham um espectro em escala planetária, dada a inserção desse movimento, não se restringindo as questões discutidas ao território da antiga URSS. Como aqui conclui o próprio Castilho, "há, portanto, um encadeamento, uma sincronia entre as experiências revolucionárias vivenciadas por Pedrosa na Europa e o acirramento das divergências de seu grupo com o PCB".

Em conexão com as "ideias fora do lugar", Castilho também enfrentou em *Solidão revolucionária* outra recorrência do mesmo gênero, isto é, a de que a diminuta representação numérica de agrupamentos políticos ou sociais poderia ser empregada como critério de validação "científica" para o seu estudo e, como consequência, serviria para justificar sua relevância ou não como objeto de estudo, ou, dito de outra forma, para seu puro e simples desconhecimento. Castilho traça neste livro um acurado panorama da orientação adotada pelo então Partido Comunista do Brasil (PCB), que procurava aplicar as diretivas da Internacional Comunista, digeridas acriticamente pelos stalinistas brasileiros. Tais diretivas eram censuradas por Mário Pedrosa e seus companheiros, que com isso buscavam, num franco e leal debate político, reverter tais posicionamentos com o intuito de conduzir o PCB ao caminho da revolução. Na verdade, dessa forma, os trotskistas brasileiros, como afirma Castilho, acabavam demonstrando "o escasso conhecimento da Internacional Comunista sobre as estruturas socioeconômicas do Brasil".

Aqui o ponto de destaque é o exame que Castilho faz a respeito de um texto elaborado conjuntamente por Mário Pedrosa e Lívio Xavier, "Esboço de uma análise da situação econômica e social do Brasil"[6]. O texto de Pedrosa e Xavier foi a base das teses dos trotskistas sobre o Brasil na qual foram traçadas pela primeira vez as diferenças fundamentais de análise entre os oposicionistas e os stalinistas brasileiros.

"Esboço" foi o primeiro esforço sério da esquerda comunista da época no sentido de compreender as especificidades da formação social e econômica do Brasil sob o ponto de vista marxista, e no qual se examinaram as características do capitalismo do país, os impasses da centralização do poder no federalismo brasileiro e as forças políticas em luta naquele momento. Com isso, o texto de Pedrosa e Xavier punha de lado as formulações simplistas do PCB, tomadas dos modelos da Internacional Comunista para os chamados "países coloniais e semicoloniais", que viam no Brasil apenas confrontos entre campo e cidade, entre conservadores e progressistas, entre imperialismo inglês e americano. Enfim, em seu exame sobre os "Esboço", bem como sobre o debate que o envolveu, *Solidão revolucionária* põe em foco a aguda capacidade de compreensão e interpretação, com o uso das ferramentas do marxismo, de Pedrosa e Xavier, que ultrapassava em muito as pequenas dimensões quantitativas da organização política no seio da qual se produziu essa análise e décadas depois se viu reconhecida de forma mais ampla na historiografia do movimento dos trabalhadores brasileiros e mesmo no âmbito da academia.

E justamente essa discussão de Castilho nos remete ao que julgo ser o maior mérito de seu livro: o de ser uma excepcional história intelectual de uma geração da esquerda brasileira personificada em Mário Pedrosa. Trabalho *avant la lettre* de um gênero histórico tão em voga em nossos tempos, *Solidão revolucionária* vale-se com extrema competência do acervo que lhe serviu de base, ou seja, biblioteca e a documentação conservadas por Lívio Xavier. Este, que definia a si mesmo como um arquivista[7], conseguiu preservar a si e seu acervo da violentíssima e corrupta polícia de São Paulo. Isso permitiu que Castilho pudesse realizar uma raríssima empreitada, sem comparação com nenhum outro trabalho biográfico ou mesmo com obras memorialísticas sobre lideranças do movimento dos trabalhadores brasileiros dos anos 1920-30, na qual o leitor pode absorver em quase toda sua integralidade a formação de Pedrosa.

Na correspondência trocada entre Mário Pedrosa e Lívio Xavier, além das referências aos eventos e episódios políticos e culturais cotidianos, há uma extensa e minuciosa troca de opiniões e sugestões sobre as leituras de ambos em seu processo formativo intelectual, as quais se encontram, em grande parte, preservadas no acervo de Xavier. Ao longo do primeiro semestre do ano de 1925, por exemplo, pouco antes de seu ingresso no PCB, Pedrosa e Xavier discutem obras e ideias de escritores e pensadores como Guillaume Apollinaire, Louis Aragon, Julien Benda, Georges Duhamel, Sigmund Freud, André Gide, Maxim Gorki, Élie Halévy, Panait Istrati, Karl Marx, Marcel Proust, Victor Serge, Leon Trótski, além de comentarem artigos da *Clarté* e do diário do Partido Comunista Francês, o *L'Humanité*. O amplo espectro de interesses desse intercâmbio de ideias, suas certezas, seus dilemas, foi explorado com rara maestria por Castilho, acompanhando desse modo sua formação tanto política como intelectual, quando então visivelmente Pedrosa e Xavier buscavam concretizar a 11ª tese sobre Feuerbach de Karl Marx: "Os filósofos não têm feito, até aqui, senão interpretar o mundo de diferentes maneiras. Trata-se, agora, de transformá-lo."[8]

E pode-se dizer, sem medo de errar, que a leitura de *Solidão revolucionária* é imprescindível chave de entrada para a compreensão de toda a trajetória, tanto a política quanto a de crítico, de Pedrosa, pois dessa formação que aqui acompanhamos página a página jamais ele abriu mão.

São Paulo, agosto de 2021

Notas

1 Mestre e doutor em História pela Faculdade de Filosofia, Letras e Ciências Humanas da Universidade de São Paulo e pós-doutor em História pelo Instituto de Filosofia e Ciências Humanas da Universidade Estadual de Campinas. Coautor, com Fúlvio Abramo, de *Na contracorrente da História* e autor de *Pas de politique Mariô!: Mário Pedrosa e a política*.

2 Cf. Maria Lúcia Rangel, "Mário Pedrosa, um coerente: 'Tenho algumas convicções'". In: *Jornal do Brasil*, 12 out. 1977, p. 2 (Caderno B).

3 Hélio Pellegrino *et al.*, "A arte não é fundamental. A profissão do intelectual é ser revolucionário...". In: *O Pasquim*, n. 646, 12-18 nov. 1981, p. 8.

4 Otília Beatriz Fiori Arantes, *Mário Pedrosa: itinerário crítico*, 2ª ed., 2004, p. 14.

5 Ver, por exemplo, Mário Pedrosa, "Mário Pedrosa e a revolução permanente". In: *Leia Livros*, 15 jan. 1979, pp. 14-5.

6 Datado de 12 de outubro de 1930, foi publicado em 1931 na França e no Brasil, nos órgãos oficiais das respectivas seções da Oposição Internacional de Esquerda. M. C. [Mário Pedrosa] e L. L. [Lívio Xavier], "Esboço de uma análise da situação econômica e social do Brasil". In: *A Luta de Classe*, n. 6, fev.-mar. 1931, pp. 3-4; L. Lyon e M. Camboa, "Esquisse d'une analyse de la situation économique et sociale au Brésil". In: *La Lutte de Classes*, n. 28-29, fev.-mar. 1931, pp. 149-58. Esse texto foi traduzido por Fúlvio Abramo da versão francesa e está publicado em Dainis Karepovs e Fúlvio Abramo (orgs.), *Na contracorrente da História: documentos do trotskismo brasileiro, 1930-1940*, 2ª ed, 2015, pp. 62-74.

7 Sonia Troitiño e Tania Regina de Luca (orgs.), *Sobre a arte de guardar: reflexões a respeito do acervo de Lívio Xavier*, 2017.

8 Karl Marx, "Teses sobre Feuerbach". In: Friedrich Engels, *Ludwig Feuerbach e o fim da filosofia clássica alemã*, 1932, p. 113.

O fluxo do tempo é o maior aliado natural da sociedade na manutenção da lei e da ordem [...]; o fluxo do tempo ajuda os homens a esquecer o que foi e o que pode ser: os faz esquecer o melhor do passado e o melhor do futuro [...]. Esquecer é também perdoar o que não seria perdoado se a justiça e a liberdade prevalecessem [...]. As feridas que saram com o tempo são também as que contêm o veneno. Contra essa rendição do tempo, o reinvestimento da recordação [...] em seus direitos é uma das mais nobres tarefas do pensamento. O tempo perde seu poder quando a recordação redime o passado.

Herbert Marcuse
Eros e civilização (Zahar, 1972)

PREFÁCIO À PRIMEIRA EDIÇÃO

Para reconstruir as origens do trotskismo no Brasil, percorri a bibliografia existente sobre o tema, procurando ater-me igualmente aos debates da III Internacional – ou Internacional Comunista (IC) – e do Partido Comunista da União Soviética (PCUS) naquele período. A bibliografia foi acrescida de entrevistas com militantes do Partido Comunista do Brasil e da Liga Comunista (Oposição), trabalho que clarificou bastante os dados iniciais. A busca de documentos originais do Grupo Comunista Lenine (GCL) e da Liga obteve significativo sucesso.

As fontes primárias, decisivas na elaboração final do trabalho, foram obtidas graças ao arquivo compilado nos últimos dez anos pelo Centro de Documentação do Movimento Operário Mário Pedrosa (Cemap[1]) e pelo trabalho que realizei, juntamente com Myriam Xavier Fragoso, na organização do acervo particular de Lívio Barreto Xavier. Essa fase da pesquisa, que durou quase três anos, revelou documentos fundamentais, como a correspondência de Mário Pedrosa enviada da Alemanha em 1928 e 1929, que jamais antes havia sido lida pelos pesquisadores. Lívio Xavier, que se denominava "um arquivista"[2], conseguiu reproduzir, no material guardado durante décadas, um perfil de sua longa existência e do grupo político ao qual se filiou na juventude.

Baseado nessa bibliografia e em documentação primária, elaborei três capítulos no desenvolvimento do trabalho que originou este livro.

No primeiro capítulo, intitulado "O internacionalismo e a revolução mundial", busco as identidades políticas e ideológicas dos oposicionistas brasileiros com os grandes temas que tornaram possível a Oposição Internacional de Esquerda (OIE). Para tanto, analiso a perspectiva marxista de unidade mundial da luta de classes ante as palavras de ordem emanadas da III Internacional, após a morte de Lênin. Procuro verificar como a estratégia internacionalista sob Stálin vai se chocar com as teses oposicionistas, principalmente ao tratarem de três problemas centrais no período: a teoria da revolução permanente e do socialismo num só país, o episódio do Comitê Anglo-Russo e a chamada Questão Chinesa.

Com base na literatura utilizada por Pedrosa, por Xavier e seu grupo, basicamente as revistas *Clarté*, *La Lutte de Classes*, *Bulletin Communiste* e *La Vérité*, procuro detalhar os três problemas mencionados, mesmo porque eles representam o arcabouço teórico inicial dos oposicionistas, inclusive no Brasil.

No segundo capítulo, "Construindo a Oposição de Esquerda no Brasil", verifico como as questões doutrinárias e as diferenças na política internacional dos comunistas interferem nas situações de enfrentamento dentro do Partido brasileiro desde 1927. O princípio da independência de classe, o papel dirigente do PCB, a política de alianças e a política sindical dos revolucionários são analisados na busca de relações com o debate internacional. Analiso também até que ponto é verdadeira a afirmação, colhida em depoimentos, de que muitos problemas conjunturais do cotidiano do PCB vão ao encontro das teses mais caras da OIE, fornecendo quadros para a Oposição de Esquerda do PCB nos anos 1920.

Nesse capítulo, busco também os momentos iniciais do primeiro agrupamento oposicionista, o Grupo Comunista Lenine, e o lugar central de Mário Pedrosa na sua articulação. Procuro demonstrar os propósitos do grupo de se constituir como núcleo de debates e centro difusor do trabalho desenvolvido pela OIE. Para isso, faço a leitura dos quatro primeiros números da imprensa do GCL, o jornal *A Luta de Classe*, lançado em maio de 1930.

Em seguida, passo a demonstrar os momentos fundadores da Liga Comunista (Oposição), suas propostas de luta e a prioridade no combate ideológico contra o PCB e a Internacional Comunista sob Stálin. Buscando ser parte do Partido, isto é, ser fração legitimada dele, os membros da Liga vão privilegiar, em seu programa, o trabalho educativo nas bases partidárias e sindicais. Tomando como bibliografia as atas da fundação e o primeiro número do *Boletim da Oposição*, os comentários sobre a Liga encerram o período histórico analisado.

No terceiro capítulo, "O 'proletariado do espírito'", ao analisar as cartas de Mário Pedrosa para Lívio Xavier, realizo uma viagem paralela a tudo o que pesquisei e concluí nos estudos bibliográficos e documentais. Abrangendo o período de 1923 a 1931, as cartas conseguem nos dar um panorama detalhado de todos os problemas abordados nos capítulos anteriores. Além de elucidar o conteúdo da célebre correspondência da Alemanha, já citada, mostra, na intimidade de dois velhos amigos e companheiros de partido, quais eram as suas preocupações centrais ao fundarem a dissidência e se alinharem à OIE. Esclarecem também a trajetória inicial dos principais oposicionistas de esquerda no Brasil, sua formação intelectual e suas aspirações com relação ao PCB.

Finalmente, em "Documentos: o espírito da época", transcrevo uma seleção das cartas inéditas de Mário Pedrosa para Lívio Xavier, na íntegra, na certeza de que poderão fornecer ao leitor outras informações além daquelas relacionadas à política partidária analisadas neste livro.

Apesar da conhecida solidão da pesquisa acadêmica, quero agradecer aos amigos que me acompanharam neste percurso. Longe de ser uma formalidade, o que não aprecio, nestes agradecimentos procuro reconhecer momentos de amizade e apoio intelectual, decisivos quando enfrentamos desafios e procuramos superar etapas na profissão que escolhemos. A todos eles devo um pouco da pesquisa apresentada neste livro, o que não implica que a persistência de eventuais equívocos lhes seja atribuída.

Aos amigos e companheiros do Cemap, Dainis Karepovs, Myriam Xavier Fragoso, Valentim Facioli, e aos saudosos Fúlvio Abramo e

Vito Letizia, convívio marcado pela teimosia em levar adiante o projeto de preservação da memória do movimento operário no Brasil, um agradecimento especial.

Agradeço profundamente à professora doutora Maria Sylvia de Carvalho Franco – orientadora da tese de doutorado na FFLCH-USP que originou este livro –, fundamental para o meu retorno à pesquisa acadêmica. Lembro também o apoio dos muitos amigos que acompanharam o percurso do trabalho aqui apresentado, realizado quando eu era docente da FCL-Unesp, *campus* de Araraquara. Dentre tantos, não posso deixar de citar os saudosos Maria Apparecida Faria Marcondes Bussolotti, Reginaldo Moraes, Raul Fiker e Pierre Broué. Igualmente agradeço a Roberto Romano, Marco Aurélio Nogueira, Francisco Foot Hardman, José Aluysio Reis de Andrade, Milton Nascimento e Maria Helena Capelato, que, em diferentes momentos, auxiliaram-me, de diversas maneiras, a concluir este livro.

À minha família e aos demais amigos, a grata lembrança pelo carinho e pela compreensão das constantes ausências, difíceis, mas necessárias para concretizar o trabalho. Resta-me a satisfação de saber que parte de tudo isto pertence a eles.

Notas

1   Criado em 1981 por ex-militantes do trotskismo liderados pelo jornalista Fúlvio Abramo, o Cemap deu-se por objetivo preservar a documentação do movimento operário, em todas as suas correntes e tendências: anarquistas, socialistas, comunistas, trotskistas, entre outras. Absorveu arquivos pessoais de antigos militantes, como os de Fúlvio Abramo, Plínio Mello, Manoel Macedo, e também acervos de agrupamentos políticos, como o do jornal *O Trabalho*. O acervo do Cemap está há muitos anos sob a custódia do Centro de Documentação e Memória da Unesp – Cedem, órgão de preservação documental e bibliográfica e apoio à pesquisa da Universidade Estadual Paulista – Unesp (www.cedem.unesp.br).

2   "É uma face, um lado da loucura, talvez. De fato, não tenho razão alguma para guardar. Acho que sou apenas um arquivista." Cf. entrevista ao jornal *O Estado de S. Paulo*, 9 jul. 1979.

PREFÁCIO À SEGUNDA EDIÇÃO

Os 120 anos de nascimento de Mário Xavier de Andrade Pedrosa, em 2020, marcaram a abertura de muitas reflexões e comemorações sobre seu legado e memória. Sempre será muito importante revisitar e debater as ideias e a vida de Pedrosa, que tinha uma coerência rara entre produção intelectual e atuação política, difícil de encontrar nos tempos atuais.

Embora o convite do editor Alexandre Martins Fontes para essa reedição não se tenha vinculado às efemérides, recebi o honroso chamado para fazer parte do prestigioso catálogo da WMF Martins Fontes de uma maneira que muito me alegrou. Segundo ele, uma das missões da editora é a de não deixar como edição esgotada um texto importante para referenciar um período histórico da trajetória da esquerda brasileira e internacional e a de um brasileiro que teve atuação na política e nas artes com grande intensidade e originalidade no Brasil e no exterior. É uma visão editorial superlativa, ainda mais nos tempos de obscuridade que vivemos.

    Quase trinta anos nos separam da primeira edição desta obra, publicada em 1993 pela Editora Paz e Terra, à época comandada por Fernando Gasparian, editor, empresário e político proeminente na luta contra a ditadura militar. Fruto de bem-sucedida tese de doutorado na FFLCH-USP orientada pelo saber ímpar e generoso da professora doutora Maria Sylvia de Carvalho Franco, o livro teve excelente recepção da crítica, inclusive de intelectuais e jornalistas que, ou tinham sido velhos companheiros de Pedrosa em vários momentos de sua vida política e de crítico de arte, ou se dedicaram à pesquisa das teses e da tortuosa trajetória da esquerda no Brasil. Dos segundos podemos observar exemplos na apresentação à primeira edição e na orelha deste livro, escritas, respectivamente, pelos professores e pesquisadores Francisco Foot Hardman e Marco Aurélio Nogueira, a quem igualmente agradeço a leitura e posicionamento.

De todas elas, tocaram-me em particular as observações muito acuradas, por escrito ou em boas conversas, de mestres fundamentais que conviveram com Mário Pedrosa: Antonio Candido, Fúlvio Abramo e Edmundo Moniz. Suas observações elogiosas e diversas tinham como pano de fundo uma mesma temática, a de que minha pesquisa se nutria de uma profunda honestidade intelectual e política com meu personagem central e com os homens e mulheres que construíram o Partido Comunista do Brasil e sua Oposição de Esquerda.

A análise crítica se unia a uma detalhada e rigorosa descrição da rica e complexa personalidade de Pedrosa e de seus companheiros, bem como dos seus principais pontos de divergência política estabelecidos naqueles anos 20 e 30 do século XX, constituindo-se como peça referencial na história da cultura política da esquerda no Brasil.

Muito desse resultado devo à generosidade e confiança da família do saudoso amigo de Pedrosa, o escritor, jornalista e advogado Lívio Barreto Xavier, seu principal interlocutor naquele período. Jamais agradecerei suficientemente à professora doutora Myriam Xavier Fragoso, colega da Unesp, que me introduziu no pequeno apartamento de seu tio Lívio, pleno de livros preciosos e uma quantidade imensa de papéis guardados aleatoriamente, os quais compõem o material inestimável que fundamenta toda esta história. Nessa documentação primária encontrei todos os elementos e informações probatórias do que inicialmente era apenas uma hipótese de meu trabalho acadêmico. Foram quase três anos garimpando, analisando fragmentos e textos completos, servindo-me muitas vezes dos livros da biblioteca que, igualmente, serviram aos autores dos muitos manuscritos e cartas encontradas.

Tive a oportunidade de escrever sobre essa aventura acadêmica e literária no livro que o Centro de Documentação e Memória da Unesp (Cedem) organizou em homenagem a Lívio Barreto Xavier[1]. Passados trinta e tantos anos dessa pesquisa, sinto, como se fosse hoje, a intensidade que ela me proporcionou. Ao final dela, após ter sido o intruso no meio de tantas vidas intensas e vividas como poucas, senti-me exaurido de bom cansaço. E com uma sensação que poucas vezes experimentamos, a de termos cumprido integralmente uma etapa na curta existência que nos é permitido viver.

Talvez por isso, ou por outras circunstâncias influenciadas por aqueles personagens muito reais que faziam a história acontecer, e com a publicação do livro no ano seguinte, interrompi após o doutorado a pesquisa sobre o movimento operário e seus partidos políticos nos anos 1930, próximo passo que me havia proposto seguir. Num giro intelectual e do próprio trabalho acadêmico que exercia como docente da FCL-Unesp/Araraquara, voltei minhas pesquisas para o livro, a leitura, as bibliotecas e as políticas públicas, dedicando-me também às aulas, posteriormente abandonadas nos últimos anos de Unesp, e à construção ininterrupta por 27 anos da Editora Unesp. Esta, por sua vez, compartilhou missões duras, mas temporárias e *pro bono*, que absorvi como dupla jornada a partir de 2002, como a direção-geral da Biblioteca Pública Mário de Andrade, em São Paulo, e a secretaria executiva e a coordenação do Plano Nacional do Livro e Leitura dos Ministérios da Cultura e da Educação em dois períodos distintos.

Somou-se a essas missões de gestor público a militância pelo reconhecimento da importância das editoras universitárias como atividades finalísticas das nossas academias e instituições de pesquisa, contribuindo para a profissionalização de suas atividades. Nessa seara me dediquei, como presidente em três mandatos, à Associação Brasileira das Editoras Universitárias (Abeu) e à Asociación de Editoriales Universitarias de America Latina y el Caribe (Eulac).

Apesar dessa mudança de rota, de produzir outros textos e livros sobre novos objetos de pesquisa e trabalho, este *Solidão revolucionária* nunca me abandonou. Leitor ou membro de algumas bancas acadêmicas sobre o tema e correlatos, muitas vezes observei como bibliografia o livro que escrevi. Alguns pesquisadores de várias universidades seguiram com o tema, e outras teses de doutorado, dissertações de mestrado e pesquisas em vários níveis acadêmicos foram realizadas e publicadas com o olhar mais preciso e agudo sobre esse agrupamento político que tive a oportunidade de recolocar, com mais justiça e rigor, na história da esquerda brasileira. Desponta nesse cenário a obra de Dainis Karepovs, amigo e companheiro da preservação da memória do movimento operário, consultor referencial desses assuntos, e que me deu a honra de assinar a apresentação a esta segunda edição. Com ele também compartilhei, posteriormente à primeira edição deste *Solidão revolucionária*, a autoria de diversos capítulos e artigos sobre as origens do trotskismo no Brasil em coleções referenciais da história dos partidos operários e marxistas em nosso país.

Meu agradecimento especial à família de Mário Pedrosa e Mary Houston Pedrosa – à filha, Vera Pedrosa (*in memoriam*), às netas, Lívia e Bel, e ao neto, Quito – por permitirem a publicação das cartas de juventude do pai e avô.

Finalmente, agradeço muitíssimo a toda a equipe editorial da WMF Martins Fontes. Encontrei nesta segunda edição um trabalho cuidadoso, consciente e extremamente profissional que valorizou estes escritos. Todos os devidos reconhecimentos, à época da primeira edição, seguem válidos e vivos naquele prefácio. Sinto apenas o fato de que alguns dos bons amigos lá citados, e aos quais agradeci, já não poderão ler esta reedição.

★ ★ ★

Passados esses anos, Mário Pedrosa e seus escritos ainda soam atuais, orientando com coragem e serenidade as posições socialistas e de esquerda nestes duros tempos em que o arbítrio, o neofascismo, a violência contra a democracia e o que há de pior na política tentam novamente se impor. Reler Pedrosa e suas histórias de combate pelo socialismo democrático com os olhos e a problemática do nosso tempo está longe de ser uma atitude meramente acadêmica ou nostálgica.

O que chamei de "batalha inconclusa pela emancipação libertária da sociedade" nas últimas linhas do epílogo da primeira edição continua a valer como nunca. Assim como vale a perspectiva política de Pedrosa que cito na sequência: "Os caminhos que levam à emancipação do trabalhador, à transformação do regime capitalista em regime socialista não podem ser traçados de antemão por quem quer que seja; é a própria vida que os traça; as próprias condições objetivas do desenvolvimento é que os abrem."[2]

Espero que a leitura deste livro pelas novas gerações e pelos estudiosos da história das lutas do povo brasileiro por sua emancipação encontre nele a força viva que constituiu o fazer revolucionário de Pedrosa e de sua geração. Contra todos os pessimismos paralisantes dos nossos tempos sombrios, em que o raciocínio é compelido a se fechar em 280 caracteres de mensagens imediatistas, é preciso refletir sobre aqueles que nos deram mais do que lições acadêmicas, mas lições de vida a respeito de como estar no mundo para transformá-lo em um lugar de equidade e bem-estar social para todos.

É preciso ler e ser um Mário Pedrosa, é preciso ler e ser um Antonio Candido, que, na sua perspectiva inovadora contra as leituras derrotistas da história, e em época de pleno retorno do neoliberalismo, afirmou: "O que se pensa que é a face humana do capitalismo é o que o socialismo arrancou dele."[3]

São Paulo, 4 de outubro de 2021

Notas

[1] Sonia Troitiño e Tania Regina de Luca (orgs.), *Sobre a arte de guardar: reflexões a respeito do acervo de Lívio Xavier*, 2017.
[2] Cf. "Os caminhos do socialismo". In: *Vanguarda Socialista*, 5 jul. 1946.
[3] Cf. "O socialismo é uma doutrina triunfante". Entrevista de Antonio Candido a Joana Tavares, *Brasil de Fato*, 13 jul. 2011.

INTRODUÇÃO

Há mais de noventa anos, precisamente em 8 de maio de 1930, era lançado o jornal *A Luta de Classe*, porta-voz do recém-formado Grupo Comunista Lenine. Pela primeira vez, o Partido Comunista do Brasil (PCB), então com oito anos de existência, via constituir-se uma dissidência organizada dentro de seus quadros e de seu terreno teórico. Pela primeira vez, também, as divergências e a luta da Oposição de Esquerda do Partido Comunista russo, liderada por Leon Trótski e disseminada pelas mais importantes seções da III Internacional, chegavam publicamente ao nosso país.

A origem desse pequeno e aguerrido grupo tem sido tema de análises sobre a história do PCB[1]. Alguns autores contribuíram para debater com maior rigor a colaborção dos oposicionistas brasileiros ao movimento operário. Marcos Del Roio[2], por exemplo, em referência ao texto "Esboço de uma análise da situação econômica e social do Brasil", de autoria de Mário Pedrosa e Lívio Xavier, publicado em março de 1931, afirma: "Tratava-se de uma análise pioneira, ausente na elaboração do PCB [...]; naquela conjuntura, é a mais consistente reflexão do ponto de vista marxista sobre a formação social brasileira [...]."

Se, de um lado, análises mais rigorosas de algumas ideias e projetos dos oposicionistas brasileiros começaram a ser conhecidas nos anos 1970 e 1980, de outro perduraram grandes lacunas, mesmo

33

nos estudos considerados clássicos daquele período histórico, sobre as razões do aparecimento desse grupo. Algumas explicações tentam uma abordagem mais voltada ao próprio desenvolvimento do PCB, outras preferem considerar o GCL como resultado de um trabalho fracionista internacional, dirigido por Mário Pedrosa. Esta última abordagem, muito difundida desde a pesquisa realizada por Robert Alexander[3], pautada em entrevistas com militantes, em princípios dos anos 1950, acabou se cristalizando.

Com diferenças de estilo, a origem do trotskismo no Brasil é esquematicamente explicada desta maneira: Mário Pedrosa, militante do Partido desde 1925, foi escolhido pelo PCB, no final de 1927, para frequentar a Escola Leninista[4] em Moscou. Quando se encontrava em trânsito na Alemanha, contraiu uma doença e adiou sua viagem para a Rússia. Enquanto convalescia, entrou em contato com os oposicionistas europeus, principalmente os franceses, aderindo às posições de Trótski. Da Europa, depois de desistir de frequentar a Escola Leninista, manteve correspondência com Lívio Xavier e outros companheiros do Brasil, convencendo-os das novas concepções políticas que adotara e preparando o trabalho oposicionista no país.

Por esse roteiro, explicou-se, durante muitos anos, a origem dos primeiros trotskistas, minimizando-se o fato de que qualquer análise dos partidos comunistas, naquele período, deveria contemplar a grande transformação vivida pela Rússia soviética e a III Internacional nos anos 1920.

Com o advento da Revolução Russa de 1917, o ideário dos marxistas ganhava novos horizontes, e o que era um projeto, ou mesmo um acalentado sonho, concretizava-se com o Estado proletário na Rússia. Se os primeiros anos de triunfo da Revolução Russa viram nascer inúmeros partidos comunistas inspirados nos bolcheviques e em suas conquistas, a segunda metade dos anos 1920 sentiu a força da mudança de comando e a hegemonia de Stálin no Partido Comunista russo e em todas as seções da Internacional Comunista.

Entendo que, ao buscar as razões do surgimento da Oposição de Esquerda no Brasil, deva-se passar pelos caminhos que mudaram historicamente os rumos iniciais da revolução comunista de 1917.

Por implicar mudanças doutrinárias, no campo das ideias marxistas, as modificações transcendem os problemas peculiares a cada um dos partidos nacionais.

Os comunistas viviam um momento transformador naquela época, e tal transformação apontava para a prioridade ao combate ideológico entre eles.

Ao problematizar o contexto em que se deu a adesão de Mário Pedrosa às teses oposicionistas, situando-a politicamente no período referido, enumerei alguns fatores que considero essenciais. Esses fatores compreendem divergências políticas com as teses da III Internacional, dominada por Stálin, principalmente após a expulsão de Trótski, em 1927, divergências de que Pedrosa e seu grupo já tinham notícia desde 1923, por meio da revista *Clarté* e do jornal *L'Humanité*, do Partido Comunista Francês (PCF). Para além das inspirações internacionalistas, a trajetória das principais lideranças do GCL dentro do PCB revela que, em episódios que remontam a 1927, militantes como Rodolpho Coutinho[5] e João da Costa Pimenta, dirigentes do Partido desde 1922 e fundadores da Oposição de Esquerda, já acumulavam diferenças políticas de fundo com o seu incipiente núcleo diretor. Essas diferenças com relação às teses locais do Partido correm paralelamente à clarificação do quadro internacional e, em outro contexto, poderiam ser absorvidas pelo PCB. No entanto, a conjuntura internacional exigiu dos militantes comunistas de cada país uma postura de confronto entre os problemas regionais e as correntes ideológicas que se digladiavam na Rússia.

Os pesquisadores concordam que os anos 1920 representaram para o Brasil o prenúncio do esgotamento de uma época. A década preparou, numa sequência de episódios memoráveis, a grande transformação nacional advinda com a Revolução de 1930 e a República Nova.

O ano de 1922 aparece como força simbólica dos tempos de mudança.

Nele, no espaço de poucos meses, será fundado o Partido Comunista do Brasil – primeiro partido operário criado no país –, será realizada a Semana de Arte Moderna e terá início o ciclo de revoltas lideradas pela jovem oficialidade militar (o tenentismo)[6].

É nesse contexto de mudança, num país marcado pelo atraso, que a crise política do conservadorismo, numa década que se caracteriza internacionalmente pela crise da democracia liberal, alcança os segmentos excluídos do poder, agita novas bandeiras e aponta novos caminhos. Se a mobilização acontece nos quartéis dos "tenentes" e nas fábricas do proletariado industrial, a emergência do debate político e de possíveis saídas passa também pelo debate acadêmico. Enquanto a polêmica modernista derrubava fórmulas consagradas pela academia na literatura e nas artes, jovens intelectuais atraídos pelo marxismo e próximos ao PCB davam os primeiros passos rumo à atividade política.

Entre esses jovens estavam Mário Pedrosa e Lívio Xavier. Eles procuraram modificar, ao lado de outros companheiros, os rumos do jovem PCB. A partir da intervenção desses homens, a cultura política de esquerda, antes marcada pelo anarquismo, posteriormente pelo comunismo, veria crescer, dentro deste último, na segunda metade dos anos 1920, o que posteriormente se chamou de "trotskismo" ou IV Internacional.

Advogado, jornalista, Lívio Barreto Xavier nasce na cidade de Granja, estado do Ceará, em 1900. Faz os primeiros estudos em sua cidade natal e em Fortaleza, depois muda para o Rio de Janeiro, onde cursa o preparatório para a Faculdade de Direito da recém-criada Universidade do Rio de Janeiro. Antes de terminar o curso de Direito, em 1924, sofre um derrame que provoca nele uma semiparalisia. Em 1927 filia-se ao PCB. Em 1928, é um dos signatários do documento que, criticando a falta de democracia interna do Partido, exige a convocação de uma conferência para discutir o assunto. Diante da negativa dos dirigentes do PCB, pede a sua exclusão do Partido, juntamente com os outros signatários do manifesto. No final dos anos 1920, mediante a correspondência que mantém com Mário Pedrosa, este residente na Alemanha, torna-se o principal interlocutor da Oposição de Esquerda no Brasil, ao lado de Rodolpho Coutinho. Corresponde-se também com o dirigente oposicionista francês Pierre Naville, a partir de 1928, e funda, com outros companheiros, o Grupo Comunista Lenine e a Liga Comunista Internacionalista (LCI), dos quais se afasta ao abandonar a militância partidária em 1935. Por decisão pessoal de Trótski, torna-se o responsável pela edição das obras dele no Brasil. Como advogado, atua principalmente na área trabalhista. Nos Sindicatos dos Jornalistas, dos Ferroviários da Sorocabana e dos Gráficos, desde os anos 1930 até a aposentadoria, exerce a função de procurador da Justiça do Trabalho. Mestre da crítica literária no jornalismo, trabalha na imprensa. Fixa-se no jornal *O Estado de S. Paulo*, no qual por muitos anos edita a coluna "Revista das Revistas". Publica *Infância na Granja*, livro autobiográfico; *Dez poemas*, coletânea de poesias; *O elmo de Mambrino*, coletânea de críticas; e *Tempestade sobre a Ásia*, sob o pseudônimo de L. Mantsô, livro no qual aborda problemas da revolução nos países asiáticos. Além de escrever, traduz obras importantes, como um compêndio da *Enciclopédia das ciências filosóficas*, de Hegel; *O príncipe* e *Escritos políticos*, de Maquiavel; *Ética*, de Espinosa; *Minha vida*, de Trótski, e muitos outros. Seu trabalho como tradutor revela o ecletismo de suas atividades intelectuais, fartamente demonstrado pela sua biblioteca, na qual o estudo da política e do marxismo harmoniza-se com um rico acervo de literatura, filosofia e estética. Stendhal e Proust, dois de seus autores preferidos, nela comparecem com suas obras completas, e Espinosa e Hegel, dois filósofos que admira, com várias edições de suas principais obras. Falece em dezembro de 1988, deixando, com a sua "loucura" de guardar coisas, um rico material para interpretação num país tão pobre de memória histórica.

Mário Xavier de Andrade Pedrosa nasce no Engenho Jussara, distrito de Cruangi, Timbaúba, estado de Pernambuco, em 1900. Em 1916, seu pai, advogado, é eleito senador da República. Em 1913, a família manda-o estudar na Suíça, no Institut Quiche, em Château de Vidy, Lausanne, onde fica até 1916, quando retorna ao Brasil. Em 1919, ingressa na Faculdade de Direito do Rio de Janeiro, onde permanece até 1923. Em 1925, filia-se ao PCB e segue para a Paraíba, onde é nomeado agente fiscal. Em 1927, deixa a Paraíba e muda-se para São Paulo, assumindo a responsabilidade pelo Socorro Vermelho, organização comunista de assistência material e jurídica aos comunistas presos ou perseguidos politicamente. Na mesma época, trabalha no jornal *Diário da Noite*. Ainda em 1927, segue para Moscou, onde frequenta, por designação do PCB, a Escola Leninista.

Em Berlim, a caminho de Moscou, Pedrosa contrai uma infecção, e esse fato, que provoca um breve adiamento em sua viagem, aliado a outras circunstâncias políticas, faz que ele permaneça na capital alemã, onde frequenta cursos de sociologia e filosofia, além de exercer atividades militantes no Partido Comunista da Alemanha (PCA). Nesse período, viaja a Paris, onde estreita relações com os militantes da Oposição de Esquerda, principalmente Pierre Naville, então diretor da revista *La Lutte de Classes*, que substituíra a *Clarté*. Mantém relações também com os surrealistas franceses, em especial Benjamin Péret, que em 1928 casa com sua amiga Elsie Houston, que, por sua vez, alguns anos depois torna-se sua cunhada, quando Pedrosa casa com Mary Houston. O período mais fértil de suas cartas, que examinei no acervo de Lívio Xavier, é o desses anos, em que se percebe a consolidação de uma perspectiva oposicionista à direção do PCB, já esboçada em correspondência anterior.

Retorna ao Brasil em julho de 1929 e lidera a organização do primeiro agrupamento oposicionista de esquerda no país, o GCL, fundado em maio de 1930, que tinha como porta-voz o jornal *A Luta de Classe*, lançado em 8 de maio de 1930. Até 1940, Pedrosa se engaja nas lutas sindicais e políticas lideradas pelos partidários de Trótski. É um dos fundadores da Liga Comunista Internacionalista e do Partido Operário Leninista (POL), que sucedeu a LCI em 1936, e em 1938 torna-se o representante das seções latino-americanas na conferência que deu origem à IV Internacional, em que intervém sob o pseudônimo de Lebrun. Nessa conferência, é designado responsável pela América Latina no Comitê Executivo, sediado em Nova York. Acaba envolvendo-se na discussão que leva à crise a seção americana da IV Internacional, sobre a palavra de ordem imposta por Trótski de defesa incondicional da URSS, posição que se acirra após o pacto Hitler-Stálin e a invasão da Finlândia. Ao lado de Max Shachtman, dirigente trotskista americano, Pedrosa redige um documento em que faz restrições à linha de Trótski e que tem grande repercussão no interior do partido americano. Em 1940, Trótski reorganiza o Secretariado da IV Internacional, e Mário Pedrosa é excluído dele. De volta ao Brasil, é preso e expulso do país, juntamente com sua mulher. Refugia-se em Nova York e Washington, onde trabalha na União Pan-Americana e no escritório do coordenador de Negócios Interamericanos. Nesse período, aprofunda seus conhecimentos como crítico de arte, atividade que iniciara em 1933 com uma famosa conferência sobre a gravurista alemã Käthe Kollwitz.

Em 1945, ao retornar ao Brasil, funda o semanário *Vanguarda Socialista*. Com o surgimento do Partido Socialista Brasileiro (PSB), Mário Pedrosa e seus companheiros filiam-se a ele e entregam a *Vanguarda* à direção do partido. Em 1946, período inicial do PSB, sua atividade política torna-se mais intensa. Paulatinamente, até 1966, dedica-se com maior empenho a inúmeras viagens internacionais, organizando museus e exposições artísticas. Nesse período também leciona na Faculdade de Arquitetura e no Colégio Pedro II no Rio de Janeiro, além de trabalhar como jornalista no *Correio da Manhã*, no *Jornal do Brasil* e em outros periódicos. Em 1964, inicia a escrita de dois livros de política, *A opção imperialista* e *A opção brasileira*, publicados em 1966, quando se candidata a deputado federal pelo Movimento Democrático Brasileiro (MDB) do Rio de Janeiro. Em 1968, ao participar da missa pelo estudante morto no Restaurante Calabouço, sofre uma isquemia que o afasta de qualquer atividade por um breve período. Em 1970, é processado, junto com mais oito companheiros, sob a acusação de difamar o Brasil no exterior com denúncias de torturas e violação de direitos humanos. Asila-se na embaixada do Chile no Brasil durante três meses, e passa a viver naquele país, na época do governo socialista de Salvador Allende, que o incumbe de organizar o Museu da Solidariedade, com obras de grandes artistas internacionais. Com o golpe militar que derruba Allende, Pedrosa refugia-se no México e em seguida vai para Paris, onde permanece quatro anos e escreve mais um livro de política: *A crise mundial do imperialismo e Rosa Luxemburgo*. No Brasil, é publicada uma coletânea de seus artigos, intitulada *Mundo, homem, arte em crise*. Em 1977, retorna ao país e é julgado na Auditoria da Marinha, sendo absolvido por unanimidade. Em 1979, sua tese pioneira sobre a relação entre a Gestalt e a arte é publicada juntamente com outros escritos, sob o título *Arte, forma e personalidade*. Nesse mesmo período, publica um opúsculo com sua famosa *Carta a um operário*, adere ao Partido dos Trabalhadores (PT), recém-fundado, e assina a ficha de filiação número 1. Morre em 1981, prestigiado internacionalmente como um dos maiores críticos de arte e ativistas políticos do Brasil.

Mas nem mesmo a biografia ilustre dessas duas figuras centrais do trotskismo no Brasil conseguiu fazer a historiografia registrar com mais apuro e fidelidade a presença dos "oposicionistas de esquerda ao PCB", como eles se denominavam.

A verdade, porém, é que esse pequeno e destemido grupo fez parte daqueles decisivos anos 1920, quando o perfil do movimento comunista no Brasil foi delineado. O surgimento do Grupo Comunista Lenine, que contestava a política dos comunistas e defendia a regeneração do PCB nos moldes bolcheviques, introduziu o Brasil no debate realizado pelos maiores partidos comunistas do mundo, em que se definiram os rumos da III Internacional. Apenas a contribuição da esquerda brasileira à cultura política já seria motivo suficiente para estudarmos com maior cuidado os oposicionistas.

No terreno da cultura política da esquerda comunista, o Brasil dos anos 1920 e princípios dos anos 1930 era muito carente em termos de literatura marxista. Os levantamentos realizados por Edgard Carone atestam com clareza essa carência[7]. Ao privilegiar a questão ideológica, a "batalha das ideias", como fator fundamental para a luta política, desde o início os trotskistas tiveram um papel preponderante, traçando uma trajetória intelectual significativa, que deixou marcas na história do PCB, e legando uma produção importante no campo da literatura marxista.

Entre seus fundadores, a Liga Comunista (Oposição) contava com o editor Salvador Pintaúde, da Editora Unitas, que passou a publicar

> clássicos de Marx, Engels, Plekhanov, Beer e outros, mas a ênfase recaía em Trótski e, secundariamente, em Lênin. Na verdade, com raras exceções, a divulgação de Trótski no Brasil deve-se à Unitas. Através dessas publicações, temos mais um elemento para a com-

preensão do trotskismo entre nós: as traduções, introduções e seleção foram feitas por Aristides Lobo, Mário Pedrosa, Lívio Xavier, todos participantes da Liga[8].

De 1931 a 1934, a Liga fez publicar, por intermédio da Unitas, entre outros, clássicos como o resumo de *O capital*, de Carlo Cafiero; *O Estado e a revolução*, de Lênin; a coletânea *O marxismo*, com textos de Marx, Engels, Lênin, Trótski, Kautsky e Rosa Luxemburgo; a segunda edição do *Manifesto comunista*, de Marx e Engels; *A concepção materialista da História*, de Plekhanov; *A revolução desfigurada*, *Revolução e contrarrevolução*, *A Revolução Espanhola*, *A revolução proletária* e *O renegado Kautsky*, todos de Trótski. Não faltaram também textos dos próprios oposicionistas, como *Tempestade sobre a Ásia*, de Lívio Xavier, que assinou sob o pseudônimo de L. Mantsô, e o clássico *A condição humana*, de André Malraux. Pela Editora Lux, de São Paulo, Aristides Lobo traduziu *O encouraçado Potemkin*, de F. Slang, em 1931, e, no mesmo ano, *Os dez dias que abalaram o mundo*, de John Reed.

Essa tendência para fomentar o debate com textos fundamentais às ideias marxistas persistiu mesmo após o desmantelamento da Liga, em 1935-36. É de 1936 a tradução que Lívio Xavier fez da *Enciclopédia das ciências filosóficas*, de Hegel, para a Editora Athena. Também para essa editora, Xavier traduziu *Ensaios sobre o materialismo histórico*, de Antonio Labriola, em 1944, e Aristides Lobo traduziu *Fontamara*, de Ignazio Silone. Para a Editora Flama, em 1946, Rosa Luxemburgo foi traduzida por Lívio Xavier no livro *Reforma ou revolução* e por Azis Simão, com prefácio de Mário Pedrosa, em *A Revolução Russa*.

Apesar da observação de Leandro Konder de que os trotskistas "se mostraram impotentes para enfrentar o stalinismo em nome do marxismo, pois travaram seus combates num terreno minado: o marxismo-leninismo"[9], não foram desprezíveis as polêmicas em torno de problemas teóricos. Poderíamos afirmar mesmo que a atividade de combate teórico dos trotskistas buscou o centro dos argumentos políticos do stalinismo, combinando a necessidade de resposta às questões conjunturais com as discordâncias de fundo. Por exemplo, o princípio da independência de classe do proletariado e a política de alianças desenvolvida na China com Chiang Kai-shek em 1926, ou a concepção de luta contra o fascismo versus a política stalinista do social-fascismo que adentra os anos 1930[10].

É certo, porém, que os trotskistas, nos primeiros anos, preocupados com a defesa intransigente dos princípios leninistas, privilegiaram a atuação doutrinária e não aprofundaram suas análises, de início bastante promissoras, da realidade social, política e econômica do Brasil.

Também foram prejudicadas, e não alcançaram com intensidade o movimento operário, as palavras de ordem da Liga, precursoras de grandes movimentos populares, como a bandeira da Constituinte, levantada em 1931, ou a luta contra o fascismo e o integralismo, delineada desde 1932. Apenas esta última teve repercussões importantes em 1934, quando da constituição da Frente Única Antifascista, embora tenha provocado também grave crise interna na Liga, o que contribuiu para a sua desagregação.

Apesar de todos os problemas surgidos com a sua inserção na política brasileira e no movimento operário, e enfrentando uma conjuntura duplamente adversa – a repressão policial burguesa e o cerrado boicote do PCB –, os oposicionistas de esquerda fizeram história no movimento sindical, principalmente em São Paulo, centro das atividades comunistas na primeira metade dos anos 1930.

Além de atuar nos Sindicatos dos Metalúrgicos, dos Comerciários, dos Químicos e alguns outros, os trotskistas tiveram uma atuação memorável na União dos Trabalhadores Gráficos (UTG), o último sindicato que se submeteu à legislação trabalhista do governo Vargas[11].

Essas observações prospectivas, que foram além do período estudado no trabalho apresentado neste livro, janeiro de 1931, mês de fundação da Liga Comunista (Oposição), procuram mostrar que aquele pequeno grupo, preocupado em fazer o PCB retornar à linha bolchevique, mostrou-se atuante o suficiente para ser uma alternativa política, no campo do marxismo, àqueles que não aceitavam permanecer sob o stalinismo, predominante em todos os partidos comunistas dos anos 1930.

Foi com esse objetivo que construí os argumentos do trabalho, mais para fazer ouvir aquela longínqua dissidência e explorar suas ideias, contribuindo para reconstruir essa parte dissimulada da história das ideias marxistas no Brasil.

Notas

1 Verificar bibliografia no final deste livro.
2 Marcos Del Roio, *A classe operária e a revolução burguesa*, 1990, p. 171.
3 Robert J. Alexander, *Trotskyism in Latin America*, 1973, p. 69.
4 Escola mantida pela Internacional Comunista visando a formação de dirigentes para as várias seções nacionais.
5 Sobre Rodolpho Coutinho, ver Capítulo II deste livro.
6 Marco Aurélio Nogueira, "Os anos 30". In: *Perspectivas*, 1988, v. 11.
7 Cf. Edgard Carone, *O marxismo no Brasil*, 1986.
8 Ibid.
9 Cf. Leandro Konder, *A derrota da dialética*, 1988, p. 200.
10 Sobre a Questão Chinesa, ver Capítulo I deste livro.
11 Cf. entrevista concedida ao autor por Plínio Gomes de Mello, em 1985.

Caza deristri

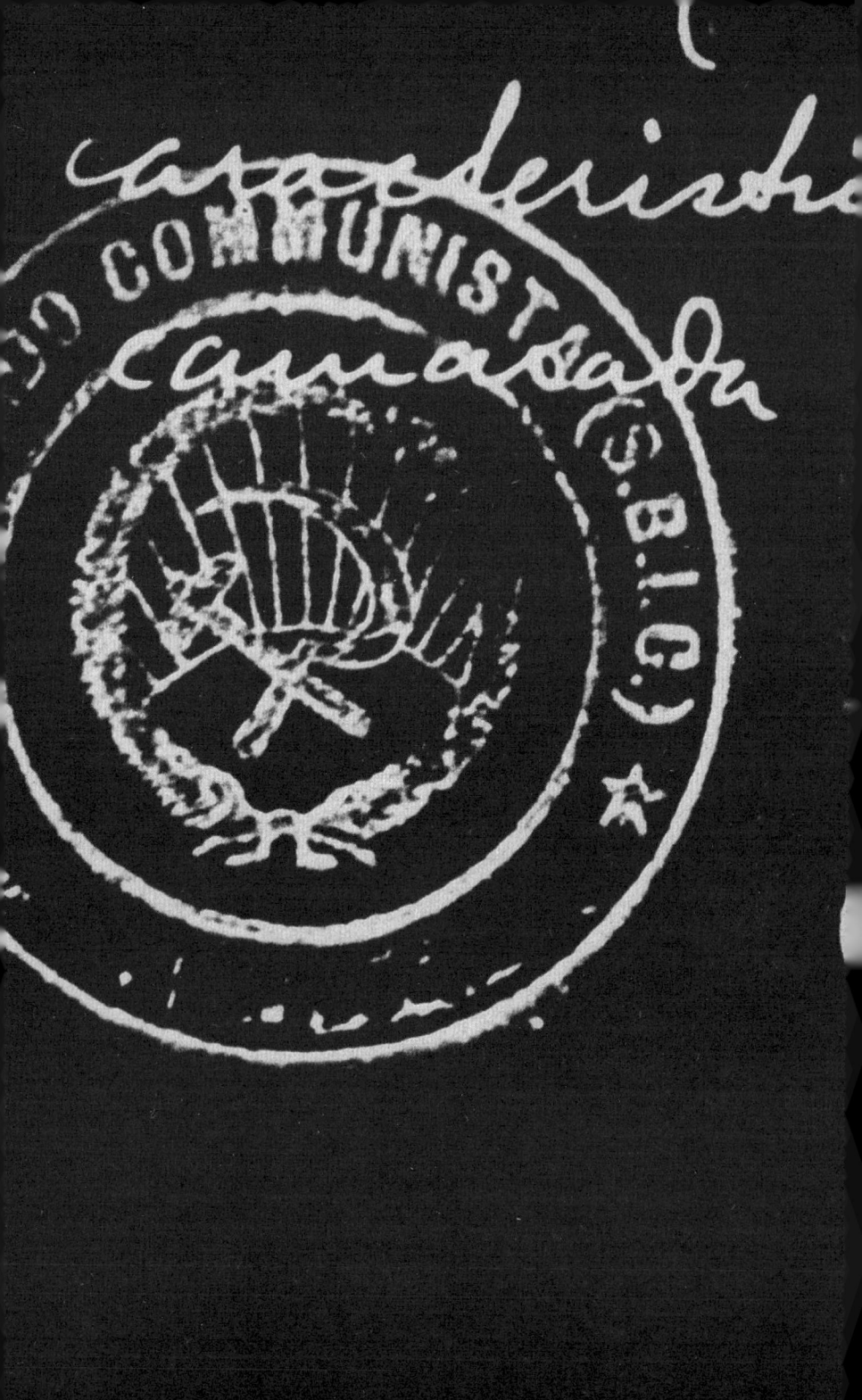

Canada

COMMUNIST (S.B.I.C.)

I. O internacionalismo e a revolução mundial

A Oposição não deve esquecer sua origem.
Ela nasceu na URSS[1].

A Revolução Russa era o farol para o qual se dirigiam os que se salvaram do triste naufrágio ideológico e político da Internacional Socialista e da Internacional Sindical[2].

A URSS E A OPOSIÇÃO DE ESQUERDA NA DÉCADA DE 1920

O leitor pragmático ou desatento de hoje certamente tomará como ficcional a literatura política daqueles homens que se intitulavam revolucionários nas três primeiras décadas do século XX. Após tantos anos de "experiência soviética", que os trotskistas preferem chamar de "revolução traída", o apelo que mobilizou milhares de homens durante mais de um século aparece hoje como outra utopia dos tempos modernos. Em torno do *Manifesto comunista*, de 1848, e de seu chamamento pela unidade mundial da luta de classes, Marx formulou o caráter internacional do proletariado e de sua revolução. O marxismo, como teoria revolucionária dos trabalhadores, não pôde prescindir do internacionalismo proletário como estratégia política e como ideologia.

Os fatos e as ideias que percorrerão este capítulo fazem parte desse universo. Nascida no interior das lutas pelo poder político no Partido russo, a Oposição de Esquerda se coloca como autêntica e única defensora da tese internacionalista do marxismo revolucionário. Afirmar e tornar perene a estratégia de fazer da luta dos trabalhadores um movimento mundial é parte constitutiva da oposição a Stálin.

Para nos aproximarmos dessa atmosfera, hoje tão distante, é oportuno evocar as impressões do delegado do Partido Comunista Espanhol ao chegar à primeira sessão do III Congresso da Internacional Comunista, realizado em Moscou em 1921:

> Uma matização e uma algaravia que davam a plena sensação da harmonia perfeita, visto que era a reunião de todos os povos da terra conservando suas diferenças exteriores – os trajes, as feições, a linguagem, os modos – e iguais na dedicação a um ideal comum, santificador de todas as máculas, que lhes dava uma alma idêntica, a mesma alma branca e heroica, pela qual todos eram irmãos. E ninguém ali se sentia estrangeiro. Éramos todos compatriotas dentro da grande pátria proletária, dentro da pátria única da Internacional Comunista. Era mais forte o laço da comunhão na mesma fé revolucionária, na mesma fé amplamente humana e universal, que o laço de coincidência de nascimento no mesmo Estado[3].

A despeito de sua posição marginal no movimento comunista até meados dos anos 1920, o Brasil já sentia a "fé revolucionária" dos anarquistas e dos sindicatos independentes desde 1870[4]. Os primeiros anos da República já conhecem as mobilizações operárias e, em 1908, a Confederação Operária Brasileira (COB) torna-se a primeira central sindical do país. Em 1913 é realizado o II Congresso Operário e, em 1917, a cidade de São Paulo é surpreendida por uma greve geral de grande alcance, responsável pelas primeiras jornadas de trabalho de oito horas.

O Brasil inseria-se pouco a pouco no efervescente cenário internacional. Os acontecimentos de outubro de 1917 na Rússia impulsionaram a formação dos primeiros grupos comunistas e, em 1922, o país via nascer o Partido Comunista do Brasil. A economia interna também buscava novos caminhos e a sonhada modernidade, dando início ao processo de substituição do modelo econômico agroexportador. A década de 1920 vê crescer no Brasil a indústria e, consequentemente, o proletariado urbano, que, de 500 mil operários em 1920, salta para 800 mil em 1930.

Os "loucos anos 1920", marcados politicamente pela revolução comunista de 1917, que fez nascer a URSS, e pelo surgimento do fascismo, estendem seus domínios também ao Brasil. Podemos afirmar que as transformações econômicas, políticas e sociais da década tornaram possível ecoar no nosso país o chamamento que emocionava e fazia lutar aquele delegado espanhol do III Congresso da Internacional Comunista: "Proletários de todos os países, uni-vos." Os temas tratados neste capítulo fazem parte dessas mudanças que o movimento socialista experimenta no Brasil. Se não envolvem o conjunto do operariado, alcançam o Partido que surgiu com a finalidade de conduzi-lo: o PCB. Os grandes problemas da IC contribuirão para modificar, também aqui, a ideologia e a luta política do Partido e de suas dissidências.

O início da Oposição

A gigantesca crise social e econômica que se abate sobre a Rússia soviética após o fim da Primeira Guerra Mundial, agravada pelos anos de guerra civil, produz igualmente uma crise política que acaba por envolver as principais lideranças da revolução vitoriosa em outubro de 1917. Na verdade, passados os anos de guerra civil, de resistência contra os exércitos "brancos", os problemas políticos mais candentes voltam-se para o núcleo do poder político bolchevique: o Estado soviético recém-constituído.

No centro do debate, afinam-se dois nomes fundamentais, mas nem sempre concordantes durante a longa história da revolução soviética: Lênin e Trótski. Arquitetos do novo Estado, responsáveis diretos por medidas duras e extremamente centralizadoras, chamadas por eles mesmos de "excepcionais", Lênin e Trótski já acumulam, no início dos anos 1920, um debate sobre a democracia operária e o papel do partido proletário. Desde o início do século, em especial no período da frustrada Revolução Russa de 1905, ambos debateram à exaustão esses temas.

No entanto, Trótski, posterior referência na luta antiburocrática, no período pós-1917 é feroz defensor da disciplina férrea e de um centralismo estreito. Junto com Lênin, comandou a violenta repressão a Kronstadt e foi favorável ao impedimento do direito de constituir frações no Partido Comunista da União Soviética, quando de seu X Congresso, em 1921.

Com o país minimamente estabilizado, as duas lideranças procuraram reverter a eternização das "medidas excepcionais". Em dezembro de 1922, Lênin escreve sobre o Estado que construíra:

> Nós chamamos nosso um aparelho que nos continua a ser, de fato, totalmente estranho, uma miscelânea burguesa e czarista que nos era absolutamente impossível transformar em cinco anos, quando estávamos privados do auxílio dos outros países e as nossas "preocupações" essenciais eram a guerra e a luta contra a fome⁵.

Com o afastamento de Lênin, em março de 1923, abatido pela doença que o levaria à morte em janeiro de 1924, acirra-se o confronto entre Stálin, secretário-geral do PCUS, e Trótski, membro do Bureau Político e comissário da Guerra. No centro da divergência está a argumentação de Trótski contra o excesso de centralismo e o crescimento da burocracia no Partido, criando um aparelho independente e diferenciado dos interesses da classe operária e do próprio Partido. Atingido diretamente por essas acusações, Stálin, como secretário-geral, torna-se o pivô da constituição burocrática do aparelho partidário, assim descrito na época por Max Eastman: "A burocratização do aparelho do Partido se desenvolveu em proporções espantosas, pelo método de seleção dos secretários [...]."⁶

Em 8 de outubro de 1923, Trótski escreve uma carta ao Comitê Central apontando esses problemas. Alguns dias depois, 46 militantes também se dirigem ao Comitê Central, reiterando as críticas contra a burocratização do Partido e a política econômica, classificada como empirista. Em 8 de dezembro, Trótski publica *Novo curso*, em que afirma:

> Em poucas palavras, o Partido deve subordinar o seu próprio aparelho, sem deixar de ser uma organização centralizada. Nos debates e nos

artigos dos últimos tempos, sublinhei que a democracia *pura*, *completa*, *ideal* é irrealizável e que, para nós, ela não é mais do que um fim em si. Isso é incontestável. No entanto, também com razão, afirmei que o centralismo puro, absoluto, é irrealizável e incompatível com a natureza de um partido de massas [...]⁷.

A troica dos dirigentes do PCUS, Stálin-Zinoviev-Kamenev, responde imediatamente, acusando os seus críticos de fracionismo. De nada valeu a vontade expressa dos manifestantes de manter a integridade do Partido, procurando apenas modificar a política de seus mandatários.

A partir desses episódios, Trótski coloca-se abertamente na oposição. De maneira irreversível, firmava-se a Oposição russa, dando origem ao movimento internacional conhecido posteriormente como Oposição Internacional de Esquerda e, em meados dos anos 1930, como IV Internacional.

É a partir daí, também, que se consolida a fraseologia cunhada por Stálin e típica do período em que ele pontificou. O "trotskismo" será conhecido como política antiproletária e antibolchevique, e as posições oficiais da III Internacional e de Stálin serão identificadas com o "marxismo-leninismo". Por seu lado, Trótski, ao mesmo tempo que renega a alcunha do "trotskismo", não poupa Stálin, e o "stalinismo" passa a ser sinônimo de "revolução traída" para os oposicionistas. A Oposição de Esquerda chama a si, por sua vez, o marxismo e o bolchevismo de Lênin, como anuncia a sua primeira conferência internacional em abril de 1930: I Conferência Internacional dos Bolchevistas-Leninistas.

Trótski e Stálin, liderando polos opostos da luta partidária, procuram trazer para seus argumentos a autoridade de Marx e Lênin, reivindicando suas heranças.

Acentuam-se as divergências

Os anos de 1923 a 1926 acompanham uma Oposição de Esquerda "esquartejada por uma contradição", no dizer do historiador Jean-Jacques Marie[8]. Coerentes com seu projeto político, os oposicionistas dependem da maneira como evoluirá a luta de classes nos outros países e, ao mesmo tempo, travam intensa batalha dentro do único partido comunista vitorioso, o PCUS, que, do mesmo modo, é o maior prejudicado pelo fracasso das revoluções proletárias na Europa e na Ásia.

Em outubro de 1923, a burguesia alemã sufoca outro levante daquele que foi o proletariado mais poderoso da Europa e abre caminho para a ascensão do fascismo. A consequência desse episódio, para a URSS, foi o aprofundamento do isolamento internacional e a procura de soluções internas ao próprio processo revolucionário soviético.

Nesse quadro de estabilidade do capitalismo e de afirmação das diretrizes burocráticas do Estado, Trótski reacende o debate em outubro de 1924, ao publicar *As lições de outubro*, em que demonstra a necessidade do Partido de concretizar com êxito determinada situação revolucionária. Explicitam-se, nesse momento, as bases teóricas da grande polêmica produzida mais tarde por Trótski: a teoria da revolução permanente e a igual necessidade de empenho objetivo do Partido russo e da Internacional Comunista nas situações revolucionárias que ocorressem nos diversos países.

Em dezembro de 1924, vem a resposta de Stálin, no *Pravda*, classificando a teoria de Trótski como a "desesperança permanente" que colocava a Rússia na perspectiva de "vegetar em suas próprias contradições e apodrecer de madura à espera da revolução mundial"[9]. Explicitam-se, também aí, as bases da teoria do socialismo num só país, forjando o outro lado do confronto histórico que norteará os rumos da III Internacional.

O apelo de Bukharin, em abril de 1925, conclama os camponeses ricos, os *kulaks*, a produzir excedentes que proporcionariam os investimentos necessários ao país e consolida a opção de construir o socialismo internamente à URSS. Junto com ela vem o risco, apontado pela Oposição, do "Thermidor", termo utilizado em analogia à reação conservadora verificada no período da Revolução Francesa de 1789.

A partir de 1923, e alcançando o apogeu em 1926, ascendem ao poder econômico os *kulaks* e os *nepmen*. Desde o início da Nova Política Econômica (NEP), os *kulaks* haviam ganhado importância econômica graças à exportação de cereais, reiniciada após o acordo comercial anglo-russo de abril de 1921. Devido ao "comunismo de guerra", a circulação monetária era baixíssima em 1921 e 1922, e um terço das receitas públicas provinha dos produtos naturais. A nova moeda lastreada de ouro, o "tchervonets", estabiliza-se em 1922, juntamente com o predomínio do comércio privado sobre o estatal. Começam a surgir fortunas privadas, ocasionando a necessidade de imposto de renda para profissionais liberais, *nepmen* e altos funcionários da administração. O tratamento dado aos nobres no regime anterior, em lugares públicos, recomeça, mas dirigido a algumas pessoas – o *barin* substitui o "cidadão" ou "camarada".

R. W. Davies, ao comentar a proposta da Oposição Unificada de aumentar o "nível de investimentos e salários industriais" para acelerar o processo de industrialização, atrasado em relação aos *kulaks* e aos comerciantes, observa que os recursos para isso viriam do aumento de impostos sobre os *kulaks* e os comerciantes, e que "por trás dessas opções econômicas estava o medo de que a afirmação de elementos capitalistas na economia de uma Rússia fraca e isolada estivesse abrindo caminho para uma restauração política do capitalismo"[10].

A Oposição Unificada

Colocando-se contra as diretrizes políticas e econômicas do núcleo dirigente, surge em abril de 1926 a Oposição Unificada, resultado da confluência entre a Oposição de Esquerda e a Nova Oposição, esta fundada em outubro de 1925 por Zinoviev e Kamenev. Unem-se propondo industrializar o país, coletivizar a propriedade agrícola, planificar a economia, opondo-se à política stalinista de apoio aos *kulaks* e aos *nepmen* e recusando de maneira explícita qualquer compromisso com as teses de Trótski sobre a revolução permanente[11].

Na tentativa de realinhar a política partidária e manter-se no Partido como tendência, o grupo oposicionista começa a desagregar-se.

A tática de permanecer a todo custo no Partido torna-se cara à Oposição. Trótski até considera que uma expulsão do Partido poderia ser absorvida com indiferença pela classe operária, objeto último da luta oposicionista. Um acordo entre o Secretariado do Partido e os principais líderes da Oposição inicia-se em 4 de outubro de 1926, em busca de uma trégua e com os olhos voltados para o xv Congresso do PCUS, que ocorreria em dezembro de 1927. Não foram desprezíveis os recuos da Oposição, tampouco as consequências desagregadoras desse acordo.

Trótski, Zinoviev, Evdokimov, Kamenev e Sokolnikov assinam uma declaração, em 16 de outubro de 1926, em que reafirmam suas posições e, ao mesmo tempo, condenam a parcela oposicionista liderada por Shliapnikov e Medvedev, que prega a favor de um novo partido. No plano internacional, o documento condena os partidários da Oposição em outros países, como Souvarine, Maslow e Ruth Fischer, que em seus periódicos fazem críticas à Internacional Comunista e ao PCUS. Os declarantes finalizam o documento reconhecendo sua atividade fracional e colocam-se dentro das normas disciplinares do Partido para o xv Congresso.

O historiador francês Pierre Broué[12] comenta que o documento assinado pelos oposicionistas, apesar de não ser uma capitulação, reflete uma grave derrota e cria uma grande cissura entre seus quadros e com seus aliados internacionais. Ao restringir sua luta aos órgãos dirigentes, os oposicionistas distanciam-se da imensa maioria dos membros do Partido, dando uma demonstração de impotência diante do aparato partidário.

Um fato novo e externo à URSS redimensiona os acontecimentos e impossibilita a tão almejada trégua. Em 18 de outubro, dois dias após o acordo, Max Eastman publica o célebre "Testamento de Lênin" no *New York Times*, sem saber dos entendimentos em Moscou. Stálin reage imediatamente e acusa a Oposição de duplicidade: "Pedir uma trégua em Moscou e acertar simultaneamente o Partido com um golpe pelas costas."[13] Em 25 de outubro, em reunião do Politburo, Stálin rescinde o acordo com a Oposição, denominada por ele de "fração social-democrata".

A xv Conferência do PCUS, realizada de 26 de outubro a 3 de novembro de 1926, logo após o episódio do acordo, acaba garantindo maioria a Stálin, que, em seu informe, pronuncia uma de suas frases mais pitorescas, ao referir-se à Oposição: "Pois que coma a sopa que ela mesma cozinhou!" Na mesma conferência, Trótski e Kamenev são expulsos do Politburo e é feito um pedido à Internacional Comunista para que destitua Zinoviev do cargo de presidente.

Desmoralizada por esses acontecimentos, pressionada por contradições e sem apoio de movimentos revolucionários vitoriosos no exterior, a Oposição retoma seu ímpeto apenas com os episódios conhecidos como a Questão Chinesa e o Comitê Anglo-Russo, em 1927.

Em maio de 1927, é divulgado o "Manifesto dos 83"[14], assinado por 83 velhos bolcheviques e ratificado por 3 mil assinaturas do Partido. Reivindica a abertura de discussões profundas e democráticas, preparatórias para o xv Congresso do PCUS.

Nesse longo documento podem-se identificar posições absolutamente contrárias à direção do Partido. A começar pela diferente perspectiva de análise que, sem apoiar as teses trotskistas da revolução permanente, ao comentar a situação conjuntural da URSS, não deixa de lembrar que "o sucesso da Revolução Russa prepara o proletariado dos diversos países para a vitória definitiva do socialismo no mundo inteiro". Adiante, reafirma:

> Ao contrário de uma análise marxista da situação real da ditadura proletária, instalou-se uma falsa teoria pequeno-burguesa do "socialismo num só país" que não tem nada a ver com o marxismo e o leninismo. Esse grosseiro recuo do marxismo faz com que o Partido tenha dificuldades maiores em ver o *conteúdo de classe* dos processos econômicos que se produzem atualmente. Os fenômenos negativos da época da revolução, [...] a situação de penúria de largas parcelas da população e o reagrupamento de classes hostis ao proletariado. [...] Uma falsa política acelera o crescimento das forças hostis à ditadura do proletariado: os *kulaks*, *nepmen*, burocratas. [grifos no original]

Denuncia ainda que o convite aos *kulaks* – "Enriquecei-vos e integrai-vos ao socialismo" – esconde, na prática, o apoio ao camponês forte em termos econômicos, "abrindo assim largamente as portas ao verdadeiro perigo de classe que vem da direita". Essas questões só podem ser resolvidas, diz o manifesto, se levadas com firmeza ao debate partidário:

> [...] deve-se dar vida e força à democracia interior do Partido e reforçar a ligação real, viva e direta do Partido com a classe operária. Nós precisamos de uma disciplina de ferro no Partido, como nos tempos de Lênin. Mas a democracia interna é necessária no Partido, como nos tempos de Lênin.

A plataforma da Oposição de Esquerda em 1927

Pouco tempo depois, a Oposição de Esquerda redige uma plataforma baseada igualmente nos três aspectos que a caracterizaram desde o princípio: planejamento, coletivização e política industrial. Os problemas internacionais são abordados superficialmente, e o centro de todas as questões continua sendo a URSS.

Ao caracterizar a política interna da URSS, a crítica é contundente:

> A luta se coloca entre duas tendências extremadas: de um lado, a tendência termidoriana, que procura situar a economia da União na via do desenvolvimento capitalista, e, de outro lado, a tendência verdadeiramente bolchevique, que trabalha para a construção do socialismo. A primeira tendência é aquela dos *kulaks*, dos *nepmen*, da nova e antiga burguesia. Ajudada pelos burocratas, ela tem um ponto de apoio sólido no imperialismo, que procura multiplicar as ligações com ela e fica de espreita para o momento de intervir com armas na mão. [...] No outro polo se encontram os operários mais conscientes, que, a despeito das dificuldades, são mais numerosos e se batem sempre nas fileiras da oposição bolchevique dirigida por Zinoviev, Trótski e Vouiovitch. Entre esses dois extremos, a massa móvel da pequena burguesia e dos camponeses médios hesita [...].

Coincidente com o "Manifesto dos 83", essa plataforma não se filia de maneira explícita às teses da revolução permanente de Trótski. O que a une é a discordância fundamental em relação à teoria do socialismo num só país: "Toda essa massa encontra na teoria stalinista do 'socialismo num só país' um refúgio cômodo para suas hesitações e seu espírito de estreiteza nacionalista."[15] Do ponto de vista da organização, essa atitude dos opositores adia qualquer iniciativa de estruturar o grupo em outros países. Vive-se o problema russo, sobre o qual todo comunista se debruça. Fermenta a tese de que o problema russo só se resolverá com o internacionalismo revolucionário.

Não conseguindo veicular essa plataforma no interior do Partido, os oposicionistas valem-se de uma gráfica clandestina para imprimi-la. A GPU (polícia política) infiltra Stroilov, um de seus agentes, na tipografia. O fato foi explorado publicamente como um vínculo entre os opositores e os "brancos", representados pelo agente infiltrado, antigo oficial "branco" do barão Wrangel. Admitindo o fato de Stroilov ser da GPU, Stálin comentará: "Que há de mal em que o mesmo oficial de Wrangel ajude o poder soviético a descobrir conspirações contrarrevolucionárias?"[16]

A respeito desse episódio, Boris Souvarine escreve em julho de 1927:

> A famosa "tipografia clandestina" [sic] imputada como crime dos oposicionistas é composta de duas máquinas de escrever e um duplicador de gelatina. [...] Quanto às relações da oposição com os "guardas-brancos" [sic], elas mostram maravilhosamente de onde Stálin emprega os agentes provocadores. Nenhum comunista sério se deixará levar por fábulas tão irrisórias [17]

A ofensiva do Partido e o exílio da Oposição

Acuada, a Oposição torna-se pública. Stálin, que em outubro de 1926 já conseguira a expulsão de Trótski do Bureau Político do Partido, em 1927 também o expulsa da Executiva da Internacional Comunista (setembro), do Comitê Central, juntamente com Zinoviev (outubro), e do PCUS (novembro).

Sob o impacto dessas expulsões e sentindo o peso da derrota do proletariado chinês, que abatia o conjunto do Partido frustrando mais esse apoio internacional, os oposicionistas chegam desmoralizados ao xv Congresso, em 2 de dezembro de 1927, e recebem o ultimato de Stálin: "A oposição deve capitular inteira e incondicionalmente tanto no plano político como no plano da organização."[18]

A maioria aceita as exigências de Stálin, a começar por Zinoviev, e apenas 1.500 oposicionistas seguem para o exílio, entre eles Trótski, que em janeiro de 1928 vai para a cidade de Alma-Ata. Da Oposição Unificada restam ainda Smilga e Preobrajenski, que em 1929 retornam ao Partido, e Radek e Sosnovski, que também "capitulam" em 1934.

No exílio, Trótski mantém suas atividades e críticas e, apoiado em núcleos oposicionistas, principalmente da França, da Alemanha, dos Estados Unidos e da Hungria, desencadeia um grande movimento para unir e expandir os diversos grupos. Na França, por exemplo, em fevereiro de 1928, a transformação da revista *Clarté*[19], considerada "dependente" do Partido Comunista, em *La Lutte de Classes* (revista teórica mensal da Oposição comunista) demonstra um perfil oposicionista mais acabado e decidido.

Enquanto isso, no governo soviético, Stálin e Bukharin decepcionam-se com o colapso da política agrícola e com os camponeses, que se recusam a entregar o excedente da colheita pacificamente, atropelando o plano econômico de crescimento. Numa atitude caracterizada por Trótski como "política de zigue-zagues", Stálin enfrenta a direita majoritária e inicia o indiscriminado e sangrento processo de coletivização forçada do campo, que, em 1929, vê implantados os *kolkhozes*. Em abril, é apresentado o primeiro plano quinquenal e tem início a industrialização, pondo-se fim à NEP em dezembro daquele ano.

Também em 1929, dois meses antes do primeiro plano quinquenal na URSS, Trótski é expulso do país e segue para exílio na Turquia. Seguem-se à sua expulsão uma onda de prisões de "trotskistas" pela GPU e, na França, o lançamento do primeiro número de *La Vérité* (órgão da Oposição comunista). Em Prinkipo, Trótski escreve *Minha vida* e *História da Revolução Russa*.

Organizando a Oposição Internacional de Esquerda

Em 1930, o cenário político internacional agrava-se consideravelmente. O mundo capitalista procura refazer-se da quebra da Bolsa de Nova York, ocorrida em outubro do ano anterior, e a Alemanha, assolada por grave crise econômica, assusta os círculos liberais e socialistas da Europa consagrando nas urnas o nazismo hitleriano em 14 de setembro.

No mesmo ano, Trótski reafirma sua liderança sobre os oposicionistas com o lançamento de A revolução permanente, em que assenta as bases teóricas para o trabalho contra a teoria do socialismo num só país. Escreve também A revolução desfigurada e A III Internacional depois de Lênin.

Para os oposicionistas russos, a realização, em abril de 1930, da I Conferência Internacional dos Bolchevistas-Leninistas foi de suma importância para se firmarem as bases teóricas do movimento e ir-se além das fronteiras e dos problemas próprios da URSS.

Iniciativa pioneira e preparatória de uma nova fase organizativa, a conferência, que reunia pela primeira vez diversos grupos oposicionistas, realiza-se sob a égide do internacionalismo e tem como parâmetro de sua estratégia política os quatro primeiros congressos da Internacional Comunista. Comparecem a esse encontro, realizado em Paris no dia 6 de abril, representantes da Alemanha, dos Estados Unidos, da Bélgica, da Espanha, da França, da Hungria, da Itália e da Tchecoslováquia. Duas importantes resoluções são tomadas: editar um veículo de ligação entre os vários grupos, o *Bulletin International de L'Opposition Communiste de Gauche*, e organizar uma nova conferência para reunir as oposições de esquerda, "fração de esquerda internacional da Internacional Comunista", a fim de unificar sua tática e seu programa.

No primeiro número da nova revista, segue em destaque a "Lista das organizações que aderiram à Conferência Internacional da Oposição": URSS, Alemanha, Argentina, Áustria, Bélgica, Brasil, Espanha, Estados Unidos, França, Grécia, Hungria, Itália, México e Tchecoslováquia. Até que esse novo encontro ocorra, o *Bulletin International*, publicado em francês e alemão, será o veículo de discussões preparatórias das teses. Elege-se também um Secretariado Internacional provisório, responsável pela imprensa, composto de representantes da França, da Alemanha e da URSS[20].

O manifesto "Ao proletariado do mundo inteiro!"

O editorial do primeiro número do *Bulletin International de L'Opposition Communiste de Gauche* é o manifesto de lançamento dos oposicionistas nessa nova fase organizativa. Intitulado "Ao proletariado do mundo inteiro!", caracteriza-se como parte do trabalho de "homogeneização ideológica" tão perseguida pelos dirigentes da OIE. Comentarei esse texto devido à sua importância como documento-síntese das análises e da conjuntura oposicionista em 1930.

O manifesto preocupa-se com a própria identidade, assinalando as diferenças e demarcando território. Procura delimitar inicialmente quem são os inimigos do socialismo e do proletariado. Reivindicando-se o marxismo, expõe a crise do capitalismo mundial, tendo à frente os Estados Unidos, ao mesmo tempo que denuncia a política antioperária da social-democracia. Afirma também a necessidade histórica do partido operário, organizador do movimento revolucionário, e lastima as mazelas que o PCUS e a Internacional Comunista sofrem sob Stálin.

O apelo internacionalista não está descolado da análise. Ao contrário, afirma-se como ponto de diferenciação em relação às posições de Trótski, como sabemos hoje com clareza[21]. Encontramos no manifesto:

> A principal contradição que existe hoje no movimento revolucionário é a divergência crescente entre as possibilidades revolucionárias, as circunstâncias favoráveis ao apelo das massas para a luta e a capacidade e o grau de preparação dos partidos comunistas oficiais. Uma crise profunda assola atualmente a Internacional Comunista.

A crise envolve o PCUS, a IC e a falência dos movimentos revolucionários de outros países, numa interação dialética assim resumida:

> Essa crise é em grande parte um reflexo e uma consequência direta da crise que se desenrola no Partido Comunista russo e em toda a União Soviética [...] [A República soviética] não pode liquidar sozinha a sociedade dividida em classes, nem construir o socialismo.

Ao mesmo tempo, a IC "abandonou a política traçada pelos quatro primeiros congressos da Internacional em que Lênin colaborou", deixando os "proletários revolucionários" dos diversos países impotentes para enfrentar as novas lutas e sua missão histórica.

O texto caracteriza ainda com muita firmeza o que intitula de "o revés stalinista", identificado como uma política anti-internacionalista e oportunista.

O anti-internacionalismo é o objeto principal do ataque. Demarcando um período anterior à morte de Lênin, em que o Partido e a IC defendiam uma "política de classe justa, que mantém a supremacia dos elementos socialistas sobre os elementos capitalistas", a análise avança no período pós-Lênin e pós-derrota revolucionária na Alemanha, Bulgária e Estônia. Após esses acontecimentos, a URSS

> entrou num período de reação social e política, no Partido e no conjunto do próprio país. [...] É nessa época que, negligenciando o curso da revolução internacional, se cristaliza a teoria do socialismo num só país. Em vez de dominar os elementos capitalistas do país, os reforça; em vez de ajudar o camponês pobre, reforça-se o *kulak*; em vez de favorecer os operários da fábrica, dão-se plenos poderes à burocracia das direções das fábricas e dos sindicatos; em vez de estender a democracia operária para o Partido, abafa-se o Partido sob um aparelho burocrático sem precedentes.

A política oportunista também é denunciada: a IC sob Stálin apresenta uma "política ziguezagueante do oportunismo ao aventureirismo, comandada pelo Partido russo representando um poder de

Estado". Esse zigue-zague político provocou a submissão do movimento comunista chinês ao Kuomintang e aos generais da pequena burguesia chinesa, levando o movimento revolucionário a uma derrota sangrenta. Essa mesma política, "centrista", é acusada por ter provocado a derrota do movimento dos mineiros na Inglaterra e reage burocraticamente aos avanços da classe operária, proclamando "aventureiramente" o "terceiro período" e episódios putschistas como o de Cantão, em 1º de agosto de 1929[22].

Também se faz presente o "aventureirismo econômico da fração de Stálin na URSS": "Após ter sustentado o *kulak* durante anos, os centristas querem liquidá-lo como classe em poucos anos. Eles estão implantando um programa de industrialização e de coletivização da agricultura burocraticamente concebido e executado."

Para reabilitar o Partido e a IC, a Oposição de Esquerda disputa sua liderança enfrentando imensas dificuldades políticas e materiais para se constituir. Apesar de um pouco longo, é interessante transcrever este parágrafo do manifesto:

> A oposição não deve esquecer sua origem. Ela nasceu na URSS. No início, ela estava limitada pelas condições excepcionais da ditadura proletária e em seguida pelo regime de estrangulamento burocrático do Partido. Os pontos de vista da oposição russa foram divulgados fragmentadamente, tendo ela mesma uma extrema dificuldade de criar uma base ideológica comum. Assim, à medida que a oposição russa perseguia o curso de direitização do Partido sem choques nem convulsões perigosas para a ditadura, a esquerda comunista dos países capitalistas estava necessariamente obrigada a uma reserva extrema. Mas a burocracia centrista forjou os meios de esmagar a oposição por métodos organizativos, sempre ao preço do estrangulamento do Partido. A ausência completa de democracia na IC retarda durante muito tempo o desenvolvimento e a educação dos quadros da oposição. O trabalho teórico da oposição, suas análises, suas apreciações, suas perspectivas e suas palavras de ordem não ultrapassam os círculos mais restritos. A ausência de quadros numerosos, capazes de trabalhar ativamente em todos os ramos do movimento operá-

rio pelas nossas ideias, facilita extremamente ao centrismo sua luta contra a oposição.

Ao enfrentar o enorme desafio, uma verdadeira luta "contra a corrente", à maneira do título de uma publicação oposicionista francesa, o manifesto revela-se otimista em relação às últimas conquistas político-organizativas na França. Os planos de crescimento são parte de uma linha severa para a militância. Traça o perfil de sua construção nos diversos países, exigindo o "contato direto com a marcha real do movimento operário, avançando com a luta revolucionária da vanguarda do proletariado, com o Partido Comunista". Nessa linha, a Oposição de Esquerda "rejeita a palavra de ordem do segundo Partido, de uma IV Internacional. Ela se considera como uma fração com o objetivo de restabelecer a IC sobre a base verdadeira de Marx e Lênin".

O texto também revela preocupação com a intervenção prática do Partido nos problemas cotidianos dos trabalhadores. Sua estratégia, no entanto, é diferente daquela de Stálin:

> Se, em nossa apreciação geral da situação, nós procedemos do geral para o particular, na nossa ação e na nossa luta cotidiana nós procedemos do particular ao geral. As particularidades de cada situação nos aparecem mais precisa e concretamente à medida que conhecemos melhor o todo. E por isso que a unificação internacional da esquerda comunista é a premissa de uma política revolucionária justa em cada país, quer dizer, para a utilização revolucionária de cada particularidade nacional.

A OPOSIÇÃO NO BRASIL E O PROGRAMA INTERNACIONALISTA

De abril de 1930, data da primeira conferência preparatória dos oposicionistas e do lançamento do *Bulletin International de l'Opposition Communiste de Gauche*, até setembro de 1933, data do Pleno da Oposição Internacional de Esquerda, que proclama a necessidade de uma nova Internacional, a constituição de grupos oposicionistas nos diferentes países foi bastante lenta. As atividades da OIE voltam-se prioritariamente para a Alemanha, onde luta pela Frente Única contra o nazismo, e para a Espanha, onde vê reacender a luta socialista com o desmoronamento da ditadura de Primo Rivera desde o início de 1930.

As seções nacionais se constituem na maioria das vezes em grupos pequenos, e o vínculo com o Secretariado Internacional acontece principalmente através de publicações em países onde a Oposição é mais sólida, como na França.

Essa imprensa teve como grande mérito não apenas abordar problemas locais, mas também servir como caixa de ressonância dos debates mais candentes da Oposição russa, que, como vimos, isolava-se em seu país nos primeiros anos. As revistas reproduziam artigos e resoluções da Oposição russa aos quais dificilmente se teria acesso por outras vias e, dessa forma, disseminavam ideias que circulavam sem organicidade pela Internacional.

Não se quer dizer com isso que essas revistas deram uma estrutura ainda ausente à Oposição Internacional, principalmente até 1930, quando, ao contrário, demonstram um imenso painel de divergências a respeito de questões nacionais e internacionais. No entanto, ao se investigar a história dessas revistas, pode-se resgatar, de maneira bastante viva, como alguns conceitos básicos do trotskismo foram se afirmando nessa tortuosa caminhada.

Dentre esses conceitos, sobressaem os dois vértices da teoria revolucionária de marca nitidamente trotskista que formaram a base teórica das várias seções nacionais, inclusive no Brasil, da OIE: a teoria da revolução permanente e a crítica da burocracia stalinista na República soviética.

O livro *La presse trotskiste en France de 1926 à 1968*, de Jacqueline Pluet-Despatin, esclarece bem a história das principais publicações. A trajetória da *Clarté (Nouvelle Série)* inicia-se em 15 de junho de 1926. Baseada nos princípios dos quatro primeiros congressos da III Internacional, era a "revista de estudos do comunismo internacional". Modifica-se em abril/maio de 1927, quando passa a defender abertamente a Oposição de Esquerda russa, principalmente por influência de Pierre Naville, membro do conselho de redação. Em fevereiro/março de 1928, Naville e o diretor da *Clarté*, Marcel Fourrier, fundam *La Lutte de Classes*, em substituição à *Clarté*, considerada muito dependente da influência do Partido Comunista Francês, do qual os dois diretores são expulsos em maio de 1928. *La Lutte de Classes* já aparece como "revista teórica mensal da Oposição comunista" e inspira-se em Trótski, embora procure manter sua independência como "órgão de documentação comunista honesta e de crítica marxista". Com a saída de Marcel Fourrier, em outubro de 1928, que se transfere para o comitê de redação da *Contre le Courant (Organe de l'Opposition Communiste)*, Pierre Naville assume a direção da revista, com várias fases e interregnos até maio de 1935.

O aparecimento da *Contre le Courant* em 20 de novembro de 1927 demonstra a não homogeneidade dos grupos e das posições políticas da oposição naquele período. Fundada antes de *La Lutte de Classes*, tem origem num grupo de militantes expulsos do PCF por se oporem à "bolchevização" e criticarem a democracia partidária. Dirigida por Delfosse, a revista tornou-se uma tribuna da Oposição russa e propunha-se regenerar o PCF e a IC e a defender a URSS. Em princípios de 1929, Mauricio Paz, um de seus diretores, faz um acordo com Trótski para tornar a *Contre le Courant* um hebdomadário de massas, aglutinador da Oposição francesa. O projeto, no entanto, fracassa e a revista deixa de existir em outubro de 1929.

Finalmente, a quarta revista desse período inicial de homogeneização política dos oposicionistas, *La Vérité*, é fundada em 15 de agosto de 1929 por um grupo formado por iniciativa de Trótski, integrado por Alfred Rosmer, Pierre Naville, Pierre Frank, Gérard Rosenthal e outros membros importantes na história do trotskismo. Apesar de colocar-se como órgão aglutinador dos oposicionistas franceses, *La Vérité*, pelos dirigentes que congrega, reflete momentos fundamentais na trajetória dos primeiros anos do trotskismo. São lançados 255 números da revista, em várias fases, e a publicação cessa em janeiro de 1935. Deixa sua marca no desenrolar de debates importantes, como a tática de "entrismo" estabelecida por Trótski, polêmica em todas as seções nacionais, inclusive no Brasil.

No Brasil, todas essas publicações eram estudadas pelo grupo de amigos de Mário Pedrosa e Lívio Xavier. Como será mostrado no Capítulo III, o desenrolar das discussões em torno dessa literatura trouxe características especiais aos oposicionistas brasileiros. Se o isolamento do Partido Comunista do Brasil em relação à Internacional Comunista era uma realidade até 1928, o que se poderia dizer do pequeno grupo de militantes que simpatizava com as críticas da Oposição russa veiculadas pela *Clarté* e outras revistas?

O acesso a documentos veiculados por diferentes revistas e analisados sob diferentes ópticas, embora em torno de um mesmo eixo crítico e ideológico, aliado à distância e ao isolamento político-organizativo, proporciona aos brasileiros adeptos da Oposição Internacional de Esquerda uma boa dose de autonomia na luta internacionalista.

Nas pesquisas que realizei, em busca principalmente dos primeiros momentos da "seção brasileira", encontrei escassa correspondência com o Secretariado Internacional. Pierre Broué já observava essa particularidade do Brasil em agosto de 1986:

> [...] ainda que a seção brasileira tenha inscrito sua história no quadro geral cujas grandes linhas acabamos de indicar, parece ter agido com uma grande autonomia, como atesta a ausência quase total de correspondência com o Secretariado Internacional, bem como com Trótski e Leon Sedov, em depósitos de arquivos onde é possível encontrar dezenas de cartas nos dois sentidos com as outras seções, algumas inclusive com as seções mexicana e argentina[23].

Como será possível verificar no Capítulo III deste livro, que trata da correspondência de Mário Pedrosa e Lívio Xavier, as publicações identificadas com a Oposição de Esquerda – *Clarté, La Lutte de Classes, Contre le Courant, La Vérité* – sempre fizeram parte da militância ou mesmo da curiosidade intelectual de Pedrosa, Xavier e seus amigos, principalmente a *Clarté*, depois *La Lutte de Classes*, que os dois liam desde 1923.

É por esse motivo, e como que acompanhando a leitura feita pelos protagonistas desta história, que procurarei utilizar preferencialmente os textos dessas revistas e publicações para tratar os três pontos programáticos sobre os quais os oposicionistas brasileiros concordaram e a partir dos quais se filiaram à OIE.

Quais foram esses pontos?

O isolamento parcial da futura seção brasileira não impediu que, desde o princípio, ela se colocasse dentro dos parâmetros políticos da OIE. Jean-Jacques Marie sintetiza esse momento:

> Para Trótski, se cada Partido nacional deve ter na maior consideração as características nacionais do país onde se constitui, não pode, na era do imperialismo unificador do planeta, definir-se por elas: toda organização revolucionária deve, para o ser, definir-se pela sua estratégia internacional, pois que todos os problemas políticos são internacionais por natureza... A oposição deve, pois, determinar-se relativamente aos problemas que mais claramente têm revelado a orientação geral da Internacional Comunista, e não relativamente a uma ou outra questão de envergadura puramente nacional[24].

A continuidade desse mesmo texto recorre a Trótski para definir as três questões clássicas que permitiam identificar os rumos e tendências vigentes do movimento comunista mundial naquele período:

> Essas questões são: em primeiro lugar, a política do *Comitê Anglo-Russo*; em segundo lugar, *o curso seguido pela Revolução Chinesa*; em terceiro lugar, *a política econômica da URSS, em ligação com a teoria do socialismo num só país*. [grifos meus]

Não poderia ser mais explícita a resposta dos brasileiros a respeito desses pontos fundantes da Oposição de Esquerda. Em carta dirigida ao Secretariado da Oposição Internacional de Esquerda datada de 20 de abril de 1930, e reportando-se à reunião de 13 de março de 1930 realizada pelos oposicionistas aglutinados no Grupo Comunista Lenine, os brasileiros definem-se pela seguinte linha política:

> Desde agora, porém, por deliberação de nossa reunião de 13 de abril, estamos autorizados a declarar que nosso grupo adota a mesma posição de Trótski e da *Vérité* em três questões – *a teoria da edificação do socialismo em um só país, a questão do Comitê Anglo-Russo e a Questão Chinesa*[25]. [grifo meu]

A teoria do socialismo num só país

> A teoria do socialismo num só país, brotada no estrume da reação contra Outubro, é a única que se opõe, de maneira consequente e definitiva, à teoria da revolução permanente. [...] A revolução socialista começa no terreno nacional, desenvolve-se na arena internacional e termina na arena mundial. Por isso mesmo, a revolução socialista se converte em revolução permanente, no sentido novo e mais amplo do termo: só termina com o triunfo definitivo da nova sociedade em todo o nosso planeta[26].

Essas afirmações de Trótski, feitas em suas "Teses" sobre a revolução permanente, colocam a teoria do socialismo num só país no contexto em que foi debatida pelos oposicionistas.

Esse texto revela a devida interseção entre o nacional-socialismo formulado por Stálin e Bukharin e a retomada, com vigor redobrado, do internacionalismo socialista defendido por Trótski desde *1905 – Resultados e perspectivas*, escrito em 1906. Ao contrário do que houve com a Rússia em 1905, não se discutia tendo como cenário a derrota do movimento revolucionário, mas debatia-se a estratégia política do partido operário vitorioso em 1917 e que detinha o poder do Estado e uma organização internacional – a III Internacional.

A amplitude teórica dessas questões tem, portanto, estreita recorrência na história política da Rússia. Esta torna-se um laboratório, pela sua própria história e pelo seu estatuto de país com características semicoloniais, submetido ao imperialismo das grandes potências capitalistas dos séculos XIX e XX. Para um período de grandes transformações e questionamentos dos rumos revolucionários, como a década de 1920, a inovadora teoria da revolução permanente de Trótski acrescentou-se à cultura política bolchevique, tão ciosa de sua fidelidade ao marxismo. Para os marxistas, portanto, o embate entre Trótski e Stálin tornou-se mais do que um confronto pelo poder do Estado: transformou-se em verdadeira luta ideológica, acrescida pela também inédita crítica trotskista sobre a burocracia.

Podemos perceber essa tensão quando Mário Pedrosa escreve da Alemanha em 1928: "Há crises de consciência por toda parte." Podemos do mesmo modo perceber suas repercussões no grupo brasileiro quando Edmundo Moniz, antigo militante oposicionista nos anos 1930, relembra em entrevista:

> Havia uma luta profundamente ideológica, que se torna mais grave após a morte de Lênin, com o socialismo num só país e a revolução permanente. [...] Porque já não era apenas uma luta interna, partidária, era um problema de interpretação da revolução mundial e da revolução russa. E estava cindindo os partidos comunistas em todos os países; única cisão ideológica que se deu aqui no Brasil: a cisão entre stalinistas e trotskistas[27].

A teoria da revolução permanente

Como visto anteriormente, a primeira vez que Trótski articulou sua teoria da revolução permanente foi logo após o frustrado episódio revolucionário de 1905 na Rússia. Em *1905 – Resultados e perspectivas*[28] é demonstrada a tese de que a burguesia russa não pode mais desempenhar um papel revolucionário nos moldes da burguesia francesa em 1789. Para Trótski, que também resgata as revoluções de 1848 na Europa, a burguesia assume uma postura conservadora diante do perigo que ameaça sua própria existência: o movimento operário e a luta pela sociedade socialista.

Partindo dessa premissa, Trótski procura entender como será possível realizar as tarefas eminentemente democráticas da sociedade burguesa em países como a Rússia czarista, dependente do imperialismo e socialmente atrasada. Convicto da inevitabilidade das mudanças e entendendo a impotência da burguesia, que deveria comandá-las, ele encontra no proletariado o condutor dessas transformações. Já em 1906, anuncia que as reformas dos grandes latifúndios agrários e as reformas políticas derivadas da democratização e da derrubada do czar seriam possíveis num processo revolucionário que contasse com a hegemonia do proletariado urbano.

Avançando ainda mais em sua tese, Trótski afirma que esse movimento revolucionário urbano, apoiado pelos camponeses, necessariamente passaria das reformas democrático-burguesas para medidas anticapitalistas. Argumenta que o movimento dirigido pelos operários organizados romperia as amarras próprias das contradições do capital. Acumulando-se umas às outras, num movimento permanente e sem interregno, as reformas se tornariam revolução socialista.

Essa suprema conquista, no entanto, não poderia sustentar-se isoladamente, donde a necessidade da revolução internacional na mesma cadeia de "permanência" e ininterrupção do processo revolucionário nacional. Trótski tinha bastante claro o apelo final do *Manifesto comunista*, adotado como epígrafe por toda a imprensa trotskista nos anos 1930: "Proletários de todos os países, uni-vos."

O escritor Edmund Wilson, em seu livro *Rumo à estação Finlândia*, recupera a análise de 1905 feita por Trótski. Com razão, aponta-o como anunciador da Revolução Russa de 1917 e das teses que Lênin propõe ao chegar à estação finlandesa e proclamar: "Todo poder aos sovietes!" Trótski percebera que a grande diferença no frustrado 1905 russo era que, apesar de a burguesia não ter assumido suas tarefas, o proletariado criara os sovietes, proporcionando direção política aos revolucionários social-democratas. Edmund Wilson resume:

1905 é um brilhante precursor da história da grande Revolução que Trótski viria a escrever. O marxista ainda não está dominando os eventos, porém já pode, ao menos, por um lado, exercer uma certa influência concreta sobre eles e, por outro, fazer o relato imediatamente depois de ocorridos os fatos. A história representada e a história escrita ainda correm por linhas paralelas, mas estão tendendo a juntar-se[29].

Os escritos de *1905* são definitivamente enriquecidos, em 1930, com o lançamento do livro *A revolução permanente*. Trótski acumula agora as experiências revolucionárias da Rússia, em 1905 e 1917, e a derrota recente da revolução na China, em 1928. Para além de se ater a um tema dos países "colonizados", necessário ao debate dos comunistas naquele período, o livro transcende a análise localizada dos fatos históricos e torna-se uma contribuição original e importante à teoria política marxista no século XX.

Trata-se, em primeiro lugar, de colocar postulados teóricos que permitam analisar o fenômeno revolucionário no mundo inteiro. Em segundo lugar, esses postulados propõem-se orientar a luta emancipadora dos países de capitalismo atrasado submetidos a um processo de dominação colonial ou semicolonial. Esse objetivo, além de apresentar-se para a maioria absoluta dos países do globo, carrega a possibilidade de a utopia socialista estar mais próxima do que os marxistas imaginaram até ali.

Como esclarece no prefácio à edição francesa de seu livro, Trótski procura "impor uma determinada concepção da dialética intrínseca do processo revolucionário" e, como marxista, insere suas reflexões no contexto das lutas transformadoras de seu tempo. No mesmo prefácio, adverte que "parte considerável deste livro é consagrada à Rússia, às lutas ideológicas que se travaram e ainda se travam entre os seus revolucionários"[30]. De fato, *A revolução permanente* é o mais contundente argumento, no rol das concepções leninistas de revolução, contra duas poderosas estratégias que dominaram a doutrina comunista por dezenas de anos: a teoria da revolução por etapas e a teoria do socialismo num só país.

Essas concepções, forjadas nos anos 1920 após a morte de Lênin, subordinam a revolução socialista nos países capitalistas dependentes a uma etapa anterior, fruto da aliança do proletariado com a burguesia nacional. Esse momento, necessariamente prévio, será o de uma democracia burguesa e nacional, anti-imperialista. No curso dessa linha, a URSS deve ser preservada em seus interesses como primeiro país socialista, e os comunistas de todos os países precisam agir subordinando seus movimentos àqueles necessários à "pátria socialista".

O uso dessa estratégia pela Internacional Comunista produziu episódios protagonizados pelos comunistas no Comitê Anglo-Russo e na Revolução Chinesa na segunda metade dos anos 1920. Nesses dois momentos, a teoria do socialismo num só país tornou-se a principal estratégia de ação política da IC. Portanto, não é sem justificativa que os princípios que aglutinam a Oposição Internacional de Esquerda combinam-se como uma crítica dupla, contra a teoria e contra a orientação prática dos dirigentes comunistas nos episódios inglês e chinês.

A teoria trotskista, que se contrapõe à revolução por etapas, retoma as bases já expressas em *1905 - Resultados e perspectivas* e as amplia. O papel conservador da burguesia nacional nos países capitalistas dependentes, fustigada pelo movimento operário, permanece como elemento de fundo das análises de Trótski. Continua também substituindo a impotência da classe que, em 1789, na França, realizou suas tarefas democráticas: o papel revolucionário do proletariado urbano. No entanto, a análise sobre o desenvolvimento capitalista dos países coloniais e semicoloniais é feita de maneira mais extensa no livro de 1930.

Considerando o desenvolvimento capitalista nesses países por uma óptica que articula formas atrasadas e modernas numa mesma sociedade, o livro de Trótski pensa também em um caráter combinado para o processo revolucionário. Em outras palavras, nos países periféricos do capitalismo a revolução combinará medidas antifeudais, anti-imperialistas e anticapitalistas. Num mesmo percurso ininterrupto e coerente com sua própria formação social combinada e desigual, o processo revolucionário dará os passos da democracia, da soberania nacional e da sociedade socialista.

Nessa dinâmica de revolução social dirigida pelo proletariado em aliança com os camponeses, o poder operário poderá realizar e ultrapassar as tarefas democrático-burguesas, forjando a sociedade socialista nas lutas concretas e ininterruptas iniciadas nos países periféricos do capitalismo. A ultrapassagem das barreiras nacionais é consequência imediata e necessária desse raciocínio, e o mesmo movimento que, simultaneamente, eclode naqueles países desdobra--se em âmbito internacional. No espírito do *Manifesto comunista*, de 1848, Trótski deixa claro que a "permanência" do processo revolucionário só se completará na arena internacional e que a sociedade socialista só terá lugar se realizada no mundo inteiro.

É uma proposta radicalmente contrária à estratégia stalinista. A defesa da URSS não se dá pela subordinação do proletariado internacional às burguesias nacionais e pelo afrouxamento do ritmo revolucionário em direção ao socialismo, sob o falso argumento de que essa subordinação e esse afrouxamento são uma maneira de defender o país, pátria-mãe do socialismo. Ao contrário, é o avanço da revolução nos vários países que garante a defesa da URSS e a esperança de concretizar a sociedade socialista. Trótski é lapidar quando escreve:

> A renúncia à atitude internacionalista conduz, inevitavelmente, ao *messianismo* nacional, isto é, ao reconhecimento de vantagens e qualidades peculiares ao país, capazes de lhe conferir um papel que os demais países não poderiam desempenhar. A divisão mundial do trabalho, a subordinação da indústria soviética à técnica estrangeira, a dependência das forças produtivas dos países avançados em relação às matérias-primas asiáticas etc. etc. tornam impossível a construção de uma sociedade socialista autônoma e isolada em qualquer região do mundo[31]. [grifo no original]

As teorias do socialismo num só país e da revolução permanente em duas revistas da época

Foi muito tímida a defesa das teses da revolução permanente de Trótski no período que vai do início de seu exílio até o lançamento de *A revolução permanente*, em 1930. Esse período coincide com o reordenamento dos oposicionistas num organismo internacional, o que ocorre apenas em abril de 1930, com o Secretariado da Oposição Internacional de Esquerda. A verdade, porém, é que não há unanimidade política dos opositores russos e internacionalistas em torno de uma liderança nesse curto período de 1927 a 1930, como poderemos constatar no Capítulo III deste livro, das cartas de Mário Pedrosa para Lívio Xavier.

Sem apoiar explicitamente as ideias trotskistas, os oposicionistas, no entanto, atacam duramente a teoria do socialismo num só país. As publicações da época atestam essa unanimidade da Oposição de Esquerda.

Do arquivo de Lívio Xavier, selecionei dois números de duas revistas que reproduzem esse momento prévio e formador da Oposição Internacional de Esquerda: *Bulletin Communiste (Organe du Communisme International)* e *Cahiers du Bolchévisme*[32]. Assim como outras publicações da época, elas contêm longas referências críticas à teoria stalinista, mas sempre dentro de contextos militantes, reportando-se sobretudo à Revolução Chinesa e ao Comitê Anglo-Russo.

Um número especial da *Cahiers du Bolchévisme*, de novembro de 1927, traz documentos da Oposição de Esquerda francesa e a resposta do Partido Comunista Francês. Da plataforma oposicionista podemos retirar um ataque incisivo à teoria do socialismo num só país:

→ O documento acusa o "grupo Stálin" de exercer uma política oportunista ao conduzir o Estado soviético, caracterizado, por sua vez, como instrumento legítimo da ditadura do proletariado. Condizentes com a análise leninista dos primeiros tempos da revolução, os oposicionistas consideram a "União Soviética como um Estado proletário, mas submetido a alterações burocráticas, à influência da pequena burguesia e à pressão do capital estrangeiro". Nesse quadro, Stálin favoreceria os "especialistas" em detrimento dos operários, utilizando-se oportunisticamente das "características socialistas da indústria nacionalizada", conceito que abole a mais-valia e entende que os benefícios são da classe operária. O oportunismo stalinista tende a alterar cada vez mais o caráter proletário do Estado soviético.

→ O que sustenta essa política oportunista é justamente a teoria do socialismo num só país. O documento é claro: "Todos os erros oportunistas do grupo Stálin têm sua síntese na falsa teoria do 'socialismo num só país'."

→ Reportando ao discurso de Stálin na XV Conferência do PCUS e ao discurso de Rykov no Comitê Central Executivo dos Sovietes em 17 de outubro de 1927, o texto oposicionista critica a posição de ambos, prevendo uma marcha pacífica para o socialismo na URSS sem se apoiar em revoluções vitoriosas em outros países. Stálin e Rykov argumentam que, se o país não for atacado militarmente pelo imperialismo, em dez anos a sociedade socialista será implantada e passará a coexistir com o capitalismo, acabando por vencê-lo ao final de uma rivalidade pacífica.

→ Essa estratégia é classificada como "pacifismo pequeno-burguês" pela Oposição. Ironizando Rykov, que apelara aos estados capitalistas para que concorressem pacificamente com o sistema socialista, o documento decreta: "Tais adjurações, tais raciocínios, tais teorias são a negação mesma do marxismo e constituem um retorno às teorias caducas do socialismo utópico pequeno-burguês."

→ O contraponto ao pacifismo é a teoria da luta de classes, considerada "lei elementar" do marxismo. A violência revolucionária e a vitória na Rússia, em outubro de 1917, apenas reforçam essa premissa, mas não a abolem, como pregam Stálin e Rykov, diz o documento. A guerra do imperialismo contra o Estado socialista é inevitável, e aos dirigentes cabe a tarefa de preparar o proletariado internacional para esse embate.

→ Apenas o "reformismo pequeno-burguês" pode manipular a ideologia da paz social e da razoabilidade dos "bons capitalistas". A esse reformismo, conclui a Oposição, alia-se Stálin, ao conclamar o proletariado internacional a impedir a ofensiva bélica contra a URSS. A arma recomendada é antileninista. Não se procura mais intensificar a luta de classes internacional e, dessa maneira, enfraquecer a burguesia em todos os países. Ao contrário, renuncia-se à luta de classes e à propaganda internacionalista em troca de promessas de paz e de créditos financeiros.

→ O documento estende a Bukharin suas acusações: "Bukharin explica isso pela teoria das circunstâncias excepcionais. O recurso à teoria das circunstâncias excepcionais torna-se cada vez mais a política habitual do grupo Stálin, inspirando-se sempre mais no reformismo pequeno-burguês."

→ Avançando ainda mais, o artigo entende que a teoria do socialismo num só país, ao colocar a defesa da URSS como único elo entre o Estado socialista e o proletariado internacional, cria uma separação entre os interesses do operário soviético e dos outros países. No dizer do documento, "a teoria stalinista do 'socialismo num só país' leva o nacionalismo pequeno-burguês ao seu limite".

A revista *Bulletin Communiste*[33], dirigida por Boris Souvarine e apreciada pelo grupo de Mário Pedrosa, traz no número de julho/setembro de 1927 a "Declaração dos três mil", já analisada aqui.

Não é por acaso que a "Declaração" é publicada nesse número por Souvarine. Pontos essenciais ao programa da Oposição de Esquerda estão nela colocados, embora não representem unanimidade. Publicado com observações prévias de Souvarine, o documento reforça os laços contra a teoria de Stálin.

O artigo de Souvarine que antecede a "Declaração", intitulado "A crise do PC russo", deixa claro que, ao publicar o documento, a *Bulletin Communiste* abre espaço, em suas páginas, para ajudar na divulgação de posições censuradas no interior da URSS, contribuindo para a democracia e a elucidação do movimento operário internacional. Ele relembra discordâncias da *Bulletin Communiste* com relação a algumas posições defendidas pelos signatários, mas ressalta os pontos positivos e comuns:

O que consideramos como racional, justo e respondendo aos interesses da revolução são suas reivindicações democráticas, seu internacionalismo enraizado, sua tendência a colocar a Rússia na via da civilização industrial, a organizar a produção segundo um plano de conjunto, a restituir ao proletariado sua influência perdida, a manter vivo o pensamento crítico [...].

No editorial, também assinado por Souvarine, a posição contra o socialismo num só país é ainda mais explícita. Ele considera os preparativos para o xv Congresso do PCUS, que se realizará em dezembro de 1927, como o início de uma grande "depuração" dos quadros partidários. A cisão do bolchevismo é inevitável, dando continuidade ao processo iniciado em 1924, que ele classifica de "cisão ideológica e moral" e de surgimento de um "neobolchevismo conservador, reflexo de interesses adquiridos no curso da subversão do processo revolucionário". Esse "neobolchevismo" é encarnado primeiramente por Stálin e Zinoviev, depois por Stálin e Bukharin, que preparam "a bancarrota da Revolução de Outubro".

A causa da bancarrota é identificada nas bases da teoria do socialismo num só país:

> Mas o neobolchevismo, ao desprezar um século de ciência revolucionária, e *pretender instaurar o socialismo num país agrário atrasado* sem levar em conta o mundo industrial exterior, não fará mais que sacrificar uma a uma as conquistas de Outubro e reverterá de tal forma o mais elementar progresso social que não poderemos falar mesmo de comunismo. [grifo no original]

O Comitê Anglo-Russo

Uma das origens psicológicas do oportunismo é uma espécie de impaciência superficial, uma falta de confiança no crescimento gradual da influência do Partido, o desejo de ganhar as massas mediante manobras organizativas ou mediante a diplomacia pessoal. Daí surge a política das combinações de bastidores, a política do silêncio, da dissimulação, das renúncias, de adaptar-se a bandeiras alheias, e, finalmente, de passar-se totalmente às posições do oportunismo[34].

O episódio do Comitê Anglo-Russo constitui-se em forte argumento para consolidar a estratégia revolucionária dos oposicionistas de esquerda. Apesar de Trótski considerar a experiência dessa luta como a "menos compreendida", até mesmo pelos grupos da Oposição, ela se torna, ao lado da frustrada Revolução Chinesa, um momento privilegiado e objetivo na luta contra a teoria do socialismo num só país, no final dos anos 1920.

A Inglaterra no pós-guerra e o movimento operário

A Revolução Russa de 1917 tem grande receptividade entre os trabalhadores ingleses, reforçando, com greves e agitações de mineiros, ferroviários e estivadores, o sindicalismo britânico. Nos primeiros anos da década de 1920, o movimento sindical é liderado por Ernest Bevin e reúne 32 sindicatos na maior central sindical do período, a Transport and General Workers' Union (*trade unions*).

Paralelamente, a Inglaterra e os outros países europeus envolvidos na Primeira Guerra Mundial procuram reorganizar-se política e economicamente. Os esforços de reconstrução, como o Plano Dawes (a viabilização das reparações de guerra pagas pela Alemanha), a liquidação das dívidas entre os aliados e a introdução do planejamento econômico para reorganizar a exploração industrial, enfrentam novos mecanismos de dominação. A velha Europa cede lugar aos Estados Unidos da América como regulador do equilíbrio mundial e tem início a era das potências industriais avançadas, comandadas pelos EUA, que cobram caro as dívidas de guerra contraídas pelos seus aliados europeus.

A Conferência de Washington de 1921 mostra que os ingleses já não são uma potência hegemônica, posição reforçada pela perda de espaço político e econômico em suas colônias, notadamente na Índia. A instabilidade política das elites dirigentes acompanha esse novo quadro: na década de 1920, o parlamentarismo troca cinco gabinetes entre os conservadores, os liberais e os trabalhistas.

O Partido Trabalhista (Labour Party) conhece um grande crescimento nos anos 1920 e, no início de 1924, chega ao poder com Ramsay MacDonald, premiê do primeiro gabinete trabalhista. No curto espaço de tempo de seu governo, ele reconhece a URSS e inicia algumas negociações comerciais com os comunistas. O escândalo provocado pela denúncia de ligações da Internacional Comunista com o Partido Comunista britânico, com base na chamada "Carta de Zinoviev", aliado à mentalidade anticomunista do pós-guerra, provoca a derrubada de MacDonald em outubro de 1924. Quem assume o governo é novamente Stanley Baldwin, do Partido Conservador.

O Comitê Anglo-Russo e a greve geral inglesa

O Comitê Anglo-Russo é fundado em maio de 1925, compondo um bloco político formado por duas grandes centrais sindicais: o Conselho Central dos Sindicatos (CCS) da URSS, dirigido pelo Partido Comunista da União Soviética (bolchevique), e as *trade unions*, sob influência direta do Partido Trabalhista britânico. Seu objetivo inicial é ambicioso e perigoso aos olhos das classes dominantes: lutar pela reunificação dos sindicatos em âmbito internacional.

Para Stálin, constituir uma corrente de apoio à URSS no interior do movimento operário inglês é fator muito importante para sua política interna. Não podemos esquecer que o pressuposto para uma bem--sucedida empresa de implantar o socialismo unicamente na URSS passa pela não agressão militar das potências capitalistas.

Em 1926, eclode a greve dos mineiros, estendida entre 4 e 12 de maio para todos os sindicatos. É a grande greve geral inglesa, que será o pivô das polêmicas sobre o papel do Comitê Anglo-Russo entre os oposicionistas e a direção stalinista da Internacional Comunista.

No Brasil, essa polêmica não passa despercebida. A revista *Clarté* (*Nouvelle Série*)[35], de agosto/setembro de 1926, encontrada no arquivo de Lívio Xavier, traz para os brasileiros uma aguda análise dos acontecimentos, então recentes, na Inglaterra. Assinado por Pierre Naville, esse artigo é particularmente interessante. Além de historiar e contextualizar o episódio, ele revela, na segunda parte do artigo (publicada na *Clarté* número 4), uma discordância parcial com Trótski e, pontualmente, uma concordância com Stálin, o que mostra, mais uma vez, o clima polêmico dos debates internacionais, progressivamente calados a partir de 1927.

Naville situa a greve geral inglesa no contexto da análise corrente dos comunistas daqueles anos, que julgavam ter o capitalismo entrado num período de estabilização. A Inglaterra é analisada como um dos países mais sensíveis a esse período, contrabalançando-se simultaneamente entre um quadro de decadência e de tentativas de recuperação de seu sistema econômico.

Marxista, a análise busca as raízes econômicas fundamentais e encontra em R. Palme Dutt matéria para suas conclusões. Partindo da situação da Europa, a crise do carvão é considerada um perigo permanente para a Inglaterra, vítima de sua política de parasitismo colonial e do atraso técnico de suas indústrias. O setor carvoeiro, de grande importância enquanto fonte de energia, enfrenta agora a substituição de técnicas energéticas (eletricidade e óleo), a concorrência de preços com outros países (Alemanha, principalmente) e a queda da atividade industrial no país.

O Gabinete Baldwin procura amenizar a crise, em 1925, mediante o arrocho salarial, motivo imediato da greve dos mineiros ocorrida em 1926, ano em que é criada uma Comissão do Carvão, que tem como objetivo examinar "imparcialmente" o problema. Em seguida, surge a Liga de Organização para a Manutenção do Abastecimento (OSM), que, segundo Naville, "fornece a base para a traição de direita".

Em 4 de maio, o apelo dos mineiros grevistas tem resultado, e a Inglaterra entra em greve geral. O governo mobiliza-se pela desarticulação do movimento e procura negociar.

Os meandros dessas negociações, identificadas como "traição" por Naville, passam pelo líder trabalhista MacDonald, que procura explicar a crise carvoeira aos trabalhadores, conclama soluções às autoridades e busca uma negociação que evite o conflito. Com ele está o poderoso Conselho Geral das *trade unions*, pressionando para que a greve seja suspensa. O resultado é o arrefecimento do movimento grevista, bombardeado pela dúvida e pela quebra da unidade conseguida pelos mineiros. A tática trabalhista de caracterizar o movimento mineiro como corporativo, industrial, valorizando a linha de defesa das instituições num momento difícil para o país, acaba prevalecendo sobre as frágeis reações classistas dos comunistas ingleses.

Naville é enfático ao acusar os trabalhistas:

> Os chefes reformistas negam o espírito de classe próprio das massas. [...] O sindicalismo deles, agora desmascarado, está baseado na ideia de colaboração de classes. [...] São os velhos métodos e seus representantes aburguesados... são os verdadeiros organizadores da derrota[36].

A greve geral chega ao fim em 12 de maio, e a dos mineiros resiste até 1º de dezembro de 1926. Pressionados pelo Comitê Executivo da Federação dos Mineiros, que acertou com o governo acordos regionais, os trabalhadores voltam ao trabalho, contabilizando um saldo de 200 mil demissões.

As divergências entre a Oposição de Esquerda e Stálin

Trótski escreve em 4 de janeiro de 1931 um artigo em que analisa a experiência da greve geral inglesa e atribui o desastre ao fato de

> se ter pisoteado a independência do Partido Comunista britânico. Para que os sindicatos soviéticos pudessem manter o bloco contra os fura-greves do Conselho Geral (supostamente por interesses de Estado da URSS!), era necessário privá-los de toda independência[37].

Mais alguns dados são necessários para compreender como agiram o Partido Comunista britânico e a Internacional Comunista.

Os trabalhistas dirigentes do Conselho Geral das *trade unions* tinham como oposição um grupo denominado Movimento da Minoria, mais à esquerda e simpático aos comunistas. Liderado por A. A. Purcell, George Hicks e A. J. Cook, este último secretário da Federação Mineira, o Movimento da Minoria absorveu, durante o movimento grevista, o Partido Comunista britânico.

A orientação para empreender essa política partiu de Stálin, Bukharin e Zinoviev, que pretendiam resolver o problema da fragilidade do Partido Comunista com "uma corrente mais ampla, que não estivesse encabeçada por membros do Partido, mas sim por 'amigos', quase comunistas, em todo caso bons companheiros e conhecidos"[38].

Trótski não discorda da aliança com a Minoria, mas critica justamente a submissão do Partido aos "esquerdistas". Tudo em nome de uma política diplomática de defesa da Rússia soviética, que se afasta da luta de classes e dos métodos revolucionários bolcheviques. Evidenciam-se o lugar do Partido como vanguarda e a política de defesa do internacionalismo como revolução permanente, marcas registradas do trotskismo.

A "Declaração dos três mil", publicada na *Bulletin Communiste*, e a plataforma da Oposição francesa, publicada na *Cahiers du Bolchévisme*, ambas de 1927, referendam os pontos de vista emitidos por Trótski no artigo citado[39]. Diz a "Declaração":

> Sustentamos a autoridade dos traidores do Conselho Geral no período mais crítico para eles, durante as semanas e meses da greve geral e da greve dos mineiros. Nós os ajudamos a se manter. Nós capitulamos perante eles na última conferência de Berlim[40], reconhecendo o Conselho Geral como *o único* representante do proletariado inglês... colocando nossa assinatura sobre o princípio de não intervenção nos assuntos internos do movimento operário inglês. [grifo no original]

Prosseguindo na crítica, a "Declaração" argumenta que a continuidade dessa política levaria à derrocada das lutas internacionalistas e faz uma sinistra relação:

Os elementos de direita estão cada vez com mais influência em todos os nossos partidos. As mais grosseiras faltas da direita (na Alemanha, na Polônia, na França e outros) ficam sem sanções [...]. A autoridade do PC da URSS e da Revolução de Outubro é utilizada para fazer desviar à direita os partidos comunistas de linha leninista. Tudo isso, num bloco, impede a IC de preparar e de levar, à maneira de Lênin, a luta contra a guerra[41].

A análise da plataforma dos oposicionistas franceses é ainda mais carregada de contundência.

O artigo é a favor do término do Comitê Anglo-Russo e questiona o comportamento da Confederação Geral do Trabalho russa por não ter denunciado, desde o início, a "elaboração da traição" pelo Conselho Geral, quando este se recusou a receber o dinheiro enviado pelos sindicatos russos para a greve geral.

A mesma posição de censura à subordinação aos "esquerdistas" do Conselho Geral assumida por Trótski em seu artigo de 1931 é adotada no documento. Critica-se o acobertamento, por parte dos comunistas, dos "traidores de esquerda, os mais perigosos, porque hábeis em esconder a traição sob fraseologia revolucionária".

Concordando com a "Declaração dos três mil", o documento avalia que a estratégia soviética de manter a todo preço o Comitê Anglo-Russo teve seu coroamento na Conferência de Berlim. As consequências mostram-se desastrosas. Além de a "capitulação de Berlim" tornar mais fácil a investida contra os comunistas na China, o Comitê torna-se um "muro" que separa a massa dos comunistas. A mesma "capitulação" incentiva o governo Baldwin à repressão ao Partido Comunista na Inglaterra, bem como à ruptura de relações diplomáticas com a URSS.

Utilizando o que chama de "teoria das circunstâncias excepcionais", Bukharin justifica as resoluções da Internacional Comunista para não ferir interesses diplomáticos da Rússia soviética. O documento argumenta que essa teoria cria uma falsa oposição: "de uma parte os interesses diplomáticos da URSS, que necessitam de uma infração dos princípios bolcheviques, e de outra parte os interesses do proletariado internacional, que requerem a aplicação dos princípios bolcheviques".

O procedimento das chamadas "circunstâncias excepcionais" coloca a política da Internacional Comunista longe dos métodos de Lênin: "Contrariamente aos métodos de Bukharin, a União Soviética deve se defender por métodos revolucionários próprios a um Estado proletário." A comparação com o reformismo da II Internacional é inevitável:

> Kautsky, que era o chefe ideológico da II Internacional, em face da guerra, considerada como circunstância excepcional, preconizou o abandono da luta de classes e a constituição de um bloco com a burguesia. Bukharin, em face da guerra, considerada por ele como circunstância excepcional, preconiza infrações a nossos princípios de luta de classes e a constituição de um bloco, a todo custo, pelo alto, com os chefes revolucionários. Essa é a via do revisionismo. [...] A teoria de Bukharin leva à renúncia da revolução mundial.

Contrapondo-se a tudo isso, os oposicionistas apontam alguns caminhos necessários.

Em primeiro lugar, a vanguarda revolucionária deve ser a condutora das massas pela via da luta de classes. Se há acordos com os inimigos de classe, como fez Lênin, eles nunca abrem mão de princípios que, deixados de lado, comprometem a revolução.

Em segundo lugar, os blocos e as alianças não podem acontecer pelo alto, e a qualquer preço, com as lideranças traidoras. O combate ao reformismo deve ser uma tarefa constante dos verdadeiros revolucionários.

Se a posição de Trótski e a da Oposição de Esquerda russa alcançam apoio internacional pela fidelidade às questões de princípio do marxismo revolucionário, nem por isso conseguem unanimidade nas diretrizes futuras.

A proposta de Trótski é dissolver o Comitê Anglo-Russo, apoiado em sua estratégia característica: alimentar o Partido reforçando os laços com o movimento de massas, sem passar pela intermediação de lideranças reformistas. Ele argumenta no xv Congresso do PCUS:

> Que é que sustenta a Inglaterra burguesa? Não é Baldwin, não é Thomas, mas Purcell. O "purcellismo" é o pseudônimo da estabilização atual da Inglaterra. É por isso que nós estimamos que é fundamentalmente falso solidarizar-se, mediante as massas operárias que fizeram a greve geral, direta ou indiretamente, com Purcell. É por isso que nós reivindicamos a dissolução do Comitê Anglo-Russo[42].

Pierre Naville, no artigo citado da *Clarté* número 4, não apoia a dissolução do Comitê e diverge de Trótski, mas concorda com Stálin, o que ilustra o ambiente de intensa mobilidade de posições na tradição da III Internacional e nos simpatizantes da Oposição russa até 1927.

Apesar de concordar com as críticas aos trabalhistas e a Purcell, Naville entende que no Comitê Anglo-Russo há representações do movimento minoritário que prescindem de Purcell. Ele questiona se é necessário abandonar as massas operárias, sob o pretexto de que alguns de seus chefes fazem causa com a burguesia, renunciando à base de influência que constitui o Comitê para os comunistas ingleses. "Certamente que não", responde Naville.

O importante, porém, é que, apesar de discordâncias táticas, o episódio da greve geral inglesa é um dos fatores que solidificam os argumentos daqueles que viram nos oposicionistas liderados por Trótski os herdeiros de Lênin.

A reflexão principista de Delfosse, em artigo de 1927 sobre o Comitê Anglo-Russo na *Contre le Courant*, ilustra as lições do episódio e sua importância para os adversários de Stálin:

> Como em muitas outras questões, subestimou-se o proletariado. É próprio do stalinismo subestimar o proletariado, buscando seu ponto de apoio sobre as outras classes. Foi subestimando o proleta-

riado que ele fatalmente depositou confiança em Chiang Kai-shek na China, nos camponeses *kulaks* na Rússia, em Purcell em Berlim, todos engajados, em resumo, na via do "Thermidor"[43].

A Questão Chinesa

No âmbito dos dirigentes, produziu-se uma coisa absolutamente monstruosa, uma verdadeira catástrofe histórica: a autoridade da União Soviética, do Partido dos bolcheviques, da IC, serviu para sustentar Chiang Kai-shek contra a política do Partido Comunista e em seguida apoiou Wan Ching-wei como dirigente da revolução agrária. Depois de pisotear a base da política leninista e quebrar os ossos do jovem PC chinês, o Comitê Executivo da IC determina o avanço da vitória do kerenkismo chinês sobre o bolchevismo[44].

A Questão Chinesa é parte da mais consistente polêmica internacional entre o Partido Comunista do Brasil e sua Oposição de Esquerda, constituída em 1930. Naquela década, o Kuomintang chinês e a política da Internacional Comunista na China inspiram fortemente a estratégia dos comunistas brasileiros, aproximando o episódio do importante debate sobre a revolução proletária nos países semicoloniais.

Os problemas táticos e estratégicos da conexão entre as revoluções nos países atrasados explorados pelo capitalismo e as revoluções socialistas são analisados de maneira bastante débil pelo marxismo. Conforme se pode verificar no estudo de Fernando Claudín[45], as análises mais importantes de Marx sobre o "modo de produção asiático" permanecem inéditas até 1939.

Na Rússia, essas dificuldades acompanham o movimento revolucionário desde 1905, quando Lênin compreende a importância da força transformadora do Oriente. Já superada a fase revolucionária da Rússia a partir de 1917, o problema vem à tona com toda a intensidade nos episódios da Questão Chinesa.

A América Latina sofre um tratamento similar ao do Oriente nos primeiros congressos da Internacional Comunista, que examinam a estratégia comunista nos países dependentes. No Brasil, resolver essa equação é tarefa central desde os primeiros momentos do PCB, e a recorrência ao Kuomintang torna-se prática comum e exemplar para os brasileiros no período de 1926 a 1928.

Não é, porém, somente pelo viés do Kuomintang que, no debate sobre a China, pode-se encontrar uma proximidade com o Brasil. Na condição de países considerados, pela Internacional Comunista, atrasados e submetidos ao imperialismo capitalista, Brasil e China partilham uma visão estratégica muito arraigada entre os dirigentes do comunismo internacional.

Graças a essa visão, consagrada no I Congresso da Internacional Comunista, uma das razões mais profundas da estranha similaridade de tratamento dada pelo Komintern a países com formação histórica, social, econômica, política e cultural tão díspares é o fenômeno do eurocentrismo da revolução socialista. A Europa, sede do mundo capitalista avançado, é o centro da transformação social. Todas as diretrizes e possibilidades revolucionárias emanam do cenário europeu.

Não é de estranhar, portanto, que o PCB e a Oposição de Esquerda no Brasil, assim como os chineses, tenham tomado como referência maior para sua construção os partidos europeus. Essa é uma das explicações mais consistentes para entender por que a Oposição de Esquerda no Brasil não tem nenhum elo maior com os países latino-americanos, igualmente atrasados. A propósito, Fernando Claudín argumenta que a

> lógica interna da teoria marxiana da revolução socialista mundial trazia em si duas ideias de caráter eurocêntrico, que teriam enorme gravitação na Internacional Comunista. A primeira, de caráter principalmente estratégico: a libertação do mundo explorado pelo capitalismo seria o *resultado* da revolução socialista no Ocidente; e a segunda, de caráter cultural, no sentido mais amplo desse termo: a transformação socialista do mundo significava a sua *europeização*[46]. [grifos no original]

O percurso histórico e político

Os complexos problemas teóricos e políticos enfrentados pelos pequenos partidos comunistas dos países atrasados não encontram solução satisfatória nos debates dos congressos da Internacional Comunista. Não cabe aqui comentar as argumentações utilizadas, mas, durante o IV Congresso da Internacional Comunista, constata-se que as resoluções tomadas nos congressos anteriores estavam muito aquém das reais necessidades estratégicas e táticas do movimento. Quem faz essa observação é Manabendra Nath Bhattacharya Roy, mais simplesmente M. N. Roy, jovem comunista hindu e líder do Partido Comunista no México, que polemizara com Lênin sobre a questão colonial durante o II Congresso da Internacional Comunista, em 1922.

Nesse congresso, o primeiro a abordar o problema da revolução comunista nos países dependentes, M. N. Roy defende um ponto de vista "asiocêntrico" contra o eurocentrismo extremo do I Congresso[47]. Ele defende a tese de que o destino da revolução ocidental passa pelo triunfo do movimento revolucionário no Oriente, já que o capitalismo extrai sua riqueza de fontes provindas dos países coloniais. A derrocada do sistema econômico capitalista ocorre mediante o esgotamento dessas fontes, dominadas pelo poder revolucionário em cada país atrasado. Seu principal debatedor foi Lênin, que reconhece a existência de milhões de proletários no Oriente, todos, porém, com partidos comunistas muito frágeis, o que invalida os fundamentos do argumento de Roy.

A tônica das teses aprovadas no II Congresso obedece, portanto, ao parâmetro marxista de que o proletariado dos países industrialmente desenvolvidos é o agente decisivo da revolução mundial. No entanto, chega-se a um consenso sobre o importante papel das revoluções libertadoras nos países atrasados para a revolução socialista e, ainda, sobre não ser necessário vencer primeiro na metrópole para depois triunfar na colônia.

Interessa aqui, em particular, a forma dada à relação política da Internacional Comunista com suas seções coloniais no II Congresso.

A necessária ajuda acontecerá mediante acordos pontuais com cada partido, e na tese adverte-se:

> A Internacional Comunista deve fazer acordos temporários, e até mesmo alianças, com os democratas-burgueses nas colônias e nos países atrasados, mas não deve unir-se a eles. Ela deve manter a todo custo a independência do movimento proletário, por mais embrionário que este seja[48].

A divergência entre Stálin e os oposicionistas de esquerda com relação à Questão Chinesa tem como um de seus alicerces essa última diretriz extraída do II Congresso.

As discordâncias têm início durante o V Congresso da Internacional Comunista, realizado em 1924, logo após a morte de Lênin. Nesse congresso, a independência crítica dos comunistas nos países coloniais com relação à burguesia nacional sofre considerável reviravolta.

O argumento de Stálin é o risco da guerra contra a URSS, conduzida pelo imperialismo inglês e francês. Propõe à IC atacar a "retaguarda" desse inimigo. O mesmo movimento de aliança com os chefes trabalhistas das *trade unions* repete-se com os movimentos nacionalistas burgueses dos países dependentes, considerados igualmente inimigos do imperialismo.

É sob essas diretrizes de Moscou que o pequeno Partido Comunista Chinês (PCC), que na época do V Congresso contava com cerca de oitocentos militantes, recebe a orientação de diluir-se no Kuomintang, partido nacionalista fundado por Sun Yat-sen, líder do primeiro governo republicano em 1911[49].

O PCC, dirigido por Chen Tu-hsiu, orienta seus militantes, a partir de 1922, a aderir individualmente ao Kuomintang, com o objetivo de se aproximarem dos operários e ativistas, em grande número no país, principalmente em Cantão.

Sun Yat-sen firma, em 26 de janeiro de 1923, um tratado de aliança com a URSS, por intermédio do embaixador extraordinário enviado à China por Moscou, Adolf Abrámovich Yoffe. Essa aliança do movimento nacionalista chinês procura o apoio do governo soviético, então representante da revolução socialista vitoriosa de 1917, detentora de grande prestígio entre os trabalhadores chineses.

Além de manter a filiação individual dos comunistas à disciplina do Kuomintang, evitando um acordo partido-partido, o tratado prevê outras medidas de aproximação: cooperação do Exército russo no treinamento militar dos kuomintanguistas; estruturação organizativa do Kuomintang pela forma leninista do Partido russo; designação de Mikhail Borodin, membro do Comissariado das Relações Exteriores da URSS, que já obtivera sucesso em sua missão com M. N. Roy, no México, como representante do Politburo soviético no Kuomintang.

Essa aliança com um partido nacionalista que unificaria a China e ainda seria publicamente favorável ao Estado soviético coroa os planos defensivos de Stálin. Como Claudín observa, Sun Yat-sen ataca os dois maiores inimigos imperialistas da URSS: a Inglaterra, ameaça na Europa e na Ásia, e o Japão, fator de insegurança no extremo oriente russo[50].

O mesmo esquema de alianças empregado com as *trade unions* amplia-se consideravelmente na China, em detrimento de qualquer doutrina ou postulado de independência política cultivados nos quatro primeiros congressos da Internacional Comunista.

A instauração do conflito e a derrota da revolução

O primeiro confronto entre os comunistas chineses e o Kuomintang acontece em 1924, na grande greve de Cantão e de Hong Kong. Pierre Broué[51] considera que essa greve cria o primeiro soviete chinês, o comitê de delegados dos grevistas, eleito pelos operários, que dispõe de estrutura de poder próprio – 2 mil piquetes armados, polícia, tribunal –, dita e executa leis, constrói escolas, é responsável pelo sistema de transporte, abastecimento etc. Essa independência dos trabalhadores confronta diretamente com o movimento nacionalista burguês, que passa a frear o movimento grevista.

Em outubro de 1925, o PCC busca dirigir de forma independente a luta operária e para isso propõe o seu desligamento do Kuomintang, já liderado pelo general Chiang Kai-shek e por Wang Ching-wei, sucessores de Sun Yat-sen, morto em março de 1925.

A resposta do Comitê Executivo da Internacional Comunista é contundente: manda que os comunistas evitem a deflagração da luta contra a burguesia nacionalista do Kuomintang, abstenham-se de criticar o sunismo e contenham os movimentos no campo.

Bukharin, um dos mentores dessa estratégia, explica-se:

> O Kuomintang é uma organização de tipo especial, um corpo intermediário entre um partido político e uma organização como os sovietes, onde se acham integradas diferentes organizações de classe. [...] Sua estrutura permite uma conquista que se iniciará pela base, mediante a realização em suas fileiras de um agrupamento de classe. Nossa obrigação é explorar essa peculiaridade no curso da Revolução Chinesa. [...] É preciso transformar progressiva e aceleradamente o Kuomintang em uma organização eletiva de massas, [...] deslocar para a esquerda seu centro de gravidade, modificar a composição social da organização[52].

Em 1926, o Kuomintang é aceito como "partido associado" na Internacional Comunista, e Chiang Kai-shek, como "membro associado" do Comitê Executivo, reforçando os laços políticos com Moscou[53].

Os acontecimentos precipitam-se. Em 20 de março de 1926, Chiang intervém em Cantão, aprisiona dirigentes sindicais comunistas e tira-os da direção do Kuomintang. Exige ainda que seja seguida unicamente a doutrina de Sun Yat-sen e que lhe seja entregue a lista completa de filiados ao PCC.

A Internacional Comunista e Moscou pressionam o PCC a aceitar as condições e, em abril de 1926, é registrado o primeiro protesto de Trótski pela independência dos comunistas diante do Kuomintang.

Ainda no verão de 1926, inicia-se um conflito entre os dois sucessores de Sun Yat-sen: Wang Ching-wei, líder dos civis e do governo, e o general Chiang Kai-shek, oficial formado em Moscou. Este inicia uma expedição militar no norte do país, buscando sua unificação e independência como a república sonhada pelo sunismo. Até o final do ano, Chiang realiza uma marcha fulminante e estabelece-se em

Wuhan (Hankou). Nos territórios conquistados, em nome da pátria, proíbe todo tipo de manifestação ou greve.

Apesar das proibições, a campanha militar desperta revoltas entre os camponeses e os operários, ocupações de terra e insurreições. Muitas dessas manifestações precedem a passagem da marcha militar de Chiang, como em Xangai, onde, em 19 de março, eclode uma greve geral. A cidade é tomada por milícias operárias, organizadas pelo Partido Comunista e pelos sindicatos. Xangai, juntamente com Nanquim, é libertada em março de 1927, após as milícias dos trabalhadores expulsarem o exército de ocupação, deslocando-o para o norte, e entregarem a chave da cidade aos soldados kuomintanguistas.

Durante todo esse período, a orientação da Internacional Comunista, diante dos pedidos de independência para o Partido Comunista feitos por Chen Tu-hsiu, é de rechaçá-los em nome do papel objetivamente revolucionário da burguesia chinesa. Mantinha-se firme a orientação de Stálin e Bukharin de sustentar o chamado "bloco das quatro classes" – operários, camponeses, pequena burguesia e burguesia nacional – unido contra o inimigo imperialista.

Em meio à intensa agitação política e social, com muitas iniciativas operárias e camponesas fugindo do controle sindical ou partidário e tomando rumos indesejados pelo Kuomintang, Chiang Kai-shek prepara o revide.

Em 31 de março de 1927, Trótski protesta novamente, por escrito, solicitando informações ao Comitê Central do Partido russo e questionando por que não se lança a palavra de ordem de construção dos sovietes e não se impulsiona a revolução agrária. Em 3 de abril, ele escreve um artigo, que não será publicado, no qual acusa a Internacional Comunista de deixar o PCC refém do Kuomintang. Em 5 de abril, em outro artigo, prevê em sua análise que Chiang prepara um golpe militar e que só a organização dos sovietes poderia detê-lo. Em 12 de abril, responde ao economista Martinov, antigo menchevique que defende a revolução por etapas na China e as orientações de Bukharin e Stálin.

No dia 5 de abril, Stálin afirma perante 3 mil militantes, na Sala das Colunas: "Chiang Kai-shek se submete à disciplina. O Kuomintang é um bloco, uma espécie de Parlamento revolucionário [...]. Chiang Kai-shek só pode lançar o exército contra os imperialistas."[54]

O PCC adverte Moscou de que Chiang quer desarmar as milícias operárias de Xangai. A ordem dos dirigentes soviéticos é precisa: "Enterrem as armas." Em 12 de abril de 1927, acontece o massacre. Chiang e seus soldados, aliados a grupos armados pelos banqueiros e pela "burguesia compradora" de Xangai, invadem a cidade. Milhares de sindicalistas, operários e militantes do Partido Comunista são mortos e encarcerados, acusados de "reacionarismo" e de conspirar com os "militares do norte". Dentre eles, muitos dirigentes do PCC.

No dia 21 de abril, a Internacional Comunista confirma a correção de sua análise política e entende, pelas palavras de Bukharin, que "a burguesia passou para o lado da contrarrevolução". No entanto, argumenta, o campo da revolução ainda está na "esquerda" do Kuomintang, representado por noventa por cento do "bloco das quatro classes", controlando até o governo de Wuhan.

A ordem agora é apoiar Wang Ching-wei, líder de Wuhan, que repudiara inicialmente o golpe de Chiang. O Kuomintang passa por um período de divisão política e territorial. Wang controla as províncias em torno de Wuhan, e Chiang instala seu governo em Nanquim, implantando o terror contra os comunistas e os sindicatos.

Wuhan é considerada pela Internacional Comunista o "centro da revolução", e dois comunistas tomam lugar no governo kuomintanguista, enquanto a tensão social cresce, principalmente no campo.

Em 24 de maio de 1927, no Comitê Executivo da Internacional Comunista, Trótski acusa os dirigentes soviéticos de serem responsáveis pelo massacre de Xangai e apela para que se constituam imediatamente os sovietes, apoio inadiável para a revolução agrária. Nesse momento, Stálin o interrompe e afirma que "a ala esquerda do Kuomintang desempenha na presente revolução democrática chinesa aproximadamente o mesmo papel que os sovietes russos em 1905"[55].

Essa nova análise não dura mais de dois meses. Em 15 de julho, Wang Ching-wei expulsa os comunistas, prende e assassina militantes revolucionários e sindicalistas. É a senha para o acordo com

Chiang Kai-shek, assinado nos meses seguintes, quando este se torna o chefe incontestável do Kuomintang.

O PCC entra para a clandestinidade, e Stálin, além de censurar as notícias recebidas da China, incentiva uma política suicida de golpes armados em nome de uma suposta "nova onda revolucionária". Pressionado por Trótski e pelos oposicionistas de esquerda, Stálin transfere sua responsabilidade para Chen Tu-hsiu, líder do PCC, acusando-o de oportunismo.

Em 7 de agosto, em conferência especial do PCC, Chen é destituído perante dois emissários da Internacional Comunista, Heinz Neumann e Besso Lominadze. Os golpes armados que se sucedem acumulam derrotas, coroadas pela célebre insurreição de Cantão no final de 1927.

Essa guinada à esquerda provoca uma reviravolta na análise política do PCC, que, no Comitê Central de novembro de 1927, proclama sua inteira descrença nas possibilidades revolucionárias da burguesia nacional e na transformação do Kuomintang em instrumento revolucionário. Surpreendentemente, afirma que a Revolução Chinesa era "do tipo da que Marx chamara de 'revolução permanente'", e diz ainda:

> A Revolução Chinesa tem um caráter permanente, já que a burguesia chinesa é incapaz de realizar uma revolução democrática capaz de derrubar o governo dos militaristas feudais; a Revolução Chinesa, em sua evolução, não pode se deter no estágio democrático (conforme a chamada "teoria das duas revoluções"); a Revolução Chinesa, que teve início com a solução de problemas democráticos, começa inevitavelmente a enfrentar problemas socialistas[56].

Essa postura independente do PCC dura poucos meses e custa o prestígio de Lominadze, nomeado por Stálin em agosto de 1927 para assessorar a nova fase revolucionária, que, certamente, Stálin não queria ver teorizada. Com o fracasso das insurreições e num clima de moderação, o IX Pleno do Executivo da Internacional Comunista ocorre em fevereiro de 1928.

Nesse encontro, critica-se o "putschismo" e as posições de Lominadze, conclamando os comunistas chineses a recuperar suas forças, à espera de novas etapas revolucionárias. As conclusões do PCC sobre a revolução permanente não ficam impunes. A tese do IX Pleno diz:

> É errado atribuir à atual fase da Revolução Chinesa o caráter de uma revolução já convertida em revolução socialista. Igualmente errado é atribuir-lhe caráter de revolução "permanente", segundo a atitude assumida pelo representante do Comitê Executivo da Internacional Comunista. A aceitação de uma tendência que veja na fase atual a superação do estágio democrático-burguês da revolução, julgando-a ao mesmo tempo como revolução "permanente", é um erro análogo ao cometido por Trótski em 1905[57].

A verdade é que nada mais resta à Revolução Chinesa a não ser a retórica das censuras. A derrota dos comunistas na China é irreversível. Derrota sangrenta, à custa de milhares de vidas, que recebe de Bukharin, por ocasião do VI Congresso da Internacional Comunista, em 1928, uma crítica interessante. Ele atribui o fracasso não a uma correlação de forças desfavorável, mas aos graves erros políticos dos dirigentes comunistas. Mantendo a convicção do acerto das diretrizes táticas, coloca a responsabilidade nas costas da linha prática seguida pelo PCC:

> 1º: no período inicial da Revolução Chinesa, no período de colaboração com o Kuomintang, o erro consistiu numa *falta de independência* de nosso Partido, na nossa *crítica insuficiente* ao Kuomintang. 2º: o erro foi que nosso Partido chinês não compreendeu a mudança da situação objetiva, a transição de uma etapa a outra [...]. 3º: em consequência desse erro, nosso Partido às vezes desempenhou o papel de *freio do movimento de massas, de freio da revolução agrária e de freio do movimento operário*[58]. [grifos no original]

Como comenta Fernando Claudín, a exposição dos erros é excelente, desde que sejam introduzidas duas modificações: não se trata apenas de erros na "linha prática", mas principalmente na "linha fundamental da orientação tática" adotada pelos dirigentes da IC; no lugar do PCC, Bukharin precisaria colocar o "Partido chinês cumprindo instruções e orientações de Moscou"[59].

As críticas da Oposição de Esquerda em suas publicações

A polêmica sobre a China desperta novamente a Oposição russa, recolhida em suas críticas desde o final de 1926. Mais do que despertar, o episódio fornece a ela um objeto afirmativo e consistente na luta contra as teorias stalinistas.

Esses debates chegam também ao Brasil, mais uma vez pelas revistas dos oposicionistas franceses. Novamente, o acervo de Lívio Xavier mostra as publicações que serviram como precioso material para a maturação da consciência oposicionista no pequeno grupo de brasileiros. São elas: *Clarté (Nouvelle Série)*, *Bulletin Communiste*, *La Lutte de Classes* e o número especial da *Cahiers du Bolchévisme* com "Les documents de l'opposition française et la réponse du parti".

A primeira revista encontrada, e que se destaca ao tratar a Revolução Chinesa, é a *Clarté (Nouvelle Série)*. É interessante observar seu percurso como periódico identificado com uma Oposição russa muito frágil no que diz respeito aos seus contatos internacionais. Acompanhando a tônica das outras publicações pesquisadas, a *Clarté* ressoa o próprio surgimento das divergências de Trótski, bem como dos oposicionistas russos. Assim, os números 2, 3, 4 e 8 da revista, cronologicamente de julho de 1926 a abril de 1927, mantêm um posicionamento de defesa da aliança com o Kuomintang. A partir do número 12, de agosto de 1927, posterior ao massacre de Xangai, a crítica contra a política da Internacional Comunista torna-se contundente, embora busque o diálogo e o "debate fraternal".

Já as outras publicações encontradas no arquivo, posteriores a abril de 1927, criticam a política chinesa da Internacional Comunista. Percorrer suas argumentações é enxergar com os olhos dos militantes da época, mesmo no Brasil, onde os futuros oposicionistas se envolvem, desde 1927, com o Bloco Operário e Camponês (BOC), proposta muito semelhante à do Kuomintang[60].

Os números 2 e 3 da *Clarté* trazem artigos de Marcel Fourrier[61], à época diretor da revista. Sua abordagem é essencialmente histórica. Para ele, desde o século XV, o choque civilizatório do Ocidente sobre o Oriente e a entrada do capitalismo na China fazem deste um fator essencialmente revolucionário na sociedade feudal chinesa. A luta contra o Ocidente é entendida como anti-imperialista, e é essa luta que Fourrier procura contextualizar nos anos pós-Primeira Guerra Mundial e no jogo dos "conflitos intercapitalistas europeus" nos anos 1920.

A análise não é destoante daquela feita pela Internacional Comunista, e, ao invocar as causas econômicas em nome do marxismo, Fourrier considera que "a luta de classes se justapõe à luta pela emancipação nacional". Ainda mais próximo da estratégia de Moscou, o autor considera que a luta nacional incorpora todas as classes e deve ser "*dirigida em conjunto pelo jovem Partido Comunista Chinês e pelo já antigo Kuomintang*". [grifo meu]

O crescimento da influência operária no movimento nacionalista é visto como fator evolutivo, e sua performance conduz a um "ritmo revolucionário". Fourrier cita Trótski: "Será a Revolução Chinesa de amanhã que ateará fogo aos poderes?"

Ao mesmo tempo, demonstra confiança em Sun Yat-sen e no Kuomintang. O elogio ao sunismo, à sua atitude anti-imperialista e socialista, é realçado pela defesa do Kuomintang como "verdadeiro governo democrático, correspondendo aos interesses dos camponeses e operários". O governo kuomintanguista tem para o autor pretensões revolucionárias: sediado em Wuhan, proclamará a anulação dos tratados imperialistas e marcará definitivamente a revolução socialista na China, "dando um passo adiante na revolução mundial".

O artigo "L'Évolution du mouvement national-révolutionnaire en Chine", assinado por Tchang, publicado na *Clarté*[62], elenca alguns acontecimentos que reforçam a posição do Kuomintang, entre eles o reconhecimento do governo revolucionário de Cantão.

Essas novas medidas estariam sendo urdidas pelo "conflito intercapitalista" e lideradas pela nova potência mundial, os Estados Unidos, interessados em investir na burguesia chinesa. A segunda potência capitalista, o Japão, concentra seus interesses no norte (Manchúria e Shandong) e percebe que os cantoneses podem ser adversários importantes do rival britânico. Este, por sua vez, precisa reconhecer o governo do Kuomintang para manter seus tratados desiguais de comércio.

Com relação a esse conflito de interesses imperialistas, o autor é incisivo na defesa do que acredita ser o projeto revolucionário e anti-imperialista de Chiang Kai-shek: "Os cantoneses não podem aceitar essa divisão arbitrária da China em dois estados. Os cantoneses combatem pela liberação total da China. O governo nacional-revolucionário do Kuomintang entende representar o conjunto do povo chinês."

Se a estratégia do Partido Nacionalista Chinês parece correta para Tchang, o ritmo revolucionário também parece favorável aos trabalhadores: "O rápido desenvolvimento da Revolução Chinesa se apoia menos sobre a força militar do exército nacionalista do que sobre a força organizada das massas."

O arremate do artigo reforça claramente a política da Internacional Comunista: "O movimento proletário nos países avançados e o movimento nacional libertador nas colônias devem se unir pela luta comum contra o inimigo comum, o imperialismo."

É partilhando pontos de vista comuns com a IC que a *Clarté* atenua todas as investidas de Chiang Kai-shek sobre os comunistas na China desde meados de 1926 (fuzilamentos em Ou-Tcheou e Cantão, assassinatos em Ma-Ti-Tchen, dissolução de organizações operárias etc.).

O último artigo em que a *Clarté* concorda com as teses da Internacional é publicado três dias após o sangrento massacre operário em Xangai pelas tropas de Chiang e pelos mercenários contratados pela burguesia dos países colonialistas. Trata-se do editorial "La defense de la Révolution Chinoise", publicado em 15 de abril de 1927[63].

O editorial, escrito antes do massacre, leva em conta o grande aparato militar acantonado nas portas de Xangai, Wuhan e Nanquim. Não entende, porém, que o ataque se fará sem muita hesitação. Ao lado do conflito de interesses interimperialista há o perigo de uma repressão brutal e generalizada contra um povo organizado pelo movimento nacionalista.

Ainda fomentando grandes ilusões em relação a Chiang e ao Kuomintang, o editorial procura demonstrar que o imperialismo força um desvio do movimento nacionalista de seu "curso revolucionário". Argumenta ainda que é do interesse imperialista fazer ascender uma burguesia nacional que reprima o movimento revolucionário e negocie com o grande capital.

Se essa perspectiva não deixa de ser um avanço analítico ao admitir a possibilidade de uma burguesia nacional se sobrepor aos interesses do proletariado, a defesa da estratégia de diluição no sunismo é flagrante.

Parte-se do princípio de que a Revolução Chinesa pode queimar a etapa capitalista que todas as revoluções nacionais conheceram, "como disse Sun Yat-sen". As análises que demonstram a incompatibilidade entre os princípios nacionalistas burgueses e a doutrina comunista são entendidas no artigo como tática da "imprensa burguesa" para desunir o Kuomintang e ressaltar suas diferenças.

Críticos ferrenhos de Chiang Kai-shek a partir desse número, os redatores da *Clarté* compartilham aqui os equívocos da Internacional Comunista: "A unidade do Kuomintang repousa então essencialmente sobre um programa perfeitamente definido (o sunismo), que Chiang Kai-shek, mais que os outros líderes ditos 'moderados', não sonha em transgredir."

Sinistramente, a transgressão custou milhares de vidas em 12 de abril de 1927. Numa sequência de artigos, a *Clarté*[64] procura reinterpretar os acontecimentos.

Os artigos são escritos por Victor Serge e publicados após abril de 1927, estendendo-se até novembro do mesmo ano. Reiniciam uma antiga polêmica do movimento revolucionário russo: a tese da colaboração de classes[65].

As referências de Serge são a revolução bolchevique e as diretivas do II Congresso da Internacional Comunista:

Tudo o que escreveu Lênin em 1917 contra os mencheviques e os SR [social-revolucionários], a colaboração de classes na revolução, a união sagrada, as hesitações da pequena burguesia, se aplica luminosamente – nas suas grandes linhas – à situação social na China.

Serge entende que a libertação nacional na China, na medida dos ensinamentos de Lênin, só pode ser dirigida pelo proletariado dos grandes centros e pela sua vanguarda comunista.

Extrapolando a crítica principista, volta-se para a denúncia das manobras envolvendo Stálin, Chiang Kai-shek e Wang Ching-wei: "O jogo duplo dos chefes do Kuomintang tem êxito em enganar a maioria dos comunistas desde que o secretário-geral do PCUS, Stálin, aprovou a decisão deles de não se colocarem em ofensiva contra Chiang Kai-shek, a fim de concentrarem seus esforços contra os nortistas."

Ao mesmo tempo que ataca a política da Internacional, Serge observa que os oposicionistas de esquerda na URSS já denunciavam desde abril o caráter equivocado e contrarrevolucionário do governo de Wuhan.

Chamando a "clarividência proletária" para salvar e conduzir as massas chinesas, o autor relembra que o rompimento da "união sagrada contra o imperialismo" será irremediável diante dos últimos acontecimentos. A revolução só conseguirá se recompor se fizer a crítica profunda da colaboração de classes, salvaguardando a autonomia do Partido Comunista, líder e condutor da luta de classes.

Pela contundência da crítica, seria justo imaginar que o autor estivesse longe de Moscou. Escreve, porém, em Leningrado, convencido ainda, como toda a oposição, de que "a autocrítica fraterna, incessante, ampla e viva" ainda será possível naquele segundo semestre de 1927.

No seu artigo de setembro, Victor Serge procura historiar o percurso do Kuomintang e do PCC desde a fundação de ambos. Detecta a interferência da Internacional em favor do Kuomintang quando os comunistas queriam tornar-se independentes, cita nomes, relata fatos, discursos.

Preocupa-se também em desconstruir a alternativa stalinista, ainda em curso, de apoiar o Kuomintang "de esquerda", representado no governo de Wang Ching-wei. Procura demonstrar que não há diferença real entre o general Chiang Kai-shek, considerado "traidor" em Moscou, e o governo de Wuhan. Sua argumentação busca demolir a justificativa teórica de Stálin, ou seja, a teoria do "bloco das quatro classes". Apoiando-se em Lênin e nas revoluções russas de 1905 e 1917, Serge argumenta que a história não conhece um só exemplo de governo realizado por um "bloco de classes inimigas". E, valendo-se do conceito marxista de Estado, arremata:

> O Estado é, por definição, para todo marxista, o instrumento de dominação de classe (de dominação de certas classes sobre certas outras). O Estado burguês assegura a dominação das classes possuidoras. Todos os Estados burgueses pretendem [...] representar os interesses de todas as classes, estar acima das classes. Nós não podemos ser enganados por essa velha verborragia.

O último artigo de Victor Serge, publicado em novembro de 1927, já esboça a crítica fundamental à revolução por etapas formulada por Stálin. Identifica como burocrática a estratégia revolucionária para a China, cujo movimento passaria por fases sucessivas, iniciando pela fase de libertação nacional.

Retornando ao argumento da luta de classes, o autor entende que essa estratégia leva a uma volta ao liberalismo, porque não se deve "esquecer essa verdade marxista elementar de que o poder político repousa, definitivamente, sobre o poder econômico e que, numa sociedade de classes, o governante só pode representar as classes possuidoras".

Da crítica é formulado o caminho leninista para a revolução nos países dependentes:

> Ação de massas, hegemonia do proletariado, essas são as diretrizes de Lênin por uma *revolução burguesa*, isto é, destinada a conduzir a uma democracia burguesa. Não a união sagrada por dentro, nem a impotente colaboração ministerial, nem o "bloco das quatro classes". [grifo no original]

Os protestos dos oposicionistas russos, anunciados por Victor Serge nos artigos da *Clarté*, são levados a público apenas no exterior. A *Bulletin Communiste*[66] acolhe os três artigos de Trótski censurados na imprensa russa datados de 26, 27 e 28 de maio de 1927. É nesse mesmo número que ele publica também a "Declaração dos três mil" – já comentada neste capítulo –, que critica a política da Internacional Comunista com relação à China.

Apesar de colocar-se apenas como esclarecedora da "consciência do leitor", a revista, com essa iniciativa, revela aos comunistas das várias seções da Internacional as primeiras ideias contrárias à estratégia de Stálin e Bukharin para a China.

Os artigos de Trótski são curtos e militantes, destinados a trabalhar com a conjuntura já formada pelo quadro de colaboração de classes empreendida pelo PCC.

A ideia central dos artigos é a independência e a autonomia do movimento comunista para criar os sovietes e incentivar a revolução agrária. Trótski argumenta em direção a um poder paralelo ao do "bloco das quatro classes", buscando uma definição da "esquerda" kuomintanguista. Sua proposta nesse sentido é clara: "O movimento agrário, dirigido pelos sovietes operários e pelos camponeses, colocará a esquerda do Kuomintang diante da necessidade de escolher entre o campo burguês de Chiang Kai-shek e o campo operário e camponês."

A estratégia que definiria o trotskismo nos anos posteriores já se esboça como reação ao etapismo stalinista. Sua diretriz aponta para a total independência do Partido Comunista, pela não colaboração com o governo burguês-nacionalista, pela imediata conquista de terra para os camponeses, pelos sovietes, pelo desengajamento dos acordos, pelo alto e inesgotável apelo às massas, à base. "Conduzir ousadamente sua luta pela base", afirma Trótski, é a única via.

A contundência dos argumentos da Oposição francesa, publicados na *Cahiers du Bolchévismé*[67], não deixa dúvidas quanto à derrota da Revolução Chinesa.

Derrotada, trata-se de identificar os erros cometidos e as responsabilidades. Os oposicionistas franceses apontam a origem dos erros na traição aos princípios do II Congresso da Internacional Comunista. Os responsáveis diretos por essa traição são Stálin e seu grupo.

A teoria do "bloco das quatro classes", a subordinação do proletariado à burguesia liberal do Kuomintang, o impedimento da luta independente do PCC são aspectos que apontam, segundo os oposicionistas, para uma ideologia antimarxista e antileninista. Classificada como "doutrina oportunista e menchevique", a política da Internacional para a China torna-se, antes de tudo, uma ruptura de princípios com os ensinamentos de Marx e Lênin.

Esses ensinamentos, aplicados à questão revolucionária nos países coloniais e semicoloniais, aparecem nas principais teses do II Congresso da Internacional Comunista, já comentadas neste capítulo, e são tema recorrente da crítica oposicionista.

A ruptura com relação a essas teses pelo grupo Stálin é tratada no documento:

→ Independência do Partido Comunista: o PCC, por imposição dos dirigentes da Internacional Comunista, subordinou-se totalmente ao Kuomintang, tendo renunciado até mesmo à crítica ideológica ao sunismo.

→ Independência do movimento operário: o PCC usa sua influência para submeter o movimento operário às exigências do governo da burguesia nacional, como no episódio do desarmamento operário em Xangai.

→ Luta do proletariado pela sua hegemonia no movimento anti-imperialista: o PCC freou a luta de classes iniciada pelo proletariado para conquistar a hegemonia no movimento de emancipação nacional. Ele encobriu com seu silêncio a repressão burguesa.

→ Propaganda incessante e criação dos sovietes: a política da Internacional manobrou a propaganda e impediu a criação de sovietes em pleno impulso do movimento revolucionário, tanto nas cidades, com o episódio da greve geral em Xangai, como no campo, ao frear a revolução agrária.

O documento finaliza o item sobre a Revolução Chinesa apontando o atraso que essa política errada provoca na possibilidade de um desenvolvimento não capitalista na China:

A política do grupo Stálin sacrificou os operários e os camponeses, quer dizer, as forças motrizes essenciais da Revolução Chinesa, em função da aliança com a burguesia nacional, e, precisamente, no momento em que elas estavam preparadas para dar os passos decisivos para a revolução.

Após 1927, com o exílio da Oposição de Esquerda russa e sua luta para formar um bloco de resistência aos partidos comunistas oficiais, os documentos, os artigos e as revistas contrários ao grupo Stálin quase sempre mencionam a aventura chinesa como exemplo primordial do que não deve ser feito pelos revolucionários.

No arquivo dos oposicionistas brasileiros, a revista *La Lutte de Classes*, sucessora da *Clarté*, traz em seus números de 1928 até 1930 análises interessantes sobre a China. Todas elas partem da crítica oposicionista originada ainda em 1927, mas, além da crítica, noticiam o início do trabalho oposicionista de esquerda no país.

O artigo que revê a qualidade da intervenção oposicionista na China é publicado no número 21-22, de maio/junho de 1930. Assinado por Nel-Sih, o texto trata do declínio do PCC e conjuga-se com outro artigo, publicado no mesmo número da revista, escrito por Trótski.

O artigo de Trótski, na verdade um extrato da última parte de seu livro *Crítica do projeto de programa da IC*, classifica de reacionária a proposta de Stálin de criar partidos operários e camponeses "bipartidos" para o Oriente. Stálin anuncia esse projeto em seu livro *Questões do leninismo*, publicado em 1928. Esses partidos têm como eixo histórico a Revolução Chinesa, e como molde, o Kuomintang.

É mais do que razoável, portanto, entender por que, em 1931, um dos alicerces para a constituição dos núcleos oposicionistas de esquerda passa pela Questão Chinesa. Ainda em 1931, ela não é apenas uma referência histórica, mas tem atualidade teórica e militante.

Os anos de 1925 a 1927, palco da afirmação de Stálin em episódios como o Comitê Anglo-Russo e a Questão Chinesa, marcam definitivamente a crítica dos oposicionistas de esquerda.

O viés da crítica internacionalista passa, necessariamente, pelos episódios aqui descritos, e não deve provocar surpresa quando essa crítica se transporta para o Brasil e para o PCB.

Como procurarei demonstrar no Capítulo II, não são artificiais ou simples transposições mecânicas de situações "alheias à nossa realidade" as análises de oportunismo, independência de classes e outras que o pequeno grupo brasileiro faz ao se constituir. Inicialmente estimulados pela polêmica intelectual resultante da leitura das publicações citadas anteriormente, os brasileiros veem o seu envolvimento militante crescer com essa rede de relações internacionais. O que era apenas objeto de debate torna-se ideário comum, digno de se lutar por ele. As ideias cultivadas chocam-se com a militância no PCB, provocam contradições extraordinárias e forjam, na prática política, fatos de inevitável cotejo com a crítica oposicionista de esquerda, liderada por Trótski. Internacionalistas por princípio e convicção, tornam universais as conclusões geradas por seus pares em outros países com os quais se identificam, buscando respostas para a luta revolucionária no Brasil.

Portanto, não é difícil nem casual encontrar analogias entre os escritos dos brasileiros e textos como o que segue, que conclui os documentos da Oposição francesa publicados em 1927:

> O grupo Stálin no poder se apresenta como defensor do bolchevismo: ele perde-se no oportunismo mais completo. O grupo Stálin no poder se apresenta como campeão de uma política justa, realista, baseada sobre a estimativa exata da relação real entre as forças em presença: ele constantemente subestima as forças da luta de classes e da revolução. Em lugar de arrastar as massas, ele as coloca a reboque dos acontecimentos. O grupo Stálin no poder se apresenta como o defensor de métodos mais democráticos e mais flexíveis: ele aprofunda sem cessar o regime interno como o mais intolerável que jamais se viu nas nossas fileiras. Por ocultar os fatos e a situação real, por impor sua política oportunista, o grupo Stálin priva de toda informação séria a massa comunista, usa e abusa das sanções disciplinares e administrativas para impedir a discussão e a reordenação necessária por meio de organismos regulares. Enfim, substitui a verdadeira disciplina comunista pela submissão burocrática[68].

Notas

1. Cf. "Ao proletariado do mundo inteiro!". In: *Bulletin International de l'Opposition Communiste de Gauche*, 1930.
2. Cf. E. Torralva Beci, *Las nuevas sendas del comunismo*, 1921, p. 9.
3. Cf. ibid., p. 20.
4. Cf. Francisco Foot Hardman e Victor Leonardi, *História da indústria e do trabalho no Brasil*, 1982, p. 119.
5. Apud Jean-Jacques Marie, *Trotsky e o trotskismo*, s/d, p. 34.
6. Max Eastman, *Depuis la mort de Lénine*, 1925, p. 194.
7. Leon Trótski, "Cours nouveau. Lettre à une assemblée du Parti". In: *De la revolution*, 1963, p. 83.
8. Cf. Jean-Jacques Marie, op. cit., p. 38.
9. Apud ibid., p. 40.
10. Cf. R. W. Davies, "As opções econômicas da URSS". In: Eric J. Hobsbawm, *História do marxismo*, 1986, p. 94.
11. O historiador Pierre Broué comenta a respeito: "Desta vez todos percorrem um trecho da distância que os separa. A oposição conjunta não defenderá as teses da 'revolução permanente', mas Zinoviev e Kamenev reconhecerão não somente que Trótski tinha razão em 1923 como também que foram eles que haviam fabricado o 'trotskismo' para desfazer-se de um obstáculo em sua luta pelo poder." In: Pierre Broué, *El Partido Bolchevique*, 1973, p. 307.
12. Cf. ibid., pp. 323-4.
13. Ibid., p. 325.
14. Cf. "Declaração dos três mil: Ao Comitê Central do PC da URSS". In: *Bulletin Communiste (Organe du Communisme International)*, n. 20-21, jul.-set. 1927 (Fundo Lívio Xavier/Cedem-Unesp).
15. Cf. "Plataforma da Oposição". In: *Cahiers du Bolchévisme* – "Les documents de l'opposition française et la réponse du parti", nov. 1927 (Fundo Lívio Xavier/Cedem-Unesp).
16. Cf. Pierre Broué, op. cit., p. 351.
17. Cf. Boris Souvarine, editorial "La scission?". In: *Bulletin Communiste (Organe du Communisme International)*, n. 20-21, jul.-set. 1927 (Fundo Lívio Xavier/Cedem-Unesp).
18. Cf. Jean-Jacques Marie, op. cit., p. 44.
19. Cf. Jacqueline Pluet-Despatin, *La presse trotskiste en France de 1926 à 1968*, 1978.
20. Cf. *Bulletin International de l'Opposition Communiste de Gauche*, n. 1, ago. 1930. Publicado no Brasil pela Liga Comunista (Oposição) no *Boletim da Oposição*, n. 1, jan. 1931 (Fundo Lívio Xavier/Cedem-Unesp).

21 Massimo L. Salvadori, por exemplo, analisou corretamente: "Para Trótski, não se pode compreender a derrota da oposição a Stálin sem introduzir como causa o fracasso da revolução internacional, que contribuiu de modo determinante para consolidar o poder burocrático; do mesmo modo, não se pode compreender o fracasso da revolução internacional sem pôr sob acusação a política anti-internacionalista da burocracia." In: Eric J. Hobsbawm, "A crítica marxista ao stalinismo", op. cit., v. 7, p. 311.

22 Os episódios do Kuomintang chinês e da greve geral na Inglaterra são analisados neste capítulo.

23 Cf. Prefácio. In: Fúlvio Abramo e Dainis Karepovs (orgs.), *Na contracorrente da História: documentos da Liga Comunista Internacionalista, 1930-1933*, 1987, p. 21.

24 Jean-Jacques Marie, op. cit., pp. 48-9.

25 Cf. resposta ao ofício do Secretariado da Oposição Internacional de Esquerda datada de 20 de abril de 1930, datilografada, encontrada pelo autor no acervo de Lívio Xavier. Retomarei essa questão no Capítulo II, ao discorrer sobre o projeto político do GCL.

26 Leon Trótski, *A revolução permanente*, 1985, pp. 139-40. Teses 12 (até "teoria da revolução permanente", terceira linha,) e 10.

27 Entrevista realizada em agosto de 1988.

28 Cf. Leon Trótski, *1905 - Resultados y perspectivas*, 1974.

29 Cf. Edmund Wilson, *Rumo à estação Finlândia*, 1987, p. 398.

30 Leon Trótski, 1985, pp. 1-2.

31 Ibid., p. 140. Tese 12.

32 *Cahiers du Bolchévisme*, "Les documents de l'opposition française et la réponse du parti", nov. 1927 (Fundo Lívio Xavier/Cedem-Unesp).

33 *Bulletin Communiste (Organe du Communisme International)*, n. 20-21, jul.-set. 1927 (Fundo Lívio Xavier/Cedem-Unesp).

34 Cf. Leon Trótski, "Os erros dos setores de direita da Liga Comunista sobre a questão sindical". In: *Escritos sobre sindicato*, 1978, p. 59.

35 Cf. "La grande grève des mineurs anglais". In: *Clarté (Nouvelle Série)*, n. 3, ago.-set. 1926 (Fundo Lívio Xavier/Cedem-Unesp).

36 Ibid.

37 Cf. Leon Trótski, *Escritos...*, 1978, p. 56.

38 Ibid., p. 57.

39 Cf. *Bulletin Communiste (Organe du Communisme International)*, n. 20-21, jul.--set. 1927 (Fundo Lívio Xavier/Cedem-Unesp). *Cahiers du Bolchévisme* – "Les documents de l'opposition française et la réponse du parti", nov. 1927 (Fundo Lívio Xavier/Cedem-Unesp).

40 Refere-se à conferência do Comitê Anglo-Russo realizada em Berlim no início de abril de 1927.

41 Refere-se a uma possível agressão armada contra a URSS.

42 Apud Pierre Naville. In: *Clarté (Nouvelle Série)*, n. 4, out.-nov. 1926 (Fundo Lívio Xavier/Cedem-Unesp).

43 Cf. Delfosse, "Le stalinisme et la grève des mineurs anglais". In: *Contre le Courant (Organe de l'Opposition Communiste)*, n. 2-3, 2 dez. 1927 (Fundo Lívio Xavier/Cedem-Unesp).

44 Cf. "Critique du programme de internationale Communiste". In: Leon Trótski, *L'Internationale Communiste après Lénine*, 1969, t. II, p. 311.

45 Fernando Claudín, *A crise do movimento comunista*, 1985, v. 1, pp. 217-8.

46 Cf. ibid., p. 217.

47 Para melhor entendimento dessas classificações, ver Fernando Claudín, "A experiência colonial", in: *A crise...*, 1985, e Paulo Sérgio Pinheiro, "A revolução fora da Europa", in: *Estratégias da ilusão...*, 1991.

48 Paulo Sérgio Pinheiro, ibid., p. 41.

49 O Kuomintang (*kuo* = nação; *min* = povo; *tang* = partido) tem origem na sociedade secreta Tongmenghui, organizada por Sun Yat-sen e formada basicamente por intelectuais. Tornou-se Kuomintang em 1907, e teve êxito em sua campanha para derrubar a dinastia Manchu em 1911. Sua doutrina, o sunismo, defende o nacionalismo, a reforma agrária, a democracia e certa dose de socialismo.

50 Cf. Fernando Claudín, op. cit., p. 237.

51 Cf. Pierre Broué, op. cit., p. 337.

52 Nikolai Bukharin, *Les problèmes de la Révolution Chinoise*. Apud Pierre Broué, op. cit., p. 338.

53 Victor Serge comenta a respeito: "Sublinhamos essa curiosa façanha de utilizar contra o proletariado as armas forjadas pelo proletariado." In: "La lutte des classes dans la Révolution Chinoise", *Clarté*, n. 13, 15 set. 1927 (Fundo Lívio Xavier/Cedem-Unesp).

54 Apud Pierre Broué, op. cit., p. 341.

55 Ibid., p. 344.
56 Gianni Sofri, "O problema da revolução socialista nos países atrasados". In: Eric J. Hobsbawm, op. cit., v. 8, p. 346.
57 Ibid., p. 348.
58 Apud Fernando Claudín, op. cit., p. 240.
59 Ibid.
60 Assunto tratado no Capítulo II deste livro.
61 Cf. Marcel Fourrier: 1) "La liberation de la Chine marquera le déclin de l'impérialisme et ouvrirá l'ère des révolutions", *Clarté (Nouvelle Série)*, n. 2, jul. 1926. 2) "Où va la Chine", *Clarté (Nouvelle Série)*, n. 3, ago.-set. 1926 (Fundo Lívio Xavier/Cedem-Unesp).
62 Cf. *Clarté (Nouvelle Série)*, n. 4, out.-nov.-dez. 1926 (Fundo Lívio Xavier/Cedem-Unesp).
63 Cf. *Clarté (Nouvelle Série)*, n. 8, 15 abr. 1927 (Fundo Lívio Xavier/Cedem--Unesp).
64 Cf. Victor Serge, "La lutte des classes dans la Révolution Chinoise". In: *Clarté (Nouvelle Série)*, n. 12, 13 e 14, de 15 ago., 15 set. e nov. 1927 (Fundo Lívio Xavier/Cedem-Unesp).
65 No Brasil, essa polêmica ganha vulto em outubro de 1927, quando Rodolpho Coutinho, membro da direção do PCB e futuro oposicionista, argumenta contra a aliança do Partido com os "tenentes", representados por Luís Carlos Prestes. O argumento principal de Coutinho: "Colaboração de classes." Assunto tratado no Capítulo II deste livro.
66 Cf. Leon Trótski, "La crise du PC Chinois". In: *Bulletin Communiste (Organe du Communisme International)*, n. 20-21, jul.-set. 1927 (Fundo Lívio Xavier/Cedem-Unesp).
67 Cf. Parti Communiste Français, "Les documents de l'opposition française et la réponse du parti". In: *Cahiers du Bolchévisme*, número especial, nov. 1927 (Fundo Lívio Xavier/Cedem-Unesp).
68 Ibid.

e cada officina, de cada fa

ela liberdade dos militare:
ela liberdade de opinião
elo direito de manifestaçã

a Communista (O

rica nosso brado viril

e operarios presos !

osição da Esquerd

II. Construindo a Oposição
de Esquerda no Brasil

Solidão revolucionária

OS EPISÓDIOS QUE PRECEDEM A CISÃO

Assim como o capítulo anterior, este tem muitos personagens e episódios. Talvez seja difícil enumerar as semelhanças e diferenças dessas histórias, mas um elo as une fortemente: a árdua luta pela revolução emancipadora.

Ao rejuntar os fragmentos desta história, procurei evitar as generalizações, que, como lembra o professor Antonio Candido de Mello e Souza, "desfiguram e correm o risco de ser um ocultamento da realidade". Ao mesmo tempo, busquei distinguir e trabalhar os fragmentos, por também concordar com o fato de que "o desconhecimento dos traços particulares pode abrir caminho para a confusão, porque corresponde ao vezo de explicar tudo por cima, numa penumbra em que todos os gatos do mundo e da mente são confortavelmente pardos"[1].

Algumas análises históricas sobre a formação do Partido Comunista do Brasil partilham essa perigosa "penumbra" generalizante. Se alguns autores procuram dar maior complexidade a acontecimentos localizados, a maioria apenas os observa e os identifica como "causadores" de divergências e novas correntes partidárias.

Nem os mais belos e elaborados textos memorialistas de militantes conseguem fugir dessa armadilha. Em seu livro, e também na entrevista que me concedeu, Heitor Ferreira Lima, antigo dirigente do PCB, refere-se ao episódio da "Oposição Sindical", ocorrido em 1928, como causador do trotskismo entre os comunistas brasileiros: "A dissidência constitui verdadeira luta interna, culminando numa cisão de grave repercussão, *o que deu lugar, mais tarde, ao nascimento da corrente trotskista entre nós*, conquanto esta tenha negado sua origem naquela controvérsia."[2] [grifo meu]

É interessante observar que os próprios dissidentes de esquerda, apesar de se contradizerem, identificam suas origens com fatos pertencentes à história do Partido. Foram necessários alguns anos para que viessem a fazer uma leitura mais complexa de sua própria formação. Vejamos: Heitor Ferreira Lima transpõe para seu livro o argumento de Lívio Xavier que nega a origem do grupo trotskista na Oposição Sindical; a mesma negativa é manifestada publicamente no opúsculo *A oposição comunista e as calúnias da burocracia*, publicado em 1931 pela Liga Comunista (Oposição). No entanto, em documento de 1930 ao Secretariado da Oposição Internacional de Esquerda, o Grupo Comunista Lenine admite esse vínculo.

Descontadas as conveniências políticas e conjunturais de cada uma das partes envolvidas, o fato é que o embate pelo poder político-partidário nos anos de formação do PCB tem excessivo peso e concretude quando se analisam suas dissidências, ficando obscurecidas outras perspectivas fundamentais.

O exame mais detalhado do surgimento dos oposicionistas de esquerda afasta-nos dessa leitura que faz uma ligação direta e causal entre as divergências nacionais do Partido, o grupo de perdedores da contenda e o engajamento da militância desse grupo em outro ideologicamente próximo a ele, mas adversário do Partido Comunista. Fragmentar e em seguida processar analogicamente os dados de um período histórico certamente dificulta o entendimento do complexo e ágil cenário de transformação do movimento comunista a partir de 1927.

Insisto novamente aqui, como fiz no primeiro capítulo, que o que estava em jogo para os comunistas, na segunda metade dos anos 1920, não eram apenas o poder e o controle do Partido. Viviam-se anos de mudança política e ideológica em todos os partidos comunistas.

Experimentavam-se fórmulas distantes do marxismo e das primeiras aspirações soviéticas, tanto na Rússia como em outras regiões do mundo. A Internacional Comunista chegava à América Latina em meio a essa transformação, e o jovem PCB deglutia, com imensa dificuldade, as tumultuadas diretrizes internacionais.

Portanto, ao comentar os episódios nacionais do Partido Comunista que provocaram divergências, cisões, afastamentos e expulsões de militantes, pretendo colher, mais do que nomes do futuro grupo oposicionista ou "fatos concretos", algumas ideias-chave e princípios.

Não desconsiderando o viés internacionalista que moveu todos esses homens, vou buscar as relações políticas desses episódios no debate levado pela Oposição Internacional de Esquerda.

Talvez dispensável numa análise apressada ou "pragmática", estou convencido de que só poderemos entender esse período se adentrarmos o espírito revolucionário da época.

Se essa perspectiva hoje nos parece longínqua, para aqueles militantes tratava-se do próximo alvorecer.

As divergências locais que impulsionaram o processo de aglutinação inicial dos futuros trotskistas no Brasil giram em torno da estratégia de uma política de alianças, da relação problemática do Partido com os sindicatos e da construção partidária nos moldes do centralismo democrático. Para maior clareza, tratarei os episódios selecionados em ordem cronológica, ressaltando desde já (embora isto deva ficar claro no conjunto) que as ideias divergentes por eles propiciadas foram se forjando não necessariamente no mesmo sentido.

A "terceira revolta" e a política de alianças

Os estudiosos dos primeiros anos do Partido Comunista do Brasil dissertaram longamente sobre a diretriz partidária de alianças. O primeiro fruto dessa política foi o Bloco Operário, defendido nas páginas de *A Nação*, do professor Leônidas de Rezende[3], transformado posteriormente em Bloco Operário e Camponês. O BOC constituiu, antes de mais nada, uma frente eleitoral destinada a concretizar as alianças e a eleição de dirigentes comunistas e aliados. Foi a expressão inicial e mais importante da política de "ampliar as bases" do Partido, já analisada em todos os trabalhos sobre a história do PCB. Não se trata aqui, portanto, de fazer uma referência exaustiva ao surgimento e ao esgotamento dessa estratégia, mas apenas de relembrar alguns pontos importantes para a compreensão do episódio a ser analisado.

A "revolução democrático-burguesa"

Fundamentalmente, o início das divergências no grupo dirigente do Partido dá-se em torno da política de alianças com a "pequena burguesia revolucionária", representada pelas revoltas de 1922, no Forte de Copacabana, no Rio de Janeiro, e de 1924, em São Paulo. Essas divergências continuariam com a tese do Partido de que estaria para eclodir uma "terceira revolta", desdobramento mais radicalizado dos movimentos anteriores.

A busca por alianças políticas como estratégia para concretizar a possibilidade revolucionária apoiava-se nas diretrizes da Internacional Comunista e na compreensão que os dirigentes do Partido tinham sobre o desenvolvimento capitalista no Brasil. Antes mesmo da "descoberta da América Latina" pela Internacional no seu VI Congresso, Octávio Brandão, no livro *Agrarismo e industrialismo*, de 1926, já conclui que a burguesia brasileira divide-se por áreas de influência, entre o imperialismo inglês e o americano. Frágil, ela teria no nacionalismo uma confluência de interesses que a tornaria parceira ocasional dos pequenos burgueses e dos trabalhadores.

A estratégia de Brandão adia a revolução proletária e tem como objetivo impelir a revolta pequeno-burguesa e aprofundar a "revolução da burguesia industrial [...] aos seus últimos limites, a fim de, transposta a etapa da revolução burguesa, abrir-se a porta da revolução proletária, comunista". Derrubar as oligarquias passa pela "frente única com a pequena burguesia e a grande burguesia industrial"[4].

As ideias contidas em *Agrarismo e industrialismo* delimitam o desenvolvimento do Partido Comunista do Brasil até 1928, e a crítica recebida por ocasião do VI Congresso da Internacional Comunista não abala em profundidade seus pressupostos. No debate desenvolvido naquele período, é novamente um texto de Brandão que dá o tom às novas alianças.

Em livro lançado em 1990[5], Marcos Del Roio discorre em detalhes sobre essa política no jovem PCB. O autor utiliza-se de um texto escrito por Octávio Brandão em 1927 e publicado posteriormente no número 6 da revista interna do Partido, *Auto-Crítica*, intitulado "O proletariado perante a revolução democrática pequeno-burguesa"[6]. A estratégia do Partido tem como alicerce a teoria da revolução brasileira, elaborada principalmente por Octávio Brandão e Astrojildo Pereira. Sintonizada com as diretrizes da Internacional, a aliança preconizada por Brandão tem agora o respaldo dos acordos internacionais protagonizados por Moscou na China e na Inglaterra.

Ao mesmo tempo, em 1927, as publicações que simpatizam com os oposicionistas russos já constatam e criticam as inspirações generalizadas pela experiência kuomintanguista. Victor Serge, em artigo para a *Clarté*, assinala: "Uma corrente muito forte se manifestou a favor da criação, nos outros países coloniais, de grandes partidos nacionalistas revolucionários análogos ao Kuomintang."[7]

Os historiadores brasileiros já comprovaram essa inspiração do Bloco Operário e Camponês no Kuomintang de Chiang Kai-shek. Marcos Del Roio associa as elaborações de Brandão ao Kuomintang chinês[8]. Paulo Sérgio Pinheiro[9] e Edgard Carone[10], apenas para citar outros dois pesquisadores desse período, partilham a mesma tese.

É interessante notar que, logo após a Comissão Central Executiva (CCE) do Partido Comunista do Brasil ter articulado essa estratégia em outubro de 1927, o VI Congresso da Internacional Comunista, realizado de julho a agosto de 1928, reavalia a experiência kuomintanguista e anuncia uma guinada política à esquerda. Essa reavaliação foi denunciada pelos oposicionistas afinados com Trótski como mais um erro, e a Questão Chinesa, marcada pela enormidade do massacre das bases comunistas por Chiang Kai-shek e pela desastrosa orientação dos dirigentes da Internacional, constitui-se num dos mais sólidos argumentos da Oposição Internacional de Esquerda.

O já citado artigo de Victor Serge na *Clarté* ataca duramente a estratégia chinesa, disseminada agora nos países coloniais. Ele reporta-se "à maneira de Lênin" e afirma que o nacionalismo nos países coloniais não deve sobrepor-se à luta de classes, fator primordial na história da revolução socialista. Não nega a necessidade de acordos pontuais contra o imperialismo opressor do país colonial, mas sustenta que a teoria stalinista da Internacional Comunista "degenerou em uma teoria simplista de união sagrada contra os imperialistas estrangeiros". Contra essa teoria, retoma Lênin e não abdica da "intransigência de nossa ideologia": "Ação de massas, hegemonia do proletariado, essas são as diretrizes de Lênin por uma *revolução burguesa* [...]. Não a união sagrada por dentro, nem a impotente colaboração ministerial, nem o 'bloco das quatro classes'."¹¹ [grifo no original]

A política de alianças na *Auto-Crítica* número 6

Após o VI Congresso da Internacional Comunista, o Partido Comunista do Brasil rearticula seus argumentos aliancistas, adaptando-os às críticas recebidas em Moscou.

É sintomática a sequência dos artigos do número 6 da revista *Auto-Crítica*: ao relatório de Jules Humbert-Droz, responsável pelo Secretariado Latino-Americano do Komintern, intitulado "As questões políticas da América Latina", seguem-se o "Relatório dos delegados do PCB ao VI Congresso da IC" (Paulo de Lacerda, Leôncio Basbaum e José Lago Morales), o "Discurso do camarada P.L. [Paulo de Lacerda] no VI Congresso da IC" e o documento de Brandão "O proletariado perante a revolução democrática pequeno-burguesa".

Os argumentos políticos apresentados nesses artigos, que defendem a aliança com a pequena burguesia, têm princípios contrários àqueles da tradição bolchevique, consagrados pelos quatro primeiros congressos da Internacional Comunista. Dois desses postulados – a hegemonia do Partido Comunista na luta revolucionária e a independência de classe do proletariado – são, por sua vez, particularmente caros à dissidência trotskista.

A violação dos princípios leninistas combina-se com uma problemática análise sobre a luta de classes e a sociedade brasileira. Nos artigos da *Auto-Crítica* número 6 são reconstituídos os alicerces das teses que deram origem aos blocos operários e camponeses na América Latina e à expectativa de eclosão, no Brasil, da "terceira revolta". O artigo de Humbert-Droz afirma o caráter semicolonial dos países latino-americanos: "Antes de tudo, uma questão preliminar das mais importantes [...] sobre o caráter semicolonial da América Latina."[12] Fundamenta seus argumentos no caráter formal das independências nacionais dos vários países latino-americanos e na sua completa submissão econômica aos imperialismos inglês e americano.

Com relação a esse ponto de vista, os delegados brasileiros são unânimes: "Devo declarar que nós, do Brasil, [...] estamos convencidos de que o Brasil e todos os outros países da América Latina são, verdadeiramente, semicoloniais. A independência formal de que gozamos, no Brasil, só poderá iludir aos pequeno-burgueses patriotas", diz enfaticamente Paulo de Lacerda em seu discurso no VI Congresso[13.] "Qual é o caráter desses movimentos revolucionários?", pergunta Droz no mesmo relatório, referindo-se às revoltas de camponeses, pequena burguesia e operariado em São Paulo (1924), na Patagônia argentina, no Peru e na Bolívia.

> É antes um movimento revolucionário das massas camponesas contra os grandes proprietários pela posse da terra [...] é a luta das largas massas trabalhadoras, camponesas, operárias, pequeno-burguesas, contra o imperialismo e, em particular, contra o imperialismo *yankee* [...] é a luta das mesmas massas laboriosas contra o regime de ditadura. É enfim a luta – na qual a classe operária representa já um papel ativo – dos operários por melhores condições de trabalho [...].

Concluindo, Droz escreve:

> [...] é um movimento revolucionário do tipo democrático-burguês em um país semicolonial, onde a luta contra o imperialismo ocupa um lugar importante e onde domina não a luta de uma burguesia nacional

para um desenvolvimento autônomo, à base capitalista, mas antes a luta dos camponeses pela revolução agrária contra o regime dos grandes proprietários rurais[14].

No "Relatório dos delegados do PCB ao VI Congresso", arremata-se:

> O caráter democrático-burguês das revoluções mais próximas neste continente também ficou assentado, bem como a necessidade de apoiá-las nas massas camponesas, que serão um fator decisivo para a vitória. [...] Esses movimentos devem assumir um caráter decididamente anti-imperialista [...].

A estratégia concebida por Droz aponta para a formação de um "bloco das forças revolucionárias", ou seja, "dos operários, dos camponeses sem terra, dos colonos [...] e da pequena burguesia revolucionária". Aos partidos comunistas cabe lutar pela liderança desses blocos, mantendo sua independência e liberdade de crítica, organizando e conscientizando, "como guia das outras classes laboriosas"[15].

Em seu documento, Brandão é mais explícito:

> Só concordamos com a aliança em determinadas condições: 1) que o proletariado conserve sua independência como classe; 2) que não se transforme em reboque da pequena ou da grande burguesia; 3) que conserve o direito de crítica, de análise[16].

A ligeira mudança de estratégia, buscando agora deixar explícita a hegemonia do Partido Comunista, obedece à crítica provinda da experiência kuomintanguista. Fundamentalmente, no entanto, permanece assentada em suas antigas bases. A análise da situação política, econômica e sociológica do Brasil continua subordinada às generalidades teóricas da Internacional Comunista, e o Partido Comunista não consegue trabalhar com o instrumental analítico do marxismo. As modificações na estratégia política não chegam a abalar a crítica contundente dos oposicionistas: por um lado, abandona-se a ideia de o partido operário fundir-se com organizações da pequena burguesia, substituindo-a pela ideia dos blocos; por outro, a perspectiva etapista de revolução consolida-se e, nela, a aliança com a pequena burguesia e setores anti-imperialistas investe-se de inevitabilidade pragmática.

A autocrítica feita por Paulo de Lacerda no final de seu discurso no VI Congresso[17] aponta o erro do Partido ao ter constituído um Kuomintang brasileiro, o Bloco Operário e Camponês, e absorve as novas diretrizes internacionais. Em seu artigo, Brandão conclui sobre a estratégia etapista:

> Mas, dada a perspectiva atual, a revolução proletária parece-nos ser a consequência natural de uma revolução democrática pequeno-burguesa, nascida da terceira revolta [...] e radicalizada pelo combate ao imperialismo e, principalmente, pela ação das massas trabalhadoras urbanas e rurais, armadas. [...] Não estamos a discutir a segunda etapa (a nossa) e sim a primeira etapa do processo revolucionário brasileiro[18].

Rodolpho Coutinho, primeiro oposicionista

A partir dessas reflexões, podemos analisar de maneira mais ampla a reunião da Comissão Central Executiva do Partido Comunista do Brasil em outubro de 1927, que discute a aliança do Partido com Luís Carlos Prestes. É nesse encontro que ocorre o primeiro choque de posições de que se tem registro entre os dirigentes. Encabeçando a divergência contra Octávio Brandão e Astrojildo Pereira estava Rodolpho Coutinho.

Recém-chegado da Alemanha, para onde havia seguido após uma temporada na URSS iniciada em 1924, quando representou o Brasil no V Congresso da III Internacional[19], Rodolpho Coutinho é um destacado militante. Advogado, jornalista e professor pernambucano, é ainda primo de Cristiano Cordeiro, fundador do PCB em 1922. Na fundação do Partido, é eleito suplente do Comitê Central, ocupando-se em estudar a questão agrária. Segundo depoimentos de ex-militantes trotskistas, Coutinho teria conhecido Trótski e debatido com ele sobre seus estudos agrários, o que o torna o primeiro brasileiro a aproximar-se do revolucionário russo em meados dos anos 1920. Desenvolve intensa atividade intelectual e militante na Europa, principalmente na Alemanha, e quando retorna ao Brasil, em 1927, assume um lugar na Comissão. Torna-se responsável pela atuação do Partido no movimento camponês do Rio de Janeiro, além de ser um dos diretores do jornal *A Nação*. Amigo de Mário Pedrosa e Lívio Xavier, é um dos principais articuladores da "Cisão de 1928", a chamada Oposição Sindical, de que tratarei adiante. Com Pedrosa e Xavier, funda o Grupo Comunista Lenine e a Liga Comunista (Oposição), militando no trotskismo até 1936.

Leôncio Basbaum relata a reunião realizada na casa de Joaquim Barbosa, que marcou o início do confronto entre o Partido e sua futura Oposição de Esquerda: "Além de Astrojildo e Joaquim Barbosa, mais os seguintes camaradas: Octávio Brandão, Paulo de Lacerda, João Pimenta, Cendon [Manuel Cendón], Hermógenes Silva, Freitas, Rodolpho Coutinho [...], recém-chegado de sua viagem a Moscou."[20]

Baseados nos argumentos aliancistas e na tese da revolução democrático-burguesa, Brandão e Astrojildo propõem que o Partido entre em contato com o comandante Luís Carlos Prestes, então refugiado na Bolívia, e lhe proponha uma aliança política.

Na verdade, a conjuntura em que se debate o Partido não é das mais promissoras para seu desenvolvimento. Sucedendo os primeiros oito meses de liberdade política em 1927, a lei de autoria do deputado Aníbal de Toledo, conhecida por Lei Celerada, coloca o Partido Comunista novamente na clandestinidade. Em 11 de agosto, a Comissão decide fechar *A Nação*, e as atividades partidárias entram em refluxo.

Com a nova situação conjuntural desfavorável ao trabalho comunista, o Partido considera-se isolado e, adepto de uma política estreita e sectária, conclui que seria necessário aumentar sua área de influência e o apoio a ele.

Um dos mais ardorosos defensores dessa política é Octávio Brandão, que já havia publicado no jornal *A Manhã*, do Rio de Janeiro, alguns artigos sobre o assunto. Pensavam os pecebistas que havia no interior da Coluna Prestes "elementos *revolucionários* que, aliados aos comunistas, ao movimento comunista operário das cidades, seriam capazes de dar um grande impulso às forças de nosso próprio movimento *revolucionário*"[21]. [grifos meus]

Ao contrário do que talvez pudesse esperar a maioria dos participantes da reunião, a unanimidade em relação ao uso dessa tática aliancista não foi possível. Secundado por Joaquim Barbosa, Rodolpho Coutinho coloca-se radicalmente contra a aliança com um "movimento pequeno-burguês, o que seria trair o proletariado e 'todos os ensinamentos de Marx e Engels'", conforme relata Leôncio Basbaum em seu livro[22]. A atitude principista de Coutinho, certamente influenciada pelos acontecimentos na China, então recentes, demonstra, no entanto, que, mais do que uma discussão estratégica sobre o crescimento do Partido, vinculada eventualmente a alianças circunstanciais, o que de fato importava era a "pureza" ideológica na origem dessas estratégias.

O eixo dos argumentos de Coutinho baseava-se muito mais na defesa doutrinária da posição de locomotiva da história que o proletariado urbano organizado deveria ter do que na crítica ao estágio do PCB e da luta de classes no Brasil. Muitos anos depois, em entrevista a Lourenço Dantas Mota, comentando seu debate com Prestes a respeito de um partido socialista revolucionário, Mário Pedrosa refere-se a essa posição rígida dos oposicionistas diante da doutrina: "A minha posição era realmente ortodoxa e hoje acho que havia um excesso de doutrinarismo entre todos nós."[23]

O debate sobre as perspectivas reais do Partido Comunista e de sua revolução social ainda não havia alcançado, entre os comunistas, um patamar sólido, baseado em análises apuradas da realidade brasileira e na inserção do país no cenário internacional.

Também doutrinariamente, a Comissão Central Executiva revida. Acusando Coutinho de "esquerdismo" e ironizando suas citações em alemão, Brandão procura demonstrar o vazio da crítica feita às suas posições[24]. Aliado de Brandão, Leôncio Basbaum é ainda mais explícito ao acusar:

Repelir a aliança é oportunismo da esquerda (anarquismo). Aceitá-la em quaisquer condições é oportunismo da direita (menchevismo). Coutinho foi o líder da primeira tática. Leônidas, da segunda. Os extremos tocaram-se. Juntaram-se. E desertaram do Partido...[25]

A fala do memorialista, "desertaram do Partido", não obscurece a divisão de águas inaugurada com esse episódio. Vejo aí o primeiro confronto que caracterizará, no futuro, a política de enfrentamento entre os comunistas e sua Oposição de Esquerda. Luta ideológica, como me recordaram sempre ex-militantes, inaugurada com o debate que também agita, na mesma época, a Oposição russa. Recém-chegado da Europa, leitor da *Clarté* e de outras publicações atentas ao desenrolar da crise política da URSS, Coutinho não deve ser analisado apenas como um esquerdista. Sua recusa em partilhar a estratégia de aliança de classes defendida pela maioria da Comissão, aprovada, aliás, nessa mesma reunião, contribui para o desenvolvimento das ideias da Oposição de Esquerda russa entre os militantes comunistas brasileiros. Antes mesmo da viagem de Mário Pedrosa à Europa, antes mesmo de ocorrer qualquer fato político que agrupasse os opositores, um dos mais preparados membros da Comissão do Partido punha em pauta um pensamento diverso, baseado em divergência doutrinária, sobre a qual jamais haveria concordância.

Entender a extensão dessa recusa é fundamental para mapear a origem, o primeiro passo em direção ao trotskismo no Brasil.

O PCB e a difícil relação com os sindicatos

A história do movimento operário é permeada pelo intenso conflito entre as atividades sindicais e partidárias de seus militantes. A assistência mútua, a luta por melhores condições de trabalho e melhores salários e a intermediação das relações trabalhistas, que constituem o núcleo do sindicalismo, entraram em conflito desde cedo com aqueles para quem a alforria dos trabalhadores só poderia ocorrer caso eles conseguissem emancipar-se politicamente como classe.

Para usar o jargão característico da linguagem militante de esquerda marxista: de um lado temos os "economicistas", adeptos do sindicalismo "puro", que negam o papel da luta política como condição para preservar a independência sindical; de outro perfilam-se os "vanguardistas", alheios ao trabalho tradicional das agremiações e que criam sindicatos "revolucionários" ou "paralelos". Em ambos, está presente a dicotomia entre "luta política" e "luta sindical".

Desde o *Manifesto comunista*, os marxistas e seus partidos políticos viam nas reivindicações trabalhistas mais o que elas tinham a contribuir para a luta revolucionária do que para a melhoria efetiva da vida dos operários. A lógica revolucionária e transformadora do programa marxista relegava a segundo plano as demandas específicas, já que elas só teriam razão de existir na sociedade burguesa. Tratava-se, portanto, de centralizar os esforços na derrocada do capitalismo e de não desgastar todas as energias revolucionárias em conquistas paliativas que, no máximo, melhorariam a situação dos trabalhadores no sistema econômico que os explora.

A polêmica entre as facções que empunhavam uma ou outra bandeira aqueceu após a vitória dos bolcheviques em 1917, na Rússia. O novo Estado estabelece com os sindicatos russos uma relação até então inédita. Vale a pena apontar alguns elementos da situação soviética nos anos em que Lênin esteve no comando, mesmo porque a "pátria do socialismo" tornou-se o paradigma revolucionário dos partidos comunistas em todo o mundo.

Como podemos verificar na obra de E. H. Carr[26], o Estado soviético era entendido, pelos seus fundadores, como um Estado revolucionário e antiburguês, e os sindicatos deviam colocar-se em sua defesa da mesma maneira que se colocavam na luta pelo socialismo. Essa postura inicial norteou todo o percurso do tenso relacionamento entre os bolcheviques e os sindicatos russos, principalmente nos primeiros anos após o Outubro de 1917. O ineditismo de um Estado proletário não impediu o debate sobre a necessidade de "estatização" dos sindicatos. Esse período é marcado por vários momentos importantes.

Em janeiro de 1918, o 1 Congresso Panrusso dos Sindicatos, liderado por maioria bolchevique, resolve que eles devem tornar-se órgãos do poder socialista, com o objetivo de organizar a produção. Após o congresso, e por intermédio do Ministério do Trabalho (*Narkomtrud*), são integrados ao governo. O entendimento geral era de que o Estado estava sendo "tomado" pelos sindicatos, e não o inverso.

Após junho de 1918, com o "comunismo de guerra", surge o problema do uso dos sindicatos como braço do Estado para a mobilização exigida pela guerra civil. Em janeiro de 1919, o II Congresso Panrusso dos Sindicatos decide que a "estatização" deles deve ser "resultado inevitável de uma atitude conjunta e estreitamente coordenada, e do preparo das amplas massas laboriosas pelos sindicatos, para a tarefa de administrar o aparelho de Estado e todos os órgãos de direção econômica"[27].

O autor dessa resolução foi Lênin, que era contra a "fusão" imediata do Estado com os organismos sindicais. Antes, considerava, era preciso um período de educação da classe operária pela sua vanguarda, o Partido Bolchevique. Administrar o aparelho estatal era uma tarefa futura e, nesse ínterim, caberia ao Estado soviético tutelá-la.

Ainda durante a guerra civil, a militarização da mão de obra por exigência de defesa acaba provocando conflitos importantes. A mobilização dos ferroviários para o trabalho compulsório em janeiro de 1920, mediante decreto do Conselho de Trabalho e Defesa, exclui o sindicato da categoria, de maioria menchevique, da administração dos objetivos, como era seu direito legal. Essa questão trouxe à tona o que se chamou "militarização dos sindicatos", medida comungada igualmente por Lênin e Trótski.

Essa aliança relativa à política sindical entre Lênin e Trótski é virtualmente rompida quando, em 30 de dezembro de 1920, por ocasião do VIII Congresso Panrusso dos Sovietes, Lênin faz seu famoso discurso "Sobre os sindicatos, o momento atual e os erros do camarada Trótski". Nele, afirma que os sindicatos são necessários para que os trabalhadores possam se defender das deformações burocráticas do Estado soviético. Curiosamente, no entanto, argumenta que os sindicatos devem funcionar como organizações de massa dirigidas pela vanguarda bolchevique, isto é, pelo mesmo partido que dirigia o Estado.

De qualquer forma, as posições dos dois dirigentes bolcheviques caminharam para a manutenção da independência dos sindicatos e para o fortalecimento do papel do Partido Comunista como vanguarda do proletariado.

Em documento que polemiza com o Partido Comunista Francês, escrito em 23 de março de 1923, após o IV Congresso da Internacional Comunista, Trótski faz observações sobre a relação Partido-sindicato-proletariado que constituirão postulados importantes para a Oposição de Esquerda que viria a se constituir.

Trótski entende que não cabe nem ao Partido nem ao sindicato a função de "incorporar-se" ao proletariado. Trata-se de conquistar a "confiança" dele, tornando-se um instrumento crítico e de auxílio, para que a classe operária cumpra suas tarefas históricas. O autor afirma:

> Os comunistas não têm nenhuma razão – nem ideológica, nem organizacional – para se esconder atrás dos sindicatos. Não os utilizam para maquinações de bastidor. Não perturbam de maneira alguma o desenvolvimento independente dos sindicatos e apoiam suas lutas com todas as suas forças[28].

Ao mesmo tempo, o Partido Comunista tem o direito, afirma Trótski, de criticar os sindicatos e fazer propostas que podem ser aceitas ou rejeitadas pelos sindicalistas. Ganhar a confiança da classe operária implica principalmente ganhar a confiança do setor organizado dos sindicatos.

No mesmo artigo, Trótski declara que Marx não estabeleceu nem teria condições de estabelecer formas definitivas para a relação Partido-sindicato. "Essas relações dependem de circunstâncias que variam em cada caso."[29] Essas circunstâncias são ditadas pelas formas organizacionais que, apesar de variáveis, não podem obscurecer o

> papel fundamental do Partido, que continua constante. O Partido, para merecer esse nome, deve incluir toda a vanguarda da classe operária e usar sua influência ideológica para fazer frutificar todas as manifestações do movimento operário, especialmente o movimento sindical[30].

No entanto, se o lugar do Partido é fundamental como vanguarda, os sindicatos, por incorporarem parcelas mais atrasadas do movimento operário, também têm função precisa e relevante, embora dependente do Partido: "Somente cumprirão sua missão se se guiarem conscientemente por princípios firmemente estabelecidos, e somente podem conseguir essa direção se seus melhores elementos estiverem unidos no Partido da revolução proletária."[31]

Não é de estranhar, portanto, que a tensa e tumultuada relação do Partido Comunista do Brasil com os sindicatos brasileiros tenha sido importante na constituição de sua dissidência política. Se, por um lado, as posições políticas dos pecebistas e dos oposicionistas nos episódios que relatarei aqui não evidenciam vínculos orgânicos com movimentos articulados do cenário internacional, por outro refletem, com todas as salvaguardas do isolamento brasileiro, a cultura política acumulada pelo proletariado internacional a respeito da relação Partido-sindicato e da questão da independência dos organismos operários.

Ao todo, são três episódios, ocorridos em 1928 e 1929, que envolvem fatos históricos importantes e militantes fundamentais para a futura Oposição de Esquerda.

A UTG e João da Costa Pimenta

Na década de 1920, no Brasil, são acrescidas às direções sindicais novas influências de grupos e partidos políticos. Já não podemos falar apenas na força dos anarquistas e dos anarcossindicalistas na condução do movimento sindical. Edgard Carone identifica três categorias de sindicatos no período: "Os de influência comunista, os de orientação anarquista e os denominados reformistas ou amarelos."[32]

Com a predominância dos sindicatos "amarelos", dirigidos por "líderes amigos da ordem e do governo", conforme Astrojildo Pereira[33], o PCB procura infiltrar-se nos grandes sindicatos e disputar sua direção.

A maior conquista do Partido com essa estratégia foi a União dos Trabalhadores Gráficos do Rio de Janeiro. A UTG congregava os operários gráficos e os funcionários de jornais, inclusive redatores, jornalistas e outros. Notabilizou-se tanto no Rio de Janeiro como em São Paulo como um grande sindicato, combativo e com extensa área de influência política.

O operário gráfico João Jorge da Costa Pimenta foi uma das grandes lideranças da UTG e do sindicalismo brasileiro desde a greve geral de São Paulo, em 1917, além de ter fundado o PCB em 1922. Em 1926, o Partido transfere-o para o Rio de Janeiro, onde disputa as eleições legislativas pelo Bloco Operário e Camponês e, em 1928, assume a secretaria-geral da Federação Sindical Regional do Rio de Janeiro (FSRR). Liderança reconhecida e bastante influente nos meios operários, posteriormente ingressa nas fileiras oposicionistas, como fundador da Liga Comunista (Oposição), em 1931, por causa de divergências sindicais com o Partido. O episódio relatado a seguir tem importância decisiva nesse processo.

No decorrer da luta pela conquista dos sindicatos, o PCB enfrenta uma liderança significativa perante os trabalhadores têxteis. José Pereira de Oliveira, conhecido pelo apelido de "Zé Doutor", exerce a presidência da União dos Operários em Fábricas de Tecidos do Rio de Janeiro até dezembro de 1926, quando é derrotado pelo Partido. Sua influência, no entanto, é significativa, e as denúncias dos comunistas contra ele precedem o próprio PCB. Astrojildo Pereira já o criticara em artigo publicado em *A Plebe*, em 1921, acusando-o de "elemento de tumulto, confusão e intriga"[34].

Durante a campanha pelas eleições na União dos Operários em Fábricas de Tecidos em 1926, o PCB aguça suas críticas e acusa "Zé Doutor" e seu grupo de "delatores, os patrioteiros amarelos, a autocracia operária, os oportunistas, os reformistas, os alisadores de casaca, os agentes de seus patrões e da política do Marechal Fontoura". Acusam-no ainda de receber verbas secretas do governo e ter ligações diretas com o coronel Bandeira de Melo[35].

Apesar de derrotado pelo Partido nas eleições sindicais de 1926, Oliveira continua como forte liderança dos trabalhadores têxteis, e os dirigentes comunistas resolvem dar um basta às suas ações.

A tática utilizada pelos comunistas tem consequências desastrosas para sua imagem pública como partido operário e aguça as divergências relativas à concepção do papel do Partido no sindicato entre João da Costa Pimenta e o restante da direção pecebista.

Convocados pelo Partido para discutir a Lei de Férias em 18 de janeiro de 1928 na sede do Sindicato dos Têxteis, mil operários atendem ao apelo. A sessão é presidida por João da Costa Pimenta e, a certa altura, o deputado Azevedo Lima[36], do Bloco Operário e Camponês, passa a acusar José Pereira de Oliveira de "'indigno alcaguete' e traidor a soldo da polícia"[37].

Contrário à utilização dos assuntos sindicais como instrumento da política do Partido, Pimenta suspende a discussão, temeroso de que a polícia pudesse aproveitar-se do tumulto causado por esse tipo de debate para intervir nas atividades sindicais.

Apesar do alerta de Pimenta, o Partido prepara nova investida contra Oliveira e convoca um comício a realizar-se na sede da União dos Trabalhadores Gráficos do Rio de Janeiro no dia 14 de fevereiro de 1928. Pimenta encontrava-se em São Paulo, e mesmo assim coloca-se contra o comício, expressando seus sentimentos à direção partidária.

Como relata Dulles, além dos operários, estavam presentes repórteres, fotógrafos e investigadores de polícia. Presidida pelo marceneiro Roberto Morena, a assembleia ouviu as acusações de Azevedo Lima contra Oliveira. Quando este tomou a palavra, instaurou-se o conflito entre os presentes, e a polícia invadiu o local. Do tumulto resultaram seis feridos e quatro operários mortos, além de muitos prisioneiros. Entre estes estavam futuros militantes da Oposição de Esquerda: o secretário-geral interino da UTG, linotipista João Dalla Déa, José Caldeira Leal e Leonel Tavares Dias Passos.

De nada adiantaram os protestos do deputado Azevedo Lima e dos dirigentes da UTG e os recursos legais do advogado Evaristo de Moraes em favor do sindicato. O governo aproveitou-se do episódio e fechou a UTG com força policial, com base na Lei Celerada, de Aníbal de Toledo.

Em entrevista realizada por Dulles em setembro de 1970, João da Costa Pimenta mostrou as marcas do episódio e criticou severamente a direção do PCB por "provocar" a tragédia[38] e utilizar os sindicatos operários para sua ação política. Os acontecimentos na UTG de novo provocaram o confronto entre Pimenta e o Partido, já cultivado nos debates da Comissão Central Executiva. Essas mesmas divergências o fariam aproximar-se das posições de Joaquim Barbosa na "Cisão de 1928", embora Pimenta não tenha se envolvido completamente e tenha saído do PCB algum tempo depois para aderir à Oposição de Esquerda.

A Oposição Sindical e Joaquim Barbosa

Realizada entre 19 e 21 de fevereiro, imediatamente após os acontecimentos na sede da UTG, a Conferência de Organização da Região do Rio de Janeiro desencadeia no Partido uma série de discussões e atritos. As resoluções da conferência clarificam as divergências acumuladas desde anos anteriores, principalmente em torno da questão sindical.

João da Costa Pimenta, em entrevista a Dulles[39], argumenta que, naquele momento, ele e Joaquim Barbosa recusaram-se a submeter as diretrizes sindicais da combalida Federação Sindical Regional do Rio de Janeiro à disciplina interna do Partido, como resolvera a Conferência de Organização[40]. Esse teria sido o estopim da crise iniciada na conferência por Astrojildo Pereira, autor da resolução que caracterizava o trabalho dos dois dirigentes na Federação como submisso ao "espírito corporativista ainda dominante na vida dos sindicatos operários entre nós"[41].

A solução apontada por Astrojildo foi a formação de núcleos subordinados à política partidária, que, necessariamente, cuidaria do conjunto dos sindicatos da Federação e não daria continuidade à política fracassada de Barbosa e Pimenta, que privilegiava o trabalho de sua categoria em detrimento de uma atuação mais abrangente e federativa.

Às recriminações do Partido, Pimenta reage demitindo-se do cargo de secretário-geral da Federação Sindical Regional do Rio de Janeiro, atitude reiterada por carta em 9 de março de 1928.

No entanto, o grande desdobramento acontece por ação de Joaquim Barbosa, que critica a atitude de Pimenta de não responder à Comissão Central Executiva, preferindo "demitir-se do cargo de secretário-geral da Federação, fugindo covardemente à luta"[42].

Barbosa não se detém nas críticas a Pimenta e chama a polêmica para si, demitindo-se da Comissão e de suas funções de secretário sindical do Partido. Na mesma carta em que critica Pimenta, procura atribuir o fracasso da Federação "à política sindical adotada pela direção do Partido nestes últimos tempos, política contra a qual sempre me coloquei"[43].

Chamado pela CCE várias vezes durante o mês de março para debater suas críticas, Barbosa se recusa sistematicamente a atender ao chamado e aprofunda seus ataques numa carta aberta que faz imprimir. A carta é uma vigorosa crítica às posições pecebistas tanto do ponto de vista sindical como das relações políticas internas ao Partido. O seu vigor motiva até mesmo a reprodução da carta pelos anarquistas do Grupo Braço e Cérebro, com comentários de José Oiticica. Internamente ao Partido Comunista do Brasil, as críticas de Barbosa atraem as atenções do grupo influenciado por Rodolpho Coutinho, que já se digladiava com os outros dirigentes desde 1927, como vimos.

Ao examinarmos alguns tópicos da carta aberta, poderemos perceber as discordâncias acumuladas.

O primeiro item critica a participação do Partido nos debates convocados pelo governo de Arthur Bernardes sobre o projeto de Lei de Férias. Esse projeto, de autoria do deputado Henrique Dodsworth, estipulava quinze dias de férias para os trabalhadores. O PCB insistiu em participar, porque um dos itens que regulamentavam a lei propiciava o controle, pela polícia, das fichas dos trabalhadores.

Barbosa manifestou-se contra a participação porque a considerava inócua, devido ao estado de sítio em que Bernardes governava. Propôs que se lutasse a partir de um movimento independente dos trabalhadores, pressionando o governo fora do Conselho Nacional do Trabalho. Na carta aberta, assim se pronuncia sobre o episódio:

Argumentava-se, para justificar a participação, com uma página de Lênin na qual este diz que os comunistas não devem temer os compromissos. Mas é forçoso convir que os compromissos só devem ser efetuados quando possam trazer resultados aos trabalhadores. Além do que, no caso, o argumento não procedia, porque nem sequer se podia classificar a questão como compromisso. Tratava-se de coonestar uma mistificação com a cumplicidade das associações operárias, algumas outras fachadas sem vida, manietadas pela ditadura policial[44].

Um segundo tópico a ressaltar é a crítica ao distanciamento do Partido da vida sindical. Ele tece argumentos contra a política dos comunistas de construir a Confederação Geral do Trabalho (CGT). Não há como deixar de notar a mesma preocupação – expressa com pesada ironia – já demonstrada por João da Costa Pimenta, com relação ao uso do sindicato pelo Partido:

O Partido resolveu atirar no lixo uma coisa tão mesquinha. Não é preciso sindicatinhos, diziam: o que se impõe já e já é a formação da CGT, das federações locais etc. etc., esquecidos de começar pelo começo, e não pelo fim, como infelizmente se tem feito no terreno sindical. Nada de ilusões aéreas, nada de irritantes projetos fantásticos, o proletariado precisa de coisas práticas e concretas. Formam-se os grupos pró-CGT em diversos sindicatos. Expedem-se circulares contendo o plano mirabolante. Mas sucede que os grupos na sua maioria não passavam de simples abstração. Tinham nome. Com raríssimas exceções, desenvolviam algum trabalho[45].

Esse mesmo problema é explorado no item 4 da carta, quando o autor discorre sobre o trabalho do Partido em torno do Congresso Sindical, palavra de ordem lançada com o objetivo de "congregar, unificar todas as forças dispersas dos trabalhadores sem ter em conta suas diferenças ideológicas". Argumenta que, além do sectarismo na preparação do Congresso, prática incompatível pelo seu propósito, o resultado foi muito ruim. Abstiveram-se os sindicatos mais importantes, e a maior parte daqueles que participaram não endossou as conclusões do encontro. A Federação Sindical Regional do Rio de Janeiro não alcançou êxito, e Barbosa comenta:

Acusamos os anarquistas de arrotar forças com federações de carimbo e caímos no mesmo ridículo. [...] Enquanto afirmávamos que a Federação era alheia às tendências, dizíamos em praça pública no comício de 1º de maio que ela tinha sido obra do Partido. Isso como modelo de tática sindical, num meio em que o já pequeno movimento operário está dividido, mercê de uma luta de tendências que há seis anos o vem solapando, não deixa de ser curioso [...]. Além disso *A Nação* dedicava uma coluna em que enumerava as vitórias do Partido. O Congresso e a Federação figuravam como vitórias do Partido. Mas perguntar-se-ia: vitórias sobre quem?[46]

Os dirigentes do Partido respondem com firmeza a Barbosa e, em carta datada de 6-8 de abril de 1928, expulsam o antigo secretário sindical do Partido Comunista do Brasil.

A crise, no entanto, percorre as fileiras comunistas, e o impulso dado pela carta aberta faz que Barbosa se torne líder de um pequeno grupo conhecido como Oposição Sindical.

Não demoram a ocorrer os deslocamentos, já que não se tratava de um simples incidente localizado, mas de um momento de profunda crítica à trajetória do Partido. A discussão da estratégia política comandada por Astrojildo Pereira e Octávio Brandão, represada em debates esporádicos durante os breves anos de vida do PCB, vinha à tona com a força da ruptura.

Estava a caminho a primeira cisão nos quadros dirigentes do Partido: a "Cisão de 1928".

A cisão e a *Auto-Crítica*

A expulsão de Joaquim Barbosa é apenas o início dos acontecimentos de um ano em que grandes debates ocorrem no interior do Partido. As divergências sindicais ultrapassam os seus limites e questões eminentemente políticas tomam de assalto a polêmica entre militantes e dirigentes da Comissão Central Executiva.

Entre os meses de abril e maio de 1928, as reações ao episódio da carta aberta de Barbosa agitam o Partido e suscitam o aparecimento de um grupo heterogêneo de pecebistas que, em comum, fazem graves críticas à direção partidária. O debate sobre os problemas apontados perturba particularmente o Comitê Regional do Rio de Janeiro (CR-RJ), alinhado a Joaquim Barbosa. O conflito é instaurado pela leitura do documento de Barbosa pelo CR-RJ, após proibição da Comissão. Esse ato é considerado indisciplina: "Ora, esse fato, inegavelmente, tinha a significação de um ato de **hostilidade** contra a CCE. **Hostilidade** de instância inferior contra instância superior significa **indisciplina**."[47] [negritos no original]

O CR-RJ é destituído em 21 de abril, e Astrojildo Pereira assume o lugar de Alcides Adett Brazil de Mattos como secretário. Em 27 de abril, por não concordar com a destituição do Comitê, Rodolpho Coutinho se demite da Comissão[48].

No dia 2 de maio, a direção do Partido recebe um documento reivindicativo firmado por cinquenta militantes. Seus principais pontos:

→ acusa a CCE de abusar de suas atribuições estatutárias e atentar contra os direitos dos militantes;
→ acusa a CCE de romper com as resoluções do II Congresso do Partido sem a consulta devida aos organismos partidários;
→ acusa a CCE de não obedecer aos princípios do centralismo democrático e fazer uma política de "camarilha";
→ acusa a CCE pela destituição ilegal do CR-RJ e ainda por ter nomeado para secretário "o maior responsável, talvez, pelos descalabros a que temos chegado, dando assim a entender, ostensivamente, que o PC só poderá viver sob o regime dos figurões que o desmantelam";
→ exige a convocação, em sessenta dias, de uma Conferência Nacional do Partido, organizada por três membros da CCE e três membros escolhidos entre os signatários da carta;
→ os signatários ainda exigem a nomeação de metade dos redatores do jornal do Partido para assegurar a veiculação de seus pontos de vista no período anterior à conferência.

Os manifestantes dão prazo para resposta às suas reivindicações até o dia 5 de maio, e tomam o silêncio como negativa. Os dirigentes pecebistas não respondem e, em 8 de maio, 46 militantes demitem--se do Partido.

Em documento intitulado "O que a ex-oposição queria: desertar"[49], provavelmente publicado na revista *Auto-Crítica* número 1, a Comissão responde com vigor às acusações. Ao rebater os argumentos dos signatários, não lhes reconhece o direito de exigir a realização da conferência, porque eles teriam se organizado fora dos organismos partidários, o que contrariava os estatutos e lhes retirava qualquer direito.

A maior parte do documento procura demonstrar que o verdadeiro propósito dos dissidentes era desertar do PCB, fazendo a "luta fracional, liquidacionista". Há também um perfil da "composição social e ideológica da ex-oposição", que busca demonstrar quanto ela era composta de "intelectuais pequeno-burgueses", "ex-anarquistas" que continuaram anarquistas dentro do Partido, "pequenos patrões", "artesãos".

Com esses dados, a Comissão conclui as causas da cisão: "Eis aí. Juntem-se esses dados à obra da intriga, da deslealdade, da calúnia – e estará tudo explicado."

Apesar da cisão, o debate prossegue internamente no PCB, principalmente nas páginas da *Auto-Crítica*, que publicou oito números (seis em 1928 e dois em 1929). Embora Astrojildo Pereira, em seu livro *Formação do PCB*, tenha afirmado que a precariedade teórica era muito grande e que os artigos expressavam muita confusão, podemos perceber, pelos números 3 e 6, raridade bibliográfica encontrada no arquivo de Lívio Xavier, que havia uma vigorosa determinação dos dirigentes e, por certo, uma aproximação com os organismos da Internacional Comunista que jamais o Brasil tivera anteriormente.

Como afirma Astrojildo, era forte a defesa dos dirigentes pela unidade do Partido. De fato, dos nove comitês regionais que se manifestam no número 3 da *Auto-Crítica*, apenas uma célula, da região do Rio de Janeiro, manifestou-se parcialmente contrária à resolução da Comissão de expulsar Barbosa. Além do apoio quase unânime das células, a Comissão recebeu cartas de um militante que cursava a

Escola Leninista em Moscou, Heitor Ferreira Lima. Enfático, ele afirma: "Involuntariamente, creio-o, estes camaradas estão auxiliando os nossos inimigos."

Os dirigentes também se manifestam em artigos condenatórios na mesma revista. Há artigos dos delegados ao IV Congresso da Internacional Sindical Vermelha (ISV), de Octávio Brandão, de "L.P." (Luís Peres) e outros.

Particularmente para o tema aqui tratado, as origens do trotskismo no Brasil, esse momento é muito importante.

Em primeiro lugar, os dissidentes mais em evidência farão parte em 1930 do primeiro agrupamento da Oposição de Esquerda, o Grupo Comunista Lenine: Rodolpho Coutinho, Lívio Xavier, Wenceslau Escobar Azambuja e Octaviano du Pin Galvão. Solidários, três dos quatro integrantes da Comissão Central Executiva da Juventude Comunista aderem aos demissionários: Hílcar Leite, Sávio Antunes e seu irmão, também futuros integrantes do GCL.

Em segundo lugar, as críticas à Comissão formuladas pela cisão serão retomadas em sua maior parte, em 1930, pelos oposicionistas.

Em terceiro lugar, entendo esse período como fundante para a futura Oposição de Esquerda. Dessa maneira, não compartilho a interpretação demasiado ligeira de Dulles quando comenta esse episódio e afirma, referindo-se a Rodolpho Coutinho e Lívio Xavier: "Nesta ocasião, um grupo de intelectuais sem nenhum contato direto com as massas rompeu com a liderança do PCB por motivos diferentes."[50]

A afirmativa de Dulles peca, inicialmente, pela referência a "intelectuais". Com todas as salvaguardas necessárias a esse conceito tão polêmico quando se aproxima dos movimentos políticos e sociais nos primeiros anos da história do Partido Comunista no Brasil, o termo precisa ser circunstanciado. Rodolpho Coutinho, leitor de Marx no original, era o encarregado da organização dos trabalhadores agrícolas na região do Rio de Janeiro para a Comissão. Da mesma maneira, os principais dirigentes da época também tinham formação acadêmica, como Astrojildo e Brandão. A fase "obreirista" que o Partido viveria nos anos 1929-30 atesta o limite dessa crítica aos "intelectuais". Prefiro, até por precisão, conceituá-los como militantes comunistas. Trata-se, portanto, de militantes que discordam, e não de "intelectuais", implícita e pejorativamente alheios à vida do Partido.

Outra discordância em relação a Dulles vem da separação radical que ele faz entre os motivos que levaram à renúncia de Barbosa e os que induziram os signatários da "Cisão de 1928". As alegações de Barbosa em sua maior parte estão relacionadas com a prática partidária nos sindicatos, na Federação Sindical Regional do Rio de Janeiro e na Confederação Geral do Trabalho do Brasil. Porém há, em ambos, acusações diretas a respeito da orientação política do Partido Comunista do Brasil. Essa concordância inicial, é verdade, logo entra em conflito, e, enquanto Barbosa e seus companheiros permanecem na polêmica sindical, Coutinho, Xavier e seus amigos abordam questões de maior abrangência política. Mas há uma confluência, como podemos atestar num documento dos oposicionistas escrito em 20 de abril de 1930: "O primeiro movimento de oposição surgiu há quase dois anos, condenando a política do Partido nas questões sindicais. Esse grupo pouco depois se subdividiu porque uma parte adotou uma orientação francamente sindicalista."[51]

A verdade é que a "Cisão de 1928" cria um novo momento na perspectiva daqueles poucos militantes que não concordavam com os rumos do PCB e da Internacional Comunista desde 1927.

Ao lado do debate interno nas páginas da revista *Auto-Crítica*, os futuros oposicionistas articulam-se de maneira precária fora dos quadros do Partido.

Antes mesmo da cisão, em janeiro de 1928 já existe um memorial dirigido ao futuro congresso do Partido, como se pode ver numa carta de Rodolpho Coutinho para Lívio Xavier datada de 12 de janeiro de 1928:

E o memorial? Foi entregue e o congresso designou três tios que nos fizeram uma série de perguntas idiotas e se foram. Ainda não recebemos resposta. De nada sei, a não ser uns baratinhos. Não poderás indagar algo do Plínio e informar os daqui?[52]

Na carta seguinte, datada de 26 de janeiro de 1928, Coutinho reitera que a resposta dos dirigentes ao memorial seria levada às bases do "comitezinho" que

> resolveu consultar o pessoal, distribuindo-os em grupos. Preliminarmente deverão os nossos decidir se ficam conosco ou se levam o cu ao caralho disciplinar da CCE. Aqueles que ficarem deverão autorizar o comitezinho a dar a resposta necessária. Esperamos que, com a leitura da resposta, mande teu visto, dizendo o que julgar conveniente fazer. Esperamos não é o termo. Queremos!"[53]

Após a demissão coletiva em maio, o grupo busca discutir no III Congresso do Partido, marcado para os dias 28 de dezembro de 1928 a 4 de janeiro de 1929, o memorial que sintetizaria as críticas aos rumos do PCB.

O documento que apela ao III Congresso é derivado daquele a que Coutinho faz referência em suas cartas de janeiro, e seus redatores já estão rompidos com os "desvios sindicalistas" da maioria dos membros da Oposição Sindical de Barbosa.

A estrutura do memorial "Ao Terceiro Congresso do PC do Brasil"[54] obedece a críticas mais gerais sobre a política do Partido, registra seu ponto de vista sobre a demissão de maio e termina por apelar aos delegados para ser ouvido.

Os pontos mais importantes dos comentários à linha política acusavam:

→ [...] a substituição (nas páginas de *A Nação*) da crítica ao regime capitalista e ao imperialismo pela crítica pessoal aos instrumentos, pela crítica da vida privada da burguesia [...]. O ecletismo na redação do jornal patenteava a mais absoluta falta de idoneidade teórica da direção do Partido.

→ [...] o BOC [...] tornou-se a caixinha de segredos dos conchavos, tramados à revelia do Partido, com os parlamentares profissionais e políticos da burguesia [...]. O Kuomintang brasileiro [...] foi a pedra de toque de todos os desvios [...].

→ [...] o antagonismo irremediável entre o agrarismo e o industrialismo em substituição à luta de classes.

O funcionamento irregular das instâncias do Partido, somado à carência de recursos, absorvidos pelos organismos centrais, impedia, ainda segundo o memorial, a formação de qualquer opinião divergente no interior das estruturas partidárias. A tática empregada pelos descontentes foi: "Aproveitando o incidente com o encarregado sindical, exigimos a convocação de uma conferência."
Mais uma vez, esse documento demonstra a inter-relação entre os conflitos de 1928. Finaliza o memorial acusando a CCE de forçar

os dissidentes ao abandono do Partido, à cisão. Não recusamos a ficha de indisciplinados e cisionistas. Condições há em que a indisciplina e a cisão são um dever. A disciplina no Partido implica unicamente os deveres "dos soldados para com os generais" conforme as expressões de *Auto-Crítica*?

Apelando para serem ouvidos, os dissidentes informam aos delegados que se abstiveram de qualquer crítica pública no período que antecedeu ao III Congresso e que eliminaram do grupo os elementos que, com "uma pretensa teoria da 'anteposição da organização sindical à luta parlamentar', interpretação esta de origem nitidamente oportunista [...] tendiam à criação no movimento proletário do Brasil de uma mentalidade economicista".
No entanto, de nada valeu a tentativa do grupo de discutir com os congressistas. Como podemos verificar em dois depoimentos, o memorial nem sequer foi discutido no plenário do III Congresso.
Em bilhete anexado à "Resolução sobre a dissidência – Questão da Oposição"[55], formulada pelo congresso, Wenceslau Escobar Azambuja escreve para Lívio Xavier: "Pedíamos para discutir no Congresso e nos respondem como se tivéssemos pedido reingresso."
Mais explícito, Plínio Mello, participante do congresso, relatou-me em entrevista no dia 22 de julho de 1990:

O Astrojildo Pereira colocou a questão para ser homologada pela maioria, inclusive dizendo que já não havia mais trabalho do grupo cisionista, que ele se esfacelara etc. Então, o que houve foi apenas uma ratificação do documento do Astrojildo sem nenhuma discussão. Foi publicado um documento do congresso sobre a cisão, mas já era aquele levado pelo Astrojildo e feito na verdade pela direção. O Lívio Xavier me pediu para defender as teses da Oposição nesse congresso, mas, como eu não estava convencido de que nem a Oposição nem a CCE tinham razão, fiquei quieto.

É interessante notar que o texto da "Resolução sobre a dissidência", aprovado no III Congresso, revela em seu primeiro ponto a origem dos oposicionistas no debate sobre o "Kuomintang brasileiro", isto é, o episódio em que Rodolpho Coutinho colocou-se contrariamente à aliança com a Coluna Prestes, como analisei antes neste capítulo.

Ao mesmo tempo, a "Resolução" não abre nenhuma perspectiva ao debate com o grupo oposicionista como tal. O retorno ao Partido poderia se dar apenas individualmente e após um pesado processo de autocrítica. O retrato político traçado para os dissidentes é definitivo:

> Politicamente a Oposição representava e representa todas as características do desvio pequeno-burguês: fraseologia esquerdista [...] subestimação das forças da classe operária, pelo pessimismo e derrotismo no trabalho de criação da FSRR [...] sobrevivência da ideologia anarcossindicalista pequeno-burguesa, por exemplo, na oposição entre trabalho político e "econômico", entre o trabalho sindical e parlamentar [...] pelo individualismo e personalismo pequeno-burguês e completa incompreensão do papel do Partido como vanguarda centralizada e disciplinada do proletariado.

Desarticulados, sem voz no congresso, os esparsos dissidentes caminham para o ano de 1929 aparentemente rumo à extinção política.

Em carta para Lívio Xavier escrita em 3 de março de 1929, Wenceslau Escobar Azambuja responde-lhe a respeito dos membros do grupo cisionista. O clima é desanimador e demonstra a perplexidade deixada pelas decisões do III Congresso. Recenseando os militantes, Azambuja informa: Rodolpho Coutinho está em Recife por um tempo determinado, Octaviano du Pin Galvão está "normalmente um pouco isolado" (talvez por denúncias do PCB de que ele estaria ligado à polícia), Emílio de Mesquita "não aparece" e Antônio Duarte da Silva "como de costume não aparece"[56]. Como se percebe, informações pouco animadoras.

Azambuja, no entanto, argumenta com Lívio Xavier sobre o que considera imprescindível resolver para avançarem. Respondendo a uma pergunta de Xavier, ele observa:

> É preciso pensar nos meios de continuar a luta e sobretudo decidir sobre a nossa atitude ante a resposta do Congresso. Esta resolução, parece-me, é o ponto de convergência de todas as questões. Ou resolveremos a luta contra o P. e as condições de fazê-la ou nos resolvemos a aceitar as duras condições impostas pelo Congresso. Fora disto creio que só há o suicídio por inanição. [...] Daremos o balanço das forças com que contamos, das que temos contra nós, dos camaradas desanimados, da situação do P., da dissidência e estudaremos o que há a fazer[57].

Essa disposição de Azambuja de continuar a luta partidária demonstra o prolongamento do movimento cisionista instaurado pela Oposição Sindical. Mas essa disponibilidade não se sustentará sozinha.

O cenário internacional traçava novas perspectivas de mudanças após o VI Congresso da Internacional Comunista. No Brasil, a política traçada pelo Partido Comunista no seu III Congresso continua a fomentar descontentamentos importantes no movimento operário em 1929, reforçando o trabalho oposicionista.

A greve dos gráficos de São Paulo. A célula 4R do Rio de Janeiro

Os dirigentes do Partido Comunista do Brasil, Paulo de Lacerda e Leôncio Basbaum, retornam de Moscou em princípios de outubro de

1928. Eles haviam participado, juntamente com José Lago Morales e Heitor Ferreira Lima, de uma conferência de comunistas latino--americanos que reorganizou a Seção Sul-Americana da Internacional Comunista (SSA-IC) e também do VI Congresso da Internacional Comunista, em setembro de 1928.

Como já vimos neste capítulo, o VI Congresso opera uma guinada à esquerda, rompe com sua política de frente única e adota a tese de "classe contra classe" num momento considerado de ofensiva revolucionária no plano internacional. Os comunistas na luta contra o imperialismo devem romper a aliança com a social-democracia, substituindo-a pela luta sistemática contra essa corrente. Nos países dependentes (coloniais e semicoloniais), a luta contra a burguesia nacional combina-se com a luta contra o imperialismo.

É também nesse congresso que a América Latina tem lugar de destaque. As teses de Humbert-Droz, apresentadas no número 6 da *Auto--Crítica*[58], confirmam o Brasil como país semicolonial e entendem que a luta anticapitalista passa, num primeiro momento, pela formação de blocos com a pequena burguesia revolucionária, com os camponeses, com os operários urbanos, sob a hegemonia do Partido Comunista.

Em princípios de outubro, Lacerda e Basbaum relatam as conclusões do congresso em reunião da Comissão Central Executiva. Com essas informações, que circulam pelo Partido nas páginas da *Auto-Crítica*, Astrojildo Pereira redige as teses principais a serem apresentadas no III Congresso.

Em 5 de dezembro de 1928, como relata Marcos Del Roio, com a presença de Minervino de Oliveira e "Maurice", representante da SSA-IC, as teses que seriam levadas ao congresso do PCB são discutidas e aprovadas[59].

O III Congresso, reunido na passagem do ano de 1928 para 1929, confirma as diretrizes da teoria da revolução democrático-burguesa e concebe a chamada "terceira revolta", continuidade das revoltas de 1922 e 1924. Como anota Del Roio, aprovam-se nessa política também

seus pontos frágeis, como a ausência de uma política clara, voltada às massas populares agrárias. O Brasil era visto como campo de disputa entre o imperialismo inglês e o norte-americano [...]. A acentuação desse equívoco no correr do tempo foi fatal para a correta análise da correlação de forças sociais e políticas internas, da qual decorresse uma política de alianças na desagregação do regime oligárquico. O debate sobre a questão deixou claro que muitos problemas colocados pela Oposição no início de 1928 continuavam sem solução[60].

As ações do Partido caminham após o III Congresso, portanto, na busca incessante da "revolução" em curso tanto no plano mundial como no Brasil. Essa estratégia acentua as diferenças dos comunistas com outras lideranças operárias e com membros ou ex-membros do próprio PCB no trabalho sindical. Transformar as lutas sindicais em instrumento das reivindicações políticas, distanciando-se das aspirações imediatas dos trabalhadores, torna-se um ponto nevrálgico da ação partidária.

Esse problema revela-se mais significativo na conjuntura nacional que precede a Revolução de 1930, em que o confronto entre as classes dominantes e os trabalhadores passaria para um estágio mais complexo. Como sabemos, o governo Vargas golpeará o caráter independente dos sindicatos, tornando-os extensões de sua política trabalhista. Como anota Francisco Foot Hardman, "a luta política entre a burguesia e o proletariado, no período-chave entre o declínio da República oligárquica e a ascensão do novo regime, teria como principal cenário as organizações sindicais operárias"[61]. Dessa forma, atuar nos sindicatos torna-se, mais do que em qualquer momento anterior, vital para a sobrevivência das organizações políticas do movimento operário.

E, dentro desse contexto, o Partido Comunista do Brasil intervém na greve dos gráficos de São Paulo, em 1929, provoca em seu término grande descontentamento e proporciona mais um número significativo de militantes para os futuros trotskistas.

A greve dos gráficos de São Paulo

A União dos Trabalhadores Gráficos de São Paulo deflagra, em 23 de março de 1929, uma greve que dura 72 dias, envolve 7 mil operários e suscita um movimento de solidariedade nas principais cidades do país, principalmente na capital da República.

Entre suas reivindicações principais está o cumprimento de leis aprovadas pelo governo e não postas em prática. Trata-se da lei que concede quinze dias de férias, da proibição da jornada de mais de seis horas para mulheres e aprendizes menores de idade e da lei de acidentes de trabalho.

O jornal *Diário da Noite*, de Assis Chateaubriand, expressa a opinião da imprensa liberal sobre os grevistas:

> É um descrédito para o Brasil que os operários se reúnam, lancem um memorial e acendam com [sic] uma decretação de greve, tudo isso para promover uma reivindicação de direitos que estão teoricamente assegurados por lei... Se do movimento da UTG se pode desejar ainda alguma coisa é que ele se estenda às demais corporações...[62]

Acontecendo em plena época de articulações contra o governo do Partido Republicano Paulista (PRP), a greve dos gráficos é um exemplo oportuno para mostrar a ineficiência do Estado na República Velha. Como assinala Blass, "o movimento operário e sindical questiona a legitimidade do poder do Estado na Primeira República, no sentido de garantir a efetiva aplicação dos benefícios sociais concedidos por ele mesmo"[63].

Apesar dessas implicações, capitalizadas pela oposição governista e também pelos partidos de esquerda, a greve tem início num contexto de claras reivindicações sindicais, algumas delas provindas da greve dos gráficos organizada pela mesma UTG em 1923.

O movimento paredista tem uma inflexão decisiva nas comemorações do Dia do Gráfico, em um comício em 7 de fevereiro, com a presença de 4 mil trabalhadores. Nos dias seguintes, a UTG envia um memorial aos patrões expondo suas exigências. A negativa de atender ao memorial deflagra a greve no dia 23 de março, aprovada em assembleia no dia anterior, com a presença de 3 mil gráficos[64].

Durante 72 dias, os gráficos permanecem em suas casas e resistem pacificamente à repressão policial, que logo no início da greve fecha a sede da UTG e prende seus principais líderes. Confrontando-se com os métodos anarquistas e anarcossindicalistas, o Partido Comunista divulga seus métodos de organização, sempre exaltados nos comícios realizados em apoio à greve. João da Costa Pimenta é um dos divulgadores da "nova tática"[65].

Durante a greve, os gráficos e seus familiares sofrem em razão da falta de alimentos e da repressão sistemática do governo. As campanhas de solidariedade e arrecadação de fundos para os grevistas, principalmente no Rio de Janeiro, continuam lideradas pelo Comitê de Defesa Proletária (CDP), órgão criado pelo Partido para dirigir a greve.

Episódios como a grande manifestação de solidariedade no Rio de Janeiro em 25 de maio, quando os trabalhadores cantam a "Internacional" e enfrentam a polícia pacificamente, sob o comando de Laura Brandão, fazem parte dos grandes momentos da história do movimento operário. Mas o PCB não estava satisfeito com os rumos dos acontecimentos. Em suas memórias, Leôncio Basbaum relata a reunião do Partido após o segundo mês da greve:

> Compreendemos que era necessário dar mais dinamismo à greve. [...] Verificamos que era indispensável fazer passeatas e comícios não clandestinos, mas públicos, para despertar o interesse e a solidariedade do povo e dos trabalhadores e sindicatos de outras categorias e, se possível, *ampliar a greve, levando-a a outros setores*[66]. [grifo meu]

A proposta é levada ao CDP em São Paulo e produz uma divisão entre seus membros. Sem unidade, e após um período de luta extenuante, o Comitê aceita terminar a greve, "com algumas migalhas dadas aos trabalhadores, através de um acordo que o Partido considerou como uma vitória, mas que os operários, com razão, consideraram uma derrota"[67].

Embora o boletim de balanço do movimento, editado pelo Comitê, enfatize o "despertar das consciências e o início da organização das mais largas massas exploradas do Brasil"[68], o PCB saiu desgastado com o resultado da greve.

O grupo oposicionista em São Paulo, formado em sua maior parte por militantes da União dos Trabalhadores Gráficos, certamente tem no episódio da greve de 1929 um momento privilegiado de afirmação de suas críticas aos dirigentes pecebistas. Como reconhece Basbaum, "foi depois disso que os partidários de Trótski, que eram muitos entre os gráficos, conseguiram apossar-se da direção do sindicato em São Paulo"[69].

A célula 4R do Rio de Janeiro

Reunido em outubro de 1929, o III Pleno do Comitê Central do PCB adota uma resolução que, no seu item 3, procura dar um fim às discussões iniciadas em julho daquele ano por uma célula denominada 4R. O problema tem alguns contornos importantes que merecem reflexão para entendermos como esse incidente repercute no primeiro agrupamento dos oposicionistas de esquerda, o Grupo Comunista Lenine.

Em 1929, a direção do Partido enfrenta momentos críticos. Seu principal dirigente, Astrojildo Pereira, encontra-se em Moscou desde fevereiro, e ocupa o seu lugar o pernambucano Cristiano Cordeiro, logo substituído por Paulo de Lacerda. Em maio, como relata Leôncio Basbaum, é constituído um grupo formado por ele, Paulo de Lacerda e João da Costa Pimenta (Paulo seria substituído pelo irmão Fernando; Pimenta, por Mário Grazzini)[70].

Com a ausência de seu principal articulador, o Partido participa de dois importantes acontecimentos patrocinados pela Internacional Comunista: o encontro da Confederação Sindical Latino-Americana, realizado em Montevidéu no mês de maio, e a I Conferência Comunista Latino-Americana, ocorrida em Buenos Aires no mês seguinte.

Essas duas atividades fizeram ecoar com maior intensidade a política esquerdista adotada no VI Congresso da Internacional Comunista, acentuada após o X Pleno do Comitê Executivo da Internacional Comunista (Ceic) e parcialmente assimilada pelo Partido Comunista do Brasil em seu III Congresso.

A fase "obreirista" do Partido, marcada pela eliminação dos "intelectuais" do Comitê Central, começa a construir seus primeiros alicerces. Mais importantes, no entanto, são o desgaste e a posterior derrocada do núcleo dirigente, consolidados em junho de 1930, mas que começam a tomar corpo no segundo semestre de 1929, após a decisiva entrada em cena do braço político da Internacional na América Latina, a Seção Sul-Americana.

A crítica mais contundente do Secretariado Internacional dirige-se à "direitização" das atividades dos partidos comunistas. Em outras palavras, a política de alianças com elementos da pequena burguesia, como o Bloco Operário e Camponês, e a subordinação do Partido a esses acordos, prejudicando sua independência como condutor da classe operária. Coerentes com a doutrina de "classe contra classe", os dirigentes da Internacional publicam uma "Carta aberta aos Partidos Comunistas da América Latina sobre os perigos da direita".

A "Carta aberta" repercute com profundidade no PCB, e os dirigentes convocam o III Pleno do Comitê Central em outubro. Em seu relatório final, as razões do encontro são claras:

> As discussões mais importantes foram as que trataram da situação política do país, como as eleições presidenciais e legislativas de março próximo, *os resultados da Primeira Conferência Comunista Latino-Americana, os resultados do X Pleno do Comitê Executivo da Internacional Comunista e os perigos da direita*, e a questão sindical[71]. [grifo meu]

A célula 4R participa como figura exemplar no III Pleno. É expulsa por representar, segundo o encontro, a atividade direitista nos sindicatos. O que é a 4R e qual o percurso da polêmica por ela suscitada? Como relata Hílcar Leite, antigo militante do Partido Comunista do Brasil e da Oposição de Esquerda,

> foi uma célula dos gráficos estabelecida no jornal governista *O Paiz* e que era conhecida como 4R. Antigamente, as células tinham um número e um indicativo: havia células residenciais e de empresas. Como não havia gente suficiente em *O Paiz* para formar uma célula, eles a

transformaram em residencial para poder agrupar gente de outras oficinas próximas. Daí 4R - 4 residencial[72].

Um documento manuscrito, certamente por orientação dos dissidentes excluídos pelo III Congresso, e dirigido em forma de carta ao Comitê Central após o III Pleno, intitulado "À direção do PCB"[73], protesta contra a expulsão da 4R e informa com clareza qual foi o ritmo dos acontecimentos:

→ em 2 de julho de 1929, a célula envia diretamente à CCE a ata de sua reunião, medida considerada "indisciplina" pelo organismo dirigente em 19 de julho;
→ a ata critica a direção, principalmente no terreno sindical, e diz que sua política "necessita ser revista por seus erros acumulados";
→ o documento justifica o envio direto da ata à CCE nas próprias queixas feitas pela 4R, em que um dos elementos críticos do Partido era o "entupimento dos canais" entre a base e os dirigentes;
→ a resposta da CCE é considerada "injustificável e anticomunista" porque desqualifica os signatários da 4R, classificando-os como elementos com "falta de cultura" e que se afastaram do trabalho do Partido. Além disso, intima os militantes a "retificarem" suas críticas;
→ em 28 de julho, a célula se recusa a retificar seus argumentos, e, em 20 de agosto, a CCE determina que a 4R "reduza a artigo os seus pontos de vista" para publicação na revista *Auto-Crítica*;
→ em vez de se abrir um debate no Partido, a célula é expulsa pelo III Pleno antes de sair publicado seu artigo na revista.

O item 3 da Resolução do III Pleno, que determina a expulsão da 4R, caracteriza esse ato como luta contra os "desvios de direita" e contra a "subestimação da situação objetivamente revolucionária do país e das forças do Partido". Qualificando os membros da célula como "reformistas", o documento argumenta que os militantes "alegavam a incapacidade das massas 'desorganizadas' do país para fazer a revolução, e que o PC devia tratar de organizá-las primeiramente em sindicatos e depois lançar-se à luta revolucionária". Conclui o documento:

O Pleno resolveu também iniciar a luta ideológica contra os desvios de direita, mas começando por proceder à expulsão dos componentes da célula precitada, cuja ação contrarrevolucionária nas fileiras do Partido foi cabalmente comprovada[74].

Ao classificar a expulsão como o "início do predomínio da intolerância e o fim do debate democrático interno", Marcos Del Roio[75] ratifica a observação do documento crítico enviado ao Partido Comunista: "O Pleno expulsou do P. companheiros que estavam com a palavra para defender seu ponto de vista. O número de *Auto-Crítica*, com o artigo da célula, saiu depois do Pleno. O Pleno julgou sem ler a defesa." E, atirando diretamente contra a Comissão, explicita: "A direção do P. entrincheira-se no Pleno para atirar melhor sem ser vista."[76]

Os desdobramentos das resoluções do III Pleno no interior do Partido acompanham a radicalização da linha "classe contra classe" imposta pela Internacional Comunista. Para o incipiente núcleo oposicionista, no entanto, a intolerância e o corte abrupto do diálogo pela Comissão levaram para os quadros do Grupo Comunista Lenine muitos militantes da antiga 4R, como podemos constatar pelo depoimento de Hílcar Leite: "A 4R era o núcleo da oposição sindicalista. Os trotskistas começaram a fornecer elementos teóricos para a luta da Oposição Sindical, até que houve o rompimento, e logo depois surgiu a Liga Comunista Internacionalista."[77]

MÁRIO PEDROSA E O GRUPO COMUNISTA LENINE

Quando Mário Pedrosa retorna da Europa, em julho de 1929, encontra os remanescentes dos movimentos de oposição ao Partido Comunista do Brasil totalmente dispersos. A correspondência com Lívio Xavier, os documentos que mandara da Alemanha e da França, os laços estabelecidos com os oposicionistas de esquerda europeus não haviam conseguido criar uma estrutura organizativa adequada aos anseios dos dissidentes[78].

É certo que hoje, já com o olhar voltado para a história mais de noventa anos depois, não é difícil entender que a dispersão seria o resultado mais previsível para aqueles que se opunham à Internacional Comunista e às suas seções nacionais. Trótski havia sido derrotado na URSS, "pátria do socialismo", expulso do Partido Comunista e do território russo pelo governo que ajudara a construir. O trotskismo como sinônimo de contrarrevolução já havia transposto o território soviético e era utilizado como escudo protetor dos partidos comunistas contra as críticas dirigidas à sua política.

Reunir as diversas frações que se identificaram, de um modo ou de outro, com os argumentos da Oposição de Esquerda russa foi um longo caminho que, de fato, só começou a se concretizar no princípio de 1930. Nos anos que precederam o primeiro encontro internacional da Oposição de Esquerda, a não organicidade do movimento contribuiu para a sua dispersão. Os militantes revolucionários descontentes com o Partido Comunista ou abdicavam da militância, ou atuavam sindicalmente em eventuais debates localizados sobre os problemas internacionais do socialismo.

No Brasil, o quadro não foi diferente. Fúlvio Abramo, que iniciou a militância oposicionista em 1931 já na Liga Comunista (Oposição), afirmou-me em entrevista que "houve um encontro de várias posições de Trótski com o trabalho desenvolvido por grupos socialistas não identificados com a linha do Partido Comunista"[79].

Também não foram diferentes as qualificações que a seção brasileira da III Internacional, o Partido Comunista do Brasil, atribuiu ao novo grupo. No jornal do Partido, *A Classe Operária*, o Bureau Político reagiu lembrando a conjuntura repressora à classe operária quando do aparecimento do Grupo Comunista Lenine e fulminou: "Este grupo de renegados procura utilizar o trotskismo reacionário visando desagregar as fileiras do nosso Partido."[80]

Nessas circunstâncias, a ousadia política e intelectual de Mário Pedrosa, somada à sua experiência na Alemanha e na França nos anos de rompimento de Trótski com Stálin, foi fundamental nos primeiros passos para constituir um grupo que, enfrentando a acusação de trotskista, encarou o debate político e ideológico, ao mesmo tempo que se estruturou como militante do comunismo.

Para realizar essa tarefa, contou com seu antigo grupo, originário dos debates em torno do professor Edgardo de Castro Rebello, acrescido de mais alguns membros cooptados durante a curta militância no PCB. Como vimos neste capítulo, todo o núcleo dirigente do futuro Grupo Comunista Lenine – Lívio Xavier, Rodolpho Coutinho, João Dalla Déa, Wenceslau Escobar Azambuja – permaneceu no Brasil e foi protagonista das controvérsias e cisões do PCB de 1927 a 1929.

Devido a essa série de atritos, a formação do GCL foi precedida de uma longa sequência de debates políticos informais entre as pessoas mais identificadas com as críticas à linha política do Partido. Aos nomes citados somem-se os de Aristides Lobo, Plínio Gomes de Mello, Sávio Antunes e irmão e Hílcar Leite. Participava também, embora sem nenhum vínculo com o PCB, Edgardo de Castro Rebello. São constantes as referências a esses nomes na correspondência de Mário Pedrosa para Lívio Xavier, como se verificará no Capítulo III.

Se podemos deduzir que os debates aconteciam desde 1925 com o ingresso de Pedrosa e Xavier no Partido, acompanhados de projetos de revistas e artigos para debate[81], temos condições de afirmar que, a partir de 1928, com a cisão, essa prática tornou-se mais efetiva.

Uma carta de Pierre Naville para Lívio Xavier datada de 1º de agosto de 1928 não deixa margem a dúvidas. Nela, o diretor da revista oposicionista francesa *La Lutte de Classes* mostra-se informado dos problemas do Partido no Brasil e aconselha o grupo brasileiro sobre como agir. Relata sua conversa com Mário Pedrosa em junho a respeito da aplicação "mecânica" dos esquemas políticos da Internacional Comunista no Brasil e questiona se os dados otimistas sobre o PCB publicados no *L'Internationale* são verdadeiros.

O conselho ao grupo brasileiro deriva da mesma estratégia empregada na França:

> Sobre o que concerne à crise russa, que afeta sobretudo a política da Internacional, eu considero que vocês devem estudar sem fazer disso o centro de suas preocupações. São questões de primeira importância [...] mas que não podem determinar a atividade nacional dos diversos partidos e agrupamentos revolucionários. Nós queremos em França garantir que as discussões se façam aqui, e que as iniciativas pela luta na França partam da França: essa é a única garantia de que elas serão bem adaptadas. Essa questão se torna mais forte na América, onde o movimento operário é muito novo e onde a posição diante dos combates futuros é muito mal definida.

Ao observarmos como o GCL se constituiu, debatendo a atuação político-sindical do PCB ao mesmo tempo que fazia um esforço para compreender a realidade brasileira, poderemos concluir que as diretrizes iniciais dos franceses foram seguidas ou ao menos coincidiram com as aspirações dos brasileiros.

É bom ressaltar, porém, que, diferentemente do que talvez se possa deduzir da leitura dos livros sobre a história do Partido, essa influência foi essencialmente política e não forneceu mais do que simples diretrizes, vagas do ponto de vista organizativo. Se não fosse por outro motivo, ao menos porque, na mesma época, a própria Oposição de Esquerda francesa ainda se constituía como organismo. E, ainda mais, só podemos falar em Oposição Internacional de Esquerda a partir de 1930.

O Brasil partilhou esse caminho que levou ao trotskismo por um conjunto de fatores: pela inquietude intelectual provocada pelas transformações na Rússia, acompanhada desde cedo pela literatura internacional de Pedrosa, Xavier e amigos; pela experiência e pelos contatos de Pedrosa com os oposicionistas de esquerda durante a estada europeia nos anos cruciais de 1928 e 1929; e pelo desenvolvimento das próprias contradições do Partido Comunista do Brasil, cada vez mais coerente e afinado com a III Internacional sob Stálin.

O Grupo Comunista Lenine, portanto, foi constituído ao largo de uma única influência determinante, ao contrário dos oposicionistas franceses. Os brasileiros tiveram uma autonomia muito grande, como já assinalou Pierre Broué:

> [...] ainda que a seção brasileira tenha inscrito sua história no quadro geral [...], parece ter agido com uma grande autonomia, como atesta a ausência quase total de correspondência com o Secretariado Internacional, bem como com Trótski e Leon Sedov [...][82].

Ainda a respeito da influência da seção francesa sobre a brasileira, Dainis Karepovs observa que, no Brasil, todas as traduções dos artigos de Trótski até 1937 são baseadas em versões americanas. Apenas a partir de 1938 a seção brasileira, já organizada como Partido Operário Leninista,

> receberá mais material proveniente da França, pelo fato de Pedrosa para lá ter se deslocado. Quando Pedrosa, acompanhando o Secretariado Internacional da IV Internacional, vai para Nova York, com o início da II Guerra Mundial, o contato é simplesmente interrompido[83].

O retorno de Mário Pedrosa ao Brasil, no final de julho de 1929, marca o início de um novo grupo, que busca homogeneidade com as teses centrais defendidas pelos oposicionistas de esquerda e Trótski. No entanto, pelas condições políticas que encontrou, e principalmente pela dispersão de seus companheiros, Pedrosa optou por realizar estudos teóricos com o grupo, sem nenhuma atividade prática e militante.

A ligação com Trótski e os oposicionistas de esquerda aconteceria após a conquista do que Pedrosa chamou "homogeneidade de ideologia" desse verdadeiro grupo restrito de debates. Em carta para Lívio Xavier de agosto de 1929, Pedrosa enumera os participantes em lista feita juntamente com Rodolpho Coutinho: "[...] somente o Sávio [Antunes] e o irmão, [...] talvez o Azambuja (pois casou-se e ninguém sabe mais) e o Silva, alfaiate, e o Antônio Bento, enquanto não for embora. E mais ninguém"[84].

Alguns episódios marcaram essa trajetória, no período que vai de agosto de 1929 a 8 de maio de 1930, data do lançamento oficial do Grupo Comunista Lenine, com a publicação do seu porta-voz, o jornal *A Luta de Classe*. Podemos destacar, como fatos que geraram polêmica e contribuíram para o desenvolvimento e a arregimentação de novos militantes, a expulsão de Pedrosa do Partido Comunista do Brasil, ainda em fins de 1929, e a da célula 4R, mencionada neste capítulo, além da greve dos gráficos paulistanos, também já citada anteriormente.

Não podemos precisar a data de início da formação do GCL, mas um documento interno de janeiro de 1931, quando foi fundada a Liga Comunista (Oposição), sintetiza o quadro político e os objetivos do grupo em princípios de 1930:

> [Fundado] em circunstâncias verdadeiramente excepcionais: ao lado da necessidade premente de contrapor uma política revolucionária justa ao aventureirismo oportunista da burocracia dirigente do partido do proletariado, se apresentava uma situação de tal arrocho policial, que constituía uma verdadeira temeridade o simples fato de iniciar o trabalho de agitação e organização das massas, em cujo seio os golpes putschistas de dirigentes se encarregavam de semear o terror. Mas era necessário arrancar o proletariado do seu estado caótico e entrar imediatamente em ação. O aparecimento de *A Luta de Classe*, como órgão do pensamento marxista revolucionário, foi o primeiro passo dado no sentido de orientar as massas trabalhadoras e guiá-las na luta contra a burguesia[85].

O grupo de debates já migrava para tornar-se um orientador das "massas trabalhadoras", reivindicando-se como fração do PCB.

A pesquisa documental mostrou que o Secretariado da Oposição Internacional de Esquerda, constituído em Paris em 6 de abril de 1930, entrou imediatamente em contato com os brasileiros aglutinados em torno de Mário Pedrosa.

Antecedendo em um mês o lançamento do jornal *A Luta de Classe*, foi expedida uma carta-convocação, datada de 8 de abril de 1930, aos membros do grupo. Nela, é feito o convite para uma reunião em 13 de abril para discutir, além das teses do III Congresso do PCB, um ofício do Secretariado Internacional, que questiona o incipiente grupo brasileiro relativamente a cinco assuntos: qual "o melhor caminho para realizar a união internacional das organizações de esquerda comunista"; o envio de teses e documentos para a plataforma única da Oposição; o envio ao Secretariado das publicações do grupo; a possibilidade de contribuição financeira para o *Boletim de Informações* do Secretariado; como fazer a distribuição do *Boletim de Informações* no Brasil.

A carta-convocação de 8 de abril termina com um ultimato que, por si só, demonstra as dificuldades de aglutinar os militantes: "A sua ausência desta reunião, só poderemos tomá-la como desinteresse pela Oposição comunista e como desistência de pertencer ao nosso grupo, se corroborada pela ausência às reuniões anteriores."

A reunião ocorre, como previsto, em 13 de abril de 1930, e em carta ao Secretariado Internacional, datada de 20 de abril, os brasileiros respondem a três pontos principais.

O primeiro esclarece as intenções do grupo, similares às do movimento internacional: "A tarefa a que vos dedicais na escala internacional é a mesma que procuramos realizar na escala nacional. Procuramos reunir todos os elementos divergentes da política seguida pela direção do PC em torno de uma plataforma única."[86]

O segundo ponto esclarece as origens da Oposição brasileira, enfoque que considero plausível pelos argumentos apontados neste livro:

> O primeiro movimento de Oposição surgiu há quase dois anos, condenando a política do Partido nas questões sindicais. Este grupo pouco depois se subdividiu, porque uma parte adotou uma orientação francamente sindicalista. A fração sindicalista perdeu toda a significação no movimento operário e o nosso grupo, reduzido, sem o menor recurso, sem ligação com os demais grupos de Oposição nos outros países, traído pela espionagem do Partido e pela hesitação dos líderes sindicais que haviam prometido seu apoio, perdeu toda a eficiência,

mas permaneceu congregado em torno de três questões essenciais – a formação de um Kuomintang no Brasil, a do Bloco Operário e Camponês, e a política sindical do Partido. A acumulação dos erros do Partido, o burocratismo crescente, suscitaram novos descontentamentos e a formação de novos elementos de Oposição, cuja unificação procuramos obter. Para atender a esse objetivo, devemos realizar logo que possível reuniões em que todos esses elementos se congreguem em torno das críticas às teses do III Congresso do Partido Comunista do Brasil e de uma plataforma.

O terceiro ponto da resposta ao Secretariado Internacional dá conta das questões feitas por ele e se posiciona politicamente a respeito das teses de Trótski:

> Desde agora, porém, por deliberação de nossa reunião de 13 de abril, estamos autorizados a declarar que nosso grupo adota a mesma posição de Trótski e da *Vérité*[87] em três questões – a *teoria da edificação do socialismo em um só país, a questão do Comitê Anglo-Russo e a Questão Chinesa*. [grifo meu]

No que diz respeito aos cinco quesitos, os brasileiros aprovam: a criação de um bureau e de um boletim internacional de informação para preparar uma conferência internacional; a elaboração de uma plataforma que "possa ser a consequência de um estudo tão completo quanto possível da situação mundial e dos principais setores em particular"; a divulgação do *Boletim de Informações*, em número de vinte exemplares se escrito em francês e em maior número se escrito em espanhol, além da tradução de artigos a serem publicados no jornal do grupo que seria lançado em maio.

O jornal *A Luta de Classe*, lançado em 8 de maio de 1930, tornou-se, de fato, o único arauto do Grupo Comunista Lenine na curta existência deste, de oito ou dez meses, no máximo.

Apesar da fragilidade organizacional do grupo, o Partido Comunista reagiu com veemência ao aparecimento da sua imprensa.

No número 92 do jornal *A Classe Operária*, de 5 de julho de 1930, o Partido assina um artigo intitulado "Caricatura de Oposição – Abaixo os intrigantes e os derrotistas!", em resposta ao jornal *A Luta de Classe*.

Retomando os argumentos e relembrando os cisionistas que "desertaram covardemente das fileiras do Partido" em 1928, junta-os com a chamada "oposição de direita", como se referem à célula 4R, "falsos comunistas" que queriam o "avacalhamento dos sindicatos revolucionários"[88].

Chama os cisionistas de 1928 de "trotskistas e esquerdistas" e a 4R de "direitista", agora extremos que se tocam na união de seus programas: "combater a política revolucionária da IC e de sua seção brasileira". O instrumento desse combate contra o Partido Comunista é

> *A Luta de Classe* (do lado da burguesia), [que] não seria talvez senão um pretexto para divagações literárias de bacharéis pedantes que se julgam de posse do monopólio da "cultura marxista", se não visasse, na realidade, pregar o derrotismo e a intriga na base do Partido, contra a sua direção. Não tem sido outra a tática da polícia.

Entendendo o argumento de ataque do Grupo Comunista Lenine, que diz respeito à insuficiência teórica do grupo dirigente do Partido, tal resposta mostra uma perspectiva diferente daquela que move o GCL: "'Sem teoria revolucionária não há prática revolucionária', citando Lênin. É verdade, respondemos. E, *à medida que nos sobra o tempo, no trabalho diário pelo Partido, vamos aprendendo à nossa custa e à custa de uma autocrítica constante.*" [grifo meu]

A óptica diferenciada dos oposicionistas, que propõem antes de tudo um trabalho de esclarecimento a ser feito com os trabalhadores, fica mais evidente na continuidade do argumento do Partido Comunista do Brasil:

> Mas nós respondemos ainda dizendo: "sem prática revolucionária, não há teoria revolucionária". Estudar Marx em gabinete e escrever artigos revolucionários, para autodiversão, pode servir para tudo, me-

nos para despertar a consciência das massas, organizá-las e guiá-las no sentido da revolução.

Os limites do relacionamento político entre os dois grupos ficaram selados desde o princípio. Da interpretação canhestra do marxismo de Lênin, feita por ambos nesse período, ficava a impossibilidade de qualquer entendimento.

Se não fosse por isso, a identidade do GCL com a alcunha "maldita" de trotskismo provocaria o rompimento definitivo. O PCB já tomara posição ao lado de Stálin, como pontifica a parte final do artigo de *A Classe Operária*:

> Hoje, do trotskismo, restam apenas Trótski, um grupo de intelectuais da França e os ridículos gatos pingados daqui do Brasil. [...] Lutando contra o trotskismo, o Partido Comunista Russo vai marchando valorosamente, ao mesmo tempo que a massa de milhões de trabalhadores se agrupa em torno dele para a construção do socialismo, na qual o plano de cinco anos é passo decisivo. [...] Contra os liquidadores contrarrevolucionários! Pelo reforçamento do Partido através da autocrítica!

O jornal *A Luta de Classe*

A imprensa do Grupo Comunista Lenine restringiu-se ao jornal *A Luta de Classe*[89], lançado no dia 8 de maio de 1930. Foram publicados cinco números até o surgimento da Liga Comunista (Oposição), em janeiro de 1931.

Desses cinco números, é possível o acesso aos quatro primeiros, já que o quinto foi apreendido em outubro de 1930 pelas tropas da Aliança Liberal, comandadas por Getúlio Vargas.

Para melhor compreensão dos assuntos tratados no jornal, verdadeiro painel das ideias que sustentavam os oposicionistas, agrupei por temas os artigos mais importantes dos quatro primeiros números. Minha análise se iniciará no item "Objetivos e programa", em que o

GCL procura esclarecer suas semelhanças e diferenças com relação ao Partido e à III Internacional. O segundo item contempla "Posicionamentos políticos", subdivididos em "Os temas internacionais" e "Os temas nacionais", que buscam esclarecer a tomada de posição dos oposicionistas diante de questões conjunturais do movimento operário no Brasil e no mundo. O terceiro item, "A política sindical dos comunistas", trata das divergências do GCL com o Partido Comunista a respeito do trabalho sindical, com textos clássicos e conjunturais.

O quarto item, "Análises críticas da conjuntura nacional", sempre na linha das diferenças com relação ao Partido, debate a crise econômica e política do país às vésperas da Revolução de 1930.

Obedecendo ao critério que vem sendo adotado neste livro, procurarei reproduzir o máximo possível os próprios textos do jornal, acrescentando, quando necessário, alguma outra fonte ou comentário.

Objetivos e programa

Os quatro números iniciais do jornal *A Luta de Classe* procuram esclarecer o porquê do surgimento do grupo e quais as suas diferenças com relação ao Partido.

No editorial do primeiro número, com o título "Nossos propósitos", o Grupo Comunista Lenine se define: "*A Luta de Classe* é, antes de tudo, a consequência dialética de dois fatos: a) uma situação objetiva favorável ao trabalho de agitação e organização das massas; b) o agravamento dos erros da direção do Partido Comunista."

Consequentemente, a luta dos oposicionistas se desenvolve em duas frentes:

> [...] contra a burguesia e seus privilégios de classe – em primeiro lugar; e, em segundo lugar, contra todos os desvios ou deformações de que a direção do Partido Comunista vem sendo, nestes últimos tempos, uma espécie de casa editora atacadista, com importação e exportação, diretas e indiretas [...].

A última afirmação é reforçada nos números seguintes. No segundo, publicado em junho de 1930, o editorial reafirma: "Somos um núcleo de resistência à degenerescência burocrático-ideológica que infelizmente se vem alastrando pouco a pouco por todo o organismo da Internacional." A estratégia de se tornar uma fração do Partido Comunista, reivindicando-se tradições do bolchevismo e buscando-se um trabalho no interior dele, marca também a luta pela identidade do grupo.

O mesmo editorial do número 1 do jornal afirma que o grupo "não visa combater o Partido Comunista, porque o que urge é reintegrá--lo na linha que se traçou por ocasião de sua fundação, de modo que seu rótulo vermelho passe a ser a expressão revolucionária de uma realidade". No artigo "Bilhete a Guilherme", no número 4, lançado em agosto de 1930, lemos: "Jamais combatemos o Partido [...] combatemos, sim, a direção do Partido, única responsável pela orientação política errada, que vai aos poucos liquidando o Partido e separando--o da pequena parte do proletariado que ainda o acompanha."

Resgatar o verdadeiro destino do Partido Comunista, derrotar os dirigentes que o deformam é, no entendimento do editorial do número 2, não abandonar para a "burocracia o terreno da luta comunista... Continuaremos dentro do Partido, quando pudermos ficar, fora dele, quando excluídos – mas sempre, em qualquer emergência, ficaremos onde estiverem operários revolucionários".

O Grupo Comunista Lenine também deixa claro quais são as suas prioridades na luta política contra os dirigentes pecebistas. Dentro dos parâmetros da discussão em curso na Internacional Comunista sobre os países coloniais e semicoloniais, o alvo principal dos oposicionistas é o combate à estratégia da revolução democrático-burguesa.

O editorial "Nossos propósitos" demonstra a abordagem diferente:

[O GCL] apontando às massas a solução revolucionária do problema social e mostrando a diferença fundamental que existe entre a concepção "retalhista" de revolução (por etapas ou prestações) e a verdadeira concepção marxista do desenvolvimento histórico... Como se sabe, tem-se pretendido vulgarizar a ideia abstrusa de que o proletariado **primeiro** deve resolver os **problemas nacionais** da burguesia, para **depois** realizar a obra de sua libertação! [negritos no original]

Essas concepções batiam de frente com o Partido Comunista do Brasil. Basta lembrar o que diz o relatório dos delegados do Partido ao VI Congresso da Internacional Comunista, publicado na *Auto-Crítica* número 6:

> E devemos declarar que o sustentaremos (o governo da pequena burguesia), enquanto lutar contra o imperialismo, contra os proprietários agrícolas e contra a reação, e o combateremos quando se aliar a eles, ao mesmo tempo que deveremos preparar a segunda vaga para derrubar a pequena burguesia[90].

A crescente influência da III Internacional sobre os dirigentes brasileiros também é enredada nos argumentos que tratam da "revolução por etapas".

O artigo "Onde estão os menchevistas?", publicado no número 1, procura demonstrar que a crítica feita pelo VI Congresso da Internacional Comunista na "Resolução sobre a questão brasileira", em que a teoria de Octávio Brandão, a revolução democrática pequeno-burguesa sob hegemonia do proletariado, é classificada de menchevista, antileninista e antimarxista, tem similar no comportamento da própria Internacional. Considera a crítica da Internacional "lamentável", pelo desconhecimento da situação real do país e por colocar unicamente Brandão como "bode expiatório de erros cuja responsabilidade cabe à direção do PC do Brasil". E acrescenta que os dirigentes da Internacional, "com sua política na **China** e a sua posição no **Comitê Anglo-Russo**, praticaram uma política menchevista, antileninista e antimarxista". [negritos no original]

A luta pela democracia interna no Partido é outra bandeira desfraldada pelos novos oposicionistas. *A Luta de Classe* número 2 conclama o Partido a não mais expulsar militantes por "crime de opinião", e justifica: "A nossa disciplina comunista é de ferro porque foi forjada na forja candente da liberdade de opinião."

Da mesma forma que na questão precedente, a Internacional Comunista não fica à margem da ausência de democracia interna no Partido Comunista do Brasil:

> Sem liberdade de opinião não se pode falar em disciplina, pois esta então se transforma, como se transformou, no mais formidável instrumento de domínio da burocracia sobre o Partido, no mais monstruoso e insaciável sugador de toda a seiva ideológica do Partido...

E completa: "[...] crise do Partido que, por sua vez, é preciso que se diga, reflete em parte a crise que está lavrando por toda a Internacional."

Para fazer frente à tarefa de reconduzir o Partido à trilha revolucionária, o GCL clama pela unidade da Oposição comunista, expediente também utilizado internacionalmente pelo Secretariado da Oposição Internacional de Esquerda. Pedindo pela unidade, o grupo propõe uma conferência. Ao referir-se às cisões e expulsões de militantes do PCB desde 1928 e aos elementos que ficaram dispersos desde então, o artigo "Pela unificação da Oposição comunista", publicado no número 2 de A *Luta de Classe*, conclama:

> O GCL e o nosso jornal A *Luta de Classe* convidam todos os elementos dispostos a combater pela reintegração do Partido nos seus verdadeiros fins, a uma obra de aproximação que extinga esta dispersão no movimento oposicionista. A *Luta de Classe* toma a iniciativa de preparar uma conferência em que todos os grupos e elementos da Oposição comunista possam aproximar-se, conhecer-se, sustentar suas críticas e opiniões em relação à política do Partido e às teses do 3º Congresso.

O objetivo da conferência demonstra o que é considerada a principal tarefa do Grupo Comunista Lenine naquele momento, ou seja, a educação política da vanguarda operária. O artigo citado conclui: "A conferência não deverá ser [...] uma simples adesão ao nosso grupo; [...] será uma *obra de esclarecimento, uma afirmação consciente* da vontade de luta tenaz contra a burguesia e contra todos os desvios do pensamento revolucionário." [grifo meu]

Posicionamentos políticos

Os temas internacionais

A Luta de Classe não se furta a tomar posição frente aos temas mais candentes do cenário internacional, alinhando-se com as teses da Oposição Internacional de Esquerda, num combate sem trégua a Stálin.

No número 1 do jornal é publicado o famoso "Testamento de Lênin", em que o líder bolchevique faz uma crítica contundente a Stálin, propõe seu afastamento e indica Trótski como o membro mais capacitado do Comitê Central do Partido. Na mesma linha de artigos que atacam Stálin e preservam Trótski, *A Luta de Classe* número 2 transcreve a carta encaminhada a Trótski pelo dirigente bolchevique Adolf Ioffe, quando este se suicida após a expulsão de Trótski do Partido em 1927[91]. No número 4, a transcrição de um artigo de A. Senine, "Antes do 16º Congresso do Partido Bolchevique (a Oposição Bolchevique-Leninista vive e trabalha heroicamente, apesar da repressão staliniana)", sela definitivamente os laços mais evidentes dos brasileiros com o movimento internacional dos trotskistas.

O artigo mais contundente contra a pessoa de Stálin, intitulado "Burocracia e bajulação", já denuncia o início do que seria mais tarde conhecido como "culto à personalidade". Critica as homenagens do Partido soviético, do *presidium* da Internacional Comunista e do Partido Comunista Francês aos cinquenta anos de Stálin. Cita o artigo de Marcel Cachin, do PCF, em que Stálin é caracterizado como "o tipo completo, acabado, de chefe revolucionário da classe operária". Contrapõe-se à tese de que é a "marca da personalidade de Stálin" que garante os sucessos da URSS às teses marxistas do desenvolvimento histórico, do papel do indivíduo na história e outras. Exaltando Lênin, o artigo termina demonstrando que "a bajulação faz parte do esquema burocrático que se monta na URSS e na IC".

Mas as críticas a Stálin não se limitam apenas aos aspectos da política militante e dos desvios doutrinários. O jornal brasileiro dos primeiros oposicionistas também procura demonstrar que, no interior da URSS e na direção da Internacional, a política stalinista estava sendo desastrosa.

O artigo de Trótski publicado em *A Luta de Classe* número 4, intitulado "O plano quinquenal e a desocupação", procura demonstrar as distorções do plano quinquenal na URSS feitas por Stálin. Trótski bate-se sobretudo com a coletivização da terra, feita administrativamente e desconectada do desenvolvimento industrial, das finanças e dos transportes, como determinava o plano original. O autor argumenta que esses problemas comprometeram o próprio plano e que se devem tirar lições da crise em benefício do crescimento da URSS e do movimento revolucionário.

No plano externo, a política da Internacional Comunista sob Stálin recebe pesada crítica, baseada na continuidade da desastrosa experiência do Kuomintang chinês[92].

Argumentando que a Internacional persiste nos erros cometidos na China, o artigo "A ideologia 'kuomintanguista' e as Ligas Anti-imperialistas", publicado em *A Luta de Classe* número 3, censura o apoio da Internacional e também do Partido Comunista do Brasil à declaração sobre o general Sandino, da "Liga contra o Imperialismo e pela Independência Nacional". O Grupo Comunista Lenine denuncia que a experiência do Kuomintang ainda é um "mal de toda a IC, ao fazer de toda luta contra o imperialismo uma luta de independência nacional, aglomerando nesta fórmula todas as classes do país oprimido". E ainda:

> [...] a Liga vai contribuindo fortemente para espalhar por toda a zona central e semicolonial a confusão e a descrença na função histórica do proletariado e de suas vanguardas mobilizadas nos quadros dos partidos comunistas na luta contra o capitalismo na sua fase final imperialista.

Na mesma linha de argumento, no mesmo número do jornal, o GCL solidariza-se com a Liga Comunista (Oposição) da França em seu apelo contra o massacre do "imperialismo francês ao movimento revolucionário pela libertação da Indochina". O artigo denuncia a postura do Partido Comunista Francês, que propõe uma "independência à moda de Chiang Kai-shek" contra a política dos oposicionistas, os quais procuram construir seu "partido de classe para realizar a revolução social contra o imperialismo francês e contra a burguesia indígena, e de comum acordo com o proletariado francês".

Curiosamente, *A Luta de Classe* número 1 transcreve o artigo de Solomon Losovski, presidente da Internacional Sindical Vermelha, intitulado "O proletariado e os intelectuais", em que o autor procura demonstrar que o Partido Comunista nada tem contra os intelectuais, desde que eles não se coloquem como condutores do movimento operário, que necessita ser autônomo.

Rigorosamente, esse documento justifica toda a vaga de "obreirismo" que caiu sobre o PCB, concretizada em novembro de 1930 com o afastamento de Astrojildo Pereira.

Para o GCL e seu objetivo de constituir um grupo de esclarecimento e de educação marxista da classe operária, as afirmações de Losovski parecem não ter soado estranhas:

[Cabe aos intelectuais] procurar a classe operária para educá-la, para ajudá-la a encontrar novos elementos e colocá-los na direção do movimento sindical [...]. Nosso movimento de classe deve ser completamente independente, nossa classe deve estar organizada por trabalhadores. Na direção das nossas organizações deve haver trabalhadores vindos da massa proletária, e os intelectuais que estão conosco devem trabalhar simplesmente no movimento.

Os temas nacionais

Mas o jornal da recém-constituída Oposição de Esquerda brasileira não continha apenas críticas à Internacional Comunista e aos problemas internacionais. Na verdade, o trato das questões estruturais e de conjuntura do Brasil ocupa o maior espaço de *A Luta de Classe*.

Evidentemente, os problemas são analisados à luz da crítica à atuação do Partido Comunista do Brasil em relação a eles. Podemos perceber o fio de continuidade que procede das críticas de Rodolpho Coutinho em 1927 e também o entrelaçamento com as posições políticas da Oposição Internacional de Esquerda aplicadas ao caso brasileiro.

A análise mais aguda recai novamente sobre a estratégia da revolução democrático-burguesa, que, também no plano nacional, é o centro das críticas oposicionistas.

O artigo "Novidade política e confusão ideológica! *A Classe Operária versus* PC", em *A Luta de Classe* número 1, procura explorar o escasso conhecimento da Internacional Comunista sobre as estruturas socioeconômicas do Brasil.

De maneira mordaz, censura as teses da Internacional e do PCB sobre o Brasil, demonstrando a incoerência da análise feita e a situação real do país. Remete ao jornal *A Classe Operária* de 17 de abril de 1930 e às posições da Internacional que insistem na tese de conflito entre as classes dominantes brasileiras na divisão de interesses econômicos.

De um lado, a burguesia industrial e os grandes proprietários de terra não ligados ao café, apoiados pelos Estados Unidos; de outro, os grandes cafeicultores, classificados como "grandes fazendeiros feudais", que governam com os banqueiros e são apoiados pela Inglaterra.

A luta entre os interesses dos dois grupos estaria num processo de agudização desde 1922 e chegaria ao ápice com a crise econômica do final dos anos 1920. A Internacional deduz que "[...] a luta crescente no seio das classes dominantes constitui as premissas fundamentais para o rápido amadurecimento da situação revolucionária do Brasil" e explica que o Partido Comunista deve preparar-se para "poder encabeçar a insurreição revolucionária das grandes massas, que, entre outros motivos, pode explodir por ocasião das eleições presidenciais".

O artigo ainda comenta que *A Classe Operária* afirma ter a Aliança Liberal (de acordo com a Internacional, pertencente à ala dos Estados Unidos) recuado para "o terreno estritamente legal das eleições presidenciais". Pergunta em seguida: "Como fica a análise da IC? Estariam reconciliados os interesses irreconciliáveis das facções burguesas em luta?" Responde que os interesses interburgueses, quando de fato existem, não se esvaem pressionados por um suposto "medo da revolução", como tenta explicar o Partido Comunista do Brasil. Reforça, então, o argumento, mais bem desenvolvido em 1931 no artigo "Esboço de uma análise da situação econômica e social do Brasil", (publicado em *A Luta de Classe* número 6), de que é falsa essa premissa do conflito entre as burguesias, base da teoria da revolução democrático-burguesa. Essas considerações interligam-se com as críticas ao Partido, que considera o país na iminência da revolução. O Grupo Comunista Lenine chama essa postura dos dirigentes do Partido de "histeria revolucionária". Em *A Luta de Classe* número 3, o texto "Como combater a reação" afirma que a revolução só existe "nos letreiros gritantes dos cartazes e na imaginação doentia de meia dúzia de fanáticos, cegados pela cocaína dos 'complôs'", e recorre a Marx para refutar o Partido Comunista:

> A revolução proletária virá inevitavelmente e a reação capitalista se fará sentir cada vez mais forte até o dia de seu advento, mas isso obedecerá ao desenvolvimento de um processo histórico e se dará de acordo com o curso dos acontecimentos.

Mas os argumentos mais contundentes a respeito da estratégia política da Internacional e do Partido Comunista do Brasil estão no texto "Liga ou partido?", publicado em *A Luta de Classe* número 4. Os oposicionistas analisam a recente Liga de Ação Revolucionária (LAR), criada em julho de 1930 por Luís Carlos Prestes, Emídio Miranda e Aristides Lobo em Buenos Aires e que seria um organismo "assessor" do Partido Comunista[93]. Tanto o PCB como o Grupo Comunista Lenine são contra a proposta. O GCL se opõe por temer que a LAR se transforme, à revelia de Prestes, num "simples partido político, no caráter dessas múltiplas variações de Kuomintang que proliferam hoje por toda a IC, como cogumelos do stalinismo".

A censura à LAR estende-se ao PCB, e o artigo recorda que

> o Partido, como uma fiel sucursal de Stálin, [...] procurou levar Prestes a fundar um partido intermediário entre o proletariado e a pequena burguesia, uma espécie de partido socialista revolucionário, uma edição brasileira do famoso Kuomintang de esquerda, que tantas esperanças despertou em Stálin, Bukharin...

Não vê, portanto, diferenças políticas entre Prestes e o Partido. Mário Pedrosa, em entrevista realizada em 1978, recorda que Prestes debateu com ele sobre a proposta de constituir um partido socialista revolucionário, em vez de ingressar no PCB. Essa conversa com Prestes aconteceu em Buenos Aires, no ano de 1930, e, na ocasião, Pedrosa foi radicalmente contra:

> Eu era contrário a que ele fizesse um partido independente. Isso iria prejudicar profundamente o Partido Comunista, pois com seu enorme prestígio iria arrastar muita gente. O PC era um partido novo ainda, sem grande expressão, a não ser nos meios operários mais adiantados. Opunha-me àquela ideia porque éramos bolcheviques e leninistas. Como já disse, nosso objetivo era repor o partido em sua verdade histórica leninista. Éramos todos fiéis a esse princípio.

Considerando que essa atitude fora um erro, Pedrosa complementa:

> Na época não podia aceitar que se fizesse um partido que não fosse o bolchevique. Fui contra por sustentar posições doutrinárias rígidas que tinha aprendido. [...] O nosso erro é que éramos todos homens que se agarravam à doutrina, aos princípios[94].

Citando o jornal *A Classe Operária* de 3 de julho de 1930, o artigo de *A Luta de Classe* demonstra que o Partido e Prestes também concordam com "a preeminência da questão agrária sobre o processo revolucionário, ou seja, a preeminência da revolução democrática sobre a revolução proletária".

O segundo número de *A Luta de Classe*, ao comentar o famoso Manifesto de Maio, em que Prestes aproxima-se do comunismo, já apontava essa confluência entre ele e o Partido em torno da questão agrária:

> O governo do Brasil é, no Manifesto, um governo exclusivamente agrário e até feudal: parece até decalque do *Agrarismo e industrialismo*[95], já hoje uma verdadeira curiosidade histórica... Desta análise é que parte o Manifesto para declarar luta de morte, total, contra –

nomeadamente – os senhores de terra, fazendeiros, burguesia agrária, vulgo feudal, e contra o imperialismo. E é aqui que se revela, em toda a sua gravidade, a grande omissão sintomática do Manifesto. [...] Queremos nos referir à completa ausência de referência à burguesia nacional das grandes cidades, à burguesia industrial, à grande burguesia comercial e bancária que se nota no Manifesto.

Essa orientação política do Partido e de Prestes, entendem os oposicionistas, condiciona o proletariado urbano a exigir a mesma radicalidade da burguesia agrária e mostrar-se moderado perante os burgueses da cidade. Essa situação deixaria o proletariado urbano – que, conforme ensina Lênin, é a locomotiva do processo revolucionário – atrelado ao movimento do campo. O que se poderia conseguir com essa estratégia, segundo os oposicionistas, seria apenas o desenvolvimento capitalista do Brasil, e não a revolução socialista.

A partir dessa concordância programática e estratégica, continua o artigo "Liga ou partido?":

> [...] até parece que o Partido só exige de Prestes que ele "tome o compromisso" de concordar que o Partido assuma a direção dos "trabalhos revolucionários". É assim, por essa maneira simplista e formal, que ele quer assegurar a hegemonia do proletariado... Assim, não estava em jogo nenhuma divergência de princípio entre o partido da pequena burguesia que Prestes pretendia fundar. O PCB exigia do outro apenas uma prova de "sinceridade". Depois disso é inútil falar abstratamente no papel histórico do proletariado, na hegemonia deste, na indecisão pequeno-burguesa etc.

Fica evidente o objetivo do artigo, cerne da política oposicionista no Brasil e no exterior: a defesa intransigente da política de independência de classe. Será com base em seus argumentos que o Grupo Comunista Lenine e as futuras organizações trotskistas combaterão a política de alianças do Partido Comunista do Brasil. Diz o texto, que é uma declaração de princípios:

Durante toda a sua vida, Lênin lutou para a criação do bolchevismo, pela separação constante, orgânica e ideológica do proletariado da cidade e do campo, de qualquer outro agrupamento pequeno-burguês, combatendo encarniçadamente os populistas, os socialistas revolucionários, os menchevistas e agora Stálin. [...] Só o grupo de proletários, livres, na realidade, e não verbalmente, [...] da influência pequeno-burguesa, pode fazer triunfar a revolução democrática e assegurar a hegemonia do proletariado. [...] É preciso arrancar de dentro do agrupamento reunido em torno da fórmula da revolução agrária o proletariado rural, que é no Brasil a esmagadora maioria no campo, separá-lo desveladamente do camponês, do pequeno proprietário e organizá-lo à parte, na defesa intransigente de seus interesses próprios, juntá-lo ombro a ombro com o proletariado da cidade, para a defesa comum de seus interesses de classe e para a ofensiva definitiva contra a burguesia capitalista, aliada, sócia ou caixeira do imperialismo.

A política sindical dos comunistas

O Grupo Comunista Lenine procura diferenciar-se claramente do Partido Comunista no que diz respeito à política sindical, um dos pilares que sustentaram os argumentos dos oposicionistas. Para realizar essa tarefa, *A Luta de Classe* busca apoio nos textos de Marx e Lênin, tática empregada em outros momentos para demonstrar que a Oposição de Esquerda era antes de tudo leninista.

Os quatro textos mais significativos publicados nos primeiros números do jornal dos oposicionistas têm, portanto, a incumbência de equacionar a relação Partido-sindicato, ficando os problemas conjunturais do movimento sindical subordinados a esse objetivo maior, doutrinador.

A Luta de Classe número 2 traz uma coletânea de escritos de Marx sobre os sindicatos no congresso da I Internacional realizado em Genebra no ano de 1886. As conclusões desses artigos são utilizadas para demonstrar como as atuais direções, quer da Internacional, quer do Partido Comunista do Brasil, estão marchando na direção contrária à do marxismo.

O texto intitulado "Marx e a questão sindical" acusa os comunistas de "lassallianismo", ou seja, de procurar substituir

> a ligação orgânica, por assim dizer, subterrânea, dos dirigentes membros da classe – sindicato e Partido –, preconizada por Marx e restaurada por Lênin, por uma hierarquia burocrática dos aparelhos dirigentes, o sindicato direta e automaticamente subordinado ao Partido.

Os oposicionistas pleiteiam:

> Nem, pois, a negação mecânica entre o Partido e o sindicato, como querem os sindicalistas; nem o predomínio automático e formal do Partido diretamente sobre o sindicato, como estão querendo os burocratas comodistas já enferrujados no leme da política proletária, esquecidos, ambos, da frase lapidar de Marx no seu "Manifesto" imortal: "toda luta de classe é uma luta política".

O texto "Notas sindicais", publicado em *A Luta de Classe* número 1, estende-se mais particularmente sobre a atuação do Partido Comunista do Brasil e também auxilia a esclarecer o conceito de "burocratismo" aplicado ao Partido[96] pela Oposição. O "burocratismo" é detectado em princípios de 1929:

> [O Partido] passou a ser orientado e dirigido por meia dúzia de "jovens" bem-intencionados e bem-falantes. Mas, esquecidos de que estavam à frente de um partido, embora composto em sua maioria de elementos "sem cultura", entenderam de iniciar a política que denominaram centralizada; isto é, passaram a dar ordens e a despejar manifestos sem se importar com os que deviam cumprir essas ordens, na certeza de que, após um tanto de papelório despejado ao léu, todos estariam ideologicamente preparados para a revolução. Quando alguém imprudentemente se lembrava de fazer-lhes alguma observação relativa à marcha que tomavam os acontecimentos, era logo fuzilado por todos os **istas** conhecidos e desconhecidos do vocabulário, ao mesmo tempo que se davam ordens, **que se davam**

ordens, repetimos, para que chovessem as manifestações de solidariedade à direção. [negritos no original]

A argumentação se estende, lembrando que, ao usar essa tática, os dirigentes do Partido foram surpreendidos pela reação do governo Washington Luís, enquanto buscavam a revolução que não tardaria, negligenciando o trabalho sindical: "Os sindicatos foram abandonados à própria sorte, enquanto o grupelho [...] procurava compreender aquilo que suas mentalidades saturadas de teorias mal digeridas ainda não conseguiram discernir."

Na conclusão, o texto reafirma a posição do Grupo Comunista Lenine, ou seja, os sindicatos não são, primordialmente, lugar de lutas políticas, mas sim econômicas, e o resultado prático destas últimas é que a direção revolucionária conquistará a confiança e a hegemonia dos trabalhadores. O Partido deve ser aquele que "sabe defender os interesses da classe pobre melhor que outra qualquer tendência furta-cor".

O artigo "Provocação e clandestinidade", de *A Luta de Classe* número 4, retoma o debate sobre a política sindical do PCB.

Como pudemos verificar neste capítulo, os comunistas procuraram, no final da década de 1920, construir centrais sindicais – regionais, por categoria ou nacionais. A Federação Sindical Regional do Rio de Janeiro, objeto da polêmica entre o Partido e Joaquim Barbosa e, mais tarde, João da Costa Pimenta, é exemplo acabado de um projeto arquitetado e concretizado pelos dirigentes do PCB.

Tornou-se prática do Partido assumir a paternidade desses organismos sindicais, demonstrando aos trabalhadores a ligação dos comunistas com seus movimentos reivindicatórios. Outro exemplo significativo foi a greve dos gráficos de São Paulo em 1929, quando membros do PCB e até o futuro oposicionista João da Costa Pimenta exaltavam "a eficiência dos novos métodos de organização, em contraste com a velha época do anarquismo"[97].

A "provocação" a que se refere o título do artigo pauta-se justamente pelas objeções a essa tática de identificar os organismos sindicais como obra do Partido. Segundo o jornal, esse expediente é apenas provocativo e abre espaço para a polícia, afastando as massas operárias:

O Partido precisa, pois, aparecer nesta luta não como uma organização hierárquica, sobrepondo-se automaticamente aos sindicatos, provocando a reação policial, afastando os operários da luta pelas reivindicações imediatas e assim afastando-se ele próprio das massas operárias.

A tática correta, segundo os oposicionistas, seria:

> O Partido deve, porém, aparecer nesta luta pela sua experiência acumulada como o guia mais seguro dos operários e pela justeza das palavras de ordem e de sua diretriz, arrastar as massas operárias para dentro de seus sindicatos, porque se o Partido representa a minoria revolucionária consciente, os sindicatos são, na fórmula de Marx, "escolas de socialismo" em que os operários têm permanentemente a luta diante dos olhos e tornam-se socialistas sem o saber.

O número 4 do jornal *A Luta de Classe* polemiza ainda em torno de um documento de Solomon Losovski, o dirigente da Internacional Sindical Vermelha, publicado na *Folha de Discussão* número 2, do PCB. O artigo, intitulado "A ISV e o movimento sindical revolucionário no Brasil", teve continuidade no número 5 daquele jornal, que foi apreendido pelo governo.

Há concordância com algumas críticas de Losovski, e, ao comentá-las, o texto sempre remete à responsabilidade do Partido Comunista do Brasil e sua estratégia sindical equivocada, reafirmando positivamente as teses oposicionistas. Por exemplo, ao concordar com a observação de Losovski sobre a "desproporção formidável que existe entre o estado atual do movimento sindical de classe brasileiro e o lugar que ele deve ocupar não só na América Latina como também no movimento revolucionário mundial", o Grupo Comunista Lenine argumenta que essa situação é fruto do III Congresso do Partido e de seus dirigentes, que "entendiam que o trabalho de organização de massas devia ser relegado para [...] depois da revolução. Para eles, a 'ação política' era tudo".

Entre as discordâncias com Losovski, encontramos a continuidade de antigas polêmicas oposicionistas. A principal delas diz respeito ao elogio que o responsável pela ISV faz ao Partido pela iniciativa de criar a Confederação Geral do Trabalho do Brasil (CGTB). Como vimos, esse organismo faz parte daqueles criticados pelo Grupo Comunista Lenine como "invenções" e "fantasmas" do Partido Comunista do Brasil. O artigo de *A Luta de Classe* argumenta:

> [A CGTB] não correspondeu, de maneira nenhuma, a um "poderoso surto de atividade combativa da massa", pois não existia, na época citada[98], nada que nos demonstrasse a existência desse "surto". [...] A iniciativa redundou em "droga", como aliás constata o nosso camarada, e isto porque o que se tinha em vista, naquela ocasião, não era educar e agrupar massas revolucionariamente, mas demonstrar, para efeito externo, o grande trabalho, ou "trabalho muito", como dizem os nossos colegas do norte [...].

O "efeito externo" a que se refere o texto é o credenciamento do PCB nos quadros da IC, passando uma visão irreal da radicalização do movimento de massas no Brasil. Nesse mesmo tom, apesar de concordar com as diretrizes de Losovski em relação a expandir a ação sindical dos comunistas a outros setores da economia, o GCL não acredita que o Partido executará esse objetivo, porque os dirigentes, em sua maioria, "são de opinião que militar no seio das organizações de massas é 'muito acanhado' para suas aspirações".

Análises críticas da conjuntura nacional

A crise do café

Um dos poucos artigos assinados do número 1 de *A Luta de Classe* tem o título "Carta de São Paulo". Quem o escreve é "Lyon", isto é, Lívio Xavier, e o assunto é o mercado de café após a grande crise de 1929. Xavier já desenvolve aqui as ideias básicas que serão mais bem elaboradas no texto "Esboço de uma análise da situação econômica e social do Brasil", escrito em parceria com Mário Pedrosa em fevereiro/março de 1931, que constitui a primeira tentativa dos oposicionistas de realizar uma análise crítica de profundidade sobre a realidade brasileira.

Xavier comenta que, em 1930, já existe uma "adequação" aos novos tempos de pós-crise, quando a baixa súbita dos preços leva ao fechamento de crédito nos bancos. Haveria, segundo o autor, uma recomposição das alianças burguesas em torno do governo, propiciando a "grande paz" prometida pelo presidente Washington Luís. A "grande paz", no entanto, estaria sendo perturbada pela agitação dos 2 milhões de proletários rurais, que continuaram "importunando" os fazendeiros. Como exemplo, relata a dissolução, pela polícia, do Congresso dos Trabalhadores Rurais de Ribeirão Preto.

Comenta, a seguir, a condição dos trabalhadores rurais, tendo por base um estudo de uma das casas comerciais compradoras do café brasileiro em Nova York, a Nortz. Diz o texto de Xavier que, para os "'camaradas'/diaristas", o salário caiu substancialmente devido à baixa do preço do café, e foram "permitidas" as plantações de cereais nos canteiros de café para alimentação das famílias trabalhadoras que, com a crise, ficaram sem receber para sua subsistência. Lívio Xavier ironiza essa "magnanimidade" dos fazendeiros:

> Se a instabilidade da mão de obra é e será [por] muito tempo o traço característico da grande cultura cafeeira, vendo-se o fazendeiro na permanente necessidade de reter o colono, é uma enorme concessão que o bom fazendeiro faz ao colono em não expulsá-lo findo o contrato e pagar-lhe meio salário ainda em café desvalorizado.

Lembra o estudo da Nortz que isso assegura a tranquilidade dos proprietários rurais, pois "os trabalhadores no interior não têm outro recurso senão o de trabalhar nas fazendas de café, tanto mais que a indústria se acha estacionária".

Diante dessa impotência dos "proletários rurais", Xavier entende que de fato não há perspectivas revolucionárias na área dos trabalhadores rurais, mas acrescenta que até setores intelectualizados da burguesia já perceberam dois fenômenos no campo: que a imigração europeia é fator de desenvolvimento da consciência social dos "sertanejos nacionais" e que a questão social no Brasil está intimamente ligada ao campo.

O segundo texto de Lívio Xavier sobre o café foi publicado no número 3 de A *Luta de Classe* e intitulado "A última agitação política e as novas posições do imperialismo". Nele, Xavier discorre mais detidamente sobre a dominação do capital externo no mercado de café e sua ingerência nos negócios brasileiros.

O pretexto do artigo é o empréstimo de 20 milhões de libras feito ao Brasil pelos Estados Unidos:

> Mas o que convém precisar no momento é a significação do empréstimo internacional, como ele repercutirá nas condições da produção cafeeira e na situação brasileira em geral, nas relações da burguesia nacional com a burguesia imperialista.

Demonstra, então, que o que ocorreu foi uma

> falência de mais um plano de valorização (do café) à custa do mercado ianque. O empréstimo prevê que o estado de São Paulo aceite não acumular mais café, direta ou indiretamente, exceto se feito acordo com os banqueiros e com ulteriores garantias para o empréstimo.

Isso significa, pelos dados do autor, que 10 milhões de sacas serão vendidas anualmente, de modo que em dez anos todo o estoque de café estará no mercado, e regulado pelos interesses americanos.

Por essa ingerência evidente dos Estados Unidos, Lívio Xavier demonstra os limites da tese "esquemática" do Partido Comunista do Brasil: "São Paulo (feudal) – café, igual imperialismo inglês; indústria – Movimento Liberal, igual imperialismo ianque." E acrescenta, apresentando a posição do Grupo Comunista Lenine:

> A ideologia "anti-imperialista" concebe o jugo do imperialismo como uma ação mecânica exterior, única, sobre todas as classes da colônia. A Oposição comunista nas discussões sobre a Revolução Chinesa denunciou este erro grosseiro e, viu-se logo, fatal. A luta revolucionária contra o imperialismo não cria uma coesão das classes na colônia, mas é, ao contrário, fator de diferenciação política. A força do impe-

rialismo reside na ligação econômica e política do capital estrangeiro com a burguesia indígena.

As eleições de 1930 e os comunistas

Os números 1, 2 e 3 do jornal *A Luta de Classe* comentam as eleições gerais de 1º de março e as eleições distritais de 21 de junho de 1930. O Partido Comunista do Brasil participa das duas, escudado pela sigla do Bloco Operário e Camponês. O resultado, em ambas, é desastroso para o Partido.

As eleições gerais são importantes para a construção dos caminhos que levam à Revolução de 1930.

O Partido Republicano Paulista, partidário da oligarquia no governo, enfrenta a Aliança Liberal, fundada em julho de 1929 e sustentada por uma grande coalizão em torno de Getúlio Vargas, governador do Rio Grande do Sul e pretendente à Presidência da República. A plataforma política da Aliança Liberal atrai a maior parte da elite, desejosa de mudanças reformistas no Estado brasileiro. Vargas pleiteia o voto secreto, a anistia e um desenvolvimento econômico moderno, entre outros pontos de nítido apelo popular.

O outro adversário do governo é o BOC, cuja constituição já comentamos nestas páginas. É bom recordar que, após o III Congresso do PCB, o BOC torna-se um elemento importante na estratégia pecebista, considerado uma "ponta de lança" do Partido nas grandes massas.

Concorre pela Presidência na chapa do BOC o operário marmorista Minervino de Oliveira, e, para deputado, dirigentes como Paulo de Lacerda e Mário Grazzini. Dois futuros oposicionistas de esquerda também participam: Aristides Lobo é candidato a deputado federal por São Paulo e Plínio Mello pelo Rio Grande do Sul.

A campanha transcorre sob repressão acirrada da polícia de Washington Luís. Desde o início, o processo eleitoral é marcado por grande violência, que atinge principalmente os candidatos comunistas. Em 6 de novembro de 1929, os policiais impedem a realização da convenção do BOC no Rio de Janeiro e em 7 de novembro reprimem o comício que anunciaria os seus candidatos. Nos meses seguintes, as prisões dos candidatos se sucedem. São presos o candidato à Presidência Minervino de Oliveira, quando presidia o Congresso dos Trabalhadores Rurais de Ribeirão Preto, e os candidatos a deputado. Aristides Lobo é preso e obrigado a exilar-se no Uruguai, o que acontece também com Plínio Mello, deportado[99].

Auxiliado por intensa corrupção e por fraudes, o PRP vence a Aliança Liberal e o BOC. Este sofre uma derrota acachapante. Os cargos majoritários recebem apenas 0,975 por cento do total de votos, e os deputados, dois por cento.

Apesar de reconhecer o peso da repressão policial sobre os candidatos comunistas, o Grupo Comunista Lenine vê outros problemas nessa derrota e critica duramente o Partido.

O número 1 de *A Luta de Classe* contabiliza um contingente de 20 mil eleitores "genuinamente operários", número muito superior aos 576 votos dados para presidente e senador e aos 1.181 votos dados para deputado. Entende o jornal que essa derrota é fruto dos erros cometidos pelos dirigentes pecebistas: orientação política errada e desorganização partidária combinadas com "ausência total de uma linha verdadeiramente marxista".

O outro lado da crítica oposicionista vai para a política do BOC. O artigo do número 2 de *A Luta de Classe* que comenta as eleições de 21 de junho de 1930 tem o título "Bloco Operário ou Partido Comunista?", que já diz a que veio.

O jornal questiona dois aspectos: o fato de o Partido insistir em manter um organismo já condenado pela Internacional Comunista[100] e o texto confusionista do manifesto lançado pelo Partido Comunista sobre a candidatura de Paulo de Lacerda, que teria criado um amálgama entre o Partido e o BOC.

O número seguinte do jornal da Oposição mais uma vez questiona o Partido, agora já com os resultados desastrosos da votação: "candidato conservador – Abelardo Reis: 5.921; candidato liberal – Salles Filho: 2.695; candidato democrático – Mattos Pimenta: 2.322; candidato comunista – Paulo de Lacerda: 162". O Grupo Comunista Lenine atribui o resultado à conjuntura e ao próprio Partido:

O Partido Comunista, sem imprensa, sem liberdade de expressão, teve uma votação abaixo do número de seus membros eleitores. Isso prova a desorganização do Partido, do que resulta sua incapacidade para dirigir a luta proletária, pois nem mesmo seus membros sujeitos à disciplina de ferro comunista compareceram às urnas em cumprimento à palavra de ordem lançada.

Comenta também a pouca influência do Partido Comunista do Brasil sobre os eleitores da zona rural, onde, de 2.500 votantes, 75 por cento eram lavradores, e o candidato comunista recebeu apenas oito votos.

O PCB e a política de "radicalização"
Os dois primeiros números de *A Luta de Classe* criticam o ato de comemoração do 1º de Maio convocado pelo Partido no Rio de Janeiro. Esse ato havia sido frustrado pela ação policial, que prendera seus principais oradores e dispersara com facilidade os poucos operários que foram à praça Mauá.

O artigo intitulado "O 1º de Maio e a demagogia da direção do PC" denuncia principalmente o "vanguardismo" e o grande distanciamento das massas a que chegou o Partido: "Os nossos comunistas têm resumido suas atividades no seguinte: barulho, prisões e deportações, sem nenhum resultado prático. Obra inconscientemente policial."

O jornal aponta a inutilidade de convocar manifestações que não expressem a "consciência de classe" do proletariado. O que se convoca, acrescenta, é um proletariado "inorganizado, a ser chamado inutilmente, por meios inadequados, à luta para a qual não foi preparado".

O preparo adequado, no entender dos oposicionistas, significa sólida organização política e sindical. Sem esse preparo, a polícia tem seu trabalho facilitado e a desmoralização dos trabalhadores é muito grande, como aconteceu no 1º de Maio, em que a "presença fleumática de alguns cavalarianos" espantou sem dificuldade os manifestantes.

Sintomaticamente, nesse mesmo número do jornal, o Grupo Comunista Lenine reproduz o texto de Trótski intitulado "O que é radicalização", dirigido à Oposição de Esquerda da França, no qual critica a Internacional Comunista e o Partido Comunista Francês. Em nota de rodapé, a Oposição brasileira assume a crítica de Trótski aos franceses e diz que ela se aplica também ao Partido no Brasil. A principal questão apontada por Trótski diz respeito ao axioma que aparece no jornal *L'Humanité*, do PCF: "Os verdadeiros comunistas [...] devem reconhecer a função dirigente do Partido e a radicalização das massas." Trótski argumenta que "a radicalização não é um princípio, mas somente uma característica do estado das massas". Esse processo, diferentemente do que apregoa a Internacional Comunista, não é "incessante":

> Isto quer dizer que hoje a massa é mais revolucionária que ontem e será amanhã mais revolucionária do que hoje. Este modo mecânico de apresentar as coisas não responde ao processo real de desenvolvimento do proletariado e da sociedade capitalista em seu conjunto.

Trótski acrescenta que "os movimentos ascendentes da luta de classes são substituídos por movimentos de declínio, os fluxos pelos refluxos, conforme a combinação eminentemente complexa das condições materiais e ideológicas interiores e exteriores". Conclama os marxistas, os oposicionistas a saberem definir o momento da radicalização ou não das massas: "É preciso saber apreciar o que é e o que será."

Utilizando os argumentos de Trótski, o número 2 de *A Luta de Classe* volta a responsabilizar o Partido Comunista do Brasil pelos episódios de 1º de maio. Desta vez critica com veemência o artigo de Astrojildo Pereira na *Correspondencia Sudamericana*: "Cegos de vaidade, os homens da direção chegam ao cúmulo de dizer que o 1º de Maio, ao contrário de ter sido um fracasso, serviu para demonstrar que a massa está 'radicalizada' e 'preparada' para a revolução agrária... que já começou!"

Em 1º de agosto, na cidade e em outras partes do estado do Rio de Janeiro, o Partido convoca manifestações em homenagem à data da execução de Sacco e Vanzetti. Na cidade, poucos mais de cinquenta pessoas comparecem ao comício, que foi facilmente dispersado pela polícia. Dulles comenta que Astrojildo ficou impressionado com a "pusilanimidade" dos comícios e "duvidou de sua capacidade de dirigir o Partido"[101].

O Grupo Comunista Lenine reage de maneira contundente. *A Luta de Classe* número 4 traz um longo artigo em que a censura à política de "radicalização" sofre um severo ataque. Acusando o Partido de estar em "dissolução" e a reboque da direção stalinista da III Internacional, o texto afirma que se está fazendo uma política contrarrevolucionária e anticomunista.

O PCB está num período de franca dissolução... Como tentativa de reação contra a estagnação em que está o Partido, começou-se então a falar em mudanças de linha política. [...] De toda parte começaram a surgir confissões de erros da direção do Partido e planos mirabolantes de uma nova linha de ação. [...] Se houve alguma mudança, foi exclusivamente formal. [...] Não houve mudança, nem poderia haver. [...] Desvirtuada pela burocracia dirigente, a Internacional nesses últimos anos tem se afastado completamente da linha marxista revolucionária e baseia sua ação em falsas deduções, tais como a "radicalização" decretada para todo o mundo, mas não constatada... Com tais descobertas ela traça para os partidos nacionais linhas que só podem ser erradas, e depois, quando os acontecimentos a forçam a ver que os resultados foram maus, responsabiliza pelos fracassos os partidos.

Com a manifestação de 1º de agosto, o Partido iniciaria a "execução de seu novo programa de ação revolucionária". Os cartazes, diz o artigo, ostentavam palavras de ordem como: "Armai-vos e tomai o poder"; "A luta contra o fascismo e pela revolução!"; "Pelos conselhos de operários, camponeses, soldados e marinheiros!". Nos manifestos, aconselhava-se os militantes a "resistir à polícia".

O Grupo Comunista Lenine considera que as diretrizes do Partido ou foram lançadas "hipocritamente para não serem usadas", ou a direção estaria "desprovida de raciocínio":

Porque a única conclusão lógica que se pode tirar dessas palavras de ordem é que elas levam à tomada do poder, [...] o que conduziria forçosamente à luta armada, da qual um dos dois sairia vitorioso e o outro esmagado. [...] Todos nós sabemos que o Partido se compõe de um número reduzidíssimo de operários, pequeno-burgueses, intelectuais, há muitos anos estacionário. Além disso, nem mesmo esse pequeno núcleo está organizado e cumpre as ordens do Partido. Para as últimas eleições, não conseguiu alistar duas centenas deles. E votar é muito mais fácil que lutar.

Ao falar do fracasso do ato de agosto, o texto conclui que o Partido acaba fazendo um trabalho anticomunista:

> Cada vez vai se tornando mais difícil reconquistar a confiança das massas e convencê-las de que não é isto o comunismo. [...] Todas as façanhas do PCB nestes últimos anos têm acabado na 4ª Delegacia Auxiliar, sem nenhum resultado prático para o proletariado.

Contrariamente à imagem de radicalidade exacerbada que comumente temos do trotskismo, a diretriz dos oposicionistas para o trabalho revolucionário é expressa desta forma:

> Um partido comunista bem-intencionado, cuja direção não fosse de iluminados e demagogos, teria de iniciar a propaganda nas fábricas e usinas, não uma ou duas vezes por ano em dias excepcionais, mas regularmente, e sem fazer espalhafato nem prevenir a polícia com antecedência. E, na propaganda, não começar por convidar os operários a apossar-se das fábricas, como se já estivéssemos em plena revolução, mas demonstrar-lhes a necessidade de se organizarem para poder lutar pelas reivindicações imediatas. [...] Sem expô-los desnecessariamente à polícia, para que eles tenham a prova de que, organizados, são mais fortes, e também para que vejam que o Partido visa de fato lutar pelo proletariado, em vez de pensar que sua direção só visa aproveitar-se deles em benefício próprio, sacrificando-o sempre. [...] E quando o Partido tiver constatado que sua influência sobre as massas existe realmente deverá, então, organizar manifestações e sair às ruas. [...] E as palavras de ordem devem ser lançadas de acordo com as necessidades do momento, e não feitas *a priori*, copiadas de palavras de ordem lançadas na Rússia, em ocasiões e condições muito diferentes.

Do GCL à Liga Comunista (Oposição)

O ocaso do GCL

Após a edição do quarto número de *A Luta de Classe*, em agosto de 1930, há um intervalo de quase dois meses, e o número 5 só é publicado em outubro, durante os episódios da Revolução da Aliança Liberal. Essas datas, corroboradas pelas cartas de Pedrosa, Coutinho e Mary Houston Pedrosa para Lívio Xavier[102], ajudam a entender que, a partir de setembro, o Grupo Comunista Lenine começa rapidamente a perder consistência e se fragilizar.

Ainda assim, o pequeno grupo organizado em torno de Mário Pedrosa no Rio de Janeiro consegue intervir nas manifestações populares quando as tropas aliancistas chegam à capital da República. O único relato disponível é um artigo publicado em *La Lutte de Classes* número 28-29, de fevereiro/março de 1931[103].

Destinado a relatar os acontecimentos de outubro de 1930 e mostrar o que era a Oposição de Esquerda no Brasil, o texto descreve os "vinte dias de luta no Rio de Janeiro".

Segundo *La Lutte de Classes*, o GCL distribuiu panfletos sobre as questões conjunturais, imprimiu o número 5 de seu jornal e juntou-se à multidão no dia da queda do presidente da República, em 24 de outubro. Apesar de considerar a manifestação pública um "dia de festa popular do Carnaval", mais do que "o de uma 'revolução' vitoriosa depois de vinte dias de guerra civil", os oposicionistas falam de sua participação na destruição dos "arquivos políticos da Polícia Política" e também do empastelamento da sede "de uma certa 'Liga Fascista'...".

Ao elaborar, com a ajuda de Mary Houston, seus dados biográficos, Mário Pedrosa também anotou que, no dia em que Washington Luís foi deposto, a população foi para as ruas e, pela primeira vez, ele, Pedrosa, tentou "influenciar o povo, procurando levá-lo a empastelar o *Jornal do Brasil* [...], depois de incendiado *O Paiz*"[104].

O artigo de *La Lutte de Classes* termina apontando as diferenças de abordagem entre os oposicionistas e o Partido Comunista do Brasil no episódio de outubro de 1930. Os oposicionistas produzem um panfleto "convidando os trabalhadores a se organizar imediatamente e não esperar nada da burguesia". O PCB, por sua vez, organiza um comício sob a égide da Confederação Geral do Trabalho do Brasil em prol da organização sindical. Nesse comício, conforme o Grupo Comunista Lenine, "os oradores do Partido falavam em explorar a terra dos senhores feudais (?), sem dizer palavra sobre a necessidade de organização dos trabalhadores, nem sobre suas reivindicações imediatas". Mostrando o contraste, o artigo conclui que "enquanto distribuíamos os panfletos sobre a necessidade da organização etc. o Partido fazia distribuir o seu jornal, no qual se lia, em manchete, em caracteres enormes – 'Como é fácil derrubar o governo burguês! Meia hora basta'".

Depois dos episódios de outubro, Mário Pedrosa adoece de basite, uma doença pulmonar, e afasta-se do grupo para tratamento. Esse incidente demonstrará toda a fragilidade do GCL, que, sem Pedrosa, não consegue manter-se.

A desagregação dos oposicionistas acentua-se também com o governo de Vargas, que desde o início ocupa espaço político com projetos de cunho social e modernizante, ao mesmo tempo que procura monitorar as organizações operárias sob controle dos comunistas.

Em duas cartas para Lívio Xavier, a primeira provavelmente de novembro de 1930, e a segunda datada de 2 de janeiro de 1931, Rodolpho Coutinho relata o caótico cenário do GCL no Rio de Janeiro[105].

A primeira carta revela:

Aqui, a mesma quietude. Pedrosa, doente, e a gente quase sem notícias dele. Escobar também, com um bruto depauperamento: esquecido, mole, vai pra serra. Pimenta, acuado, a tirar as contas atrasadas da cooperativa. Déa, sempre ativo, mas com possibilidade de ir trabalhar no Rio Grande, num jornal de Porto Alegre. Visaco (escreve-se assim?) não se mostra mais. Os outros reservas nossos, na reserva. O signatário, agora de férias, se ocupa dos seus lavradores...

A segunda já é definitiva:

[...] do nosso grupo aqui, nem cinza resta, e da atividade proletária aqui nada sei, a não ser as petições que se publicam dirigidas ao Collorzinho[106]. Estive com Pedrosa há quase um mês. Estava de viagem preparada para o exterior, conforme convite do José Américo. Escobar continua desaparecido. Déa está aí ou no Rio Grande? Qual a atividade de Pimenta aí?

O renascimento como Liga Comunista (Oposição)

O papel de Aristides Lobo

Na mesma carta de 2 de janeiro de 1931, Coutinho fala com entusiasmo sobre a "Carta aberta aos membros do PCB", lançada por Aristides Lobo em 29 de dezembro de 1930, após ter sido expulso do PCB.

Antes de ir ao Correio, recebi a carta aberta do Aristides. Boa. Vou procurar gente para distribuí-la, quero dizer, para fazê-la ler. Um exemplar segue já para Pernambuco, onde consegui ligação, ligaçãozinha, por intermédio do irmão do camarada Nelson. Que carta boa! Parece que me vai tirar a insônia. Abrace o homem com força e mande notícias.

Considero que o retorno de Aristides Lobo, rompendo publicamente com o Partido e declarando-se da Oposição de Esquerda, tenha dado o impulso necessário à retomada do grupo. Sua "Carta aberta" é um ataque inflamado contra os dirigentes do PCB, pressionados também pela Seção Sul-Americana da Internacional Comunista, que impunha ao antigo comando do Partido uma guinada à esquerda e uma feroz campanha contra os militantes "intelectuais", expulsando inúmeros aderentes de suas fileiras.

Aristides Lobo, considerado um "intelectual ativista e enérgico, [...] orador brilhante, [...] militante honesto, dedicado e corajoso", conforme descreve Fúlvio Abramo[107], acabara de retornar do exílio ainda mais conhecido pelo movimento operário, devido à polêmica acerca da Liga de Ação Revolucionária, que fundara juntamente com Luís

Carlos Prestes. Lobo colaborou para o primeiro número de *A Luta de Classe*, mas, depois de sua deportação, suas ligações com o Grupo Comunista Lenine tornaram-se frágeis, apesar de nunca terem se rompido totalmente, como podemos ver no Capítulo III e também numa carta que enviou a Mário Pedrosa.

Datada de 2 de outubro de 1930, proveniente de Buenos Aires, a carta, em linguagem telegráfica, assinada com o pseudônimo "José Hernandez", faz críticas à *Luta de Classe* e à militância reduzida do GCL. Enfatiza a necessidade de recrutamento nas fileiras do Partido Comunista: "Necessário fazer tudo realizar reuniões membros Partido. Estou certo é dentro PC deve estar nossa força, pelo menos em número. [...] Do contrário, não passaremos também meros onanistas revolucionários." Preocupa-se em deixar claro para os operários e militantes que o GCL "não é segunda edição PC e sim grupo oposição cuja maior força está dentro próprio PC, sendo constituído verdadeira massa revolucionária PC e elementos expulsos formalmente por defenderem integridade princípios ameaça da burocracia"[108].

Quando retorna ao Brasil depois de longos meses afastado da militância, Aristides Lobo impulsiona de fato o combalido GCL e torna-se uma alavanca fundamental para reunir novamente os oposicionistas junto com Pedrosa e Lívio Xavier, em janeiro de 1931.

São Paulo como novo "centro de gravidade do movimento"

Ao mesmo tempo que Lobo dava novo impulso ao combate contra o Partido Comunista do Brasil em favor da "oposição bolchevista-leninista de esquerda que derrocará o aventureirismo"[109], as atenções políticas do Partido e dos oposicionistas voltavam-se para São Paulo. Pela primeira vez a capital paulista tornava-se um centro político prioritário e aglutinador das organizações de esquerda comunista, em detrimento do Rio de Janeiro, sede da República.

No artigo dos oposicionistas brasileiros em *La Lutte de Classes* número 28-29, encontramos a afirmação de que São Paulo vivia um "clima diferente" do restante do país. Atribui-se a isso o fato de as tropas aliancistas, que tomaram o poder no estado, terem sido comandadas pelos antigos revoltosos de 1922 e 1924, também partidários de Prestes. O artigo conclui, então, que "o centro de gravidade do movimento deslocou-se para São Paulo".

Com a derrota do Partido Republicano Paulista – pondo fim à hegemonia da burguesia cafeeira na República –, São Paulo tornou--se também o estado que mais perdeu poder político com o golpe da Aliança Liberal. A escolha do "tenente" João Alberto para a interventoria em São Paulo deu início a hostilidades contínuas entre a elite burguesa paulista e o novo governo. Com medidas na área trabalhista, como garantia de quarenta horas de trabalho semanal, o interventor assustou os industriais e aproximou-se da lavoura, incentivando a criação, no estado, da Comissão de Organização da Lavoura. Como afirma Boris Fausto, "o estado viveu quase dois anos em aguda tensão... até desembocar no episódio revolucionário de 1932"[110].

A agitação política em São Paulo também atingiu o movimento operário durante o governo de João Alberto. Eclodiram inúmeras greves em fábricas importantes, como a da Metalúrgica Matarazzo e a da Companhia Nacional de Tecidos de Juta. O jornal *Diário Nacional* calculava em 8.400 o número de grevistas em 25 de novembro de 1931, abrangendo 31 fábricas; e, quando o interventor renuncia, 30 mil operários saíram às ruas, atendendo a um movimento paredista[111].

O interventor, "tenente" João Alberto, procurou também aproximar-se do PCB, facilitando uma "autorização" para o funcionamento legal do Partido, articulando-se para isso com militantes recém-expulsos. Um deles era seu irmão Luís de Barros, os outros eram Plínio Gomes de Mello e Josias Carneiro Leão. Esse episódio foi largamente utilizado pelo Partido contra os oposicionistas, dado o envolvimento ainda informal de Mello com o Grupo Comunista Lenine. A Oposição de Esquerda, no entanto, também criticou duramente Mello, e a Liga Comunista (Oposição), que se organizava simultaneamente em São Paulo, convenceu-o a fazer autocrítica de suas posições no número 6 de *A Luta de Classe*, publicado em março de 1931.

A constituição em Paris em janeiro de 1931, do Secretariado da Oposição Internacional de Esquerda, incentivou o falido GCL a se transformar num novo organismo, a Liga Comunista (Oposição), fundada em São Paulo em 21 de janeiro de 1931[112].

O relatório escrito por Mário Pedrosa para a I Conferência Nacional da Liga Comunista, em 1933, relembra as razões do reinício das atividades oposicionistas:

> A nossa constituição em Liga Comunista foi ditada mais pela pressão dos grandes acontecimentos políticos da época e por nossa impaciência de militantes oposicionistas do que pela análise objetiva de nossas forças e de nossa influência no movimento proletário revolucionário[113].

Os primeiros passos políticos e organizativos

Um esboço de documento interno de janeiro de 1931 refere-se da seguinte maneira à fundação da Liga Comunista (Oposição):

> [...] como aderente da Oposição de Esquerda à III Internacional, o Grupo Comunista Lenine, *ampliados consideravelmente os seus efetivos*, passa a denominar-se Liga Comunista, seção brasileira da Oposição Internacional Bolchevista-Leninista[114]. [grifo meu]

Entrevistas com ex-militantes divulgadas nos textos que contam a história do Partido Comunista do Brasil dão conta de cerca de cinquenta militantes nos quadros oposicionistas.

Um recenseamento feito pelo Bureau Político da Liga Comunista (Oposição) em março de 1933 fornece números mais exatos, com datas de ingresso desde janeiro de 1931. É interessante observá-los não apenas como dado estatístico, mas também porque contribuem para melhor situar os oposicionistas na história da esquerda brasileira. Podemos notar que a presença da Oposição de Esquerda deve-se muito mais à radicalidade de sua crítica e de sua intervenção política no debate com o PCB, assim como à sintonia com a crise da III Internacional, do que ao número de seus militantes.

A Liga Comunista (Oposição) é fundada por nove pessoas e, durante o ano de 1931, recebe o maior número de adesões até 1933 – são mais dezesseis até agosto do primeiro ano. No Rio de Janeiro, de abril a outubro de 1931, ela consegue doze militantes. O total, portanto, no ano de 1931, é de 25 militantes em São Paulo e doze no Rio de Janeiro. A partir daí até março de 1933, a ampliação foi de apenas seis pessoas em São Paulo e uma no Rio de Janeiro[115].

Na pesquisa realizada no acervo de Lívio Xavier, encontrei as atas da assembleia de fundação e das reuniões iniciais da Comissão Executiva e de Organização. A leitura desses documentos foi bastante esclarecedora para traçar um perfil dos objetivos políticos, das razões que moviam o grupo e de suas principais lideranças.

Assinalei antes que a presença de Aristides Lobo foi fundamental na reorganização dos oposicionistas, em razão do afastamento temporário de Pedrosa por problemas de saúde. Afirmei também que o centro de luta da Oposição de Esquerda passou a ser São Paulo. Nessas atas, ambas as conclusões se sustentam.

As atas de fundação

A identificação dos participantes, todos com codinomes, foi possível mediante o cruzamento com outras referências documentais e através de depoimentos de ex-militantes, principalmente Fúlvio Abramo, Plínio Gomes de Mello e Edmundo Moniz.

Para a fundação da Liga, foram realizadas duas assembleias, nos dias 21 e 22 de janeiro de 1931, nas quais foram eleitos seus órgãos dirigentes e traçados os parâmetros da discussão política e organizativa.

As atas foram redigidas por Aristides Lobo, eleito secretário-geral da Comissão Executiva. Compareceram os seguintes militantes: Aristides Lobo (codinome Antônio), Lívio Xavier (Lyon), Plínio Mello (Tapejara), João Mateus (José), Benjamin Péret (Maurício), Mário Pedrosa (Cunha), Victor Azevedo Pinheiro (Francisco), João da Costa Pimenta (Jorge) e Mário Dupont (Pedro).

A reunião dividiu-se em "expediente" e "ordem do dia". No "expediente", foi debatida a correspondência internacional recebida por Pedrosa: uma "carta de Buenos Aires", da Oposição argentina, queixando-se de não ter conseguido contatar Aristides Lobo, e as circulares 1 e 2 do Secretariado Internacional, a respeito da estrutura internacional fundada recentemente e do primeiro número do *Boletim Internacional* da Oposição de Esquerda.

A "ordem do dia" seguiu a clássica divisão dos assuntos políticos em reuniões partidárias internacionalistas: "1) Rakovski[116]; 2) Situação internacional; 3) Situação nacional; 4) Questões de organização: organização nacional e organização local; 5) *Boletim da Oposição* e *A Luta de Classe*; 6) Assuntos vários."

Nessa reunião, por problemas de tempo, foram tratados apenas os tópicos 1 e 2 da ordem do dia, sendo acatado o apelo do Secretariado Internacional para realizar uma campanha contra a perseguição a Rakovski e "todos os presos e deportados oposicionistas de esquerda". Mário Pedrosa encarregou-se de dissertar sobre política internacional e o surgimento da Oposição Internacional de Esquerda na França, na Alemanha e nos Estados Unidos, "mostrando as perspectivas favoráveis a um bom trabalho da Oposição em todos esses países, particularmente no Brasil".

No dia seguinte, 22, a assembleia de fundação continuou, agora com mais um participante, Salvador Pintaúde (codinome Sérgio), da Editora Unitas, centro difusor dos textos de Trótski, Lênin e outros autores marxistas no início dos anos 1930. O assunto mais importante foi a organização da Liga Comunista (Oposição).

A "sede central" da Liga ficava em São Paulo e os estatutos adotados eram os mesmos da Liga francesa. As ligações com a OIE, por meio de correspondência, continuaram a ser incumbência de Mário Pedrosa, encarregado também de organizar uma seção da Liga no Rio de Janeiro.

A eleição da Comissão Executiva confirmou o papel exercido por Aristides Lobo naquele momento de impulso. Ele foi eleito secretário-geral, secundado por Lívio Xavier, responsável por "agitação e propaganda" ("agitprop"), João Mateus, tesoureiro, e Victor Azevedo Pinheiro, adjunto.

A única controvérsia girou em torno da indicação de João da Costa Pimenta como responsável sindical e de Plínio Mello como adjunto. Lívio Xavier indicou Mello, mas foi contestado por Lobo, que, recuperando o episódio PCB/João Alberto, considerou as "atitudes vacilantes [de Mello] e de não ter a Oposição, na hora presente, força suficiente para destruir as explorações que em torno do caso possa vir a fazer a burocracia do PC".

É interessante observar esse fato na origem, porque tanto Plínio Mello como João da Costa Pimenta não manterão laços muito fortes com os trotskistas. O grupo nascia fragilizado naquilo que considerava fundamental: a homogeneidade política e ideológica.

Por fim, Plínio Mello substituiu Victor Azevedo Pinheiro como adjunto, com a ressalva de que fizesse uma autocrítica pública, "reconhecendo seus erros e manifestando-se partidário do programa da Oposição".

A primeira Comissão Executiva, portanto, foi composta por Aristides Lobo (secretário-geral), Lívio Xavier, João da Costa Pimenta, Plínio Mello e João Mateus.

Foram constituídas três comissões de trabalho: Organização (Lobo, Mateus e Dupont), Sindical (Mello, Pimenta e Pinheiro) e Agitprop (Xavier, Péret e Pintaúde).

O desejo do grupo de amplificar suas posições refletiu-se na decisão de editar 2 mil exemplares de *A Luta de Classe* e mil exemplares do novo órgão, *Boletim da Oposição*, destinado exclusivamente à propaganda ideológica do grupo brasileiro e do movimento internacional dos oposicionistas de esquerda.

Organização e debates nos dois primeiros meses

As atas que comentarei a seguir são de reuniões da Comissão Executiva (CE), da Comissão de Organização (CO) e de novas assembleias com todos os militantes. É interessante notar que Mário Pedrosa, sediado no Rio de Janeiro, não participa das decisões centrais e, após comparecer como "voz consultiva" da reunião da Comissão em 25 de janeiro, só reaparece na assembleia de 1º de março.

Essa fase inicial da Liga Comunista (Oposição) demonstra todas as dificuldades enfrentadas pelo grupo. Apesar da identidade de posições entre Pedrosa, Xavier e, aparentemente, Lobo, os demais militantes não conseguem se situar politicamente no novo organismo.

As atuações continuam individuais e o esforço, principalmente do secretário-geral, é manter a disciplina.

Contraditoriamente aos objetivos do grupo, que não conta com a necessária unidade política, o problema disciplinar torna-se próximo da crítica que os oposicionistas faziam ao Partido Comunista do Brasil. Dessa forma, as primeiras reuniões giram em torno das dificuldades e sobretudo dos problemas de organização do novo agrupamento. No entanto, percebe-se com clareza, e desde o início, que a Liga não abre mão dos pressupostos da fundação do Grupo Comunista Lenine: o trabalho de "esclarecimento ideológico" dos operários e dos militantes comunistas.

Para melhor compreensão dos problemas enfrentados, comentarei as atividades através das três comissões de trabalho constituídas, agrupando-as e analisando-as no período de 21 de janeiro a 1º de março, data da última ata da Comissão Executiva.

A Comissão de Organização

Na Ata n. 1 da Comissão Executiva, do dia 25 de janeiro, Aristides Lobo procura definir o papel centralizador da Comissão de Organização. Sua proposta é que, além de atividades burocráticas, a Comissão de Organização centralize "as atividades das demais comissões". Ainda, Lobo reivindica para sua Comissão a incumbência de redigir a plataforma geral da Liga, com base no texto sobre a situação nacional esboçado por Lívio Xavier e em apontamentos de Plínio Mello. Por fim, resolveu-se que cada uma redigiria um anteprojeto, e o texto final ficaria a cargo da Comissão Executiva.

Ao mesmo tempo, essa Comissão autoriza que o texto "Esboço de uma análise da situação econômica e social do Brasil", de autoria de Pedrosa e Xavier, seja publicado pelo Secretariado Internacional. Esse texto, na realidade a verdadeira plataforma política da Liga, seria também publicado no número 6 de *A Luta de Classe*, de fevereiro--março de 1931, e receberia observações de Aristides Lobo no número 7 do mesmo jornal.

Na primeira reunião da Comissão de Organização, em 31 de janeiro, seus objetivos centralizadores ficam mais explícitos. Diz o texto da Ata n. 1 dessa Comissão:

[...] fica assentado o seguinte: 1) a CO deverá centralizar e controlar toda a atividade da Liga, mantendo com as demais comissões a mais estreita colaboração [...]; 2) o trabalho de organização será feito não só com operários que não pertencem ao Partido, mas, no princípio, principalmente com operários do Partido, que deverão ser convidados para reuniões em que se discutam os pontos de vista da Oposição de Esquerda e se mostre o oportunismo da linha política da direção da IC e consequentemente do PCB; 3) a CO deverá ativar as comissões de Agitprop e Sindical para [...] [organizar] nas empresas, nos bairros e sindicatos grupos de ação que se orientem por essa mesma linha política; 4) a CO deverá manter estreito contato com os camaradas do Rio [...]; 5) a CO deverá estudar a possibilidade de formar grupos idiomáticos [...] e penetrar nas colônias de operários estrangeiros mais importantes (italiana, húngara, israelita etc.); 6) a CO deverá esforçar-se para que a atividade da Liga não sofra interrupções, procurando, para esse fim, convocar ou verificar a convocação de reuniões regulares em todos os ramos de atividade da Liga.

É até compreensível o entusiasmo organizador de Aristides Lobo, diante da fragilidade anterior do Grupo Comunista Lenine e da tarefa que se propunha como grupo de oposição à Internacional Comunista e ao Partido Comunista do Brasil. No entanto, não posso deixar de considerar as semelhanças de método com relação ao próprio PCB, aferrado também à prática de sobrepor questões organizativas e disciplinares aos problemas políticos. Não foi outro o centro da crítica dos oposicionistas de esquerda desde seus primeiros momentos no Brasil. A personalidade e a formação de Lobo certamente influenciam a Liga nesses primeiros momentos. Fúlvio Abramo, em entrevista, revelou-me: "O Aristides era o mais esquemático de todos, desde a formação da ideologia até a atividade política. Como era o mais esquemático, estava, digamos assim, mais sujeito a ser burocratizado e a burocratizar."

O que se observa nas atas seguintes é um suceder de sanções disciplinares, até exóticas para a nossa conjuntura político-partidária atual.

Na terceira assembleia da Liga, realizada em 1º de fevereiro, são feitas duas sanções: 1) Lobo, que fizera a tradução do livro *O encoura-*

çado Potemkin, censura Mário Dupont, que teria negado, na presença de "um elemento da burocracia do PC", a colaboração da Liga nesse trabalho; 2) Plínio Mello é duplamente censurado: por João Mateus, que apontou a concordância de Mello com Dupont em relação ao *Encouraçado*, e por Lobo e Xavier, pelo "seu descaso pelas decisões da Liga, não fazendo a declaração sobre os seus desvios".

Em 8 de fevereiro, na Ata n. 2 da Comissão Executiva, o "caso Plínio Mello" tem novos desdobramentos, com a leitura de Plínio de sua autocrítica. No entanto, essa Comissão decide que ele faria nova declaração com os seguintes pontos:

a) resumir a declaração, encurtando-a de modo a poder ser publicada em *A Luta de Classe*; b) suprimir o histórico da oposição russa; c) *salientar mais seus erros, tornando mais severa a autocrítica*; d) modificar certas impropriedades de expressão. [grifo meu]

Na ata da Comissão Executiva de 22 de fevereiro, Plínio Mello é novamente censurado por não ter ainda refeito a declaração prometida, e Lobo pede sua "expulsão" como dirigente, proposta recusada com a intervenção de Lívio Xavier, que aponta a debilidade "orgânica" da Liga e a necessidade de um militante como Mello na direção. Finalmente, no número 6 de *A Luta de Classe*, de março, é publicada a autocrítica de Mello.

A quarta assembleia, realizada em 15 de fevereiro, censura João Mateus e "Pedro" por inviabilizarem a reunião da Comissão de Organização, Benjamin Péret por ter se retirado da Liga sem licença, e ainda Salvador Pintaúde por negligência no trabalho.

O balanço dos trabalhos da Comissão de Organização, no entanto, é positivo, conforme a assembleia de 1º de março. Lobo realça a regularidade das reuniões e da escrituração e relata outros trabalhos que realizou: "tradução e revisão de *O encouraçado Potemkin*; redação de um folheto contra a burocracia do Partido; fundação da 'Associação dos Amigos da Rússia' [...]; tradução e divulgação do protesto contra as perseguições a Rakovski; distribuição do *Boletim da Oposição* [...]".

O aspecto mais surpreendente revelado por Lobo nesse balanço da Comissão, numa clara demonstração do período transitório que vivia a esquerda no Brasil, é a

correspondência com L.C.P. [Luís Carlos Prestes], através do qual foi possível conseguir para a Liga a edição de sete obras revolucionárias e, mais recentemente, a edição do "Manifesto" de Marx paga por L.C.P., mas saindo como edição "Luta de Classe".

O relacionamento do Partido Comunista do Brasil e da Liga Comunista com Luís Carlos Prestes (oposição), pelo menos desde o Grupo Comunista Lenine e até seus primeiros meses, foi ambíguo e marcado por sucessivas críticas e aproximações. Apesar de mais próximo do PCB, principalmente por suas ligações com o Secretariado Sul-Americano da Internacional Comunista em Buenos Aires, Prestes não se furtou a colaborar com a Liga, que por sua vez não recusou a estreita colaboração material para difundir o ideário oposicionista.

A Comissão Sindical

Apesar de reduzido, o núcleo inicial da Liga Comunista (Oposição) tinha pelo menos três lideranças sindicais reconhecidas, principalmente na União dos Trabalhadores Gráficos: João da Costa Pimenta, Plínio Mello e Aristides Lobo. Mesmo assim, os primeiros momentos não foram satisfatórios para os oposicionistas.

Até a assembleia do dia 1º de fevereiro, a Comissão Sindical ainda não havia se reunido, e Plínio Mello faz as propostas de trabalho sindical diretamente ao grupo. Propõe que se retome o problema da Lei de Férias[117] na Conferência Operária Estadual e se avalie a conveniência de agitar a palavra de ordem da Constituinte também na conferência. A proposta é aprovada, e Lívio Xavier é encarregado de escrever as teses oposicionistas para a conferência.

Na assembleia de 15 de fevereiro, Plínio Mello responsabiliza João da Costa Pimenta por inviabilizar as reuniões da Comissão Sindical e propõe cursos para operários nos sindicatos, visando o recrutamento.

Mas o debate que aflora nessa assembleia, tendo como pretexto a crítica de Aristides Lobo à intervenção de Mello na Federação Operária, dá-se em torno da palavra de ordem da Constituinte. Com essa discussão, podemos entender melhor o uso dessa palavra de ordem pela Liga, desde o princípio extremamente atacada pelo Partido Comunista do Brasil como uma reivindicação burguesa.

Plínio Mello é acusado de fazer um "discurso reformista, achando que podia chegar a ser proletária a maioria da Constituinte". Ainda mais, definira a Constituinte de forma

> bacharelesca, dando-a como uma "assembleia convocada por um governo, com a participação de todas as classes, para tratar dos destinos de um povo [...] como um meio de conseguir o regime de liberdade, em que todos os trabalhadores terão possibilidade de se manifestar e de se organizar".

A crítica a essas declarações vai em dois sentidos. O primeiro diz respeito à ligação da palavra de ordem da Constituinte com a luta pela Lei de Férias. Victor Azevedo, Xavier e Lobo afirmam que, quando os sindicatos exigissem do governo a Constituinte para tornar possível a Lei de Férias, essa atitude não seria "política", mas própria de uma luta sindical. O segundo bate-se com a concepção de Plínio Mello sobre o papel da Constituinte. Para isso, Lívio Xavier propõe a leitura imediata do artigo de Trótski "A palavra de ordem da Assembleia Constituinte na China". Esse artigo, que fora publicado no *Boletim da Oposição* número 1, reproduz a conhecida estratégia de Trótski de conquistar espaços democráticos na sociedade burguesa com o objetivo de fortalecer o Partido Comunista, com o argumento de que as massas só chegarão aos sovietes e à ditadura do proletariado com o acúmulo de sua própria experiência, sendo "a Assembleia Nacional um passo progressivo neste caminho"[118]. Além disso, Trótski considera que a conquista do poder soviético só virá com um "partido revolucionário do proletariado, poderoso e centralizado". Na ausência desse partido, a luta pela democracia é a condição necessária para viabilizá-lo: "A palavra de ordem da Assembleia Nacional uniria os movimentos e levantes esparsos, dar-lhes-ia unidade política e criaria a base para unificar o PC, tornando-o guia do proletariado e da massa explorada de toda a nação." Criticado justamente por dar crédito à Constituinte burguesa como "emancipadora" do proletariado sem que o PCB estivesse fortemente constituído, Plínio, após a leitura do artigo de Trótski, feita por ele próprio em voz alta, acata os argumentos dos companheiros.

Finalmente, na reunião da Comissão Executiva de 1º de março, Plínio Mello avalia que o trabalho sindical está sendo feito de maneira "anárquica e individual", contando apenas com Victor Azevedo, já que Pimenta não comparece às atividades militantes. Além de participar das reuniões sindicais na Federação Operária, Mello redige artigos sobre a Lei de Férias. Na reunião da Comissão, Pimenta sugere que a redação do boletim da União dos Trabalhadores Gráficos de São Paulo fique a cargo de Victor Azevedo, que à época teria uma "influência ascendente" nesse sindicato. Isso sugere o início da ofensiva dos trotskistas na UTG, sindicato que dirigirão até 1935.

A Comissão de Agitprop

Apesar dos problemas operacionais enfrentados por Lívio Xavier com relação ao funcionamento da Comissão (ele próprio com dificuldades físicas, Péret era estrangeiro e Pintaúde tinha muitas ocupações particulares), seu principal objetivo era a elaboração e distribuição do *Boletim da Oposição*. Somem-se a isso os planos de Péret apresentados na assembleia de 1º de fevereiro: criar uma "cooperativa cinematográfica, para exibição de filmes revolucionários", e fazer um folheto "em linguagem popular" sobre o golpe de outubro de 1930, com a análise da Liga Comunista (Oposição).

Na assembleia de 15 de fevereiro, Aristides Lobo acusa a Comissão de Agitprop e a maioria dos militantes de desinteresse pela "sorte do camarada Rakovski e acusa o camarada [José João Mateus] de 'cúmplice de Stálin' nessa questão". Fica estabelecido pela Agitprop que em uma semana seriam recolhidos abaixo-assinados em favor de Rakovski.

Finalmente, na assembleia de 1º de março, Xavier reclama da falta de trabalho coletivo, fator que criava grande dificuldade para a distribuição do *Boletim da Oposição*, principal veículo de propaganda da Liga. Afirma também que nos "comícios democráticos e órgãos operários da cidade e trabalhadores do campo" serão distribuídos manifestos sobre a Constituinte.

As últimas linhas da Ata n. 4 da assembleia de 1º de março trazem um balanço dos primeiros dias da Liga feito por Mário Pedrosa, que compareceu como representante do Rio de Janeiro. Mais uma vez, é possível perceber a sagacidade de Pedrosa, que, ao analisar a situação do trabalho coletivo, faz propostas que objetivam dar vida política aos militantes, ao contrário do enfoque mais administrativo adotado por Aristides Lobo.

Após apontar a existência de trabalho individual, mas a ausência de trabalho coletivo "como organização", Pedrosa atribui esse fato à "debilidade orgânica" do movimento. Propõe que se ampliem os quadros, mediante recrutamento, e que se incremente a educação política dos militantes. Imediatamente, faz aprovar a proposta para que em todas as reuniões da Liga seja incluído na ordem do dia um debate sobre "uma questão política atual".

Paralelamente a essas propostas, Pedrosa solicita sua mudança para São Paulo, o que é aprovado, com a recomendação de "se esforçar para deixar um núcleo da Liga organizado no Rio".

O *Boletim da Oposição*. A Liga se apresenta

O *Boletim da Oposição* número 1, datado de janeiro de 1931, apresenta-se como "órgão da Liga Comunista (Oposição Leninista do PC do Brasil)". Publica, além do editorial, cinco textos sobre problemas do movimento comunista internacional e leninista a respeito do golpe da Aliança Liberal em outubro de 1930.

As primeiras linhas do editorial já definem e tecem as devidas relações entre a Liga brasileira e seus congêneres internacionais:

> A fundação da Liga Comunista corresponde a uma etapa bem definida do desenvolvimento da Oposição de Esquerda do Partido Comunista do Brasil, *concretizando a tendência atual de agrupamento*, na base nacional, dos elementos comunistas conscientes aos quais a

direção corrompida do PC torna impossível a atividade revolucionária nas fileiras do Partido [...]. [grifo meu]

O mesmo editorial identifica a Liga como herdeira do Grupo Comunista Lenine e rende seu tributo ao trabalho desenvolvido, que, "com todas as insuficiências de grupo local", tornou conhecidos os "pontos de vista da Oposição internacional, adulterados sistematicamente pela burocracia staliniana que dirige a Internacional e os partidos comunistas".

Propondo-se dar continuidade ao programa do GCL, o *Boletim da Oposição* define-se como um divulgador das teses oposicionistas e deixa para *A Luta de Classe* o "trabalho propriamente teórico".

Dentre os artigos internacionais, a Liga publica em primeira página o manifesto de lançamento da Oposição Internacional de Esquerda, intitulado "Ao proletariado do mundo inteiro!". Esse texto, que já comentei no Capítulo I deste livro, foi publicado pela primeira vez em agosto de 1930 pelo *Bulletin International de l'Opposition Communiste de Gauche* número 1 e significa a definitiva identidade do grupo brasileiro com as ideias básicas de Trótski a respeito da estratégia para a revolução proletária e da crítica ao stalinismo na URSS e na Internacional Comunista.

Em todos os artigos, impõe-se o objetivo da OIE em relação ao Partido Comunista. Os oposicionistas firmam-se na possibilidade de "regenerar" os desvios stalinistas do Partido e, como fração de esquerda, conquistar sua direção política.

Esse trabalho de resgate do bolchevismo não nega a Trótski um papel central e aglutinador. O *Boletim da Oposição* publica mais uma vez o "Testamento de Lênin", em que Trótski é apontado como o homem mais capacitado para dirigir os destinos da URSS.

É de Trótski o artigo intitulado "A ditadura do proletariado na URSS", em que defende as bases da revolução e do Estado soviético, exaltando a ditadura do proletariado, que necessita ser regenerada no país. O artigo "A palavra de ordem da Assembleia Constituinte na China", também de Trótski, é reproduzido do jornal da Oposição americana, *The Militant*, de 14 de junho de 1930. Nele, defende a participação dos comunistas nas instâncias representativas da política no regime burguês, ampliando o espaço democrático para construir seu partido de classe e ganhar a hegemonia sobre as outras classes. Em todos os artigos, o desfecho é o mesmo. Busca-se, com a participação e a luta política dos trabalhadores, ampliar o desempenho dos partidos comunistas, revitalizá-los mediante o trabalho unitário das oposições de esquerda em torno do ideário bolchevique e das resoluções dos quatro primeiros congressos da Internacional Comunista. A Oposição Internacional de Esquerda se impunha como legítima herdeira de Lênin e como vanguarda na "regeneração" dos partidos comunistas.

No entanto, o artigo que considero mais significativo para diferenciar o grupo das análises do Partido Comunista do Brasil intitula-se "Aos trabalhadores do Brasil", debatido na segunda assembleia de fundação da Liga[119]. O texto aborda o recente golpe da Aliança Liberal, que levou Getúlio Vargas ao poder, em uma análise muito mais rigorosa e precisa em termos marxistas do que a do PCB e a da própria Internacional Comunista, que insistia na "questão fundamental do antagonismo anglo-americano" na disputa pelo poder no Brasil.

Durante anos, o Partido insistiu na tese de que a Revolução de 1930 teria sido o resultado das contradições interimperialistas, e a crescente influência econômica americana sobre parcela da burguesia brasileira, identificada principalmente na pecuária rio-grandense, possibilitara o golpe assestado contra a burguesia paulista, representante direta dos interesses imperialistas britânicos.

O artigo do *Boletim da Oposição*, embora limitado por algumas propostas doutrinárias no final, inova ao considerar aspectos fundamentais para se compreender o golpe de Vargas. É interessante observar que os argumentos centrais do artigo, escrito dois meses antes do episódio, já captavam com bastante fidelidade a recomposição das classes dominantes no poder federal, inaugurando uma nova etapa do Estado brasileiro.

Muitos anos depois, alguns historiadores usaram esses mesmos argumentos – por exemplo, Boris Fausto, no clássico estudo *A Revolução de 1930*. Confirmando a análise feita "no calor da hora" pelos oposicionistas, Fausto conclui que "as relações de produção, com base na grande propriedade agrária, não são tocadas; o colapso da hegemonia da burguesia do café não conduz ao poder político outra classe ou fração com exclusividade"[120]. Adiante, considera que a disputa pelo poder político assume "a forma de um embate regional" e que o novo governo "representa mais uma transação no interior das classes dominantes, tão bem expressa na intocabilidade sagrada das relações sociais no campo"[121].

O artigo dos oposicionistas tem como ponto de partida a compreensão de que, no episódio de outubro de 1930, ocorreu um movimento interno à burguesia nacional. Porém, considera que não há divergências entre os setores burgueses quando se trata de defender seus interesses de classe.

As disputas entre parcelas da classe dominante não significam uma cristalização de posições, nem um alinhamento definitivo das partes em relação às potências capitalistas. Há sobretudo uma disputa pela hegemonia política, para manter privilégios econômicos de um setor ou de outro. O imperialismo aparece na análise com todo o seu cosmopolitismo, de forma diferente da divisão mecânica feita pelo Partido, e a burguesia nacional, no seu todo, apresenta-se dependente da economia mundial capitalista:

> A falência financeira do Estado, a redução das reservas de ouro, como efeito da política monetária do governo perrepista, a crise econômica da superprodução agrária e industrial, agravarão o grau de dependência do Estado brasileiro à economia mundial imperialista.

O reconhecimento de contradições próprias às classes dominantes no Brasil, baseadas em interesses econômicos bem delimitados, possibilita à Liga entender que acontecera uma disputa interna à burguesia brasileira devido à falência da oligarquia perrepista, provocada pela crise de superprodução do café. O Partido Republicano Paulista teve de "ceder as posições pelo pronunciamento das forças armadas, intimidadas pelo espantalho da guerra civil, ateada pelas situações dominantes nos três estados da chamada 'Aliança liberal'".

O artigo reconhece também que, apesar da influência dos gaúchos e de sua economia baseada na "policultura, pecuária e indústrias correlatas", não há substituição da oligarquia do café por outro único setor burguês, e demonstra o crescimento da ideia de um governo centralizado e forte, do conceito de unidade nacional garantida pelos revolucionários de 1930, opondo-se à utilização do sistema federativo como instrumento político de interesses econômicos regionais. Ainda mais, considera que o novo governo expressa a existência de um "Estado de compromisso", para usarmos a expressão de Boris Fausto[122]. Vejamos partes do texto:

> Manter a unidade burguesa do Brasil, manter a centralização do poder político, sob a forma de ditadura militar manifesta ou mascarada, de baioneta calada sobre as massas exploradas e oprimidas, manter essa unidade num país em que o desenvolvimento das forças produtivas nos diferentes estados se faz desigualmente, acelerado o processo de desagregação pela invasão do capital financeiro internacional, pretender livrar a "pátria brasileira" do desmembramento, eis a "missão histórica" dos "generais da revolução", dos Juarez Távora e Miguel Costa, dos João Alberto e Góes Monteiro a serviço da burguesia. A unidade nacional burguesa foi mantida graças à vitória da "Aliança Liberal". Suprimidos do cenário político alguns figurões mais comprometidos, *o acordo geral da burguesia está sendo restabelecido* à custa de uma opressão maior das classes pobres, reduzidas às mais duras condições de vida. Esse acordo geral será no Brasil burguês a *última forma conciliatória entre a centralização do Estado, processo econômico de desenvolvimento capitalista, e a forma federativa, garantia da unidade política.* [grifos meus]

Os argumentos apontam a impossibilidade de a burguesia efetivar as promessas democráticas:

> A burguesia não tem mais interesse direto na realização das reivindicações democráticas. [...] A hipocrisia da campanha liberal patenteia-se, assim, na contradição entre as promessas que iludiram as massas e a realidade das prisões, deportações, fuzilamentos.

O quadro nacional conforma-se à análise da Oposição Internacional de Esquerda a respeito da impotência das burguesias nacionais de realizarem os programas democráticos. E o *Boletim da Oposição* não deixa passar a oportunidade de mencionar a luta de classes e a missão histórica do proletariado:

> O proletariado não se iludirá, pois. Só ele, como classe verdadeiramente revolucionária e pelo caráter internacional da luta que trava contra a burguesia, pode lutar pela liberdade, pela democracia. Só o proletariado pode combater pelas reivindicações democráticas, pois só ele tem interesse vital na conquista da democracia. Diante do proletariado, como classe, todas as frações da burguesia não têm divergências e, conservadores e liberais, fazem frente única.

O Partido Comunista aparece também como o grande organizador, nos moldes do manifesto "Ao proletariado do mundo inteiro!", da Oposição Internacional de Esquerda:

> [A Liga] concita o proletariado à luta pelas liberdades democráticas e pela legalização de seu partido de classe, a fim de se iniciar a organização definitiva do proletariado, para elevá-lo à consciência revolucionária da luta pela implantação da Ditadura Proletária, que efetivará sua completa emancipação política e econômica.

Em seu primeiro artigo sobre o Brasil, a Liga Comunista (Oposição) se apresenta de corpo inteiro. O primeiro número do *Boletim da Oposição* cumpre seus objetivos, e as análises dos trotskistas que adentram os anos 1930 apenas aprofundam as diferenças com relação ao Partido Comunista.

Notas

1 Cf. Antonio Candido, "Integralismo = fascismo?". In: *Teresina etc.*, 1980, p. 122.
2 Cf. Heitor Ferreira Lima, *Caminhos percorridos...*, 1982, p. 57.

3   A Nação, jornal que pertenceu ao professor de Direito Leônidas de Rezende, simpatizante do PCB. No final de 1926, com o término do estado de sítio no país, ele cede o jornal para ser porta-voz do Partido. Seu primeiro número com orientação comunista sai em 3 de janeiro de 1927 e é publicado diariamente até a decretação da Lei Celerada, em 11 de agosto de 1927.
4   Cf. Fritz Mayer (pseudônimo de Brandão), *Agrarismo e industrialismo...*, 1926.
5   Cf. Marcos Del Roio, *A classe operária na revolução burguesa...*, 1990, cap. 1.
6   Em 1928, como órgão interno e preparatório ao seu III Congresso, o PCB criou a revista *Auto-Crítica*, que circulou internamente em 1928 e 1929 e é hoje uma raridade bibliográfica. Utilizo aqui os números 3 e 6, encontrados na pesquisa que realizei no acervo de Lívio Xavier.
7   Cf. Victor Serge, *Clarté*, 1927, n. 14.
8   Marcos Del Roio, op. cit., p. 43. Sobre o Kuomintang, ver Capítulo I deste livro.
9   Cf. Paulo Sérgio Pinhero, *Política e trabalho...*, 1977. E, ainda, *Estratégias da ilusão...*, 1991.
10 Cf. Edgard Carone, *A Primeira República*, 1969.
11 Cf. Victor Serge, op. cit.
12 Cf. *Auto-Crítica*, n. 6, 1928, p. 2 (Fundo Lívio Xavier/Cedem-Unesp).
13 Ibid., p. 11.
14 Ibid., pp. 5-6.
15 Ibid., p. 7.
16 Ibid., p. 13.
17 Ibid., p. 12.
18 Ibid.
19 Coutinho viajou com Astrojildo Pereira para o congresso. No entanto, Pereira precisou voltar ao Brasil, deixando Coutinho como único representante brasileiro.
20 Cf. Leôncio Basbaum, *Uma vida em seis tempos*, 1978, p. 50.
21 Ibid.
22 Ibid.
23 Cf. Lourenço Dantas Mota, *A História vivida*, 1981, p. 239. Sobre o debate Pedrosa-Prestes, ver Capítulo III deste livro.
24 Cf. Octávio Brandão, *Combates e batalhas*, 1978, p. 338.
25 Cf. Leôncio Basbaum, op. cit., p. 13. Refere-se a Leônidas de Rezende, já identificado na nota 3.
26 Cf. E. H. Carr, *Historia de la Rusia Soviética*, 1974. Especialmente v. 2, "El orden económico".

27 Ibid.
28 Cf. Leon Trótski, *Moralle revolução*, 1978, p. 22.
29 Ibid., p. 24.
30 Ibid.
31 Ibid.
32 Cf. Edgard Carone, *Classes sociais e movimento operário*, 1989, p. 158.
33 Ibid., p. 159.
34 Cf. John Foster Dulles, *Anarquistas e comunistas no Brasil*, 1977, p. 142.
35 Ibid., p. 245.
36 João Batista de Azevedo Lima filiou-se ao Bloco Operário e Camponês e ganhou as eleições para deputado do Congresso Nacional em 1927. Advertido pelo PCB no III Congresso do Partido, em 1928-29, acusado de oportunismo, apoia a candidatura de Júlio Prestes à Presidência da República, infligindo duro golpe ao PCB e ao BOC, e em seguida é expulso.
37 Cf. John Foster Dulles, op. cit., p. 284.
38 Ibid.
39 Ibid., p. 286.
40 Em nota de rodapé, na página 5 da revista *Auto-Crítica* número 3, a Comissão Central Executiva esclarece: "Como já ficou bem claro, Joaquim Barbosa participou da Conferência de Organização e votou a favor das resoluções ali tomadas. Se não discutiu foi porque não quis. Quanto, porém, ao camarada J. C.P. (leia-se João da Costa Pimenta), devemos esclarecer que ele não compareceu à referida Conferência de Organização porque, no momento, devido à perseguição policial no Rio e São Paulo (caso da UTG e do BOC de São Paulo), estando oculto, não pôde ser avisado e provavelmente não poderia comparecer." (Fundo Lívio Xavier/Cedem-Unesp)
41 Cf. Marcos Del Roio, op. cit., p. 48.
42 Carta de Joaquim Barbosa datada de 13 de maio de 1928, dirigida à CCE.
43 Ibid.
44 Cf. Joaquim Barbosa, "Carta aberta aos membros do Partido Comunista do Brasil". Rio de Janeiro, s/d, 1928, p. 4 (Fundo Lívio Xavier/Cedem-Unesp).
45 Ibid., p. 5.
46 Ibid., pp. 6-7.
47 Cf. "Uma explicação". In: *Auto-Crítica*, n. 3, 1928 (Fundo Lívio Xavier/Cedem-Unesp).
48 Cf. Marcos Del Roio, op. cit., p. 51. E ainda: *Memória & História*, n. 1, 1981, p. 119.
49 Cf. Marco Del Roio, *Memoriae História*, n. 1, 1981, pp. 119-23.

50 Cf. John Foster Dulles, op. cit., p. 286.
51 Cf. resposta ao ofício do Secretariado da Oposição Internacional de Esquerda a respeito da Conferência Internacional da Oposição de Esquerda. Datado de 20 de abril de 1930, escrito no Rio de Janeiro, reproduz o debate de reunião realizada em 13 de março de 1930 (Fundo Lívio Xavier/Cedem-Unesp).
52 Cf. Fundo Lívio Xavier/Cedem-Unesp. Manuscrito. Refere-se a Plínio Mello.
53 Cf. Fundo Lívio Xavier/Cedem-Unesp. Manuscrito.
54 Cf. Fundo Lívio Xavier/Cedem-Unesp. Manuscrito.
55 Cf. bilhete de Wenceslau Escobar Azambuja para Lívio Xavier anexado ao texto citado (Fundo Lívio Xavier/Cedem-Unesp).
56 Cf. Fundo Lívio Xavier/Cedem-Unesp. Datilografado.
57 Ibid.
58 Ver p. 118 ss. deste capítulo, em que analiso os pontos principais do texto.
59 Cf. Marcos Del Roio, op. cit., p. 71. Maurice: pseudônimo do russo Mark Solomonovich Jaskin (1893-1936?).
60 Ibid., p. 73.
61 Cf. Francisco Foot Hardman, "O movimento operário e a Revolução de 30". Apud A. Mendes Jr. e R. Maranhão, *Brasil História...*, 1989, p. 103.
62 Apud Leila Maria da Silva Blass, *Imprimido a própria história...*, 1986, p. 88.
63 Cf. Ibid., pp. 88 e 90.
64 Ibid., p. 67.
65 John Foster Dulles, op. cit., p. 314.
66 Leôncio Basbaum, op. cit., p. 73.
67 Ibid.
68 Apud Edgard Carone, op. cit., p. 102.
69 Leôncio Basbaum, op. cit., p. 73.
70 Ibid., p. 68.
71 PCB - "O III Pleno do C.C.". In: *La Correspondencia Sudamericana*, n. 21, 20 nov. 1929. Apud Edgard Carone, *O P.C.B. (1922-1943)*, 1982, p. 78.
72 Cf. Angela de Castro Gomes *et al.* (orgs.), *Velhos militantes...*, 1988.
73 Cf. Fundo Lívio Xavier/Cedem-Unesp. Manuscrito.
74 PCB - "O III Pleno do C.C.". In: *La Correspondencia Sudamericana*, n. 21, 20 nov. 1929. Apud Edgard Carone, op. cit., p. 81.
75 Marcos Del Roio, op. cit., p. 138.
76 Cf. Fundo Lívio Xavier/Cedem-Unesp. Manuscrito.
77 Apud Angela de Castro Gomes *et al.*, op. cit. Hílcar Leite confunde o GCL com a Liga Comunista Internacionalista, que só seria fundada em 1933.

78 Cf. Capítulo III deste livro.
79 Entrevista gravada em abril de 1989. Em 1931, com a transferência de Pedrosa para São Paulo, a Liga Comunista (Oposição) reuniu muitos militantes sindicais, estudantes e políticos nas condições expostas por Fúlvio Abramo. Cf. Fúlvio Abramo e Dainis Karepovs (orgs.), op. cit., p. 32.
80 Cf. "O trotskismo: aos camaradas do Partido e a todos os trabalhadores". In: *A Classe Operária*, 19 jul. 1930.
81 Cf., novamente, Capítulo III deste livro.
82 Cf. Fúlvio Abramo e Dainis Karepovs, op. cit., p. 21.
83 Cf. Dainis Karepovs, *Boletim Bibliográfico Cemap 3*, fev. 1985, p. 5.
84 Cf. Fundo Lívio Xavier/Cedem-Unesp. Manuscrito. Para mais detalhes sobre a lenta constituição do grupo de debates que precedeu o GCL, ver Capítulo III deste livro.
85 Cf. Fundo Lívio Xavier/Cedem-Unesp. Datilografado.
86 Ibid.
87 Primeiro hebdomadário que conseguiu reunir na França os principais grupos de Oposição de Esquerda de origem diversa. Mais detalhes no Capítulo I deste livro.
88 Cf. Capítulo II deste livro.
89 Os números consultados são do acervo do Cemap.
90 Cf. *Auto-Crítica*, n. 6, *1928*, p. 11. (Fundo Lívio Xavier/Cedem-Unesp).
91 Mais detalhes do episódio no Capítulo I deste livro.
92 Ibid.
93 Para mais detalhes do envolvimento de Aristides Lobo, ver Capítulos II e III deste livro.
94 Cf. Lourenço Dantas Mota, op. cit.
95 Refere-se ao livro de Octávio Brandão, base da estratégia do Partido, publicado em 1926.
96 Alguns historiadores do PCB consideram o termo inadequado para a situação do Partido brasileiro, julgando ter havido uma transposição pelos trotskistas do problema russo. Ver, por exemplo, os livros de Marcos Del Roio e Michel Zaidan Filho citados na bibliografia.
97 Cf. John Foster Dulles, op. cit., p. 314.
98 A CGTB foi fundada em abril de 1929.
99 Cf. John Foster Dulles, op. cit., pp. 330-1 e 337-8.
100 Os comunistas já viviam a "guinada à esquerda" dada pelo VI Congresso da Internacional Comunista, condenando a política de frente única. Ver Capítulo II deste livro.

101 Cf. John Foster Dulles, op. cit., p. 355.
102 Ver Capítulo III deste livro.
103 Fundo Lívio Xavier/Cedem-Unesp.
104 Ibid. Datilografado.
105 Ibid. Manuscritos.
106 Refere-se a Lindolfo Collor, ministro do Trabalho de Getúlio Vargas.
107 Cf. Fúlvio Abramo e Dainis Karepovs (orgs.), op. cit., pp. 29-30.
108 Cf. Arquivo Cemap, recolhido por Dainis Karepovs na Polícia Federal. Datilografado.
109 Aristides Lobo, "Carta aberta aos membros do Partido Comunista". Impresso em quatro páginas. (Fundo Lívio Xavier/Cedem-Unesp).
110 Cf. Boris Fausto, *A Revolução de 1930*, 1987, p. 31.
111 Ibid., p. 108.
112 Para mais detalhes do envolvimento de Plínio Mello no episódio, consultar sua "Carta de esclarecimento", dirigida a John Foster Dulles. In: Dulles, op. cit., p. 434.
113 Fundo Lívio Xavier/Cedem-Unesp. Datilografado.
114 Ibid.
115 Ibid.
116 Christian G. Rakovski, militante bolchevique e diplomata soviético. Foi oficial médico do Exército búlgaro e acabou tornando-se colaborador de Lênin e Trótski durante a Revolução de 1917. Foi membro do Comitê Central do PC russo de 1919 a 1925, opondo-se à política de "bolchevização" de Stálin. Em 1928 foi expulso do Partido, acusado de pertencer à oposição, e preso em Astracã e na Sibéria. Condenado no terceiro processo de Moscou em março de 1938, foi amordaçado, fuzilado e em seguida esquartejado em 11 de setembro de 1941.
117 Para mais detalhes, ver Capítulo II deste livro.
118 Cf. *Boletim da Oposição*, n. 1 – Órgão da Liga Comunista (Oposição), jan. 1931.
119 Cf. Ata n. 2 da assembleia da Liga Comunista (Oposição), 22 jan. 1931 (Fundo Lívio Xavier/Cedem-Unesp).
120 Cf. Boris Fausto, op. cit., p. 86.
121 Ibid., pp. 112-3.
122 Ibid., p. 113.

alumnias d

Caderno de imagens

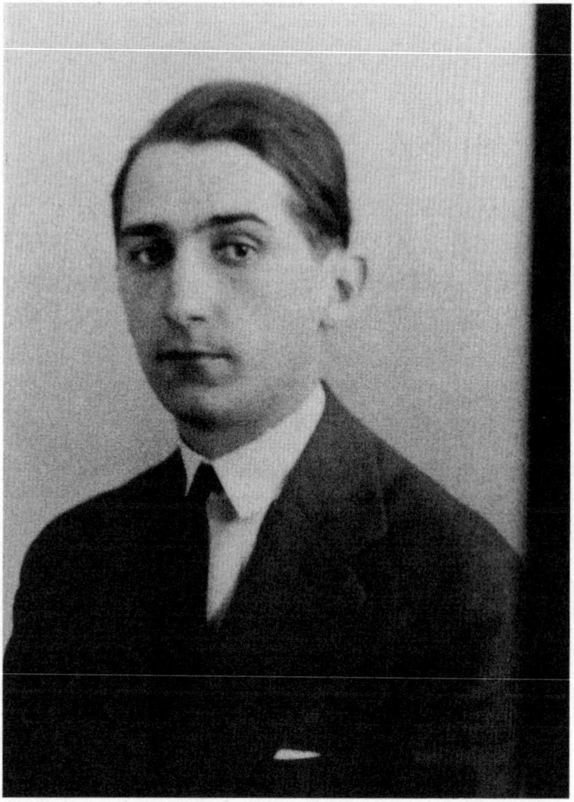

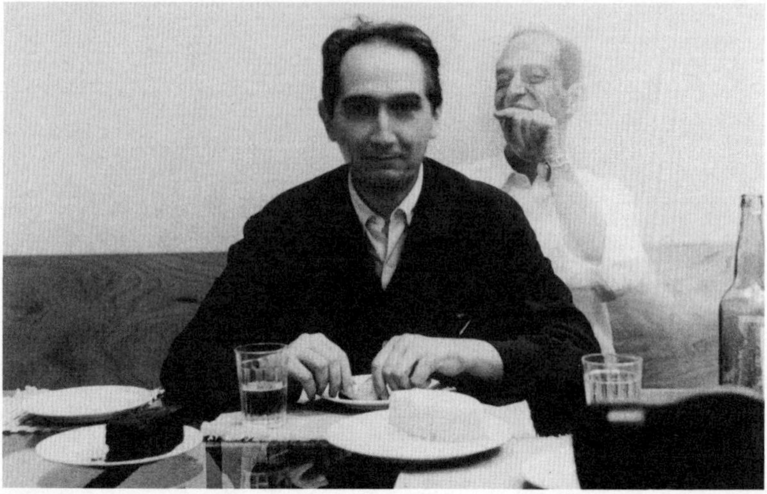

Mário Pedrosa em três tempos

Anos 1920.
Fundo Mário Pedrosa-Cemap/Cedem-Unesp

Anos 1950 (com Geyser Péret ao fundo).
Coleção Jacqueline Péret

Anos 1970.
Fundo Mário Pedrosa-Cemap/Cedem-Unesp

Mario Pedrosa

Mary Houston Pedrosa

Mário Pedrosa e Mary Houston Pedrosa

Anos 1920.
Fundo Mário Pedrosa-Cemap/Cedem-Unesp

Bombaim, 1959.
Fundo Mário Pedrosa-Cemap/Cedem-Unesp

A família de Mário Pedrosa

Família Pedrosa no Rio de Janeiro (1935).
Mário Pedrosa (3º na segunda fileira, da esq. para a dir.); ao seu lado, sentados: a irmã Maria Stela (4ª), a mãe, Antônia (5ª), o pai, Pedro (7º), e a irmã Beatriz (9ª); de pé, ao fundo, os irmãos Manoel Xavier (8º), Clóvis (10º), Maria Carmelita (11ª), Homero (14º) e Maria Elisabeth (15ª).
Fundo Mário Pedrosa/Cemap-Interludium/Cedem-Unesp

Família Houston e amigos.
Fundo Mário Pedrosa-Cemap/Cedem-Unesp

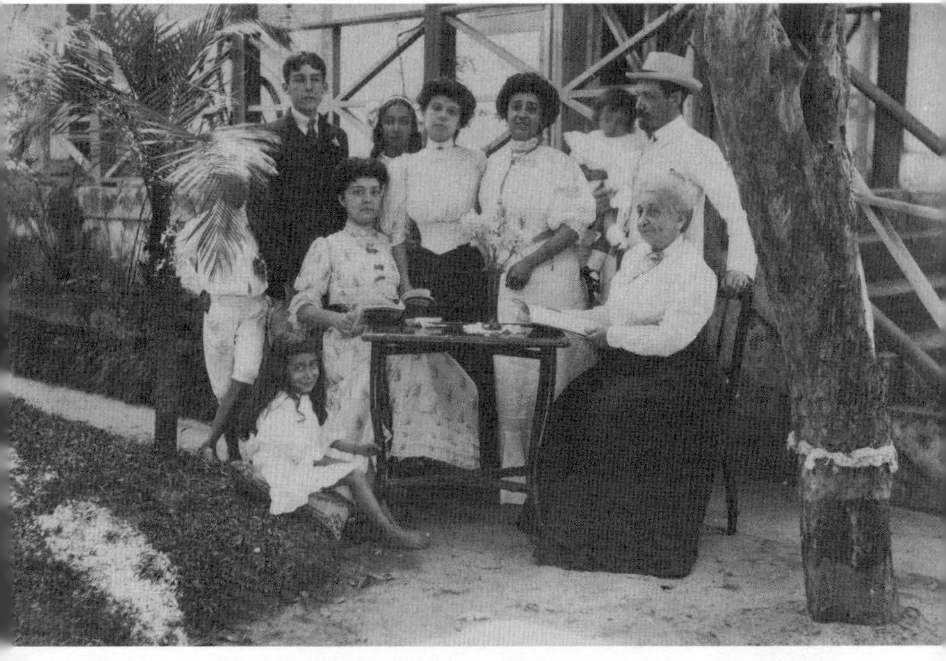

Amigos e camaradas dos anos 1930

Lívio Xavier (à esq.), Rachel de Queiroz e
José Auto da Cruz Oliveira.
Fundo Lívio Xavier/Cedem-Unesp

Lívio Xavier (à esq.) e Geraldo Ferraz.
Fundo Lívio Xavier/Cedem-Unesp

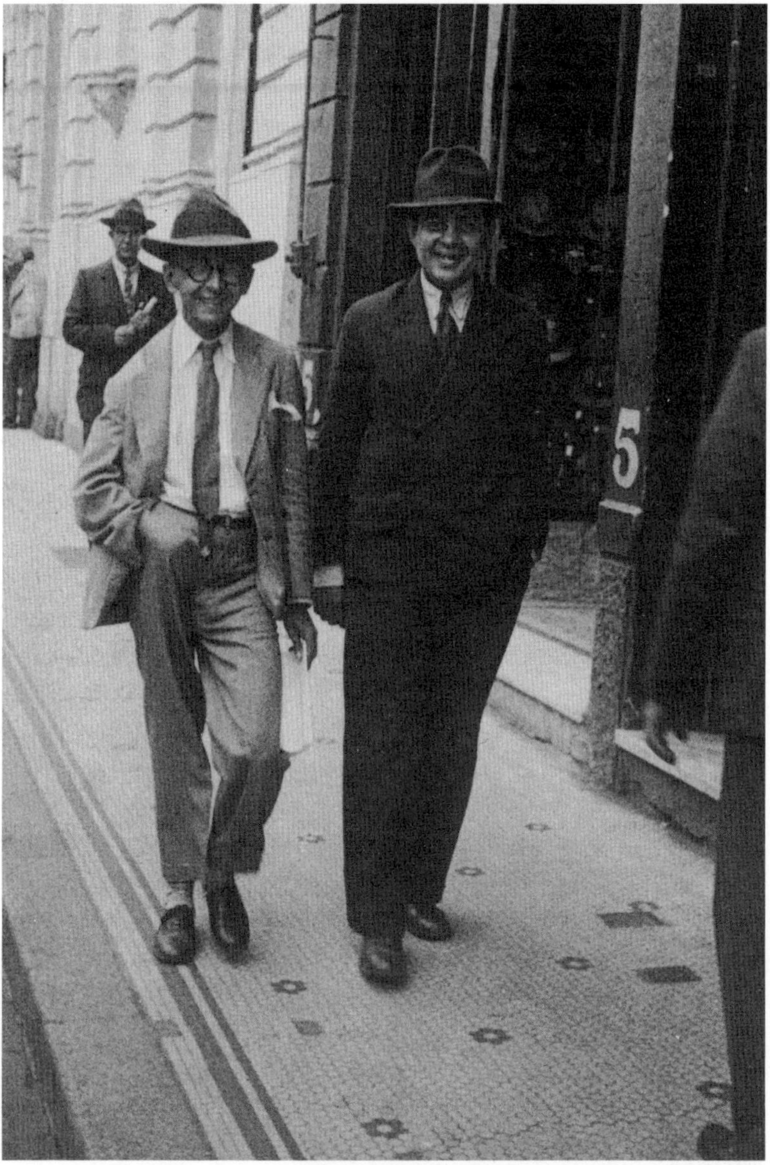
5

Amigos e camaradas dos anos 1930

Lívio Xavier (à esq.) e Aristides Lobo (1928). Fundo Lívio Xavier/ Cedem-Unesp

Da esq. para a dir.: Edgardo de Castro Rebello, Quirino da Silva, Di Cavalcanti e Lívio Xavier. Fundo Lívio Xavier/ Cedem-Unesp

Da esq. para a dir.: Lívio Xavier, Benjamin Péret e Mário Xavier, irmão de Lívio. Fundo Lívio Xavier/ Cedem-Unesp

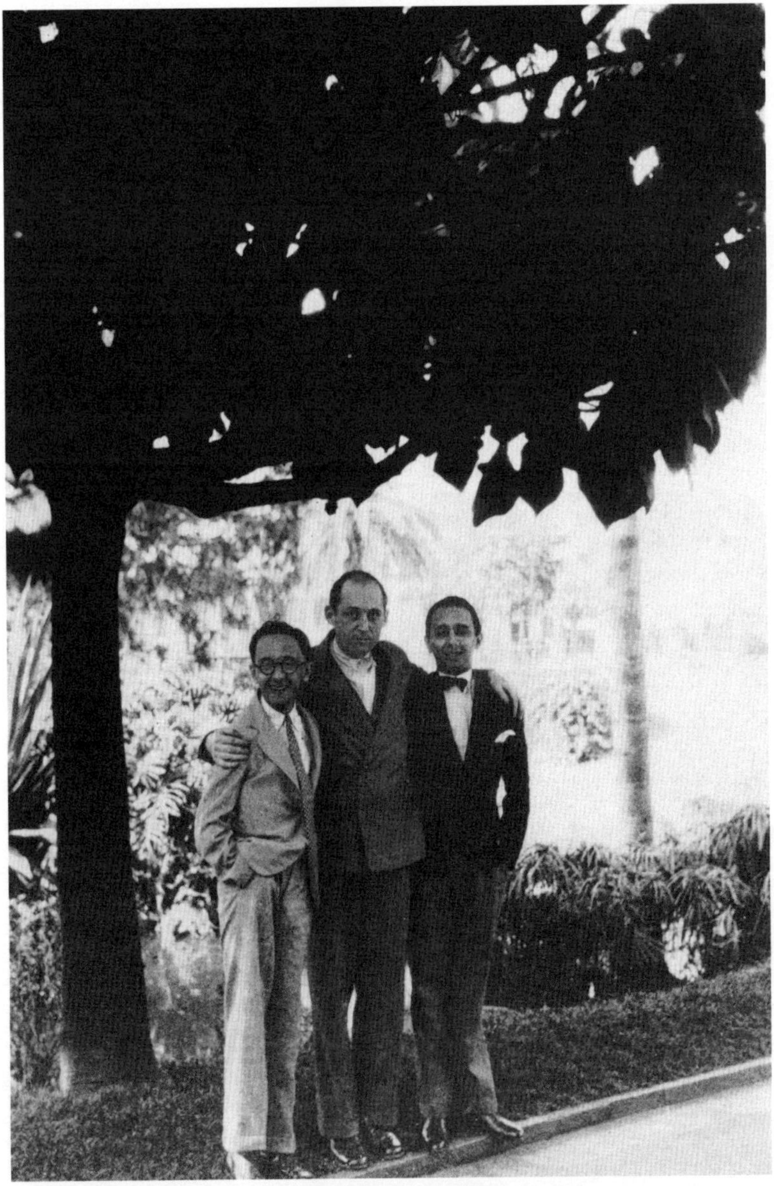

Amigos e camaradas dos anos 1930

Da esq. para a dir.: Mário Xavier, Mário
Pedrosa e Mary Houston Pedrosa.
Fundo Lívio Xavier/Cedem-Unesp

Mary Houston Pedrosa e Lívio Xavier (1933).
Fundo Lívio Xavier/Cedem-Unesp

No sentido anti-horário: Lívio Xavier
(com a mão no queixo), Mário Xavier, Mary
Houston Pedrosa, Berenice Xavier e Mário
Pedrosa (1933).
Fundo Lívio Xavier/Cedem-Unesp

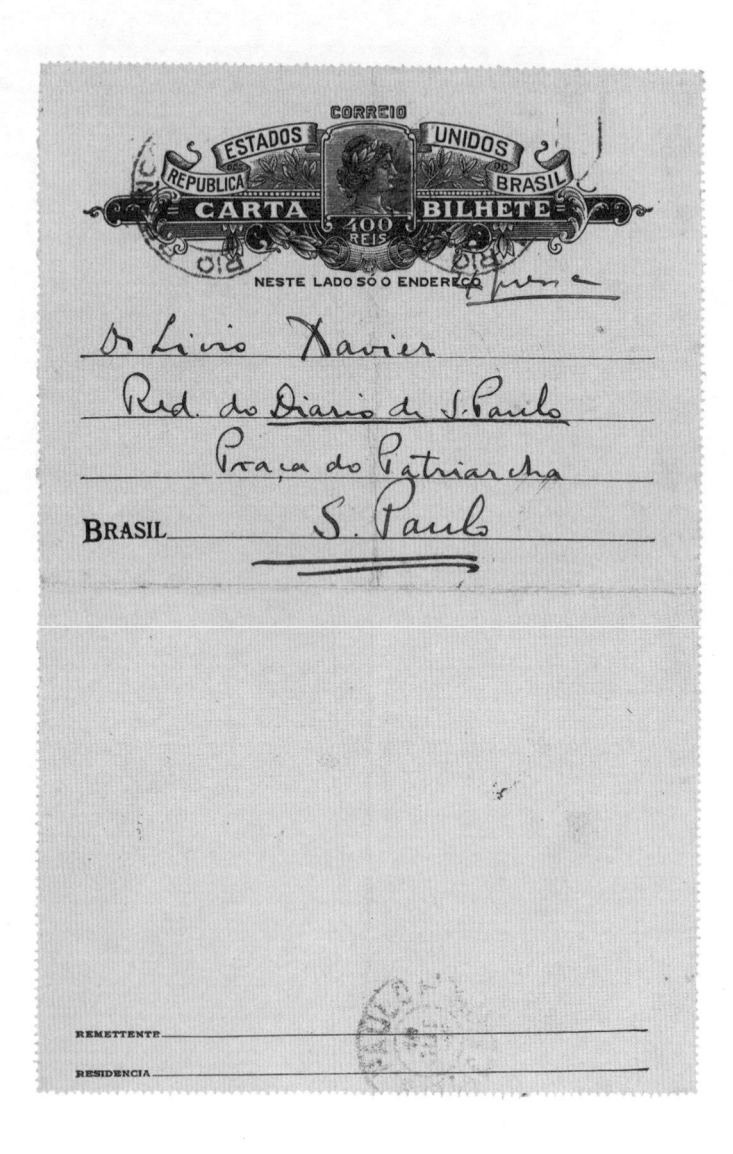

Dr Livio Xavier
Red. do Diario de S. Paulo
Praça do Patriarcha
BRASIL   S. Paulo

**Cartas de Mário Pedrosa
Construindo a Oposição de Esquerda –
anos 1930**

O principal interlocutor nas décadas
de 1920 e 1930: Lívio Xavier.
Fundo Lívio Xavier/Cedem-Unesp

La Lutte de Classes

Nº 4
JUIN 1928

LÉON TROTSKY

| 12 | (6ᵉ ANNEE. — NOUVELLE SERIE) NUMERO MENSUEL **3 fr. 50** | 15 Août 1927 |

CLARTÉ

SOMMAIRE VIVENT SACCO ET VANZETTI ! — EDITORIAL : L'Angleterre fera-t-elle la guerre ? « CLARTÉ ». La lutte des classes dans la révolution chinoise (III), par VICTOR-SERGE. — Le front occidental contre l'U. R. S. S. : Le front impérialiste peut-il se souder ? par Jean CELLO. — DOCUMENT : Comment la Chine fut ouverte au commerce mondial, par Rosa LUXEMBOURG. — LES REVUES. — LES LIVRES : « Voyage au Congo », d'André Gide. - - « L'imbroglio syrien », de P. Bonardi. — « Virineya », de Lydia Seifoulina. — « Les partis social-démocrates », d'E. Varga, etc...

ABONNEMENTS { France.......... 1 an : 35 fr. 6 mois : 20 fr. 3 mois : 12 fr.
{ Etranger........ 1 an : 50 fr. 6 mois : 30 fr. 3 mois : 18 fr.
8, Boulevard de Vaugirard — Paris (15ᵉ). — Chèque postal : 330-80.

Revistas Internacionalistas

La Lutte de Classes e *Clarté* foram fundamentais para a construção da Oposição de Esquerda no Brasil, sendo leitura constante de Mário Pedrosa, Lívio Xavier e seus amigos desde 1923.
Fundo Lívio Xavier/Cedem-Unesp

PARTIDO COMMUNISTA DO BRAZIL

(Secção Brazileira da Internacional Communista)

COMMISSÃO CENTRAL EXECUTIVA — RIO DE JANEIRO

Rio, 7 de Novembro 1927

Ao Reitor da E. L. I.

O camarada Mario Pedrosa, que embarcou no Rio a 7 do corrente com destino a Moscou, é o 2º candidato do P.C.B. para a Escola Léninista Internacional. Elle é um intellectual, mas militante dedicado ao Partido e o curso da Escola muito bem lhe poderá fazer, quer do ponto de vista politico, quer do ponto de vista moral.

Mario Pedrosa tem actualmente 27 annos de idade. Adheriu ao Partido ha mais de 2 annos. Editou em São Paulo uma pequena revista marxista — Revista Proletaria. Natural do Estado de Pernambuco, isto é, da zona assucareira. Seu pai é alto funccionario publico. Estudou em Pernambuco e no Rio. Bacharel em direito. Faz vida de jornalista, não advoga. Durante o curso juridico no Rio lia e admirava Romain Rolland e por intermedio deste foi até "Clarté". Um de seus mestres na Academia foi o Prof. Castro Rebello, marxista notorio. Tendo adherido, em 1925, á organização do P.C.B. de São Paulo, ahi militou, transferindo-se depois para o Rio, onde militou não só na organização do Partido (fazendo parte de um comité de rayon), como tambem no Soccorro Vermelho Internacional (Soccorro Proletario).

Taes as caracteristicas sociaes, intellectuaes e politicas do camarada Mario Pedrosa.

Pelo C.C. do P.C.B.
Astrojildo Pereira

Cooperação Internacionalista – anos 1920

[pp. 228-9]
Carta de indicação de Mário Pedrosa à Escola Leninista, de Moscou, assinada por Astrojildo Pereira em nome do Comitê Central do Partido (07/11/1927).
Arquivo do Estado Russo de História Social e Política (RGASPI). Cópias depositadas no Arquivo Edgard Leuenroth (Unicamp) e no Asmob/Cedem-Unesp

[pp. 230-1]
Carta para Lívio Xavier do diretor de *La Lutte de Classes* e dirigente da Oposição de Esquerda francesa, Pierre Naville, depois de ter se encontrado com Mário Pedrosa. Datada de 01/08/1928, revela a ação internacionalista anterior à constituição da Oposição de Esquerda no Brasil.
Fundo Lívio Xavier/Cedem-Unesp

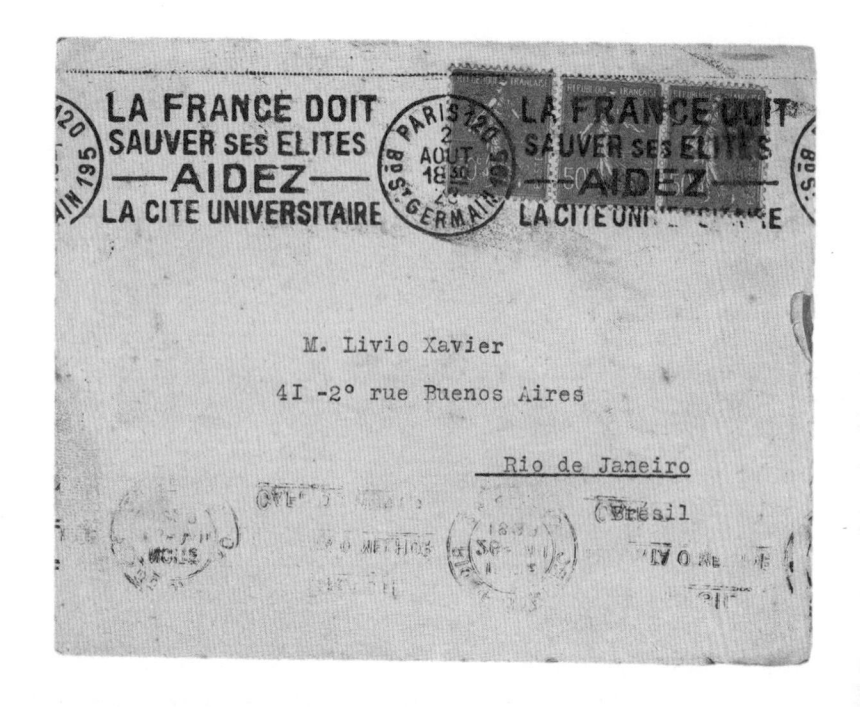

LA LUTTE DES CLASSES
CLARTÉ

Paris, le 1 Août 1928

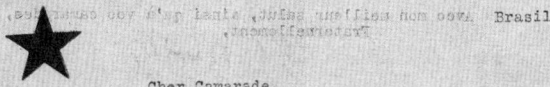

8, Bd de Vaugirard — Paris-XV   Livio Xavier
Chèque postal : 820-80, Paris.   41-2° Rue Buenos Aires
                                    Rio de Janeiro
                                            Brasil

Cher Camarade,

    j'ai bien reçu votre lettre du 10 Juillet accompagnée d'un chèque de 400 francs et de la liste des abonnés. Je vous en remercie beaucoup ainsi que de tout ce que vous nous dites concernant votre mouvement.
    J'ai vu en effet Pedroza il y a deux mois, et il m'a aussi fait comprendre comment l'Internationale voulait appliquer mécaniquement ses schémas au Brésil, sans souci des conditions spécifiques, ce qu'elle fait d'ailleurs partout. J'ai lu cet article dans l'Internationale du I Juin sur le P.C. brésilien, et d'après ce que vous dites cela ne semble pas d'une documentation différente que pour le reste de l'activité de l'I.C. On vient de publier en français et sans doute dans les autres langues un gros volume de rapports sur l'activité Internationale (pour le 6° Congrès), 4 pages concernant le Brésil d'ou j'extrais les lignes suivantes: "La situation des syndicats est bonne...
    "Le P.C. est incontestablement devenu une force politique au Brésil...
    " Le parti compte actuellement 1200 adhérents, dont 98% sont des ouvriers. Le reste est composé de petits bourgeois et d'intellectuels. Les brésiliens représentent 70% et les immigrants 30% de l'effectif du parti;;; Le PC est organisé sur la base des cellules d'entreprise avec 180 membres et 31 cellules de rues avec 420..."
    Tout cela est il vrai? On ne trouve du reste aucune critique générale de l'activité du parti.
    En ce qui concerne la crise russe, qui réagit sur toute la politique de l'Internationale, je considère que vous devez l'étudier sans en faire le centre de vos préoccupations. Ce sont des questions de première importance pour comprendre le cours de l'Internationale, et il faut faire tout ce qui est possible pour se documenter à ce sujet, mais qui ne peuvent déterminer l'activité nationale des divers partis et groupents révolutionnaires. Nous voudrions en France obtenir que les discussions se fassent ici, et que les initiatives pour la lutte en France parte de France: c'est la seule garantie qu'elles seront bien adaptées. A plus forte raison en Amérique, ou le mouvement ouvrier est tout neuf, et dont la position dans les combats futurs est très mal définie.
    De ce point de vue j'avais demandé à Pedroza s'il ne serait pas possible que vous écriviez pour nous quelque chose sur la situation en Amérique du Sud, ou que vous m'envoyez quelque chose de déjà publié, mais que nous pourrions faire traduire. Il m'avait dit qu'il vous écrirait à ce sujet. Puisque j'en ai l'occasion, je vous le redemande, car cela serait très utile dans notre revue.

                                      ....

LIGA COMMUNISTA (OPPOSIÇÃO)   (Assembléia)

ACTA Nº 1   REUNIÃO REALIZADA EM 21/1/31.

PRESENTES:- Antonio (secretario), Lyon, Tapejara, José, Mauricio, Cunha, Pedro, Francisco e Jorge. (9).

EXPEDIENTE:- Carta de Buenos Aires, pedindo noticias, expondo a situação e communicando a impossibilidade de encontrar Antonio. Este explica a questão, sendo criticado por Cunha, que acha ter havido certa negligencia de sua parte. Cunha fica encarregado de enviar ao Secretariado Internacional um pequeno relatorio sobre a situação do grupo de opposição na Argentina, bem como de escrever para Buenos Aires, solicitando informes sobre a acção da opposição no terreno syndical. O secretario lê, em seguida, as circulares numeros 1 e 2 do Secretariado Internacional, tratando a primeira da organização da opposição internacional, e a segunda da publicação de um boletim internacional. Resolve-se que para o Brasil, por emquanto, poderão vir 15 exemplares do referido boletim.

ORDEM DO DIA:- 1) Rakovsky; 2) Situação internacional; 3) Situação nacional; 4) Questões de organização: organização nacional e organização local; 5) Boletim da Opposição e "A Luta de Classe"; 6) Assumptos varios.-

DISCUSSÃO:- O secretario lê a circular nº 3 do Secretariado Internacional sobre um protesto, a ser assignado por operarios, contra as perseguições ao camarada Rakovsky, cuja vida se acha em perigo, e por todos os presos e deportados opposicionistas de esquerda. Fica resolvido que o referido protesto seja mimeographado, afim de ser distribuido e subscripto pelos trabalhadores das fabricas, officinas, escriptorios, etc. Passando-se ao segundo ponto da ordem do dia, o camarada Cunha faz uma exposição sobre a situação internacional, explicando as origens da opposição russa, os erros da burocracia dirigente, a situação das opposições franceza, allemã, norte-americana, etc., e mostrando as perspectivas favoraveis a um bom trabalho da opposição em todos os paizes, particularmente no Brasil. Alguns camaradas pedem explicações a Cunha sobre questões menos esclarecidas, sendo satisfeitos. Em seguida, devido ao adentado da hora, resolve-se marcar para o dia seguinte uma nova reunião, afim de serem discutidos os demais pontos da ordem do dia. E a reunião é suspensa.

PELA COMMISSÃO EXECUTIVA

SECRETARIO GERAL

LIGA COMMUNISTA (OPPOSIÇÃO)

ACTA Nº (ASSEMBLÉA)
REUNIÃO REALIZADA, EM SEGUNDA CONVOCAÇÃO, EM 22/

PRESENTES:- Antonio (secretario), Lyon, Tapejara, José, Mauricio, Cunha, Pedro, Francisco, Jorge e Sergio, este ultimo pela primeira vez. (10).

O secretario faz um relato sobre a reunião anterior.

Não houve expediente.

ORDEM DO DIA (continuação):- ... 3) Situação nacional; 4) Questões de organização: organização nacional e organização local; 5) Boletim da Opposição e "A Luta de Classe"; 6) Assumptos varios.

DISCUSSÃO:- O secretario lê o manifesto sobre a situação nacional e o camarada Cunha faz sobre o mesmo varias observações, no que é secundado por Tapejara. Taes observações gyram, principalmente, em torno do seguinte: a) não ter sido bem esclarecida, segundo Cunha, a posição da Liga como fracção de esquerda do P. C.; b) não terem sido citados os erros da burocracia, a que o manifesto se refere apenas de passagem; c) a impropriedade da expressão "dictadura militar" para o caso presente do Brasil. Essas observações são em parte acceitas e Antonio redige um trecho a ser incluido no final do manifesto. A expressão "dictadura militar" serão accrescentadas as palavras: "manifesta ou mascarada". Passando-se a outro ponto da ordem do dia, o secretario expõe as possibilidades de organização da opposição brasileira. São Paulo ficará como séde central da Liga Communista, para o que deverá ser eleita na presente reunião a respectiva Commissão Executiva. São lidos os estatutos da opposição e feitas algumas considerações a respeito. Cunha fica encarregado de corresponder-se com o Secretariado Internacional e de organizar uma secção da Liga no Rio, da qual poderá fazer parte, sob certas condições, o camarada Galvão, pois não têm fundamento as accusações que contra o mesmo têm sido vehiculadas pela burocracia dirigente. Em seguida, passa-se a tratar da eleição da Commissão Executiva em São Paulo e que será, ao mesmo tempo, o orgão dirigente do trabalho em todo o Brasil. O secretario propõe, para a Commissão Executiva, os seguintes camaradas: Antonio, como secretario; Jorge, como encarregado syndical; Lyon, como agitprop; José, como thesoureiro; e Francisco, como adjuncto. Lyon pede a palavra e propõe Tapejara em lugar de Francisco, para adjuncto. Estabelece-se discussão em torno dessa proposta. Antonio manifesta-se contra a mesma, mostrando a inconveniencia politica da presença de Tapejara, por emquanto, na Commissão Executiva, em virtude das attitudes vacillantes do mesmo e de não ter a opposição, na hora presente, força sufficiente para destruir as explorações que em torno do caso possa vir a fazer a burocracia do P.C. Lyon defende o seu ponto de vista e Cunha propõe que Tapejara faça antes uma declaração publica, reconhecendo os seus erros e manifestando-se particularmente do programma da opposição. Tapejara defende a sua posição e, por fim, posta em votação a proposta de Antonio sobre a constituição da Commissão Executiva, é ella approvada com uma emenda: a substituição de Francisco por Tapejara, como membro adjuncto. São eleitas tres commissões de trabalho: Antonio, Pedro e José, para a commissão de organização; Jorge, Tapejara e Francisco, para a commissão syndical; e Lyon, Sergio e Mauricio, para a commissão de agitação e propaganda. Terminando a reunião, re-

233

LIGA COMMUNISTA (OPPOSIÇÃO)

(Assembléa)

Acta nº 3   Reunião realizada em 1º/2/31.

PRESENTES:- Antonio (secretario), Lyon, Tapejara, Mauricio, Francisco, José e Pedro.

ACTA DA REUNIÃO DA COMMISSÃO EXECUTIVA:- É lida e approvada a acta da reunião da Commissão Executiva, realizada em 25 de Janeiro.

ORDEM DO DIA:- 1) Organização; 2) Agitprop; 3) Syndicatos; 4) Thesouraria; 5) Rakovsky; 6) Disciplina interna; 7) Assumptos varios.

DISCUSSÃO:- Antonio lê a acta da reunião da Commissão de Organização, realizada em 31 de Janeiro, e fala sobre a organização de grupos idiomaticos. Tapejara e Lyon, falando tambem a respeito, indicam nomes de camaradas que pódem encarregar-se desse trabalho: Cunha, entre allemães; Sergi entre italianos; etc. Tapejara fala da conveniencia de Cunha pedir a vinda de Buenos Aires do boletim da opposição do grupo israelita local. Passando se ao segundo ponto da ordem do dia, Lyon communica que entre os camaradas da Commissão de Agitprop houve apenas um encontro sem resultado pratico, em virtude de estar á espera do elemento basico que, na sua opinião, era o Boletim; propõe, em seguida, reuniões conjunctas com a Commissão Syndical, o que é approvado, como conveniencia momentanea do trabalho. Communica o plano de Mauricio sobre uma cooperativa cinematographica, para a exhibição de films revolucionarios. Salienta a má constituição da Commissão de Agitprop defficiencia physica de Lyon, o facto de Mauricio ser extrangeiro e, quanto a Sergio, a sua condição social, occupações privadas, etc. Mauricio communica que pretende fazer um folheto, em linguagem popular, sobre o ultimo movimento militar, expondo, ao mesmo tempo, os pontos de vista da opposição. Approva-se esta idéa de Mauricio. Syndicatos: Tapejara communica que procurou Jorge e lhe mostrou a necessidade de reunir a Commissão Syndical, ficando marcada uma reunião para o ultimo sabbado, que, entretanto, não se realizou, não lhe tendo sido possivel encontrar Jorge. Fala da desorganização d trabalho syndical e encarece a vantagem de se apresentar uma resolução sobre a Lei de Férias na Conferencia Operaria Estadual. Discute-se a conveniencia de se levar ou não á Conferencia a palavra de ordem da Constituinte. Fica resolvido que se agite a questão na proxima reunião da Federação, a realizar se segunda-feira proxima. Antonio communica o motivo por que não compareceu á reunião da Commissão Preparatoria da Conferencia. Tapejara convida Lyon a redigir as theses para a Conferencia. Lyon acha que o assumpto poderá ser tratado na reunião conjuncta da Commissão Syndical com a de Agitprop Passando-se a tratar do serviço de thesouraria, que, para os camaradas que não têm ordenado fixo, fique estabelecida uma quota minima de 1$000 mensaes Antonio, tratando de casos de indisciplina, censura o procedimento de Pedro nggando, na presença de um elemento da burocracia do P. C., que "O encouraçado Potemkin" tenha sido obra da opposição. A censura é approvada. Tapejara é accusado por José de ter concordado com a attitude de Pedro, mas se defende, allegando que o referido livro não devia ser apresentado como sendo do trabalho da opposição. Cáe a opinião de Tapejara. Este é criticado, em seguida, por Antonio, que, corroborado por Byon, censura o seu descaso pelas decisões da Liga, não fazendo a declaração sobre os seus desvios. A assembléa censura Tapejara. Francisco refere-se a um incidente com Tapejara e pede providencias, em virtude de ter este ultimo allegado que não tinha que lhe dar satisfações. A assembléa resolve o incidente e dá a Tapejara o prazo de uma semana para a apresentação da declaração sobre os seus erros. E encerrada a reunião.   (assinatura), secretario.

LIGA COMMUNISTA (OPPOSIÇÃO)

(Assembléa)

Acta nº 4   Reunião realizada em 15/2/31.

PRESENTES:- Antonio (secretario), Lyon, Tapejara, José, Francisco e Pedro.

ACTA ANTERIOR:- Não é apresentada pelo secretario, que é censurado por esse motivo.

EXPEDIENTE:- O secretario lê a carta que recebeu de L. C. P. sobre a edição de livros e folhetos. Para a traducção dos primeiros, fica constituida uma commissão, composta dos camaradas Lyon, Francisco e Antonio

ORDEM DO DIA:- 1) Caso Tapejara; 2) Organização; 3) Agitprop; 4) Syndicatos 5) Folheto contra a burocracia do P. C.; 6) Assumptos varios

DISCUSSÃO:- Tapejara, allegando motivos de saúde, communica não ter trazido a declaração sobre os seus desvios. Energicamente censurado po Lyon, que classifica de "infamia" a sua attitude, e por Antonio, que propõe a sua expulsão da Commissão Executiva, fica resolvido que se conceda novo prazo a Tapejara para a apresentação da declaração com as modificações reso vidas pela Liga. Marca-se para a proxima quinta-feira, ás 4 horas da tarde uma reunião especial da Commissão Executiva, para tratar do assumpto. A reunião para se tratar de assumptos geraes será realizada domingo, á hora h bitual. Em seguida, Antonio communica que não se realizou a reunião marca da da Commissão de Organização, em virtude do desleixo dos camaradas José e Pedro, para quem pede uma censura, que é approvada. Approvam-se, ainda, um censura ao camarada Mauricio por se ter retirado sem licença da Liga, e uma advertencia ao camarada Sergio, por se afastar do trabalho. Passando-se ao terceiro ponto da ordem do dia, Antonio reclama contra o desinteresse da maioria pela sorte do camarada Rakovsky e accusa o camarada José de "cumpli ce de Stalin" nessa questão. Antonio diz que, até o presente, vem fazendo sózinho esse trabalho e que a Commissão de Agitprop, a quem o mesmo compete devia interessar-se pelo assumpto. Fica marcado o prazo de uma semana para a devolução á Liga de todas as listas assignadas pelos que protestam contra as perseguições ao camarada Rakovsky. Lyon pede a palavra e, depois de fa lar na necessidade de immediata publicação da "A Luta de Classe", refere-se ao atraso na expedição do "Boletim da Opposição", o que se verifica em virt de da inactividade dos demais componentes da Commissão de Agitprop. Antoni propõe que os camaradas Tapejara, José, Pedro e Lyon se reunam para fazer a expedição. Pedro allega não poder fazer parte dessa commissão. Fica resol vido que os outros camaradas indicados por Antonio se reunam na proxima ter ça-feira para aquelle trabalho. Lyon e Antonio, apoiados por todos os pre sentes, condemnam a publicação no "O Tempo" do livro "Ma vie" do camarada Trotsky. Passando-se a tratar da questão syndical, Tapejara diz que a falt de Jorge tem impedido a reunião da Commissão a seu cargo e prejudicado gran demente o trabalho. Por proposta de Lyon, Antonio fica encarregado de cha mar a attenção de Jorge. Continuando, Tapejara propõe sejam organizados cu sos especiaes para os operarios dos syndicatos, afim de se iniciar o recrut mento. Antonio pede a palavra e critica o camarada Jorge por não ter falad no festival da U. T. G., como se havia compromettido, e tambem pela sua fal ta de contacto com a organização. Critica, depois, a actividade do camara da Tapejara, formulando as seguintes accusações: a) que Tapejara, numa reu nião da Federação Operaria, modificou uma resolução da Liga sobre a Lei de Férias; b) que, nessa mesma reunião, fez um discurso reformista, achando qu podia chegar a ser proletaria a maioria da Constituinte; c) que definiu a

LIGA COMMUNISTA (OPPOSIÇÃO)

(FILIADA Á OPPOSIÇÃO INTERNACIONAL DE ESQUERDA)

PAPELETA DE ADHESÃO　　　　　　　　　N.º 16

COMPROMISSO

Declaro acceitar o programma e a tactica da Liga Communista (Opposição), submettendo-me á disciplina revolucionaria e lutando, por todos os meios ao meu alcance, para que o Partido Communista, restabelecida em suas fileiras a liberdade de discussão e de critica, receba novamente em seu seio todos os verdadeiros communistas expulsos pelos golpes de força da fracção centrista. Assumo o compromisso de orientar a minha actividade revolucionaria de accordo com os ensinamentos de Marx e de Lenine, consubstanciados nas theses e resoluções dos quatro primeiros congressos da Internacional Communista. Reconhecendo a justeza do programma e da tactica da Liga Communista (Opposição), compromettome a lutar até o fim, sem desfallecimentos, pela victoria da Revolução Proletaria Internacional no sector brasileiro da luta de classes.

..................., de .... de 19.31
　　　　　　　　　(Assignatura) ....

Liga Comunista (Oposição) – 1931

Papeleta de filiação à Oposição de Esquerda, na qual é reafirmado o compromisso político com o PCB. A ficha é de Rodolpho Coutinho, importante liderança operária e um dos fundadores do PCB, em 1922.
Fundo Lívio Xavier/Cedem-Unesp

Liga Comunista (Oposição) – anos 1930

[pp. 237-8]
Brochuras de divulgação e debate político público.
Fundo Lívio Xavier/Cedem-Unesp

Rumo á IV Internacional!

A Decomposição do Stalinismo e da Social-Democracia e a Recomposição do Movimento Revolucionário Internacional.

Edições
LUTA DE CLASSE
São Paulo
1934

LIGA COMMUNISTA (OPPOSIÇÃO)

A Opposição Communista e as Calumnias da Burocracia

SUMMARIO

I — Explicação
II — Nosso caracter de fracção
III — A ballela da "quarta internacional"
IV — A lenda do "trotskysmo"
V — A opposição de esquerda no Brasil
VI — Luiz Carlos Prestes
VII — O caso Plinio Mello
VIII — A luta nos syndicatos
IX — Conclusão

SÃO PAULO
EDIÇÕES "LUTA DE CLASSE"
1931

Boletim da Opposição

Orgão da Liga Communista (Opposição leninista do P. C. do Brasil)

JANEIRO, 1931

A fundação da Liga Communista corresponde a uma etapa bem definida do desenvolvimento da opposição de esquerda do Partido Communista do Brasil, concretizando a tendencia actual de agrupamento, na base nacional, dos elementos communistas conscientes aos quaes a direcção corrompida do P. C. torna impossivel a actividade revolucionaria nas fileiras do partido, pois lhes faz a campanha mais insidiosa de diffamação e prepara, assim, o caminho das expulsões individuaes ou collectivas

A actividade iniciada no Rio de Janeiro, em maio do anno passado, pelo "Grupo Communista Lenine", com todas as suas insufficiencias de grupo local, sem contacto seguido com as regiões do P. C., tem, ainda assim, no seu activo revolucionario, o trabalho constante, para um maior esclarecimento theorico dos problemas do movimento communista no Brasil, e o esforço para levar aos organismos de base do partido, senão a discussão, ao menos o conhecimento exacto dos pontos de vista da Opposição internacional, adulterados systematicamente pela burocracia staliniana que dirige a Internacional e os partidos communistas.

A edição deste Boletim representa um esforço no sentido da divisão e desenvolvimento dessas tarefas, aperfeiçoando-as, em virtude de uma ligação que queremos mais estreita entre o proletariado revolucionario e a Opposição Internacional, fracção de esquerda da Internacional Communista. Tanto vale dizer que é um trabalho urgente. Quanto ao trabalho propriamente theorico, continuará a cargo da "Luta de Classe".

AO PROLETARIADO DO MUNDO INTEIRO!

A opposição communista de esquerda internacional dirige-se não só aos seus adherentes, mas a todos os communistas e operarios do mundo inteiro. Ella reune as melhores forças, a ala marxista dos partidos da Internacional Communista.

Pelo laço inquebrantavel do internacionalismo proletario, ella, actualmente, está se unindo fortemente, para elaborar uma linha politica firme, para realizar uma verdadeira luta internacional.

O mundo imperialista, por toda a parte, está vivendo em convulsões sociaes gravissimas, que mostram de maneira cada vez mais clara a impossibilidade em que se acha de resolver as crises engendradas permanentemente por elle proprio. Milhões de desempregados existem permanentemente.

Profundas crises sociaes e politicas desenrolam-se na Allemanha, Austria, Hespanha, America, China, e nas Indias, etc... A lendaria prosperidade dos Estados Unidos, ella mesma, transformou-se numa crise que se traduz sobretudo por uma falta de trabalho crescente. E esta crise espalhou-se no mundo inteiro.

Máu grado todos os seus esforços, a burguezia mostra-se incapaz de resolver a sua crise permanente. Contra a burguezia ergue-se a massa operaria ,que a social-democracia ajuda a escravizar. Na Austria, a social-democracia vende os operarios aos fascistas e á reacção. Na Allemanha, sujeita os operarios e ao fuzilamentos de Zoergiebel e Muller. Na Inglaterra, desempenha o papel de agente da burguezia, trahindo mesmo as promessas moderadas feitas antes das eleições que as conduziram ao poder; ordena o massacre dos proletarios revolucionarios hindús.

Só o movimento revolucionario pode, com o partido proletario, guiado pelos ensinamentos de Marx e de Lenine, conduzir o proletariado á sua libertação, criando, assim, as bases da nova sociedade que libertará a humanidade inteira.

Hoje é justamente no proprio movimento revolucionario que surgem graves difficuldades. A principal contradicção existe hoje no movimento revolucionario é a divergencias recentes entre as possibilidades revolucionarias, as circumstancias favoraveis ao appello das massas á luta, e a capacidade e o gráu de preparação dos partidos communistas officiaes. Uma crise profunda devasta actualmente a Internacional Communista. Em todos os paizes, os partidos têm perdido quantidades consideraveis de adherentes. Sua influencia sobre as massas e desenvolvimento das organizações das massas diminuiram. Em muitos paizes elles arruinaram e desacreditaram os movimentos revolucionarios por um largo espaço de tempo. Nunca o nivel theorico dos partidos communistas foi mais baixo do que hoje. A corrupção, a selecção artificial das direcções, o arbitrario, o burocratismo, os saltos espasmodicas da direita á esquerda e inversamente, são doenças que rõem a força viva do movimento. No ultimo periodo, uma ala toda do movimento official, destacou-se delle e occupa actualmente uma posição proxima á social-democracia. Assim, a opposição brandleriana, na Allemanha; assim o partido operario camponez de Luiz Sellier; assim o grupo Lovestone nos Estados Unidos. De outra parte, a opposição communista, que comprehende os melhores operarios e militantes da Internacional, foi e continua a ser excluida na sua quasi totalidade.

A repressão mais brutal, especialmente na U. R. S. S., exerce-se contra ella. A estructura da Internacional soffreu profundas transformações. Ella abandonou a politica traçada pelos quatro

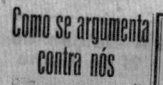

Liga Comunista (Oposição) - anos 1930

[pp. 239-40]
Imprensa oposicionista: *Boletim da Oposição* e *A Luta de Classe*.
Fundo Lívio Xavier/Cedem-Unesp

[pp. 241-3]
Panfletos.
Fundo Lívio Xavier/Cedem-Unesp

ABAIXO A DICTADURA!

A Republica Nova em nada desmerece da Republica Velha. Deportações arbitrarias de brasileiros como Octavio Brandão e outros, saque á imprensa proletaria, fusilamentos como em Itaqui e Piauhy, prisões de sargentos nas solitarias de Santa Cruz, toda uma serie innumeravel de violencias e attentados já illustram os poucos mezes de sua existencia. Os chamados liberaes sonham mesmo com uma nova Clevelandia. Bernardes nada lhes fica a dever. Os discipulos não envergonhariam o mestre.

Trabalhadores! Vimos aqui denunciar mais um crime contra nossos direitos e contra a segurança de nossos lares.

O "libertador" Baptista Luzardo prende em São Paulo e encerra nas masmorras da Detenção desta Capital diversos operarios como Medeiros, Covre, Herrera e muitos outros e diversos intellectuaes como Astrogildo Pereira, Victor Azevedo e Antonio Mendes de Almeida, sob a accusação de projectarem uma manifestação contra o assassinato de Sacco e Vanzetti. Assim a burguezia nacional faz sua zumbaia aos seus alliados e senhores — a burguezia norte-americana — á custa dos trabalhadores e de sua vanguarda, o Partido Communista, e da ala mais decidida deste: a Liga Communista.

Ate quando supportaremos em silencio tanta miseria? Até quando nossos algozes experimentarão nossa paciencia?

Companheiros! Ponhamos um termo ás perseguições de que somos victimas. Arranquemos das prisões nossos camaradas, levantando de cada officina, de cada fabrica nosso brado viril de protesto.

Pela liberdade dos militares e operarios presos!

Pela liberdade de opinião!

Pelo direito de manifestação!

A Liga Communista (Opposição da Esquerda)

EM SOCORRO DE TROTSKY!

EM SOCORRO DE RAKOVSKY!

Moscou, 22 de Fevereiro (*Agência Tass*).
— O presidium do Comité Central Executivo privou dos seus direitos de cidadãos soviéticos, proibindo a sua entrada na U. R. S. S., com passaportes estrangeiros, 37 emigrados russos acusados de atividade contra-revolucionária e residindo atualmente no estrangeiro com passaportes soviéticos, entre os quais se encontram os Srs. Abramovitch, Garvi, Da.1, Potressov e Trotsky.
(*L'Humanité* (1), 25 de Fevereiro de 1932).

Trotsky, um dos maiores entre os fundadores da Republica Sovietica, privado dos seus direitos de cidadão sovietico! Trotsky, o criador e o animador do Exército Vermelho nos tempos heroicos da Revolução Russa; Trotsky, o companheiro de armas de Lenine, com o qual organizou Outubro vitorioso!

E' uma infâmia de Stalin misturar Trotsky com os inimigos da Revolução. Para quê essa hipocrisia! O golpe é dirigido unicamente contra Trotsky. Stalin quer decapitar a Oposição de Esquerda, que luta para salvar a Revolução Russa e preparar a Revolução Mundial.

Os Abramovitch, cidadãos do mundo capitalista, não fazem conta nenhuma da qualidade de cidadão sovietico. Para Trotsky, chefe da Revolução Mundial, o planeta esteve ontem sem "visto"; está agora sem passaporte.

Assim, proibe-se a entrada de Trotsky na República Sovietica, munido de passaporte estrangeiro! Que govêrno forneceria tal passaporte? O decreto de Stalin transpira o medo de uma volta ilegal de Trotsky á Russia. O descontentamento que lavra lá contra Stalin, no seio da classe operaria, já se teria tornado tão profundo?

O general branco Turkul prepara o assassinio de Trotsky. Stalin não o ignora. Teve necessidade de recorrer a um alibi (2) num artigo da Rote Fahne. (3).

A Oposição de Esquerda pediu ao govêrno e ao Partido russos para elaborar juntamente com ela as medidas indispensaveis de segurança.

Depois de um longo mutismo, Stalin responde agora: Trotsky não é mais cidadão sovietico.

Isso significa: Se Trotsky for assassinado, eu lavarei as mãos!

O maior revolucionario depois da morte de Lenine é entregue por Stalin, sem defesa, ás empreitadas assassinas dos guardas brancos.

(1) Órgão do Partido Comunista francês.
(2) Adverbio latino que significa: em outro lugar, em outra parte. E' empregado como termo judiciario para designar o recurso do réu provando que estava longe do lugar onde se deu o crime de que é acusado.
(3) Órgão do Partido Comunista alemão.

Stalin é politicamente responsavel péla cabeça de Trotsky. E' uma esmagadora responsabilidade perante a classe operaria mundial e perante a História!

Em 1927, no Comité Anglo-Russo, Stalin capitulou diante dos chefes do Conselho Geral, traidores da greve geral inglesa; em 1927, Stalin, coveiro da Revolução Chinesa, capitulou diante de Chang-Kai-Chek. Hoje, a politica de Stalin prepara a capitulação diante de Hitler.

Não só a sorte da Revolução Alemã está em jôgo, mas, Hitler no poder é a ameaça formidavel contra a propria existencia da Revolução Russa.

Aos olhos de Stalin, o crime imperdoavel de Trotsky é denunciar sem treguas a capitulação diante de Hitler; e despertar, á beira do abismo, a conciencia proletaria. Toda a Oposição de Esquerda reivindica para si a gloriosa responsabilidade desse crime.

A golpes de canhão, o imperialismo no Extremo-Oriente dilacera já o pacto Kellog, assinado por Stalin, que se associou á tapeação pacifista, com os aplausos dos social-democratas do mundo inteiro.

A luta da Oposição de Esquerda continua, implacavel, pela Revolução Russa, pela Revolução Alemã, pela Revolução Mundial.

Stalin deverá prestar contas um dia.

A Revolução Russa se regenerará, recuperando Lenine e as tradições de Outubro. Novas revoluções proletarias surgirão. Arrastarão Stalin atrás de si. Perguntar-lhe-ão: Que fizeste dos ensinamentos de Lenine? Que fizeste de Trotsky?

Sôbre Trotsky vela toda a Oposição de Esquerda; e concita todos os operarios revolucionarios a velar por êle e a lutar por sua segurança.

Acabamos de ser informados de que o estado de Rakovsky (deportado na Asia Central), em condições climatéricas mortais para a sua constituição) se agravou repentinamente, estando a sua vida em perigo. Stalin continua sua tarefa de destruição fisica dos bolcheviques-leninistas.

A LIGA COMUNISTA
(Oposição de Esquerda)

Eis, agora, o documento dirigido ao govêrno russo e remetido á embaixada sovietica de Paris, assim como á direção do Partido francês. Os operarios do Partido devem colocar a questão Trotsky em suas celulas e nos seus sindicatos, bem como em todas as organizações operarias influenciadas pêlo Partido. Todos devem exigir que os direitos de cidadão sovietico sejam dados a Trotsky e que sejam tomadas as medidas indispensaveis para a sua segurança.

Aos operarios grevistas e aos trabalhadores em geral

COMPANHEIROS!

Os grupos politicos burguezes que se degladiam pela posse da interventoria paulista estão vos arrastando a uma luta contra os vossos proprios interesses. Pretendem elles que o proletariado de São Paulo se manifeste por uma das candidaturas á interventoria. Ora, todo operario consciente sabe perfeitamente que tanto Plinio Barreto, como Miguel Costa, como João Alberto, não passam de réles lacaios do capitalismo. Plinio Barreto, Miguel Costa e João Alberto, como outros bachareis ou sargentões que apparecerem como candidatos não passam de instrumentos directos da burguezia que explora e opprime os trabalhadores. Só ha, pois, um caminho a seguir: o da luta independente do proletariado contra o capitalismo, contra todos os politicos burguezes e seus valetes directos ou indirectos.

E' necessario que o actual movimento grevista se transforme num verdadeiro movimento revolucionario de massas contra a burguezia dominante e pelas reivindicações do proletariado: trabalho para os desoccupados, augmento de salarios, liberdade de reunião e de imprensa, convocação da Assembléa Constituinte, na base do voto secreto, directo para os maiores de 18 annos, sem distincção de sexo ou nacionalidade e extensivo aos soldados e marinheiros.

E' necessario que, em cada fabrica, os operarios constituam o seu comité de gréve e elaborem um programma proprio de reivindicações, contendo as reivindicações geraes acima expostas.

Os operarios grevistas, por outro lado, devem fazer pressão sobre a Federação Operaria de São Paulo, afim de que a mesma possa dirigir o movimento, por meio de um comité central de gréve formado por militantes da base dos syndicatos. Esse comité formado por militantes da base dos syndicatos é imprescindivel, porquanto a direcção da Federação é incapaz de agir, alliada como está, consciente ou inconscientemente, á Legião Revolucionaria e á policia. Os anarchistas da direcção da Federação Operaria mostraram, ainda no comicio recentemente realizado no Largo da Concordia, que estão sendo manobrados pela policia, afim de defender a candidatura Miguel Costa.

No comicio do Largo da Concordia, os anarchistas tiveram a palavra garantida pelos secretas, emquanto os militantes communistas eram barbaramente espancados.

E qual foi, afinal, o motivo da convocação precipitada desse comicio? No dia seguinte, os anarchistas deram entrevistas aos jornaes, procurando justificar-se, mas inutilmente, pois os factos foram por demais palpaveis para demonstrar a sua ligação, directa ou indirecta, com a Delegacia de Ordem Social e com a Legião Revolucionaria.

O actual movimento grévista não póde, portanto, ser dirigido por gente dessa especie e deve ser transformado numa luta contra Miguel Costa e contra Plinio Barreto, contra João Alberto e contra a burguezia em geral e seus lacaios.

A Liga Communista, como fracção de esquerda do Partido Communista, concita os operarios á luta revolucionaria por suas reivindicações.

Pela jornada maxima de 8 horas!
Pelo augmento geral dos salarios!
Pela liberdade de reunião e de imprensa para os trabalhadores!
Pela Assembléa Constituinte!
Pelas férias annuaes!
Trabalho ou auxilio pelo Estado aos desoccupados!
Contra Plinio Barreto e contra Miguel Costa!
Contra João Alberto e contra Getulio Vargas!
Contra todos os lacaios do capitalismo oppressor e ladravaz!
Contra a lei de syndicalização!
Contra o Ministerio do Trabalho!
Contra as cadernetas de trabalho!

Abaixo o capitalismo!
Abaixo o Governo Provisorio!
Viva o Partido Communista!
Viva a Revolução Proletaria!

S. Paulo, 20 de Julho de 1931.

A COMMISSÃO EXECUTIVA DA LIGA COMMUNISTA (OPPOSIÇÃO)

LA LUTTE DE L'ART

8, Bd de Vaugirard —

Chèque postal : 330-80,

III. O "proletariado do espírito"

Ser revolucionário é a profissão natural de um intelectual. [...]
Sempre achei que a revolução é a atividade mais profunda de todas. [...]
Sempre sonhei uma revolução para o Brasil [...] *A situação é dramática, e eu, um intelectual, não posso fazer nada. Sofro dramaticamente por isso* [...]. *A saída é fazer a revolução.* (Mário Pedrosa ao Pasquim, aos 81 anos)[1]

A correspondência analisada neste capítulo tem, antes de tudo, uma função francamente esclarecedora. As cartas que Mário Pedrosa enviou da Europa[2] e que convenceram muitos militantes do Partido Comunista do Brasil a aderir à Oposição de Esquerda têm sua existência incontestada e continuamente afirmada pelos pesquisadores. O fato, porém, é que elas jamais haviam sido encontradas.

Na verdade, o conjunto dessas cartas é um roteiro político e pessoal, iniciado em 1923 e interrompido em 1931. São cartas densas, reveladoras não somente por analisarem fatos históricos, mas também por inseri-los no contexto político e no clima emocional que acompanhou a dura formação do PCB e sua dissidência no final dos anos 1920. Revelam, além dos pontos de vista da Oposição de Esquerda explicitados em documentos públicos, o percurso do seu processo constitutivo, os autores e seus envolvimentos mais íntimos com as teses em debate. Demonstram claramente, ao relatar suas perplexidades diante do movimento comunista, como aquele período da história do movimento operário no Brasil tem lacunas importantes que necessitam ser preenchidas para uma compreensão mais acabada do momento, que fez nascer tantos projetos de liberdade política e social.

Toda a riqueza do debate que envolveu os marxistas não filiados ao Partido Comunista e os militantes comunistas transparece limpidamente nas ponderações de Mário Pedrosa para Lívio Xavier, uma demonstração inequívoca de que estava em curso uma longa e profunda luta ideológica nos partidos comunistas e nos rumos da Internacional Comunista, repercutindo no Brasil com o surgimento da Oposição de Esquerda do PCB. Evidentemente, tem-se aqui um problema mais complexo do que aquele suposto pelo esquematismo das análises que veem a formação do grupo dissidente como "conspiração" motivada por diferentes razões e matizes ideológicos.

Se aquele momento foi rico e crucial para os rumos da política operária no plano internacional, no Brasil ele foi igualmente importante. Aqui, interessa mais a existência de um debate vivo entre os militantes comunistas do que a sua real inserção no movimento social naquele período. Se, de um lado, é preciso relativizar a importância do PCB no desenrolar das questões políticas no Brasil dos anos 1920 e relativizar ainda mais o papel exercido pela minúscula oposição que se constitui em 1929, deve-se, de outro lado, deixar claro que esse debate representou o surgimento de divergências fundamentais no interior do comunismo brasileiro. Divergências conceituais alicerçadas nas ideias de Marx e Lênin mesclaram-se com discordâncias profundas sobre o Brasil e a prática política dos comunistas. Como afirmou Edmundo Moniz[3] em entrevista a este autor em agosto de 1988:

> Já não era apenas uma luta interna, partidária, era um problema de interpretação da revolução mundial e da Revolução Russa. E estava cindindo os partidos comunistas em todos os países, única cisão ideológica que se deu aqui no Brasil - a cisão entre os stalinistas e os trotskistas.

Participantes daquele momento histórico como poucos, os missivistas misturaram em seus escritos gestos de paixão com acurada análise política. Retratos vivos de "militância revolucionária" nos moldes bolcheviques, Mário Pedrosa e Lívio Xavier, ao mesmo tempo, debateram-se em sua intensa e ilimitada indagação intelectual. Homens cultivados por uma formação eclética e esmerada, colocaram-se como formadores do movimento oposicionista, como intelectuais militantes, ciosos de seus papéis ditados por rigorosa regra moral. Nesse aspecto, o percurso da dissidência com a direção do PCB confunde-se, muitas vezes, com o papel do intelectual diante da revolução proletária[4].

Ressalte-se que os fundadores da Oposição de Esquerda brasileira percorreram um caminho de formação intelectual diverso daquele dos dirigentes do PCB na época. Os embates travados entre as facções transcenderam a luta pelo poder político-partidário e ganharam densidade teórica quando ambas reivindicaram legitimamente os ensinamentos de Marx e Lênin. Sem dúvida, esse confronto intelectual foi um dos fatores que acentuaram a divergência entre os comunistas, não sendo apenas objeto de mera erudição os candentes artigos e debates travados entre os dois grupos sobre conceitos de burguesia nacional, socialismo científico, caráter da revolução proletária e tantos outros, que tinham como referência e como objetivo demonstrar que também no plano teórico as análises de um e de outro eram inequivocamente marxistas.

A organização das cartas tratadas neste capítulo obedece à cronologia em que foram escritas. A seleção dos assuntos mais importantes para o objeto desta pesquisa, como a questão do papel do intelectual, as divergências com o PCB e a III Internacional e a constituição do grupo oposicionista como membro da Oposição Internacional de Esquerda, obedece também à ordem cronológica. Penso que essa seja a melhor maneira de demonstrar os passos e as barreiras que foram rompidas simultaneamente ao aparecimento de fatos novos no cenário do movimento comunista brasileiro e internacional.

Nem todas as cartas foram datadas e, para precisar os períodos dessas lacunas, foi realizada uma leitura comparativa de fatos, pessoas, nomes e referências variadas. Creio ter conseguido colocá-las em ordem cronológica, sem cometer nenhum erro comprometedor. As cartas datadas e não datadas esquadrinhadas na pesquisa somam 42 exemplares (dos quais 28 estão transcritos em "Documentos: o espírito da época"), abrangendo desde o período imediatamente posterior à formatura de Mário e Lívio, em 1923, até dezembro de 1930, quando o Grupo Comunista Lenine se extingue. Para melhor entendimento de certas passagens, incorporei outras cartas da correspondência de Lívio: duas da mulher de Mário, Mary Houston Pedrosa, três de Wenceslau Escobar Azambuja, militante oposicionista, duas de Rodolpho Coutinho e uma de Anthenor Navarro[5].

Para precisar períodos da permanência de Mário em Berlim, utilizei também duas cartas que ele escreveu para Elsie Houston, que na mesma época morava em Paris.

Com base na cronologia em que as cartas foram escritas, é possível separá-las em quatro períodos, correspondentes ao envolvimento político dos missivistas, primeiro com o Partido Comunista do Brasil e depois com a Oposição:

1. 1923-1927: a opção ideológica pelo comunismo e o PCB.
2. Dezembro de 1927-abril de 1929: no centro da crise internacional.
3. Agosto de 1929-maio de 1930: articulando a Oposição no Brasil.
4. Junho de 1930-janeiro de 1931: do GCL à Liga Comunista (Oposição).

1923-1927: a opção ideológica pelo comunismo e o PCB

Em agosto de 1925, Mário Pedrosa escreve para Lívio Xavier: "Ainda não vi os comunistas." Frase reveladora para quem até então conhecia o movimento comunista e sua ideologia por meio da leitura dos clássicos do marxismo e de publicações militantes como o jornal *L'Humanité*, do Partido Comunista Francês, e a revista *Clarté*[6]. Nas seis cartas de 1923 a 1925 eles comentam questões esparsas sobre o comunismo e sobre Lênin e Trótski:

> Quem há de tão grande que resista ao sucesso? Lênin só. Leste o artigo de Trótski no *O Jornal*? Insignificante e não esclarece nada. Acabei de ler o Trótski: o homem tem imaginação pra burro, que poeta. Ele sonha com a vida futura: Thomas Moore, Campanella marxista. La refondation de l'homme.

Também há nas cartas comentários entusiasmados sobre o movimento surrealista, principalmente quando se referem a André Breton e Louis Aragon. A preferência literária é por Proust e Apollinaire. Freud é citado muitas vezes. O primeiro contato com o Partido Comunista do Brasil aparece em carta de 8 de julho de 1925. Mário revela ter recebido e assinado *A Classe Operária*[7] e elogia o jornal, que se posiciona contra o "PS de Carpenter e Evaristo". Nessa mesma carta ele fala do dilema que o acompanhará por muitos anos, revelado na correspondência examinada: seu lugar como intelectual e militante. Ou melhor, seu dever moral de, como intelectual, tornar-se militante. Ao referir-se com ironia à revolução, afirma não ter "vocação" para o papel de revolucionário. O tempo se encarregou de desmentir tão precoce análise: desde seu engajamento no PCB, em 1925, jamais deixou de exercer atividade política até o fim de seus dias. Ironizando a si mesmo, descreve o seu primeiro contato com o Partido, ao receber "um pacote estranho" com três números de *A Classe Operária*:

> [...] enviei uma carta ortodoxa ao camarada redator e mandei uns cobres para assinatura etc. Depois fiquei assombrado de minha audácia e de minha ação... revolucionária: já me via com a polícia atrás e com ares de mártir pela causa, para o que, confesso, não nasci nem tenho vocação.

Essa carta foi publicada em *A Classe Operária* de 18 de julho de 1925. Dois aspectos são marcantes nesse artigo, que, provavelmente, é a primeira manifestação pública de Mário pelo comunismo: o primeiro é a ênfase nas "leis objetivas da economia marxista" e o segundo é sua denúncia da "ilusão reformista", defendendo o repúdio à política de colaboração de classes. Sintomaticamente, as questões centrais que agregaram os oposicionistas brasileiros durante a segunda metade da década de 1920 foram justamente essas. Seguem alguns trechos do artigo:

> Temos grande satisfação em comunicar-lhes que concordamos em gênero e número com o programa político de *A Classe Operária*, sua organização, nitidamente proletária, e sua orientação doutrinária, isto

é, pela luta de classes, pela educação das massas organizadas e unificadas nos sindicatos e pela obediência às leis objetivas da economia marxista, do materialismo histórico, enfim, pela prática do leninismo. [...] Nunca é demais denunciar o perigo do reformismo. Sobretudo entre nós, onde tudo ainda está por fazer. Podemos dizer, sem medo e sem erro, porque é a verdade, que a missão do reformismo tem sido a de salvar a sociedade burguesa da transformação social rápida. [...] Onde a luta de classes não se mantém intangível, limpa de toda mancha colaboracionista, os interesses do proletariado estão sendo traídos, as aspirações das massas conspurcadas e a transformação é um ideal balofo e vão, bom para literatices.

Em carta de 15 de outubro de 1925, ao referir-se a uma visita que fará aos comunistas, há a sugestão de outros encontros semelhantes. Em carta não datada, mas seguramente dos últimos meses de 1925, fica esclarecido que o contato com o PCB se deu por intermédio do líder gráfico Mário Grazzini, responsável pelo trabalho do Partido em São Paulo. Evidencia-se, portanto, que a cooptação de Pedrosa foi através dos quadros dirigentes:

São seis e meia. Voltei, conversei todo esse tempo com o camarada Grazzini, que me apresentou a um outro, ambos do partido. O Grazzini me apresentou como simpatizante (é assim que ele chama). [...] O camarada Grazzini, que gostou de minha nova visita, prognosticou, profecia sombria, que brevemente eu entraria para o partido. Estremeci... e quase prometi.

Essa aproximação com os comunistas combina-se com a perspectiva pessoal de Pedrosa a respeito do engajamento do intelectual nas atividades do movimento operário. A carta de 12 de fevereiro de 1926 é particularmente significativa, quando ele comenta a tese defendida por Louis Aragon na revista *Clarté*[8]:

[...] a ideia do proletariado do espírito [...] classe cujos interesses vitais estão precisando da Revolução para se realizar integralmente. Por ora, não há mais intelectual, nem artista – só há o proletariado hoje, nossa atividade só pode ser *didática* – a única legítima e moral. [grifo no original]

O conflito entre o intelectual e o militante já está presente. As cartas desse período são um retrato da tensão entre os dois lados que se digladiam. De uma parte, ele não se admite fora da atividade política: "[...] como acreditar no proletariado ocidental vendo-se o que se vê, sendo-se intelectual burguês embora diga-se [...] revolucionário [...] conservando-se fora da política." De outra parte, não abre mão de sua independência intelectual. Referindo-se à política, reconhece "que é obrigatório o otimismo. [...] Mas o otimismo necessário, a limitação intelectual, eis aonde não posso chegar".

A afirmação que segue parece resolver o dilema: "[pode haver perigo] de fazer da revolução um ideal abstrato, longínquo, transcendente, no plano do espírito [...]. E para evitar isso, entrei para o Partido".

Vejo com relevância essas afirmações, sobretudo ao considerar que Mário procura o Partido justamente para concretizar o seu ideal de revolução. Esse engajamento, no entanto, ocorre num momento de plena indagação, de crítica e mesmo de desconfiança dos dirigentes partidários, revelando que a ficha de militante não conteve a liberdade do intelectual. Senão, vejamos estes trechos de duas cartas:

> O fato é que estamos bem arranjados, com a visão necessária do mundo bastante lúcida para falharmos, e vamos falhando admiravelmente [...] O Brasil me vence [...] Rimbaud é inacessível. Ou isso ou soldado da Revolução. Mas a Revolução onde é que está? Você acredita em Stálin e em [ilegível]? E no Brasil, você acredita em Octávio Brandão, em Astrojildo, em Leônidas de Rezende, em Azevedo Lima? As forças históricas do Brasil, o proletariado. Os soldados, Prestes à frente, não conseguiram uma revoluçãozinha pequeno-burguesa, que será de nós?

Afirma em outra carta que sabe das possibilidades futuras, das "viradas e saltos", e que sua análise não é "científica". No entanto, o que se pode depreender é que, já nessa fase inicial como militante, Mário agita-se com suas dúvidas e seu partido.

Mas como é difícil vencer o ceticismo, ou melhor, o pessimismo. E a gente saber teoricamente, em abstrato, que a Revolução há de vir, virá um dia, é o bastante pra sustentar nossa revolta, a nossa luta contra o presente infame e necessário, sem jeito de ser outro? Isso é o bastante pra gente viver?

Seus conflitos não o impedem de exercer suas atividades partidárias. Creio que suas dúvidas e críticas nunca tenham ultrapassado o círculo dos amigos mais próximos, companheiros de ideias e perplexidades. Esses amigos eram Lívio Xavier, Edgardo de Castro Rebello, Rodolpho Coutinho, Antônio Bento, Plínio Mello, Mary Houston e poucos mais. Pode-se perceber na correspondência que em torno desse grupo surgiram várias propostas de publicações e atividades intelectuais voltadas para a crítica política e cultural. Por essas mesmas cartas, nota-se que Mário considerava o seu grupo à parte de outros dois, formados por intelectuais que dominavam o cenário político e cultural progressista em São Paulo e no Rio de Janeiro. O primeiro reunia dirigentes do PCB, principalmente Astrojildo Pereira e Octávio Brandão, e o segundo, os modernistas de 1922, liderados por Mário de Andrade e não engajados em atividades partidárias.

Entretanto, é interessante notar que Pedrosa participa eventualmente, em 1926, de círculos de debates constituídos por jovens intelectuais paulistas. Plínio Salgado chama o período de "anarquia intelectual" e relata:

> Eu morava, nesse tempo, numa pensão da Avenida Brigadeiro Luís Antônio, em companhia de Plínio Mello, Fernando Callage, Jaime Adour da Câmara. Vinham todos os dias, pela manhã e à noite, Augusto Frederico Schmidt, Raul Bopp, aparecendo às vezes Mário Pedrosa e Araújo Lima. Estes últimos traziam o comunismo. Nossas leituras eram todas marxistas. [...] Seria longo descrever o drama pelo qual passávamos naqueles dias. Quase todos os que me rodeavam lá se foram para Lênin[9].

A respeito de Mário de Andrade, Raul Bopp, Ismael Nery e outros, percebe-se uma relação próxima e cordial, com encontros frequentes e debates sobre temas culturais. Pedrosa, no entanto, é implacável quando analisa o posicionamento político dos modernistas. Ao criticá-los por terem assinado o manifesto do Partido Democrático[10], do conselheiro Antônio Prado, ele comenta:

> [...] é moda menosprezar a política – pois acima de tudo paira sublime e pura, amada e idolatrada (salve, salve) – a Arte [...] são rapazes inteligentes, às vezes de bom senso, mas em geral – por menos que queiram ser – literatos. O Mário é o melhor deles, mas às vezes me enternece pela sua candura, sua ingenuidade, sua crendice na arte, na ciência, em Deus e sua obra.

Na época, a militância de Pedrosa no PCB já estava mais avançada, e ele dirigia o Socorro Vermelho em São Paulo. Enquanto isso, com Lívio Xavier, Castro Rebelo, Rodolpho Coutinho e outros, que estavam morando no Rio de Janeiro, articulava projetos de publicações. Nessa fase, nota-se claramente a presença do Partido na condução desses projetos, como se pode constatar numa carta do final de 1925, sem data precisa, em que ele relata a experiência com a revista que pude identificar como *Revista Proletária*, cujo diretor era Mário Grazzini e que teve um único número, publicado em 21 de janeiro de 1926:

> A propósito, a revista[11] sairá agora; domingo os originais serão juntados para impressão. A demora foi [...] pela espera da resposta à consulta que os companheiros daqui, que são disciplinados, fizeram à Central do partido aí no Rio. Esta entendia não ser conveniente a publicação de uma revista por falta de quem a pudesse fazer, aqui, com competência, assim seria preferível um jornal. Por isso eles ficaram insólitos e deliberaram escrever outra vez ao Rio, fazendo ponderações a respeito e insistindo na publicação; a resposta do Rio ainda não veio, mas, segundo me disse o Mário[12], o Comitê daqui vai reunir-se e resolver-se pela publicação. Todos gostaram muito do teu artigo como também o do Castro[13]. Notei que ficaram satisfeitos.

Evidencia-se na carta a ligação efetiva de Pedrosa, Lívio e Castro Rebelo com as atividades do Partido Comunista do Brasil. Se é certo que Castro Rebelo nunca foi militante, torna-se inegável sua participação intelectual nas publicações do Partido. A militância de Pedrosa, no entanto, é efetiva e, nessa mesma carta, revela que está ensinando gramática, aritmética e economia para Mário Grazzini, então secretário do Comitê Regional de São Paulo.

A primeira carta de 1927 é datada de 5 de janeiro e enviada do Rio de Janeiro. Por lá Pedrosa estava de passagem rumo à Paraíba, onde assumiria o emprego de fiscal de consumo no governo do estado. Lívio, por sua vez, encontrava-se em Granja, no Ceará, tratando de negócios de sua família. É para lá que Pedrosa manda a carta participando-lhe o ressurgimento de *A Nação*, jornal dirigido por Leônidas de Rezende, jornalista e professor de Direito. Essa publicação será o órgão oficial diário do PCB até 11 de agosto de 1927, quando começa a vigorar a Lei Celerada, aprovada com o objetivo de reprimir o movimento operário. Por intermédio de *A Nação*, os comunistas articulam a estratégia de reproduzir no Brasil a experiência do Kuomintang chinês, partido burguês e nacionalista que se encarregaria de promover a "revolução burguesa" num país considerado colonial e agrário. Entusiasmado com o novo jornal e sua postura anti-imperialista, Pedrosa relata que já havia se oferecido para escrever um artigo sobre a Ford. Conta também que será fundada em São Paulo a Sociedade dos Amigos da Rússia, organizada por Aristides Lobo e semelhante à que já existia em Buenos Aires. Seu objetivo é realizar campanhas de divulgação do Estado soviético mediante conferências, concertos, formando uma biblioteca e lançando uma revista que se chamaria *Rússia Nova*. Essa iniciativa do PCB em São Paulo na verdade só aconteceria em 1931, diferentemente do Rio de Janeiro, onde já existia a Associação dos Amigos da Rússia, conforme se pode constatar no recibo de contribuição de Lívio Xavier, de número 0379, datado de 17 de julho de 1927 e assinado pelo tesoureiro Rodolpho Coutinho. No entanto, Mário oferece total apoio e diz para Lívio que já tem uma lista de adesões repleta.

A carta de agosto de 1927 é escrita de São Paulo, para onde Pedrosa havia retornado após abandonar seu emprego na Paraíba. Nesse período, ele mora com Plínio Mello e pede que Lívio e os companheiros do Partido no Rio de Janeiro denunciem a prisão e as torturas de que Aristides Lobo estava sendo vítima. Aristides havia sido preso em São Paulo, devido à Lei Celerada, no início de agosto de 1927, juntamente com Edgard Leuenroth e mais treze operários[14]. Nessa mesma carta, o cético intelectual e empreendedor militante do PCB informa ao amigo que o acalentado projeto de viagem à Europa, que será fundamental para sua trajetória política e para o surgimento da Oposição de Esquerda no Brasil, está para se viabilizar: "A Europa parece que está mesmo se aproximando."

Dezembro de 1927-abril de 1929: no centro da crise internacional

Em momento anterior, salientei o enorme peso atribuído a essa viagem de Mário Pedrosa à Europa, considerada a principal causadora de seu envolvimento com a Oposição de Esquerda europeia e com as ideias de Trótski. Insisto em que, sem minimizar o papel dessa vivência com a Oposição, devemos ser cautelosos ao afirmar que houve um convencimento a partir dessa viagem. Pelo próprio desdobramento da correspondência analisada até aqui, não fica difícil traçar um quadro mais complexo. Algumas questões reforçam meu ponto de vista de que havia uma disposição, por parte de Mário e de seu grupo, antes mesmo dessa viagem, de procurar uma alternativa à direção do PCB – que afinava com os rumos tomados pela III Internacional, da qual os futuros oposicionistas também discordavam. É possível dizer também que havia, além de simples identidade de ideias, uma articulação inicial, ou ao menos uma correspondência, da Oposição de Esquerda na Europa com Lívio Xavier e Mário Pedrosa. Seguem alguns pontos:

→ Se sua prática política como militante inicia-se em 1925, é inegável que Mário, desde a época da faculdade de Direito, participa de discussões políticas com seu grupo voltadas para uma melhor compreensão do socialismo e do marxismo.

→ As cartas anteriores mostram uma adesão ao Partido Comunista do Brasil condicionada a um questionamento crítico e explicitamente cético em relação à capacidade da direção partidária e internacional.

→ Os referenciais políticos de discussão do grupo de Pedrosa, além de textos de Marx, Lênin e Trótski, eram o jornal do Partido Comunista Francês, *L'Humanité*, e a revista *Clarté*. As duas publicações, não é inútil lembrar, reproduziam todos os questionamentos, propostas, impasses e documentos que tratavam do problema russo e dos rumos do socialismo internacional. As dificuldades políticas, naquele período, não eram pequenas, e o vigoroso debate iniciava-se na própria Rússia, estendendo-se principalmente para a Europa. Se os anos de 1923 a 1927 foram essenciais para consolidar e definir Stálin na chefia absoluta do governo soviético, não se pode esquecer que, até acontecer essa consolidação, não imperava o silêncio obsequioso entre os partidos comunistas, silêncio que se iniciará após o VI Congresso da Internacional Comunista, em 1928, e será total a partir dos Processos de Moscou, nos anos 1930.

Contudo, a leitura desses textos no Brasil, fora da organização partidária, certamente abriu novos horizontes para a inquietude intelectual de Mário e Lívio. Principalmente ao se levar em conta a precariedade desse tipo de discussão no interior do jovem e frágil PCB, preocupado desde o "episódio Canellas" em restaurar sua imagem perante a Internacional, ao mesmo tempo que se esforçava para elaborar uma análise do Brasil apresentada por Octávio Brandão, em 1926, no livro *Agrarismo e industrialismo*, que posteriormente recebeu críticas dos oposicionistas e da Internacional, realçando sua distância da análise marxista.

Por fim, além dessas questões que procuram problematizar o esquema simples de explicação do surgimento do trotskismo, na correspondência há evidências do contato anterior de Pedrosa e Lívio com Pierre Naville, liderança expressiva da Oposição que se formava e diretor de *La Lutte de Classes*, sucessora da *Clarté*. Em carta datada de 10 de setembro de 1927, Anthenor Navarro escreve para Lívio:

Mário recebeu uma carta mais ou menos longa de Pierre Naville, a propósito da Questão Chinesa e da Oposição (em Moscou). O Naville termina pedindo que ele precise os pontos para ter uma resposta completa. Carta muito interessante. Mário gostou. Mandou-me dizer que ia combinar com você quais as perguntas que deveriam fazer a Naville. Diz Mário que o Naville não botou o corpo fora.

Algumas outras hipóteses podem ser retiradas daí, além da obviedade de um contato já existente, pelo menos desde 1927.

É realmente possível que as ideias da Oposição russa, baseadas em textos de Trótski, como *Novo curso*, tenham chegado ao Brasil por intermédio de Rodolpho Coutinho, que esteve na Rússia em 1924 e teria tido contato com Trótski, como afirma, entre outros, Edmundo Moniz.

Conforme se pode constatar na revista *Contre le Courant* número 8 (11 de fevereiro de 1928, pp. 21-2), Pierre Naville participou do décimo aniversário da Revolução Russa em Moscou como delegado da *Clarté*, juntamente com Gérard Rosenthal, advogado de Trótski. Pode-se deduzir que nessa correspondência prévia era combinado um encontro entre Pedrosa e Naville em Moscou, já que o primeiro para lá se dirigia a caminho da Escola Leninista justamente naquela época.

Mário Pedrosa partiu para Berlim, escala necessária para prosseguir viagem até Moscou, em 7 de outubro de 1927, conforme carta de um amigo não identificado para Lívio, datada de 21 de novembro de 1927.

A primeira carta de Berlim, escrita em 24 de dezembro de 1927, confirma algumas hipóteses que formulei anteriormente. Depois de relatar a doença contraída logo após sua chegada, um "esquentamento", como se dizia naquela época, que o impediu de seguir no dia 15 (provavelmente de novembro) para Moscou, Pedrosa ironiza o amigo: "Você tem razão: o futuro a Deus pertence." Em seguida, a revelação essencial:

> Agora, *aqui pra nós*. Desanimei duma vez de ir, hoje mesmo que te escrevo. O congresso bolchevique do PR – expulsou Trótski e oposição do partido! Acabou assim com a oposição. [...] Pelas leituras, por alto, que posso fazer de *Rote Fahne*[15] – vi logo que acabaria nisto. [...]

Mas - quando vi na *L'Humanité* a resolução publicada ontem [...] foi como uma desgraça que já se estava esperando. Que deve a gente pensar? Já tenho tido desejos de procurar o Guilbeaux[16] - para me encostar a ele e fazer-me camarada dele para conversarmos. [...] Vamos ver se o Naville me responde[17]. Agora não existe mais a questão da oposição. Que atitude tomará ele? E estes órgãos meio simpáticos como a *Clarté* e Naville, Victor Serge etc., como farão agora, poderão continuar com a mesma liberdade? [...] Quero primeiro resolver meu caso - se vou, se não vou, vou ver o que resolvo de acordo com a Central. [grifo no original]

Em meio ao impasse transparecem, no entanto, severas críticas à Internacional Comunista e o desprezo pela política conduzida pelo Partido Comunista russo. Antes mesmo de qualquer contato com a Oposição de Esquerda na Alemanha, Mário já faz críticas contundentes e toma posição ante os últimos acontecimentos. Destaco dois trechos, ainda da primeira carta. Referindo-se à notícia e ao comentário de Doriot sobre a "Revolta em Cantão"[18], publicada no *L'Humanité*, transformando o fracasso desastroso dos comunistas em vitória da Internacional, Mário argumenta:

O movimento revolucionário chinês está agora definido - O Kuomintang desmascarou-se reacionário etc. - quer dizer, *a luta de classes esclarecida* - como um fruto da política da Internacional! Desse jeito - tudo é bom. Não há política que não dê certo: pois toda luta política - *é pra definir a posição inconciliável das classes*, sobrepondo uma sobre a outra! Assim justifica ele a Internacional e ataca a oposição, que foi pessimista por má-fé. [grifos no original]

A censura que acompanhou a formação do regime totalitário na Rússia soviética dava seus primeiros sinais, e Pedrosa, ainda entre o Partido Bolchevique e sua crítica oposicionista, comenta sarcasticamente com Lívio sobre a exposição em Berlim que comemorou os dez anos dos soviets russos: "[...] retratinhos dos chefes pra vender (sobretudo Stálin, Bukharin). De Trótski nenhum".

Vivenciando essas questões, o ainda militante do Partido Comunista do Brasil certamente refletia, na distante Alemanha, sobre o futuro indefinido que aguardava o movimento comunista agora que a Oposição de Esquerda russa havia sido expulsa do Partido: "Vamos ver a atitude de Trótski. Historicamente o partido tem razão. Mas o que temo são as inimizades pessoais, as intrigas pessoais contra Trótski. O ódio que há lá dentro contra ele."
Para o conjunto dos partidos comunistas, a expulsão dos opositores do PC russo atualizou a disputa pela liderança da Internacional e significou uma mudança de rumo para todo o movimento. Como anota Mario Telò:

> A experiência soviética desempenha um papel cada vez maior no curso do quinquênio fundamental que vai de 1923 e da morte de Lênin à virada política de 1928/29; e não somente por causa dos efeitos políticos e econômicos que sua própria sobrevivência produz na estabilidade do capitalismo mundial, mas do significado que Bukharin lhe atribui, ou seja, a de "primeiro gigantesco laboratório onde toma forma o futuro da humanidade"[19].

Os comunistas brasileiros não ficaram distantes desse contexto, e foram exatamente as mudanças nesse "gigantesco laboratório" que provocaram o aguçamento da crítica de Mário Pedrosa, aliada à perplexidade do momento: "A hora é dura e a gente tem de ser lúcido – disciplinado e coerente. Do meu ponto de vista pessoal – uma desolação. [...] E como é que eu vou pra Rússia assim? Me diga se é ou não é uma situação filha da puta a minha."

Observador e participante privilegiado da crise, Pedrosa preocupa-se em entender com imparcialidade as mudanças em curso. Nenhum alinhamento automático com alguma posição de uma ou outra liderança, nenhuma menção à saída do Partido Comunista pode ser notada nessa correspondência. Ainda na primeira carta da Alemanha, ele comenta as declarações de Zinoviev e Kamenev, quando expulsos do Partido russo: "É boa [...] é impossível servir à Causa – fora do partido [...]. São obrigados pois a submeterem-se à vontade do Partido, que é [...] o único juiz supremo do que é útil ou prejudicial ao movimento vitorioso da Revolução. É, como se vê, a fórmula do Trótski."

Da mesma forma, ele opina sobre as possíveis reações de Trótski à expulsão:

> Em França já vi anunciado em *L'Humanité* folheto – que pelo que parece – é de injúria contra o Trótski etc. Este parece que ainda não fez nenhuma declaração. Será possível que ele fique alijado duma vez do movimento revolucionário mundial? E que se contente com uma mera atividade individual – no campo teórico e intelectual somente? Talvez seja a isto – a que o queiram reduzir – Bukharin, Stálin etc. O erro da oposição, fundamental, é que ela ficou sem a massa. Agora, depois dos fatos consumados – expulsão etc. – a razão individual deles só não basta. O partido tem razão, pois, historicamente contra eles, *Trótski compreende tudo isso.* [grifo no original]

O lugar privilegiado do Partido aparece também no trecho final dessa primeira carta, sinalizando algumas conclusões sobre o aprendizado de Pedrosa no período e seus desdobramentos para construir a Oposição de Esquerda no Brasil. Ao Partido como elo indispensável entre os dirigentes e a massa soma-se uma análise crítica das lideranças. O que se percebe em Pedrosa, naquele momento, não é o militante submisso aos líderes da Oposição ou do Partido. Trata-se em primeiro lugar de preservar a instituição partidária, instrumento da revolução, posicionamento adotado até a fundação das ligas pelo trotskismo, por volta de 1933. Essa postura, no entanto, não amortece o vigor das críticas nem obscurece o olhar do militante sobre o que acontece à sua volta. A "limitação intelectual" que Mário nunca se permitira transparece nestas reflexões finais, em que comenta o confuso cenário internacional encontrado em Berlim:

> A grande superioridade, a superioridade genial de Lênin sobre Trótski – foi justamente – a criação do Partido Bolchevique – que Trótski não soube ou não quis criar. Daí tudo se deriva. [...] quando Lênin pôs para

funcionar a arma nova, a máquina nova de fazer a revolução – que ele inventou – Trótski foi o aperfeiçoamento técnico da máquina – uma peça essencial, a alma talvez da máquina – na hora de funcionar[20]. E Trótski acabou compreendendo isso – e nunca quis se separar da máquina – reconheceu a superioridade de Lênin. Talvez Trótski nunca pudesse criar o partido – por incapacidade de organização psicológica. É agora que ele vai mostrar se aprendeu ou não a lição de Lênin e se sofre mesmo dessa inibição psicológica. Se aprendeu, sua função histórica ainda não terminou e ainda pode jogar grandes coisas, acredito, apesar de seus inimigos. [...] *A gente hoje sabe que agindo certo ou errado – o partido tem sempre razão. Mas os grandes problemas que estavam no ar – não foram resolvidos, mas suprimidos. Que é também uma maneira de resolvê-los, afinal.* [grifo meu]

A segunda carta enviada da Alemanha data de 30 de janeiro de 1928 e dela podem-se extrair importantes revelações. A primeira é o estreitamento dos contatos que já existiam com o dirigente oposicionista Pierre Naville e com a revista *Clarté*. A segunda confirma a observação feita na carta anterior sobre as posições de Pedrosa e seu grupo a respeito da necessidade do Partido, embora tivessem uma postura diferenciada em relação à linha política impressa pelos dirigentes.

Em contato com Naville, Pedrosa solicita que Lívio e amigos escrevam para a *Clarté*, vendo nisso uma oportunidade de diferenciação com relação aos dirigentes pecebistas:

> Quero fazer uma coisa – como sendo quase coletiva, nosso pensamento. Desenvolvimento das classes, sobretudo Brasil e Argentina. Proletariado e burguesia. Luta contra o imperialismo-nacionalismo pela burguesia? Relação de burguesia do campo, lavoura – o famoso Café Feudal (?) do Brandão e a da Cidade Industrial.

Distinguir o grupo da direção do PCB é uma atitude que Naville incentiva: "O Naville me mandou dizer que era muito interessante. E era uma ocasião – para darmos nossa opinião – mais livremente, mais seriamente, com mais espírito crítico – do que nos órgãos oficiais."

A data dessa carta (30 de janeiro de 1928) é importante para localizar no tempo a organização da futura Oposição de Esquerda no Brasil. Ela é escrita antes da famosa "Cisão de 1928", já mencionada neste livro. Há, portanto, um encadeamento, uma sincronia entre as experiências revolucionárias vivenciadas por Pedrosa na Europa e o acirramento das divergências de seu grupo com o PCB. Penso que essa combinação de fatores explica melhor o que aconteceu, principalmente ao se considerar o apelo de Mário Pedrosa para que o grupo elaborasse, teoricamente, alternativas aos dirigentes do Partido. Citados nominalmente estão Lívio Xavier, Castro Rebelo e Rodolpho Coutinho.

A questão da luta contra o imperialismo depois da experiência da China é por demais importante. E nós – como militantes de país semicolonial, poderemos dizer claramente como é a situação. [...] Podemos até manter uma colaboração quase permanente em *Clarté* – sobre o desenvolvimento político etc. do imperialismo americano etc. – entre nós – uma denúncia constante etc. [...] Poderia até entrar em ligações com gente escolhida, que estude e entenda as coisas – de Argentina etc., intelectuais comunistas naturalmente, sem ser iluminados. [...] Acho que podemos fazer uma boa tarefa – e precisa – e que a Internacional pode dela ter conhecimento, sobretudo os chefes de responsabilidades – porque as fontes de informação que eles têm, você sabe, são as mais deploráveis possíveis. (Basta pensar no nosso caso aí.)

Na mesma carta, é interessante observar que o ponto de convergência de Pedrosa em relação a Trótski tem como referencial a luta deste contra o "Thermidor", genocídio no campo iniciado em 1928[21]::

Trótski mantém o seu ponto de vista e a fração. E rompeu contra Zinoviev. Acha que o grupo oposicionista deve manter e defender o seu ponto de vista – contra Thermidor – e trabalhar para conquistar o Komintern. É contra a criação dum 2º partido e 1 quarta Internacional. Minha impressão é que a posição dele, embora se justifique (pois se Thermidor existe, como ele acredita – ficar dentro do partido – sem denunciar, sem poder denunciar, pelo contrário, obrigado a negar Thermidor – é inútil e prejudicial à Revolução e talvez pior do que ficar de fora, denunciando Thermidor, sem se cansar) é muito difícil – pois pode se distanciar da massa – e a força da coisa levar a combater na direção do PC o próprio partido e no Governo – a própria URSS.

Apesar de assumir aqui a defesa das posições de Trótski, não se deve pressupor um Pedrosa defensor incondicional e cooptado definitivamente pelos oposicionistas. Ele teve a rara oportunidade, para um militante brasileiro, de situar-se no meio da polêmica que transformou qualitativamente os rumos do movimento comunista internacional. Ao militar em sua célula no Partido Comunista da Alemanha, Pedrosa teve tempo e sagacidade para avaliar o desenvolvimento da luta partidária com razoável grau de objetividade, como se pode perceber quando, nessas cartas, relata outros episódios. Procurando um critério imparcial, sua análise procura entender e opinar positivamente sobre Trótski, mas Zinoviev recebe igual tratamento, embora naquele momento se encontrasse em situação oposta ao primeiro. Ao considerar as declarações de Zinoviev, que se arrepende da atividade fracionista e acusa a plataforma elaborada pela Oposição para o XV Congresso do PCUS, Pedrosa ressalta que algumas posições do líder russo são corretas e justas, tais como o lugar central da Rússia no movimento operário e "como força motriz da revolução mundial".

Diante desse contexto polêmico, e aconselhado por Pierre Naville, Pedrosa cancela sua ida a Moscou, onde participaria da Escola Leninista, tal como havia sido planejado pelo Partido Comunista do Brasil. Em carta sem data, de março ou abril de 1928, ele revela para Lívio suas conclusões:

> Hoje – posso dizer que foi melhor que eu ficasse. Não devia ir. Teria sido pior. O valor da informação talvez fosse nulo – *por impossível no regime da escola*[22]. [...] A situação é mais grave do que parece. E você acredita que eu teria a liberdade (sem saber o russo) de me informar seriamente? Na Escola? Não, talvez fosse pior pra mim. [grifo no original]

265

Em seguida, transcreve o trecho da carta de Naville que o aconselha sobre a viagem:

> Je pense que les événements actuels, en Russie, ne vous incitent pas à aller là bas avant d'être renseigné à l'avance sur la crise, de l'extérieur. Selon mon expérience il est indispensable d'étudier la question de l'*extérieur* d'abord, le plus profondément possible. [grifo no original]

Seguindo esses conselhos, Pedrosa recolhe todo o material sobre a crise na célula do Partido Comunista da Alemanha com três oposicionistas que encontrou na célula zonal de Berlim e que criticam timidamente a direção partidária. Nessa militância, ele descobre a tendência do Partido em relação aos oposicionistas e relata no final da mesma carta: "A tendência é para a intolerância. Bourrage de crâne. A *Rote Fahne* também é cretinizante."

A carta seguinte, datada de 14 de maio de 1928, é uma das mais longas e demonstra não só um domínio maior da situação como também suas preocupações a respeito do lugar que cada um de seu grupo deveria ter no PCB. Em relação a este último aspecto, não se percebe qualquer sombra de desânimo. Sua vontade de fazer frente às limitações da Comissão Central Executiva do PCB e incentivar seus amigos e companheiros de ideias a se projetar no Partido, assumindo responsabilidades, é um chamamento à militância e uma retomada da antiga discussão sobre o lugar do intelectual na estrutura partidária:

> Não se trata de fazer uma coisa definitiva [a um artigo para a *Clarté*]. Mas uma mise-en-point – que mais dia menos dia *nós temos como desfazer*. Como podemos, na nossa posição de intelectuais do Partido no Brasil, continuar sem de nossa parte tentar definir a situação brasileira, sul-americana? [...] Não podemos continuar nessa irresponsabilidade em que temos deixado o barco correr. [...] Estamos todos falhando ao nosso dever. O Coutinho e o Castro na frente[23]. A atividade do Coutinho numa vaga CCE ou num mais vago ainda trabalho de organização camponesa no Distrito Federal (!) é irrisória, do ponto de vista político e histórico. [...] Para que serve a nossa presen-

ça nele [no PCB] – para fingir que somos bolcheviques e termos uma atividade puramente formal – comparecendo a reuniões de células e fingindo acreditar na organização e na existência dum movimento comum no Brasil? Ser membro do PCB e ir à célula é bonito e romântico – para nós "que não queremos ser literatos" etc. etc. Mas o tempo do romantismo já passou. [grifo no original]

Essa carta vigorosa, com muitas análises e apelos, com convocações à militância, dirigida ao futuro grupo de oposicionistas brasileiros, coincide com o primeiro encontro que Pedrosa teve com Pierre Naville, na França. Já se pode perceber, após esse primeiro contato, uma opinião mais acabada a respeito da situação dos vários partidos comunistas europeus e da própria Internacional. Mário demonstra absorver em maior profundidade as teses que nortearam a constituição da Oposição de Esquerda internacionalmente: a desagregação política e doutrinária dos partidos comunistas, a burocratização e a ausência de democracia interna de suas estruturas organizativas, a diluição dos objetivos originais do Estado soviético como representante legítimo dos trabalhadores russos.

Essas posições aparecem claramente quando Pedrosa traça um quadro dramático da desagregação dos vários partidos comunistas europeus. Analisando o Partido Comunista Francês após a expulsão de Naville, ele observa:

[...] ultracorrompido. Sem vida interna. Mecanizado ao extremo. Os elementos mais competentes e inteligentes, com raras exceções, estão todos fora [...] grande diminuição do número de aderentes [...] chefes parlamentares [...] corrompidos [...]. Doriot completamente estragado pela política interna do partido e comprometido com Stálin irremediavelmente [...] ainda se mantém na direção do PC devido à subserviência e aos cambalachos com a direção russa. Uns se apoiam nos outros etc. Como a política aí no Brasil.

O Partido Comunista da Alemanha, embora seus dirigentes, principalmente Thaelmann, estivessem comprometidos com Stálin, apresenta, conforme analisa Pedrosa, perspectivas políticas melhores no quadro europeu. Fazendo a mesma análise de Trótski, que considerava o PCA o mais importante da Internacional naquele período, Pedrosa afirma mesmo que ele o é "mais que o russo – hoje completamente sem vida e autonomia". Essa análise baseia-se no grande número de aderentes do PCA, da sua tradição partidária e da crise política e social sem precedentes que a Alemanha enfrentava naqueles anos. Esses fatores, segundo Mário, tornavam o PCA viável em meio a toda a crise da Internacional:

> O que está salvando o PC alemão de desagregação, como os outros, e impediu que a crise russa tivesse e tenha maior repercussão aqui é a situação interna do país. O movimento operário está tomando envergadura com as consequências da racionalização etc. A perspectiva pró-proletariado é de luta em defesa dos seus interesses mais imediatos etc. E isto tudo impede que as tais manobras políticas etc. absorvam toda a atividade do partido. [...] Aqui felizmente a base ainda é sadia, apesar da burocracia: o elemento proletário é ativo.

Apesar de Pedrosa se mostrar mais afinado com as teses oposicionistas, nem essa carta nem as demais autorizam a concluir simplesmente que ele tornou-se um instrumento útil nas mãos dos trotskistas franceses, como afirma, entre outros, Robert Alexander:

> [...] inteirou-se [Pedrosa] da cisão havida na Internacional entre stalinistas e trotskistas. Após examinar a questão durante algum tempo, decidiu-se alinhar com os trotskistas. Ao invés de ir a Moscou, Pedrosa foi a Paris, onde se ligou à revista *Clarté*, que era publicada pelos trotskistas franceses. Enviou vários exemplares da *Clarté* aos seus amigos e companheiros da Juventude Comunista; também lhes escreveu detalhadas cartas sobre o conflito na Internacional e *aconselhou-os a apoiar os trotskistas*. Ele ganhou muitos deles para o ponto de vista trotskista, incluindo Lívio Xavier, Aristides Lobo e Hílcar Leite[24]. [grifo meu]

Essa explicação ligeira sobre a origem do trotskismo no Brasil precisa ser reformulada, como mostra o material das cartas que Alexander citou, mas não leu. Nem o chamado grupo de Pedrosa nem ele próprio têm posições definitivas ou ditadas pela Oposição e, consequentemente, é falso dizer que a partir do material e das cartas enviadas por Pedrosa tenha havido um alinhamento automático de seu grupo às teses trotskistas.

A meu ver, essa explicação é tão simplista quanto a do famoso episódio do cometa de Manchester na origem do Partido Comunista do Brasil. Para maior clareza, deve-se procurar essa origem na própria trajetória dos companheiros de Pedrosa nos episódios mais importantes do PCB e situá-los na grande crise ideológica e política que historicamente o movimento comunista vivenciava no final dos anos 1920. Vivia-se um clima político de opção entre os comunistas, fruto da própria divisão política e ideológica da "pátria socialista" e de sua revolução. Qualquer análise menos apressada deve considerar detidamente esse momento particular da história do socialismo contemporâneo. Na carta em análise, tem-se Pedrosa como testemunha: "[...] todas as ideias estão sendo outra vez discutidas – etc. Há uma grande efervescência intelectual nos meios comunistas, revolucionários, de toda a Europa. Crises de consciência por toda parte".

Essa longa carta, de 14 de maio de 1928, procura identificar, entre afirmativas e indagações, os problemas mais importantes daquele período. Ao escrever sobre a necessidade de mudanças na URSS devido à crise instaurada no Partido, Pedrosa considera as possibilidades e mesmo detecta o que considera central, aliando-se à parte da Oposição de Esquerda:

> Apenas Stálin com medo de não poder mais resistir à pressão da direita – procura agora ver se consegue dar "un coup de barre à gauche", tomando à oposição algumas palavras de ordem etc., tentando executá-las. Mas ele não compreende ou não quer compreender – que para que essas medidas tenham eficácia – é preciso mudar o regime existente no partido, nos sindicatos e nos sovietes. Não é a buro-

cracia que pode lutar contra a ofensiva burguesa. E aí tudo fica no papel, sem eficácia positiva. E serve apenas para dizer que o partido se defende e luta contra os nepmen etc. [...] Já muitas palavras de ordem da própria oposição não podem ser mais postas em prática. Há certas aquisições vindas depois da revolução e que se cristalizaram: estas não podem mais ser aniquiladas. [...] A questão não é só ficar *na esquerda*. A coisa não é só tomar uma posição na esquerda e tudo está resolvido. [grifo meu]

Identificando Zinoviev, Treint (França) e Fischer (Alemanha) com essas posições, ele escreve: "Para eles é só mudar a atual direção e adotar as palavras de ordem da oposição – e tudo está resolvido, a situação russa melhorará incontinenti etc."

Ao mesmo tempo que faz essas críticas, Pedrosa identifica-se com as posições de Radek, Trótski e Souvarine (França). Argumenta que eles "já veem mais longe" e percebem o problema como "uma crise do bolchevismo. *Do ponto de vista russo é o impasse em que estão*". [grifo meu]

Ao longo dessa carta, podem-se distinguir os elementos constitutivos da crise, na opinião de Mário:

1. As faltas de recurso do Estado para a industrialização e a ascensão progressiva da economia privada no campo.
2. O processo clássico de acumulação do capital etc.
3. O advento em cena da nova burguesia do campo e da cidade.
4. O enfraquecimento das bases econômicas do proletariado e consequentemente de seu poder político etc., agravado com a burocratização do Estado, que pelo próprio peso da burocracia tende cada vez mais a se libertar das suas origens *de classe* – para se considerar acima das classes, com interesses e objetivos próprios. [grifo no original]
5. [...] a degenerescência burocrática atingiu aos próprios órgãos de combate e defesa do proletariado, aos sindicatos e partido. O partido e os sindicatos veem primeiro os interesses do Estado antes de ver os de sua classe. E veem tudo portanto deformado. E os processos de mecanização adotados e hoje já enraizados no partido permitem que

de dentro dele, de seus organismos de base venha uma reação de vida etc. A mesma degenerescência burocrática que se deu com o Estado, se deu com o partido. E hoje o partido tende a encarar as coisas dum ponto de vista próprio – que não é mais o do proletariado como classe.

É evidente que essas questões apontadas por Mário Pedrosa têm uma origem precisa: as críticas às teses do socialismo num só país, formuladas por Trótski e pela Oposição russa. Em especial quando trata da degenerescência do Partido, sobressai a análise da Oposição, que já data de 1923 e 1924, quando Trótski publica respectivamente *Novo curso* e *As lições de outubro*. A esse respeito, remeto à observação sintetizadora de Massimo L. Salvadori:

> As raízes da batalha que Trótski travou contra o poder staliniano devem ser remontadas ao final de 1923 [...] passou a denunciar o perigo de uma degenerescência burocrática do poder, radicado no isolamento da nova burocracia em face das massas, em sua vaidosa presunção, na excessiva centralização do poder e, em última instância, numa resposta errada aos problemas postos pelo atraso social russo. Diante desse processo degenerativo, Trótski pedia a retomada da democracia proletária, partindo de uma maior democracia no Partido. Essa foi a essência política dos ensaios posteriormente publicados com o significativo título de *Novo curso*[25].

O temor de revisar teses sacralizadas pelo bolchevismo e que tanto contribuíram para a manutenção do Estado soviético parecia não assustar Pedrosa, leitor atento da plataforma da Oposição Unificada da URSS (Trótski, Zinoviev e Kamenev), lançada em 1927. Ainda na carta de 14 de maio de 1928, ele enumera as revisões necessárias:

> Todas as teses da IC – a partir do 3º Congresso exclusive – têm que ser revistas e retomadas. A questão do fascismo. A Frente Única. A social-democracia. Capitalismo descendente, luta de trustes. A tese de Rosa Luxemburgo sobre a acumulação do capital explica hoje melhor a situação do capitalismo mundial do que a de Hilferding, Lênin, Bukha-

rin - que a deformou como sempre. Etc. A questão do imperialismo. A questão colonial.

Dentro desse quadro de revisão, a crítica ao bolchevismo estende-se à construção do partido revolucionário. Não é somente o Partido Comunista russo que, ao entrar em degeneração, não serve mais à revolução. Trata-se de repensar a estrutura partidária inspirada nos moldes bolcheviques:

> E é evidente que esse processo de degeneração foi facilitado pela ideologia bolchevique da endeusação ou superestimação do partido etc. etc. [...] É inegável que hoje a ideia de partido está numa fase de crise, de dúvida, de discussão. E é evidente também que a bolchevização, ou seja, tema interno que tem vigorado até agora - e que foi a salvação da Revolução Russa - e o elemento decisivo, histórico para o reerguimento do movimento revolucionário internacional - agora que a situação não é mais revolucionária, época de estabilização etc. - não serve mais.

Os questionamentos internacionais e sobre a situação russa encerram uma crítica a Trótski:

> Trótski, se tivesse mantido intransigentemente a oposição de 23 - talvez as coisas não se tivessem agravado tanto. O Ioffe - tinha razão quando o acusou de não ter podido ou sabido ficar sozinho, intransigente, como Lênin fazia - e de ter sobrestimado a ideia de unidade, de acordo etc[26]. E mal maior foi ainda quando fez a fusão com Zinoviev, cedendo à pressão da Krupskaia e dos operários, da massa que o seguia, que exigia, juntamente com a que seguia Zinoviev, a junção dos dois líderes. O bloco foi feito naturalmente com prejuízo da clareza de muito ponto de vista e da profundeza da análise. [...] Faltava-lhe por seu individualismo, seu isolamento anterior - o privilégio providencial de poder ficar isolado, só contra todos etc., como só o tinha Lênin.

Finalmente, na parte em que se refere ao Brasil, nessa carta de maio de 1928, ele procura demonstrar suas ligações com o PCB, apesar de toda a crise do movimento internacional. Corresponde-se nessa época com Astrojildo Pereira, de quem recebe incumbências em nome do Partido:

> Recebi uma carta do Astrojildo em resposta à minha. Não vi os camaradas que vieram. Nem soube da passagem deles. Quer que estude aqui a *organização* – pois diz ele que é o que falta aí. Naturalmente tenho me interessado em conhecer. E tenho aprendido alguma coisa. Neste ponto aqui tudo é bem feito. Vou responder-lhe breve. [grifo no original]

Ao mesmo tempo, os primeiros ecos da "Cisão de 1928" começam a chegar ao conhecimento de Pedrosa, demonstrando, como se viu em capítulo anterior, que o comprometimento ideológico e político do grupo de Pedrosa com a Oposição de Esquerda é concomitante aos desentendimentos políticos com os dirigentes do PCB:

> Agora você me explique que história é essa de depuração. Vocês estão ameaçados de expulsão também? Fizeram alguma coisa? Vocês tomaram alguma atitude definida – em comum etc.? Me diga qualquer coisa de claro. Mas acho que vocês não devem esconder a própria opinião se o momento aparecer de expressá-la.

A carta seguinte, provavelmente de agosto de 1928, já inicia uma elaboração dos projetos para o grupo recém-demissionário do PCB, embora Pedrosa esteja sofrendo diretamente as transformações, a "crise do bolchevismo": "[...] tenho que fazer qualquer coisa – de mudar completamente o rumo das minhas ideias e a orientação do meu esforço intelectual, que apesar de vagabundo sempre está ajeitado pra um lado".

Na avaliação sobre o episódio envolvendo Joaquim Barbosa, com as consequentes exclusões do Partido, Pedrosa, ao mesmo tempo que demonstra não ter interferido no caso, descartando-se, portanto, qualquer plano articulado pelos "trotskistas", critica a precipitação dos acontecimentos:

[...] surpresa que causou o ato de demissão: vocês deram uma solução rápida demais à crise. Se bem que o ato final deveria ser esse mesmo – em todo caso acho que vocês o precipitaram. Menosprezavam o valor de *algumas formalidades* quando mais não fosse para facilitar a justificação da atitude de vocês perante a IC e sobretudo mostrar aos *fanáticos da disciplina* (que é a maioria) a sinceridade da atitude dos chefes etc. Vocês erravam na tática [...]. Não há nisto nenhum zelo maior excessivo pelas formalidades etc. Estou certo que tudo acabaria como acabou – e era mesmo a solução verdadeira –, mas acho que foi tomada sem preparativo prévio – de modo a facilitar a compreensão do ato pela maioria ou ao menos pela parte hesitante, indecisa desta. Ou vocês não ligaram, desdenharam esse *resto* – como massa sem significação? O que seria também uma atitude errada, intelectual e sectária. [grifos no original]

É marcante, nessa carta, o questionamento de Pedrosa em relação ao trabalho organizado do grupo demissionário e a distância deste com relação à massa operária. É quase um desafio que ele lança da Europa aos seus companheiros, por intermédio de Lívio Xavier:

Que é que vocês fizeram depois que deram o fora do partido? Estão verdadeiramente organizados? Estão trabalhando nos sindicatos seriamente onde podem ter influência? Já fizeram alguma publicação? Rudimentar que seja? Ou apenas se limitam a discutir *nas mesas dos cafés* como é o nosso hábito? [...] Vocês só se podem agora se justificar pela ação orgânica que desenvolverem por mais vagabunda ainda que seja. E todo o nó da situação está aí. E da capacidade de agir e de organizar é que ponho vocês todos em dúvida. Assim também como eu. Que estou passando por uma crise e tomando consciência de uma posição que só no Brasil poderá ser esclarecida. [grifo no original]

Se Pedrosa critica os companheiros pela demissão apressada, por outro lado, a partir dessa carta, expõe com mais veemência a necessidade de o grupo dissidente manifestar-se publicamente contra as teses da direção do Partido Comunista do Brasil ou das resoluções da Internacional relativas à América do Sul. Tem-se, a partir do fato objetivo que foi a ruptura de seu grupo com o Partido, o empenho de Pedrosa em formar um grupo dirigente alternativo à direção do PCB. Esse agrupamento teria a difícil tarefa de contrapor-se, no Brasil, às orientações do Partido, ao mesmo tempo que deveria qualificar-se para liderá-lo. As ligações internacionais, evidentemente, serão com a Oposição Internacional de Esquerda e seus veículos de imprensa, que tinham por incumbência divulgar e fazer expandir os grupos que se opunham às orientações da Internacional Comunista.

Escreva pro Pénelon[27] ou coisa que valha pra ele dar alguma coisa sobre a Argentina [para a *Clarté*]. Vocês – os 2 grupos do Brasil e Argentina precisam, é mais do que evidente, ter relações. [...] vocês precisam levar o resto que acompanhou vocês até o verdadeiro conhecimento da situação. Pelo menos fazer com que leiam os documentos da oposição. [...] Não se esqueça – de fazer o troço pro Naville. Vocês precisam de expressar o pensamento sobre a situação brasileira. Vocês agora, que diabo, são diretamente responsáveis sobre uma corrente de opinião. Aproveita a sessão do Secretariado Sul-Americano[28] – veja todo o material que a respeito foi publicado – e faça a crítica. O Secretariado deve ter feito uma análise ou coisa que valha sobre a situação sul-americana – tome isto pois como ponto de referência. Fica muito bom para ser publicado em *Lutte de Classes*. A ideia é ótima – é aliás o dever de vocês.

Ao mesmo tempo que participa das articulações do grupo dissidente, Mário Pedrosa prossegue no PCB e colabora para o jornal do Partido, *A Classe Operária*, além de continuar se correspondendo com Astrojildo Pereira:

> Recebi outro dia carta do Astrojildo, junto com resoluções da reunião do Secretariado Sul-Americano – em Buenos Aires, naturalmente ultrastalinianos; ele me perguntava se tinha lido os documentos que tinha remetido sobre o caso de vocês mas ainda não pediu a opinião, até hoje nunca me referi a isso. Mandei uma tradução sobre as eleições[29] – *A Classe Operária* publicou etc.

Com essa carta, Pedrosa encerra a correspondência de Berlim. No acervo pesquisado, encontrei outras cartas escritas de lá, dirigidas a Elsie Houston, dando conta de várias atividades culturais e pessoais de Pedrosa no segundo semestre de 1928: cursos na universidade, contatos com músicos alemães sobre música brasileira etc. Nada mais, porém, sobre suas atividades no Partido Comunista da Alemanha ou no Partido Comunista do Brasil.

A carta seguinte, datada de 6 de abril de 1929, é remetida de Paris, aonde Mário Pedrosa acabara de chegar. Acredito que essa carta seja a única enviada da França, pela sua curta estada nesse país, pois retorna ao Brasil em julho de 1929[30]. Nessa carta ele revela três preocupações principais: o aguçamento da conjuntura russa, o papel desempenhado por Trótski e as atividades oposicionistas no Brasil.

Se no último período passado na Alemanha Pedrosa já se mostrava um militante mais seguro de suas opções oposicionistas e de seu trabalho no Brasil, a permanência em Paris por cerca de três meses consolidou seus laços com a nascente Oposição Internacional de Esquerda. Naqueles meses, ele manteve contato permanente com Pierre Naville e frequentou cursos e reuniões promovidos pela Oposição em que se discutiam a conjuntura internacional e a crise do movimento comunista. É com detalhes que ele revela para Lívio os debates com o grupo oposicionista em Paris. Mais uma vez, pode-se perceber o clima de liberdade em que ocorriam. Há uma abertura significativa para diferentes análises, e, nessa carta, Mário relata a discussão com os seguidores de Rosa Luxemburgo, com os textos dos dirigentes partidários da Alemanha e da França e, obviamente, com Trótski.

É interessante notar na carta que as questões teóricas sobre a revolução se interligam com o cotidiano do grupo oposicionista em Paris. Cotidiano marcado pela crescente hegemonia de Stálin no comando da URSS e assinalado pelo desenvolvimento dos processos internos de "depuração" dos dirigentes bolcheviques – as confissões acachapantes perante a Comissão de Controle do Partido, as denúncias de traição, as deportações – e pela instrumentalização das seções nacionais da Internacional Comunista através do centralismo em Moscou.

Esse cotidiano certamente marcou a formação de Pedrosa, que vivenciava os instantes decisivos do surgimento da Oposição Internacional de Esquerda. Em entrevista de 24 de dezembro de 1978, ele revela que "a plataforma da Oposição de Esquerda me abalou muito e participei de encontros com esses grupos de oposição. Aliás, não fui para Moscou justamente porque tomei posição ao lado desses grupos"[31].

A carta se inicia com o relato dos encontros com os oposicionistas e de seu contato com os luxemburguistas na casa de Pierre Naville, o que demonstra que as questões eram discutidas e repensadas de maneira ampla por aqueles que se opunham aos acontecimentos na Rússia e na Internacional Comunista.

> Tenho estado aqui sempre com o Naville etc. Assisti a um curso sobre o Diretório feito pelo Mathiez[32]. E, em casa do Naville, um sobre a situação internacional e o imperialismo, feito pelo Lucien Revo[33], que está aqui agora [...] em Paris. Quem assina *Primus* no *Bulletin Communiste* é ele. Gostei dele. Sabe pra burro. Perguntou pelo Coutinho[34] – e disse – "c'était un garçon très capable. Qu'est-il devenu?" Vou te mandar uma brochura dele. "L'Impérialisme et la décadence capitaliste". Combate a teoria Lênin-Bukharin do imperialismo. É luxemburguista. Do ponto de vista econômico-marxista estou completamente de acordo. Politicamente – ainda não sei bem – não estou bem firmado. Estou estudando e tenho me encontrado com ele para discutir.

Os comentários sobre a conjuntura russa estendem-se por boa parte da carta, e neles Pedrosa discorre também sobre o lugar de Trótski nesse contexto:

> Já sabe que *foi à força* a expulsão – a fim de tornar *impossível qualquer atividade política de Trótski* etc.? Vou te mandar *Contre le Courant*, últimos números, e o *Bulletin Communiste*. Nestes estão os últimos documentos e escritos do Trótski etc. Este ainda está na Turquia [...]. A situação russa é cada vez mais premente – catastrófica. Politicamente é a dissolução já. Economicamente – inaguentável. A luta interna no partido etc. vem a fuso. O Bukharin já não está à frente da 3ª Inter-

nacional e agora é o Molotov, instrumento de Stálin. O Bukharin já teve que ir se justificar perante a Comissão de Controle. E parece que as coisas tomaram feição dramática – pois quando ele se viu defronte da Comissão caiu num pranto de cortar coração etc. [...] Anteontem constou no *Le Temps* que o Tomsky tinha sido deportado etc. [...] Bukharin foi à Comissão de Controle porque foi apreendida uma carta dele a Kamenev e Zinoviev, convidando a estes pra lutarem contra Stálin e dizendo que preferia os 2 a Stálin na direção do partido. (O melhor é que segundo dizem – foi o próprio Zinoviev quem denunciou a carta!). [grifos no original]

Em outro trecho da carta, Pedrosa tenta transmitir para Lívio o clima das discussões e fala da sua participação. Relata uma reunião em que Naville expôs os pontos de vista de Souvarine sobre a economia russa e apontou saídas utilizando o programa proposto pela "direita" (Rykov, Tomsky e Bukharin, segundo a carta), mas executado pela Oposição russa. Mário discorda desses pontos e argumenta:

> [...] restaurar a democracia nos organismos básicos da ditadura do proletariado – dar de novo vida própria ao partido, aos sindicatos, aos soviéticos, reforçar a base de classe do Estado proletário – e então – assim garantido pelo controle de baixo – fazer uma política de oportunismo econômico. O Lucien[35] então respondeu – mais c'est ce que j'ai toujours dit! – Eu conto isso pra você ver como andam as coisas e conhecer o estado de espírito e a opinião geral a respeito.

Após relatar a opinião de diversas correntes e personalidades dos vários partidos comunistas europeus, Pedrosa termina suas considerações sobre a Rússia, centro de todos os debates, com o problema camponês e a plataforma da Oposição russa de 1927:

> [...] é evidente que esta [a plataforma] *hoje já não está mais completamente à la page dos acontecimentos*. As coisas de então pra cá andaram muito e em *muitas partes aquele documento envelheceu.* Muitas medidas ali preconizadas, justíssimas na época, hoje são impossíveis de serem

aplicadas. Ainda ontem (11 de abril) o Naville me mostrou um cartão de dias atrás do Victor Serge (V. Serge é trotskista ortodoxo) em que dizia que na má vontade contra o Estado *já não se podia distinguir o camponês pobre, o trabalhador rural do* kulak. *Politicamente a diferenciação do campo não existia mais,* kulak *ou não – o camponês está descontente contra o estado de coisas atual, contra o regime.* Penúria não só de objetos e produtos manufaturados como sobretudo de artigos de consumo imediato etc. etc. Cansado de política e da política de zigue-zagues do Estado, da burocracia intrometida por toda parte etc., o camponês pobre hoje *prefere à aliança com o Estado etc. a aliança com o kulak – que lhe assegura trabalho, o pão etc.* – mais fácil e simplesmente etc. do que a burocracia. [...] Quando a oposição levantou a ideia de liga dos camponeses pobres – foi aquela celeuma danada – trotskismo, subestimação do camponês e da famosa diferenciação de classe nos campos, *luta contra o camponês médio, antileninismo* etc. etc. etc. No entanto, hoje se vê que a medida então era acertadíssima – e afinal que *o trabalhador do campo não é o mesmo trabalhador industrial* etc. etc. [grifos no original]

Cabe assinalar também que a defesa de Trótski nessa carta escrita de Paris é muito mais radical do que nas anteriores. Ao comentar a negativa do governo alemão de conceder visto de permanência para Trótski, que ainda estava em Constantinopla em busca de asilo político na Europa, Pedrosa identifica o revolucionário russo como uma fonte renovadora do comunismo:

> Naturalmente teve o governo alemão medo que em torno dele se viesse a cristalizar uma oposição internacional – e nacional – verdadeiramente comunista etc. Isto prova – que o governo *pode viver muito bem com o* PC *oficial e prefere que ele continue assim e não venha a sofrer da crítica e duma pressão* de núcleo de classe verdadeiramente comunista e revolucionário – de modo a influenciá-lo e a transformá-lo e revigorá-lo. [grifo no original]

Tudo indica que, às vésperas de retornar ao Brasil, Mário Pedrosa já considerava correta a tese, desenvolvida por Trótski e pelos oposicionistas, de que eles próprios eram a fração revolucionária dos partidos comunistas e verdadeiros continuadores do marxismo.

Convencido dessa necessidade, Pedrosa preocupa-se em organizar o grupo dissidente no Brasil, reunindo os militantes descontentes com o Partido. Esse trabalho se mostra penoso. Apesar de seus questionamentos nas cartas e do material político enviado por intermédio de Lívio Xavier, nada havia organizado ou reunido os militantes recém-demissionários ou expulsos do Partido Comunista do Brasil. A tarefa de fundar uma fração no interior do Partido já se mostrava previamente de grande envergadura e, na carta de Paris, ele demonstra certo pessimismo, mesclado à necessidade de não inviabilizar o movimento oposicionista e não deixar cair o ânimo de cada dissidente com a nova perspectiva que se abria:

> Será que você deu a ele [Plínio Mello] como a Aristides alguma coisa a ler? [...] Você precisa mostrar e explicar tudo ao Aristides etc. Discutam. Não deixe o pessoal assim cretinizado pra depois não se perderem. Escreva ao Coutinho e ponha ele ao conhecimento disto tudo.

Antes, ele escreve:

> O [ilegível – refere-se a alguém do grupo que se excluiu do PCB na "Cisão de 1928"] traiu como o Zinoviev, isto quer dizer que a oposição esculhambou-se toda e dissolveu-se? Mas este fim era fácil de prever. E depois, entregaram os pontos? Que faz o Coutinho no Rio? Me manda o endereço dele. É pena que vocês não se tenham aguentado organizados ou pelo menos juntos – não existam como grupo. E nem ao menos se tenham dado ao trabalho dum esforço comum de teorização do movimento brasileiro; a crítica fundamentada do *Agrarismo* do Octávio[36] etc. E nem tampouco entrado pelo menos em correspondência com a oposição de Buenos Aires e Montevidéu etc. De modo que os acontecimentos na escala inicial que se estão precipitando vão apanhar vocês de imprevisto, de surpresa, sem preparação pra recebê-los e utilizá-los. É pena, é lastimável. E o Brasil como sempre vai primar pela inexistência. E tudo por culpa exclusiva

de vocês, que têm medo de assumir as responsabilidades do movimento. E o que pode acontecer então? O que pode acontecer então é que os Zinoviev daí tornarão a se arrepender de se terem arrependido e os Stalinezinhos mirins que mandam aí nesta merda aderirão pra continuar na chefia do movimento – na ordem inicial – fazendo todas as burradas possíveis – ou então se adaptarão duma vez ao Azevedolinismo, ao Lacerdismo, ao Prestismo[37], na luta contra o imperialismo e a democracia. Porque na Rússia as coisas já estão no fim. E vocês ficarão outra vez de lado – ou aderirão outra vez à Troika – Octávio – Astrojildo – Paulo[38].

Com essas considerações amargas, mas que ilustram com veemência os resultados alcançados pelos comunistas dissidentes naquele período de grandes mudanças, Mário Pedrosa encerra, ao menos no acervo pesquisado, sua correspondência da Europa dirigida para Lívio Xavier.

O militante que retorna ao Brasil em fins de julho de 1929 certamente não é o mesmo que partiu em novembro de 1927. Traz com ele a experiência de ter participado das transformações na Internacional Comunista, militando ativamente em dois de seus principais partidos: o da Alemanha e o da França. Traz ainda a certeza de que profundas mudanças são necessárias para o triunfo do Partido Comunista do Brasil, convicção adquirida na sua experiência europeia e que só veio a ampliar a crítica aos dirigentes do Partido, já feita em 1927, apontando limites e desconfianças, como visto nas cartas anteriores. Com ele desembarca também uma tarefa militante: construir no Brasil a Oposição Internacional de Esquerda, fração do PCB.

Agosto de 1929-maio de 1930: articulando a Oposição no Brasil

A primeira carta após o retorno da Europa é de 1929, provavelmente do mês de agosto, e é escrita do Rio de Janeiro, onde Mário instala-se e procura organizar o grupo oposicionista. Logo percebe que o entusiasmo que trouxe na bagagem arrefece diante das imensas dificuldades enfrentadas para reagrupar os dissidentes. Ele confessa para Lívio estar "desolado" com o que encontra no Rio de Janeiro e que tem vontade de voltar para a Europa, junto com Rodolpho Coutinho, que planeja fazer isso. O abatimento e a falta de perspectivas políticas atingem todos do grupo. Apesar do cenário desanimador e da perspectiva ainda pior da ausência de Coutinho nos próximos meses, Pedrosa tenta articular os primeiros planos de reaglutinação, como descreve nesta carta para Lívio:

> Encontrei aqui tudo ainda pior do que esperava. Não só a cidade em si como a gente – com sobretudo – *a nossa gente* [grifo no original] e [nosso] meio. O Coutinho completamente desanimado (aliás com razão) etc. E os outros, cretinos, [ilegível], e os outros, no mundo da lua, em plena seita. Isto aqui acaba tudo em nacionalismo histérico. Brandão, a quem ainda não vi – cada vez mais asceta. O Paulo, irremediavelmente o mesmo. O Castro – me causou decepção. Sem a menor compreensão da situação internacional, sem consciência do momento, fazendo críticas completamente atrasadas e, o que é pior, parece sem grande disposição de espírito pra fazer uma séria revisão de seus pontos de vista etc. etc. O Azambuja ainda não o vi – *Mas combinei com o Coutinho – de reunirmos um grupo. Ele acha que o grupo deve ser o mais fechado possível, só com gente de toda confiança. Não se faz nenhuma política de militante. Só de estudos teóricos, revisão de pontos de vista, informações da situação internacional, nacional etc. E depois de uma certa homogeneidade de ideologia – entra-se em comunicação com Trótski – por intermédio do Naville (coisa aliás combinada entre mim e este) – não só dando informações do que se passa aqui – como situando nossa posição do ponto de vista internacional, mas tudo numa atitude de completa independência.* [grifo meu]

Destaco quatro pontos desse trecho da carta que me conduzem a quatro conclusões sobre esse início de atividade organizada:

→ Ao referir-se a "nossa gente", é importante notar que Pedrosa inclui nessa categoria os dirigentes do Partido Comunista do Brasil, citando nominalmente Octávio Brandão e Paulo de Lacerda. Até nas entrelinhas se pode concluir que os propósitos oposicionistas de ser fração do PCB e não outro partido foram sinceros e verdadeiros.

→ Fica explícita aqui a primeira atividade do grupo: realizar estudos teóricos com os dissidentes sem nenhuma atividade prática e militante. Pedrosa demonstra uma continuidade das preocupações já expostas nas cartas que enviara da Europa, em que sempre lembrava Lívio de informar os amigos. Essa atitude revela que Pedrosa não se vê em condições de fazer aquilo que cobrava dos companheiros quando estava em Berlim e Paris: atuação nos sindicatos, publicações do grupo, unidade organizativa. Tudo dá lugar ao ajuntamento dos cacos que sobraram da luta interna desembocada no III Congresso do PCB em dezembro de 1928 e janeiro de 1929.

→ A busca de uma "homogeneidade de ideologia" do grupo demonstra também, e de maneira insofismável, que nada está pronto quando Mário retorna e que suas cartas e o material político enviados ao Brasil não chegam a homogeneizar um grupo maior de pessoas que não seja seu círculo de amigos mais próximos. Aliás, até a esse círculo ele impõe restrições, conforme vemos nas referências que faz a Castro Rebelo nesse trecho da carta.

→ Importante notar que as ligações com Trótski e a Oposição Internacional de Esquerda acontecem após a chamada "homogeneidade de ideologia", baseada numa "completa independência". Essa foi, explicitamente, a combinação entre Pedrosa e Naville, demonstrando mais uma vez que as versões correntes de que o trotskismo no Brasil surgiu das cartas e documentos de Pedrosa, instrumentalizado pelos oposicionistas europeus, são um falseamento histórico. Diferentemente, a conspiração cede lugar ao engajamento desse grupo, que acumulava discordâncias com o PCB no grande *tournant* que acontecia na Internacional Comunista.

Esse perfil de grupo de debates é a base do projeto organizativo iniciado por Pedrosa. Consequentemente, o número de aderentes é muito pequeno, por imposição da própria perspectiva em que se coloca:

O Coutinho acha que a coisa deve ser bem fechada. Só de elementos com que se conte absolutamente. Assim, somente o Sávio e o irmão, ele e eu, e talvez o Azambuja (pois casou-se e ninguém sabe mais) e o Silva, alfaiate, e o Antônio Bento, enquanto não for embora. E mais ninguém[39].

Esse grupo é engrossado apenas por Lívio Xavier, que atua em São Paulo, onde então reside: "naturalmente contamos com você".

Em entrevista a Lourenço Dantas Mota e Ferreira Gullar, Mário Pedrosa fala de seu rompimento com o Partido Comunista do Brasil:

> A luta da Oposição de Esquerda que Trótski traçou ao ser expulso da União Soviética era de luta pela regeneração do Partido contra a deformação burocrática. Os camaradas que fossem ganhos para a linha trotskista não podiam sair do Partido, mas defender dentro dele suas posições. Essa era uma linha muito rígida. [...] A partir de certo momento o Partido não aceitou mais esse tipo de divergências. [...] Alguns foram expulsos formalmente, outros não[40].

O fato é que o homem considerado o principal articulador do trotskismo no Brasil é, quando retorna da Europa, o único de seu grupo que ainda está vinculado ao PCB. Essa situação dúbia é tratada taticamente por Rodolpho Coutinho e pelo próprio Mário, com o objetivo de alavancar o crescimento do grupo oposicionista. Na parte final dessa carta, ele expõe o problema para Lívio:

> [...] Acha o Coutinho que não devo dizer nada a ninguém. E que quando for ao partido (pois que não pedi demissão de membro do PC alemão) não manifestar o meu ponto de vista e apenas pedir uma licença sob o pretexto de não saber ainda se fico aqui no Rio ou não etc. Eu estava pensando em ir lá – e sendo interrogado, como é certo, dar a minha opinião franca [...] conforme o que me disserem – pedir minha demissão sem barulho e sem briga, reservando-me o direito de voltar outra vez ao partido, de acordo com a marcha dos acontecimentos e se as coisas mudassem de rumo etc. Não sei ainda o que

resolvo. Estou ainda inclinado a tomar o último caminho. Porque dias atrás, estando com o Di, que anda aliás muito cretino, me encontrei com o Paulo[41]. Este então me perguntou por que não tinha ido pra Rússia, e o Di, pra fazer graça, entrou na conversa e disse que a razão era porque eu era trotskista, o que estragou bastante o nosso plano (Coutinho e eu). Fui obrigado a dizer que era ideologicamente, mas que em todo caso tinha me conservado no partido etc. Uma tapeação besta. O Coutinho achava que eu não devia me abrir perante os chefes – pra não prejudicar o desenvolvimento futuro do grupo ou mesmo a sua formação – pois bastava que *eles* dissessem que éramos todos trotskistas pra todo mundo fugir às léguas de nós etc. Estou enroscado e ainda não resolvi nada. E por isso mesmo não apareci ainda por *lá*. [grifos no original]

A segunda carta desse período data de outubro de 1929. Nela, Pedrosa conta que os contatos com a França foram retomados e que o trabalho de organização continua:

Recebi ontem *La Vérité*, jornal hebdomadário da oposição em França. Pelo que pude deduzir – é feito por gente do *Contre le Courant*, do *Cercle Communiste Marx-Lénine* e de *La Revue Prolétarienne*. Parece que a direção dele está com o Rosmer, naturalmente sob a influência de Trótski – pois o Rosmer estava em Constantinopla. [...] Não desanimei ainda de juntar o pessoal aqui. Quero ter agora uma conversa muito séria com o Coutinho para resolvermos então muita coisa.

Outra carta desse período é datada de 20 de dezembro de 1929. Passados os primeiros meses do seu retorno, Pedrosa ainda está enredado nas tentativas de organizar o grupo oposicionista, mas agora já admite discutir e intervir em questões mais diretamente ligadas à prática política, como a luta nos sindicatos. Nota-se também que a crítica ao PCB está mais presente, assim como a preocupação com problemas brasileiros. Esse "esfriamento" em relação às causas internacionais no discurso de Pedrosa talvez reflita o isolamento e a autonomia inicial da Oposição no Brasil, que não teria recebido material internacional, como afirma

Pierre Broué[42], mas certamente reflete as dificuldades concretas para organizar o grupo oposicionista, que precisa apresentar alternativas àquelas propostas do PCB para as questões nacionais.

A carta aborda alguns problemas objetivos: a saída de Pedrosa do Partido, finalizando o processo descrito em carta anterior; o Pleno do PCB, que expulsou a célula 4R; as propostas do Partido para a conjuntura nacional, particularmente a respeito das eleições presidenciais; e a repressão policial no período. Pedrosa tenta fazer desses itens, na sua luta diária para organizar o seu grupo, pontos de convergência, compondo um esboço do perfil organizativo dos dissidentes.

O de que se trata é de provocar dentro do partido *entre o maior* número possível de membros – um movimento de reação – em torno de *um caso concreto* – contra os processos usados pela direção[43]. Ninguém, por enquanto, pode alargar os problemas etc. A maioria dos que assinaram a carta – não nos acompanhará se quisermos desde já aprofundar a questão. De modo que a carta só pode ser assinada por membros do PC. [...] Chame a atenção do Aristides para a maneira arbitrária e ilegal, safada, com que agiu o *Plenum* etc. para com a 4R. E naturalmente vá analisando com ele os erros e a burrice da política do PC em todos os campos etc. [...] O momento é aqui de absoluta e sistemática reação. Nunca houve tanto método e deliberação na repressão: eles querem acabar de uma vez com toda e qualquer veleidade de organização sindical, quanto mais política, do proletariado [...] A política do partido até hoje foi feita como se tivesse por fito exclusivo facilitar a ação da polícia etc. Agora naturalmente a coisa vai por si mesma. E enquanto durar a questão da sucessão a repressão só tende a crescer. E se não conseguirmos criar um núcleo, uma base de salvação que reserve o futuro, para o movimento comunista no Brasil – este será aniquilado no Brasil por muitos anos. Nunca vi tanta cretinice e estupidez como a dessa gente do PC. É incrível. [grifos no original]

Lentamente, e apesar do quadro desanimador traçado por Pedrosa, a precariedade organizativa do grupo oposicionista começa a dar lugar a uma esperança tênue:

Por aqui a coisa vai, mas se arrastando irritantemente. Estamos ainda a nos organizar. [...] deixando que o pessoal amadureça. A questão dominante agora é a *sindical* – e nomeamos dois camaradas gráficos – pra relatar sobre a questão de modo que isto seja discutido completamente e se possa traçar uma linha geral. Depois – então – passaremos a outra questão. E assim pouco a pouco até discutirmos todas as questões e problemas. O diabo é que o pessoal – é anarquista, hesitante como diabo. [grifo no original]

Em um grupo fundado também na confiança entre amigos de lutas anteriores a essa fase organizativa, Pedrosa sente o que chama de "passividade" dos amigos e isso o afeta sensivelmente:

A atividade política não me basta – porque ainda é muito precária e me falta calma e paciência para suportar a passividade do pessoal. Mesmo da parte dos amigos: o Coutinho completamente cansado, o Sávio, influenciado pelo Coutinho – com um ceticismozinho irritante, o Escobar impossibilitado duma ação regular, aparecendo esporadicamente. O resto não merece confiança: Octaviano, Mesquita e caterva. [...] Diante de tudo isto – como evitar a neurastenia e a *tendência para as soluções desesperadas e românticas*? Tenho reagido, quero *reagir* – mas não me aguento mais; porra. [grifo no original]

Em outra carta, provavelmente de janeiro de 1930, surge de maneira mais decisiva na constituição do grupo a figura de Aristides Lobo. É ele quem argumenta que será inevitável eles voltarem ao Partido Comunista, agindo no interior da estrutura partidária. É bom observar que, na época, ele não havia se desligado do Partido e tinha ressalvas às teses da Oposição Internacional de Esquerda. Pedrosa diz na carta que Aristides está "em crise de consciência" e em processo de amadurecimento político que o levará para os oposicionistas.

O Aristides me escreveu. Ele quer que se volte ao partido – para agir dentro dele consequentemente, indo até o fim. Amanhã vamos à casa do Escobar discutir isto mais a sério: Aristides, Escobar e eu. O Coutinho, depois que pariu uma Krupskaia, nunca mais se viu. Acho – pelo que se tem visto até hoje – que por enquanto ainda não há possibilidades para um trabalho qualquer de organização – fora do PC. Por este lado, pois, acho que a proposta de Aristides se justifica. Trabalho prático fora do partido [...] agora, se não [é] irrealizável ou impossível, [...] não pode ser efetuado. [...] O Aristides ainda está em crise de consciência. E a *censura* nele é bastante forte e reage a qualquer palavra menos ortodoxa como *facção* etc. É preciso ir com muito jeito com ele – concordando, num primeiro momento, e depois discordando etc. Mas o acho firme – e acho que seu amadurecimento é uma questão de tempo. Me escreva sobre tudo isto. [grifos no original]

Nessa mesma carta transparece com total evidência o papel demiúrgico dos "melhores" do Partido em sua missão de municiar ideologicamente o movimento:

> Por outro lado – o trabalho teórico, de crítica ideológica etc. – é absolutamente urgente – mesmo para que a nossa atividade dentro do partido não seja descontínua e empírica demais. Logo, não há como se evitar a necessidade dos melhores se organizarem, ou se reunirem – para um trabalho de elaboração ideológica coletiva e sistematizada.

A carta seguinte é de 3 de fevereiro de 1930, procedente do Rio de Janeiro. Na linha de marcar posição contra o Partido Comunista do Brasil e documentos inspirados na Internacional Comunista, Pedrosa solicita a colaboração de Lívio para analisar dois documentos que o Partido havia divulgado: "Manifesto pela revolução agrária e pela revolução anti-imperialista", publicado em *A Classe Operária*, e algumas teses sobre a conjuntura brasileira publicadas na *Auto-Crítica*. Essas teses de conjuntura nacional receberiam, segundo Pedrosa, uma contratese que, se foi publicada como ele anuncia, terá sido um dos primeiros manifestos públicos contra o PCB feitos pelos oposicionistas brasileiros.

> Você deve ter já visto o tal manifesto – *Pela revolução agrária e pela revolução anti-imperialista* – [...] saído na *A Classe Operária*. Procuraram

as assinaturas de todos os soi-disants, intelectuais revolucionários etc. Coisa do Mota Lima, de acordo com o partido. Fomos, é claro, procurados para assinar - e não assinamos, é evidente. É típico como miséria ideológica. Não é nem menchevismo. É radicalismozinho vagabundo. De comunismo, de marxismo - nem cheiro. Assinou todo mundo, desde o Di e o Neves até o nosso caro Plínio Mello e o Everardo, o Mendes etc. É preciso lê-lo pra esculhambar. Saiu também a *Auto-Crítica* com as teses do partido sobre a situação - as perspectivas e palavras de ordem, você viu? [...] Coisas, já se vê, absolutamente insatisfatórias. Algumas observações rudimentares exatas, algumas conclusões e pontos de vista superficialmente exatos - e muita confusão, erros palmares etc. - e tudo muito bem enquadrado na linha da IC. Vamos aqui agora nos reunir pra fazer um estudo e uma crítica séria dos dois documentos. E depois em conclusão escreveremos uma contratese ou coisa que valha. E se possível - se publicará este folheto. Isso, quanto mais não sirva, servirá para que no futuro fique resguardado o nosso ponto de vista e demarcadas as nossas responsabilidades etc. Você deve fazer um trabalho paralelo. E daqui faremos um trabalho em comum - que receberá as assinaturas depois todos que estiverem de acordo ideologicamente etc.

Essa carta termina falando das dificuldades em trabalhar com o grupo disperso, ainda não organizado, ao mesmo tempo, porém, que os contatos internacionais com a Oposição tornam-se mais consistentes. Mário recebe carta de Pierre Naville dando notícias das atividades internacionais e solicitando colaboração para *La Lutte de Classes*. Recebe também o primeiro número de *The Militant*, jornal dos oposicionistas americanos, os quais elogia: "A oposição norte-americana é maior em número e melhor em qualidade do que o próprio partido."

Em outra carta sem data, mas de um pouco antes, final de 1929, Pedrosa anima-se com as novas possibilidades abertas. Um grupo de militantes, dissidentes do PCB, leitores de Trótski, interessa-se em discutir com a Oposição de Esquerda. Pelo que pude deduzir mediante a referência a João Dalla Déa nessa carta e por outra correspondência de Wenceslau Escobar Azambuja para Lívio, datada de abril de 1930, esse grupo é a célula 4R do PCB, estruturada no jornal *O Paiz*[44].

A perspectiva de Mário Pedrosa é agora mais otimista, e ele revela que existe um projeto de editar "um jornalzinho". Esse jornal marcará o nascimento do Grupo Comunista Lenine e será o futuro *A Luta de Classe*, título que identificará o trotskismo no Brasil desde seu primeiro número até os anos 1940.

As coisas aqui estão tomando um rumo interessante. Desenha-se a possibilidade de um bom movimento. Há no PC um grande descontentamento, expresso no documento que agora te remeto. É um processo que vai amadurecendo a olhos vistos. E creio que desta vez vai. Sobretudo se soubermos delimitar bem as coisas e o trabalho a fazer. Esse pessoal que agora estourou está em excelente disposição ideológica. Imagine que por si sós já leram o T. – *Rév. Défigurée* – isto por iniciativa própria. O partido está temendo a crise e acena para eles com um acordo. [...] Mas eles estão dispostos a só ceder – resguardando bem claramente todos os seus pontos de vista, causa da cisão, de modo a permitir que a diferenciação ideológica fique e continue visível dentro do PC. Quanto a nós – estamos animados – e aguardando a oportunidade para a nova ação. Você fique pois avisado. Leia a carta deles – que está muito boa – e distribua os outros exemplares. Pode dizer que foi o Dalla Déa quem mandou para você.

A presença de Wenceslau Escobar Azambuja nesse momento de pré--fundação do Grupo Comunista Lenine é bastante significativa para animar Pedrosa, que destaca o papel do amigo, relacionando-o com o surgimento do jornal: "O Escobar voltou à atividade. Está animado. Talvez se possa mesmo publicar – um jornalzinho – uma espécie de boletim etc."

Em carta datada de 31 de março de 1930, o que se apresentava como possibilidade na correspondência anterior passa a ser realidade: finalmente o grupo difuso de Pedrosa começa a articular-se em torno de um jornal. É *A Luta de Classe*, que nessa carta ainda tem outro nome: *Alerta*!

Configura-se pela primeira vez uma atividade política e organizativa. Vejo nela o primeiro e decisivo passo que cristalizará as relações entre o Partido Comunista do Brasil e sua autodenominada fração de esquerda. Como se pode verificar na carta, o papel do jornal é amplificar as vozes oposicionistas, criando um debate dentro e fora do Partido, cumprindo assim o que assinalei anteriormente: os opositores tinham antes de mais nada uma luta ideológica a vencer, essa era sua tarefa e principal objetivo político ao reunir os descontentes com o Partido e com a Internacional Comunista.

[...] as coisas vão indo. Grupo reunindo-se. Aristides, fabuloso artista, de acordo. Todos firmes – no trabalho de organização de um jornal *Alerta!* que deve sair em 1º de maio. Terá num primeiro número um caráter mais geral, melhor definido: dirigindo-se à massa em geral e aos comunistas em particular. Sairá com – editorial explicativo, da lavra do grande poeta Aristides, que anda muito inspirado. 1 artigo sobre 1º de maio. Outro cá do Degas – sobre a merda do Manifesto pela Revolução Agrária e Anti-imperialista. Outro do Déa sobre vida sindical. Crítica do livro de Castro sobre greve dos padeiros. Etc. etc. Você mande uma merda sobre qualquer coisa, mas em linguagem que se entenda, descendo um pouco das abstrações. Vou te mandar 3 listas de subscrições para você enchê-las todas.

Essas perspectivas promissoras são relatadas também por Wenceslau Escobar Azambuja em carta para Lívio Xavier datada provavelmente de abril de 1930. Nela, algumas questões não tratadas por Pedrosa aparecem com maior clareza, como a ideia de unir os dissidentes do Partido Comunista do Brasil, além do grupo inicial de amigos, e também o estreitamento dos contatos com a Oposição internacional:

Não deves ignorar os esforços que atualmente se empregam para conseguir uma *unificação dos elementos de Oposição de Esquerda (a antiga oposição, isto é, o nosso grupo + 4R + elementos esparsos)*. Deves estar a par de tudo pelo Pedrosa. Brevemente, mas não a 1º de maio, deve sair o jornal "Luta de Classe" e não "Alerta!". Convém, entretanto, que o Partido pelo menos até hoje continue a pensar que hoje saia o jornal e que se chame "Avante" ou "Alerta" como corre o boato. É possível que hoje saia uma exploração na "Classe" baseada neste erro de fato. Deves também estar a par de termos recebido uma circular do Secretariado Internacional Provisório da Oposição de Esquerda que procura, através da publicação de um Boletim de Informações e de uma Conferência Internacional, realizar a unificação das Oposições de Esquerda. Para tua orientação, envio-te a circular que enviei aos elementos de oposição daqui na qual reproduzo as cinco questões que nos são "planteadas" pela circular. Sobre a resposta envio-te o que foi aprovado em português pelo nosso grupo e cujo sentido deve permanecer inalterado na tradução para o francês. Sei que na Comissão de redação do *Luta de Classe* (Pedrosa, Coutinho e Déa) existe um artigo teu ou uma carta tua que até agora não consegui ler. [...] Espero que concorras em São Paulo para a difusão do nosso jornal e para a nossa obra. Contamos a colaboração intelectual e pecuniária e vos temos agora como ontem como um dos mais nossos. Desejava saber as perspectivas de qualquer trabalho e da ação do jornal. [grifo meu]

As ligações internacionais que Escobar descreve nessa carta são confirmadas por Pedrosa em correspondência datada de 31 de março de 1930, quando ele reproduz para Lívio uma circular do Bureau Internacional da Oposição Comunista de Esquerda:

Recebi hoje – uma circular do *Bureau Internacional da Oposição Comunista* de esquerda – dirigida – a nós – como grupo de oposição comunista do Brasil: pedindo nossa opinião etc. sobre as possibilidades de reunião da Conferência Internacional das Oposições de Esquerda a fim de se elaborar *uma plataforma internacional* [...]. [grifo no original]

A carta posterior a essa já é de junho de 1930, quando era publicado o terceiro número de *A Luta de Classe* e com o Grupo Comunista Lenine já organizado. Para finalizar esse período inicial do GCL e de seu primeiro jornal, ainda utilizando correspondências de Lívio Xavier, reportarei-me a outras duas cartas de Escobar, em que alguns problemas importantes são tratados e auxiliam nessa reconstrução. Percebe-se, por exemplo, que em 4 de maio de 1930, data da primeira carta, Escobar já assina como secretário do GCL. Além disso, ele informa que a chamada "unidade ideológica da oposição", motivo das preocupações de Pedrosa desde seu retorno ao Brasil, será buscada nas críticas que os oposicionistas farão às teses do III Congresso do PCB com texto inicial de Lívio Xavier:

> Foi assentado para a unidade ideológica da oposição que se procurasse assentar esta em torno às críticas às teses do 3º Congresso do PCB e às resoluções. A discussão será breve. Talvez sábado próximo assentemos o dia para seu início. Cabe-te a ti, por escolha unânime, o papel de relator na tese referente a "Situação política nacional e a posição do PC". Prepara-te e o teu relatório.

A segunda carta de Escobar, datada de 16 de maio de 1930, anuncia o primeiro número de *A Luta de Classe* e traz uma descrição muito clara e objetiva das possibilidades do GCL. Com o jornal, os oposicionistas de esquerda começam a tecer publicamente as primeiras amarras do trotskismo no Brasil:

> *A Luta de Classe* surgiu dia 8. Remeto-te umas dez, para serem distribuídas aí. Pedirás, outrossim, o auxílio pecuniário mensal para os camaradas que julgares que o faças. Sondarás a repercussão. Voltando à distribuição dos dez jornais, peço-te que não o faças a alguns que enviaremos pelo correio hoje ou amanhã. *São mil exemplares*. A procura é muita. É preciso economizar. Em carta separada, enviar-te-ei lista e endereço daquelas que remeteremos pelo correio [...] Peço procurar estes, saber se receberam o jornal, a impressão, a disposição de ânimo e se podemos contar com contribuições mensais, deves coletá-las e enviá-las regularmente em vale postal ou por banco a teu critério. Li sua carta e apreciei todo o jornal, verificarás, está bom, interessante. O Castro ficou irritadíssimo. [grifo do autor]

Junho de 1930-Janeiro de 1931: do GCL à Liga Comunista (Oposição)

O Grupo Comunista Lenine, que vem a público em maio de 1930, tem uma curta existência de menos de dez meses, marcada por muitos períodos de imobilismo, o que, como se pode perceber nas cartas aqui analisadas, dá ao grupo a dimensão de um ensaio do que viria a ser o movimento trotskista no país. Desde o primeiro número de *A Luta de Classe*, em 8 de maio de 1930, a fragilidade organizativa do grupo se expressa na impossibilidade de ele ser algo além de um divulgador das posições internacionalistas da contemporânea I Conferência Internacional dos Bolchevistas-Leninistas, primeira atividade coletiva da Oposição de Esquerda, exposta no *Boletim Internacional* número 1, órgão de imprensa do movimento. À parte o fato marcante de que, também no plano internacional, os oposicionistas estão dando os primeiros passos para se organizar, no Brasil a fragilidade do grupo é acentuada pela precaríssima estrutura, dependente quase exclusivamente de Mário Pedrosa.

Esse, aliás, é o relato mais marcante das cartas de Mary Houston Pedrosa e de Rodolpho Coutinho para Lívio Xavier, que utilizo como complemento das informações deixadas em aberto pela correspondência de Pedrosa.

Desse período, foram encontradas quatro cartas de Pedrosa, dos meses de junho, julho, agosto e dezembro de 1930, testemunhando o percurso do GCL, extinto no fim daquele ano.

A segunda carta desse grupo não está datada, mas seguramente é do final do mês de julho de 1930, quando *A Luta de Classe* já chegava ao quarto número. É sobre a repercussão do jornal que Mário fez seu primeiro comentário:

> O jornal está fazendo já o seu efeito por entre a gente do próprio partido. Já merecemos duas descomposturas da *Classe*[45], uma delas emanada do próprio *presidium* do partido. [...] Recebi carta do Naville, oferecendo-se para escrever uns artigos sobre a situação internacional etc.

As teses sobre o imperialismo do PCB, aprovadas em seu III Congresso, que se baseavam no livro *Agrarismo e industrialismo*, de Octávio Brandão, são ironizadas por Pedrosa:

> A *Classe* escreveu outro dia que o Zé Pereira era agente do imperialismo inglês e João Pessoa do americano. Como concorrência à *Manhã* está fabuloso. Como se vê, o imperialismo americano anda pesado. Acabaram com a sua última esperança e o seu mais valente representante[46].

Há também uma referência às primeiras medidas de organização política do GCL, mantendo-se a tática de ampliar o debate sobre os pontos discordantes do PCB e da Internacional Comunista. Ainda nessa carta, há a esperança de que o grupo se afirme:

> Creio que já entramos em fase da organização e estamos decididos a lhe dar forma: estamos já tratando disso. Vamos adotar os estatutos da Liga de Paris. Estamos tratando de organizar logo o curso e agora mesmo vou escrever ao Luís para o seu pessoal entrar em ligação conosco e começarmos, desde já, a cretinização dele. E, é claro, também do pessoal nosso. Quanto às teses, acho que devemos trabalhar nesse sentido, apenas com a diferença formal de não fazermos mais das teses do partido ponto de partida[47]. Isto é, elas não devem ter o caráter de contrateses, pois as do partido já foram revogadas, segundo soubemos[48]. Devem servir antes como uma espécie de plataforma, em torno da qual agruparemos todos os elementos que queiram reagir contra a situação. Talvez devam por isso ser mais extensas etc.

A carta anterior, do final de junho de 1930, dá conta, com particular ênfase, do destino iluminista do grupo. Coloca-se como portador do debate mais culto, mais em consonância com a conjuntura do comunismo internacional, e, nessa condição, atribui-se o objetivo de elucidar os militantes no Brasil. Postura, aliás, fruto da orientação geral de Trótski para aquele período. Jean-Jacques Marie, citando um texto de Trótski de março de 1930, argumenta:

"A concepção de Stálin conduz à liquidação da Internacional Comunista", mas os erros não constituem mais do que uma linha política falsa que *tende* para representar cada vez mais os interesses específicos de uma casta privilegiada, a burocracia, refração do imperialismo no seio do Estado operário em vias de degenerescência. Enquanto a tendência não for mais que tendência, qualquer que seja a ferocidade da repressão contra a Oposição de Esquerda na URSS, o papel desta última é tentar tudo para *corrigir* o Partido e a Internacional[49]. [grifos no original]

É nesse contexto que se pode compreender a crítica de Pedrosa contra Lívio Xavier na carta:

> Li sua carta para o Azambuja com a crítica pernóstica que fez. Acho que você não tem razão nenhuma. Não há tanta pressa assim. Ninguém pode exigir dos outros que tomem partido por alguma coisa sem ter o menor conhecimento dela. Isso é besteira. Ninguém sabe nada da situação internacional. Você pensa que o creta do Partido sabe o que é socialismo num país só, questão chinesa, democracia na base, comitê anglo-russo, burocracia, centrismo, direitismo, oposição, Stálin, Trótski etc. Você é besta. É a distância que está fazendo isso? Nós estamos agindo direito. Primeiro é preciso dar a essa gente alguma coisa a respeito para ler, antes de exigir que tome posição. E é o que estamos fazendo, publicando de cada vez um documento com um comentário simplesmente elucidativo e traduzindo também alguns para publicar em folheto e espalhar. Depois que se tiver feito isto um certo tempo necessário para pôr o pessoal mais ou menos a par da situação [...] convidaremos o pessoal para uma reunião onde se discuta a questão ao mesmo tempo que o jornal tomará posição de princípio em nome do GCL sobre a questão. Isso é que é. Não estamos repetindo as besteiras que vocês fizeram[50]. Logo guarde a sua arretação trotskista para mais tarde.

Em carta datada de 20 de agosto de 1930, o assunto principal é uma possível viagem de Lívio Xavier para contatar Luís Carlos Prestes, exilado na Argentina[51]. Esse episódio com Lívio ajuda a esclarecer o controvertido contato de Prestes com os oposicionistas brasileiros.

O prestígio do "Cavaleiro da Esperança" naquela época era muito grande, e seu manifesto publicado em maio de 1930, repudiando a Aliança Liberal e aderindo ao comunismo, excitou não apenas o PCB, que para lá enviou alguns dirigentes – como Astrojildo Pereira e Leôncio Basbaum –, mas também o recém-fundado GCL. Em carta anterior a essa, Mário Pedrosa recomenda: "É bom que você escreva já ao nosso amigo Lobo, para Buenos Aires. É preciso manter uma comunicação constante com ele e com o Ogum de lá."

Interessante notar o tratamento dado a Prestes, "Ogum". A procura pela liderança de massas, pelo homem providencial, característica daquele período, popularizado na figura do "Cavaleiro da Esperança" por Jorge Amado em seu famoso romance publicado em 1942, parece ter atingido os oposicionistas brasileiros. O reconhecimento da figura magnetizadora de Prestes – o "Ogum de Buenos Aires" – perfilava-se com o "Ogum de Constantinopla", codinome dado por Pedrosa a Trótski.

Esse contato entre o GCL e Prestes, no entanto, carrega algumas questões que necessitam ser esclarecidas. Houve um encontro de Mário Pedrosa, delegado pelo GCL, com Prestes em Buenos Aires, limitado a uma entrevista que teve como assunto principal a possibilidade de editar um jornal em comum, organizado por Lívio Xavier[52].

No entanto, persiste uma controvérsia sobre as responsabilidades de Aristides Lobo nesse contato. Resolver esse problema, aparentemente sem importância, não só esclarece afirmações históricas como também é uma oportunidade para reconstruir o projeto político dos oposicionistas e sua fidelidade ao Partido Comunista, como "fração de esquerda" dele. Afinal, uma das acusações mais cáusticas dos dirigentes pecebistas ao GCL foi um possível envolvimento dos oposicionistas com a Liga de Ação Revolucionária[53], consumando uma aliança com Prestes, temida pelo Partido.

Estaria Lobo atuando como mandatário dos oposicionistas para arquitetar com Prestes medidas de profundidade como a LAR, como afirmam alguns textos, ou estaria agindo por sua própria cabeça? Até as entrevistas dos personagens chocam-se nessa questão. Lívio Xavier, por exemplo, na entrevista a Lourenço Dantas Mota, afirma que Aristides foi enviado pelo grupo. No entanto, na entrevista ao mesmo jornalista, Mário Pedrosa afirma que foi contrário à proposta prestista de fazer um Partido independente: "Isso iria prejudicar profundamente o Partido Comunista, pois [Prestes] com seu enorme prestígio iria arrastar muita gente. O PC era um partido novo ainda, sem grande expressão, a não ser nos meios operários mais adiantados. Opunha-me àquela ideia porque éramos bolcheviques e leninistas."[54] Ora, a criação da LAR, com decisiva participação de Aristides, não contraria esse ponto de vista?

Na carta de 20 de agosto de 1930, escrita um mês após o lançamento da LAR, colhi dados que me permitem concluir que Aristides Lobo não estava agindo como mandatário. Era, na verdade, apenas um simpatizante do GCL, como podemos verificar em cartas anteriores, quando, circunstancialmente, seu nome é mencionado. Não podemos esquecer que, embora ele tivesse escrito para o primeiro número de *A Luta de Classe* em maio, logo em seguida teve de se exilar no Uruguai. Da curta vida do GCL, Lobo participou apenas dos três primeiros meses. É natural, principalmente de acordo com a disciplina rígida da militância na época, que seja considerado um "simpatizante". Pedrosa, na mesma entrevista a Lourenço Dantas Mota, revela que, na corrida para contatar Prestes, "alguns simpatizantes nossos também foram"[55].

Além de recomendar que Lívio tivesse contatos estreitos com Lobo em Buenos Aires desde a carta anterior, Pedrosa confia ao amigo a missão de ser o "executor da nossa linha política junto ao Ogum de Buenos Aires". Lobo teve um percurso próprio desde o exílio no Uruguai, devido à militância no PCB, à sua candidatura pelo Bloco Operário e Camponês e às atividades sindicais, até a publicação de sua "Carta aberta aos membros do PCB", em dezembro de 1930, quando foi expulso do Partido. Como mantinha relações pessoais com Lívio, Pedrosa e Coutinho, e também participara das articulações iniciais do GCL, ele pode ter sido a ponte inicial com Prestes, mas nada indica que tenha sido um delegado dos oposicionistas. O seguinte trecho da correspondência de Pedrosa para Xavier apoia essa conclusão:

Levei ao conhecimento do pessoal o convite que você recebeu para ir a Buenos Aires. Resolveu-se que você aceitasse o convite. Você deve escrever para lá já, dizendo que mandou primeiro consultar o grupo no Rio e que aguardava a decisão dele para então resolver definitivamente. Isso é para que você siga como representante oficial do grupo. E que vai ser lá o executor da nossa linha política junto ao Ogum de Buenos Aires.

Recorro também a uma carta de Mary Houston Pedrosa para Lívio, sem data, mas provavelmente de final de outubro ou princípios de novembro de 1930:

> Mas desde já vou recomendando cuidado e muito tato na carta que você escrever a ele [Lobo]. Ele parece que está um pouco ou um tanto cretinizado. Recebi uma carta em que ele informa, como um grande acontecimento, que conseguiu que a adesão do Ogum de lá fosse aceita pelo Partido[56], naturalmente para fazer e continuar a fazer maravilhas como a última que nós vimos aqui. Ele também faz uns reparos no GCL dizendo que lhe parece que estamos mais ou menos infestados de oportunismo, você sabe, o mal é outro, mas esse eu não sei de onde ele chegou a essa conclusão, eu calculo que ele teve notícias da colaboração de vocês aí com os oportunistas daí e está reprovando[57]. Mas nesse caso é besteira. Talvez também ele esteja muito mal informado das coisas. Em todo caso não me parece que ele saiba da completa derrocada do Partido, e por isso não convém que você fale do GCL mostrando só um verso da medalha quando ele não vê o outro. Porque, afinal, o GCL não vale nada, mas sempre é muito preferível ao Partido, porque pelo menos é inofensivo, enquanto o outro é nocivo. Enfim, é possível que a adesão do Ogum seja mediante condições, com o fim de conseguir uma frente única, colaboração geral etc. Nesse caso ele acaba dando com os burros n'água, porque o pessoal do Partido é maluco mesmo, mas não é tão grave. Ah, me esquecia de dizer que o Aristeu[58] pede absoluto sigilo sobre o caso da adesão, peço que você não fale a ninguém a respeito.

A carta seguinte de Pedrosa, datada de 8 de dezembro de 1930, confirma definitivamente o papel de Aristides Lobo e sua condição de oposicionista principiante naquela época. As conclusões de que Lobo já era um trotskista quando do surgimento da LAR, como afirma John Foster Dulles⁵⁹, por exemplo, ficam evidentemente comprometidas.

Quanto ao nosso amigo de Buenos Aires – acho que comprou inconscientemente os despeitos naturais do Cavaleiro – e foi embrulhado. E esse erro foi causado pela abstração que fez do *ponto de vista internacional*. E é o perigo que [eu] aqui estava com medo: de que vocês também aí *caíssem* nele. O nosso amigo está para vir. Aqui ele terá também de definir-se. Ele não pode mais continuar a manobrar com o partido, pois é isto o pior oportunismo. Ele precisa assumir abertamente a responsabilidade da luta pela linha da Oposição de Esquerda. Ele está muito satisfeito com o desenlace do caso do Cavaleiro entrando para o partido. Com certeza, porém, pensa que a aquisição é muito boa e assim ele pode *remontar o curso do partido* etc. Mas ele há de ver o resultado, pois pelo que parece o Cavaleiro [...] continua ainda a encarar a Oposição de Esquerda como uma *questão de vaidade pessoal ferida* etc.!!!! [...] Ontem correu por aqui a notícia que ele devia chegar ontem mesmo pelo *Sierra Morena*, tendo a Mary – D. Arinda⁶⁰ ido ao cais. Mas não veio. Talvez tenha desembarcado em Santos. Talvez já tenha a estas horas estado com você. Você precisa ter muita habilidade em discutir com ele e mostrar-lhe o erro, e a capitulação diante da burocracia, sobretudo no sentido internacional, e é preciso que ele entre em conhecimento imediato dos nossos documentos, desde o último número de *A Luta*, que ele não conhece, os nossos manifestos, a nossa análise da situação e o troço que mandei, e se você tiver coisa nova, também, é claro (aliás, se tiver me mande também). [grifos no original]

Nessa mesma carta, Pedrosa, afastado por doença, apela para Lívio que se acerte politicamente com Aristides Lobo e juntos assumam a direção do grupo:

> Preferiria que ele [Lobo] *primeiro* viesse até aqui, pois dada a minha situação atual fora da luta, serviria melhor de *para-choque*. É preciso agirmos de modo a conquistá-lo ao nosso ponto de vista, de modo que

ele possa assumir com você abertamente a direção da linha política da Oposição de Esquerda. [grifos no original]

Essa fase de construção do movimento trotskista, retratada na carta de dezembro de 1930, aponta o esgotamento do Grupo Comunista Lenine, reiterado também por outra correspondência enviada para Lívio por Mary Houston. Encontramos nesses escritos finais a concentração de todas as dificuldades enfrentadas nessa primeira experiência organizativa. Algumas delas, apesar da diferença numérica e de quadros, muito semelhantes às do Partido Comunista do Brasil, como a relativa autonomia e a independência do trabalho no Rio de Janeiro e em São Paulo. Como aconteceu também com o Partido em várias oportunidades, o GCL, nessa fase, apontava a possibilidade de continuar o grupo em São Paulo, mudando para a capital paulista o núcleo dirigente, na busca de uma nova forma organizativa. Ainda na carta de 8 de dezembro de 1930, Pedrosa afirma:

> A sua carta veio me confirmar muita coisa que eu suspeitava. Estou em linhas gerais de acordo com você. O GCL faliu. Acabou-se. Vocês aí em S. Paulo – é a única possibilidade de trabalho que ainda resta [...]. Naturalmente não posso saber das possibilidades de trabalho de massa que vocês têm aí. Creio que nas condições atuais, reduzidos e sem recursos como estamos, há de ser muito difícil. O partido estará melhor servido nesse ponto, com mais gente e *agora*[61] com mais dinheiro. [grifo no original]

Talvez, devido a essa separação entre Rio e São Paulo, articulando-se de fato o trabalho inicial no Rio de Janeiro, o grupo oposicionista dependesse de Mário Pedrosa para manter-se. Quando ele adoece e se afasta, o desastre é total, como escreve Mary Houston Pedrosa para Lívio no final de outubro ou princípios de novembro de 1930:

> Concordo com tudo o que você disse. Aliás, já há algum tempo penso assim. Aqui, muitas vezes discuti com você a respeito, você nesse tempo ensaiava sempre uma defesazinha do GCL, e o Mário tinha ten-

301

dências para concordar com meus ataques. É uma droga. Por isso mesmo discordo de sua carta. Eu lhe escrevi dizendo coisas mais que naturais e nunca esperei que fossem diferentes, quando eu dizia que se o *Mário faltasse, o* GCL *desapareceria por encanto*. Vocês pensavam que era vontade de sobrestimar o Mário, mas não era não, era porque eu via como eram as coisas aqui. [...] O caso do GCL é um caso sem remédio, de modo que não vale a pena perder tempo com ele. E o caso aí parece-me que é um pouco diferente. Aqui não há perspectivas de melhora. [grifo meu]

Rodolpho Coutinho, em carta de 2 de janeiro de 1931, escrita do Rio de Janeiro, também confirma o esfacelamento do grupo: "Do nosso grupo aqui, nem cinza resta, e da atividade proletária aqui nada sei a não ser as petições que se publicam dirigidas ao *Collorzinho*."[62] [grifo meu]

Portanto, o primeiro agrupamento oposicionista perece entre novembro e dezembro de 1930, sem conseguir estruturar-se para buscar os imensos objetivos que se propôs, assumindo, como afirmei anteriormente, um perfil de ensaio do que viria ser a Liga Comunista Internacionalista. Apesar desse malogro, considero que a ousadia do projeto do GCL, consubstanciado na publicação do jornal *A Luta de Classe*, criou uma referência possível para os militantes comunistas que rompiam com o PCB. Foi nessa época que dirigentes importantes do Partido que ainda não faziam parte do grupo íntimo de Mário, Lívio, Coutinho e Azambuja foram convencidos pelas teses oposicionistas. Ampliava-se dessa maneira o rol de militantes que discordavam da política do PCB e discutiam questões relativas à Oposição Internacional de Esquerda. Aristides Lobo, Plínio Mello e João Dalla Déa são exemplos dessa aproximação.

Considero, porém, que é no final da carta de 8 de dezembro de 1930 que Pedrosa faz um balanço muito importante do que representou o GCL e, principalmente, das lições que ficaram dessa espécie de "batismo de fogo" daqueles militantes que optaram por transitar na contramão, separando-se em definitivo do PCB e da III Internacional. O primeiro problema colocado por Pedrosa é a afirmação política e ideológica dos militantes:

Mas o que acho mais grave ainda é o nosso problema *puramente político*. Agora então com a defecção do GCL – precisamos de rever tudo. [...] Precisamos antes de mais nada de nos contar outra vez, com um critério mais severo, rigorosamente da Oposição Internacional de Esquerda. A base para isto está na chorumela que escrevemos juntos[63], no troço que mandei pelo Déa – e nos pontos essenciais da Oposição de Esquerda: contra a ditadura democrática do operário e camponês, contra o socialismo num país só – pela Direção do proletariado e pela revolução permanente e os últimos documentos de Trótski e do Secretariado da Oposição, e contra nossa política pura, provincianamente *nacional*, de modo a repor o centro de gravidade política *teórica* do comunismo na escala internacional. Não é possível mais tentar uma *organização* política qualquer sem uma posição absolutamente inequívoca e clara nesse sentido. [grifos no original]

Há nessas considerações, para mim, uma retomada das ideias de fundo que convenceram Pedrosa a definir-se pela Oposição de Esquerda quando estava na Europa. Após uma experiência pautada não só pelo debate ideológico, mas também por uma disputa de terreno na prática política com o Partido, ele volta-se agora para o eixo ideológico que consagrou a definitiva ruptura dos oposicionistas com a Internacional sob a hegemonia de Stálin: a luta do internacionalismo e da teoria da revolução permanente contra a teoria do socialismo num só país.

Até hoje – toda vez que temos tentado dar ao grupo uma organização mais ampla vamos logo sacrificando a *questão internacional – que para nós – deve ser fundamental e preponderante*, sobretudo agora que as coisas na Europa se agravam, a situação na Alemanha se precipita e na Rússia a crise cresce com as dificuldades econômicas, o regime plebiscitário foi definitivamente instalado no partido e a *destruição física dos membros da Oposição de Esquerda parece que tende a tornar-se um objetivo consciente de Stálin*. [grifos meus]

Ao analisar o percurso e o ocaso do GCL, Pedrosa opta definitivamente pela proposta trotskista. Para ele, todo trabalho de arregimentação que viesse substituir o GCL deveria ter as teses oposicionistas como princípio:

> Se não se puder constituir *num novo núcleo* por mínimo que seja que possa trabalhar ativamente, desisto de continuar na mesma tapeação e masturbação de antes. Prefiro fechar mais o grupo, e dar-me a um trabalho puramente teórico de divulgação dos princípios do comunismo internacional e da linha da Oposição de Esquerda e de tentativa de análise e comentário da situação brasileira, na sua ligação com a ideologia da Oposição de Esquerda. Se for possível um órgão teórico – uma revista, por exemplo, em vez dum jornal [...]. Eu preciso escrever para a França dando conta exata da nossa situação, sem a menor tapeação. [...] precisamos *constatar* oficialmente a liquidação do GCL e ver se é possível dar novas bases a um novo núcleo, com que caráter etc. [grifos no original]

Esse novo núcleo se tornaria realidade em janeiro de 1931, com a fundação da Liga Comunista, seção da Oposição Internacional de Esquerda. Mais uma vez, os dois amigos estariam juntos, cumprindo o que Mário escreveu no final dessa correspondência: "A [...] doença me esculhambou a vida. Mas ainda estou disposto a tentar com você tudo."

Notas

1 Publicado em 18 de novembro de 1981. Apud Isabel Maria Loureiro, "Mário Pedrosa e a *Vanguarda Socialista*", 1991. Datilografado.

2 Durante a pesquisa documental, não encontrei nenhum indício de que Mário Pedrosa tivesse mantido correspondência regular com outra pessoa que não fosse Lívio Xavier. Suponho, portanto, que essas cartas sejam as únicas representantes regulares dessa interlocução postal entre Pedrosa e os oposicionistas brasileiros.

3 Jornalista, sociólogo e economista, foi secretário estadual de Cultura do Rio de Janeiro. Edmundo Moniz, já citado nos Capítulos I e II, foi militante da Liga Comunista Internacionalista no Rio de Janeiro, da qual foi importante

dirigente. Publicou vários livros: *O espírito das épocas, A originalidade das revoluções, D. João e o surrealismo, A guerra social de Canudos, Canudos: a luta pela terra*. Personagem ligado ao trotskismo brasileiro nos anos 1930, sua presença como militante se destaca no período de afirmação dos trotskistas, que vai de 1931 a 1935.

4 Sobre o lugar do intelectual na revolução, tão presente na correspondência dos dois oposicionistas, levanto uma hipótese a ser investigada em trabalho posterior. Trata-se de verificar a influência do grupo *Clarté* francês, fundado por Henri Barbusse em 1919, e do grupo *Clarté* brasileiro, fundado em 1921 por Evaristo de Moraes, Maurício de Lacerda, Everardo Dias, entre outros, na formação ideológica e intelectual daqueles que eu chamaria provisoriamente de "alunos do professor Edgardo de Castro Rebello". Intelectual de sólida formação, o ilustre professor e advogado de perseguidos políticos teve forte influência sobre Mário Pedrosa, Lívio Xavier, Rodolpho Coutinho e outros oposicionistas. Apesar de Leandro Konder considerar a leitura que Castro Rebelo fez de Marx como "à luz das concepções cientificistas que prevaleciam no começo do nosso século" (*A derrota da dialética*, 1988, p. 154), cabe ponderar a contínua referência desse grupo à *Clarté*, ela própria, em 1927, convertida às teses da Oposição russa.

5 Anthenor de França Navarro, paraibano e amigo de Mário Pedrosa. Participa de um grupo de jovens intelectuais da Paraíba e colabora, entre outras publicações, para a revista *Era Nova*, na qual Pedrosa publica um artigo sobre o surrealismo. Com a Revolução de 1930, é nomeado secretário-geral e posteriormente interventor no estado da Paraíba. Morre em acidente aéreo na Bahia em 1932. (Fonte: Dainis Karepovs, Cemap.)

6 Sobre *Clarté* e *La Lutte de Classes*, ver Capítulo 1 deste livro.

7 Órgão central do PCB. Seu primeiro número circula em 1º de maio de 1925, quando é fechado pelo governo. Reaparece em 1º de maio de 1928, mantendo-se até 1940, quando a repressão exercida pelo Estado Novo praticamente desarticula o Partido. Ressurge em maio de 1945, continuando em seu papel de órgão oficial do PCB até 1953. Sua publicação é retomada pelo Partido Comunista do Brasil (PCdoB) em março de 1962, circulando como seu jornal oficial.

8 "Le prolétariat de l'esprit". In: *Clarté*, n. 78, ano 4, 30 nov. 1925.

9 Cf. Plínio Salgado, *Despertemos a nação!*. Apud Wilson Martins, *História da inteligência brasileira*, 1978, p. 395.

10 Fundado em 24 de fevereiro de 1926, firmou-se como um partido liberal de oposição ao Partido Republicano Paulista. Extinto em fevereiro de 1934, deu origem ao Partido Constitucionalista.

11 Na entrevista que concedeu a Lourenço Dantas Mota e Ferreira Gullar em 24 de dezembro de 1978, Pedrosa refere-se a essa publicação: "Chegamos, meus amigos e eu, a fazer uma pequena revista nessa época, com a qual a direção do partido concordou. Mas ela não passou do primeiro número porque foi fechada pela polícia." In: Lourenço Dantas Mota, op. cit., p. 237.

12 Trata-se de Mário Grazzini, gráfico, dirigente do PCB em São Paulo a partir de 1926, substituindo João da Costa Pimenta. Tornou-se o primeiro secretário--geral da Federação dos Trabalhadores Gráficos do Brasil, fundada em 1º de maio de 1927. Foi expulso do PCB em 1933 juntamente com Leôncio Basbaum e Heitor Ferreira Lima.

13 O artigo de Lívio intitula-se "Partido e revolução", e o de Castro Rebelo, "A Bíblia... deles, sua origem".

14 Cf. John Foster Dulles, op. cit.

15 Órgão do Partido Comunista da Alemanha.

16 Henri Guilbeaux (1885-1938). Professor e sindicalista revolucionário ligado ao movimento de Zimmerwald, na Suíça, conhece Lênin e frequenta Romain Rolland, publicando a revista *Demain*. Apoia a Revolução Russa e vai para o país em 1917, sendo condenado à morte na França, acusado de alta traição, em 1919. Correspondente do *L'Humanité* em Paris e depois em Berlim. Volta à França em 1932, é absolvido pelo Conselho de Guerra e acusado pelos comunistas e outros de estar a serviço da polícia francesa há muito tempo. Colaborou, durante seus últimos anos, em publicações antissemitas, de extrema direita e pré-nazistas. (Extraído de Leon Trótski, *Le mouvement communiste en France (1919-1939)*, 1977, p. 689.)

17 Refere-se aqui ao pedido que fez a Naville sobre o endereço de Guilbeaux em Berlim.

18 Por determinação da Internacional Comunista, o PC chinês submeteu-se ao Kuomintang, o que ocasionou um verdadeiro massacre de seus militantes em 1927. Ver Capítulo 1 deste livro.

19 In: "Bukharin: economia e política na construção do socialismo". Eric J. Hobsbawm, op. cit., v. 7.

20 Heitor Ferreira Lima, em entrevista realizada em 23 de maio de 1985, reafirmou-me essa opinião ao relatar um episódio ocorrido em Moscou em 1929, quando ele cursava a Escola Leninista: "Eu perguntei para um russo qual era a diferença entre Lênin e Trótski como oradores e ele me disse: 'Olha, a gente ouvia de Trótski um discurso fogoso, veemente, e tinha vontade de sair à rua pegar uma arma e fazer a revolução, brigar. Quando ouvia Lênin falando objetivamente, serenamente, aprofundando, saía dali preocupado, ia para casa pensar nos problemas e como resolvê-los'."

21 Referindo-se a esse período, Moshe Lewin, em seu artigo "Para uma conceituação do stalinismo", traça o seguinte quadro: "No final dos anos 20, parecia que o acerto de contas estava próximo. [...] Mais uma vez o mujique seria o elemento central de todos aqueles planos e estratégias para o futuro. [...] Nos eventos que se seguiram, conhecidos como o 'impulso à coletivização' – o termo coletivização é indubitavelmente impróprio –, não foi possível evitar um choque entre as grandes forças alinhadas na arena histórica russa. O Estado lançou um ataque radical contra os camponeses – uma ação de 'engenharia social' que superou de muito, por dimensão, audácia e violência, a 'engenharia pelo alto' de Stolypin. [...] O Leviatã começava a tomar forma, superando as piores previsões dos seus críticos em fases anteriores. Na história da Rússia, ocorreram fenômenos semelhantes, mas dessa feita foram quebrados todos os recordes quanto ao alcance da ação estatal e à capilaridade do terror, bem como à solidez dos resultados. No curso do processo orientado no sentido de disciplinar as massas dos novos operários, de empurrar para os *kolkhoz* os camponeses recalcitrantes, de doutrinar, treinar, teorizar e impor pela força as soluções adotadas, os próprios aparelhos foram submetidos às mesmas tensões: o remédio que aplicavam aos outros foi aplicado também a eles, incluído um banho de sangue em tais doses que é possível pensar que havia no sistema em seu todo alguma coisa de patológico." (In: Eric J. Hobsbawm, op. cit., v. 7)

22 Heitor Ferreira Lima, nesse período estudante da Escola Leninista, ao comentar o livro de memórias de Humbert-Droz, dirigente da Internacional Comunista na América Latina no final dos anos 1920, analisa o ambiente político da Escola e como que confirma a impressão de Pedrosa nesse trecho da carta. Em seu livro *Caminhos percorridos*, Ferreira Lima escreve: "Creio ter isso determinado sua aversão (de Humbert-Droz) pela Escola Leninista, expressa em suas *Memórias*, ao dizer que lá se ensinava o marxismo do mes-

mo modo que os padres e pastores ensinam o catecismo às crianças, com slogans e dogmas de caça aos desvios de direita e esquerda, com intolerância e fanatismo, e, em lugar de formar revolucionários buscando a verdade na ação, fabricava crentes submissos. Acredito hoje que ele não deixa de ter razão no referente às questões políticas abordadas intransigentemente e com certa parcialidade, o que talvez possa ser explicado por se tratar da época do auge da luta contra o fracionismo trotskista-zinovievista, de considerável importância então, com enormes reflexos posteriores. Mas também significava, por certo, já os primeiros sintomas do nascimento do stalinismo, igualmente de imensa repercussão não somente na União Soviética, como também em todos os Partidos Comunistas do mundo. Era, sem dúvida, um 'tournant' ideológico que se iniciava rumorosamente, através da formidável disputa de interpretação do marxismo-leninismo e de sua ação prática, luta essa que não se encerrou até agora, apesar de meio século transcorrido [...]." (pp. 98-9)

23 Refere-se a Rodolpho Coutinho e Edgardo de Castro Rebello.

24 Robert J. Alexander, op. cit. Importante notar que Alexander comete um erro quando se refere ao contato de Pedrosa com a *Clarté*. Como vimos anteriormente, Mário recebia a revista desde 1923 e correspondia-se com Pierre Naville antes de embarcar para Berlim. A própria *Clarté* já não existia desde 1928, sendo substituída por *La Lutte de Classes*. O texto de Alexander também insinua que Mário teria permanecido em Paris, o que não é verdade.

25 Massimo L. Salvadori, "A crítica marxista ao stalinismo". In: Eric J. Hobsbawm, op. cit., p. 309.

26 Refere-se à carta deixada por A. Ioffe, revolucionário russo que se suicidou em 16 de novembro de 1927, em protesto contra os rumos do Partido Comunista da União Soviética. Essa carta foi endereçada a Trótski e publicada em suplemento na *Bulletin Communiste*, n. 23, nov. 1927. Pedrosa enviou exemplares dessa revista para Lívio Xavier.

27 José Penelón, dirigente do Partido Comunista da Argentina (PCA). Rompe com o PCA, criando o Partido Comunista da Região Argentina (PCRA). Tentando preservar o caráter nacional da dissidência, indeciso quanto a seu engajamento na Oposição Internacional de Esquerda, vê seu partido cindir-se em 1929. Essa nova dissidência, favorável à OIE, é liderada por M. Guinney e Camilo López, que fundam o Comitê Comunista de Oposição. A respeito, ver Osvaldo Coggiola, in: *Estudos*, n. 6, 1986, p. 32.

28 Refere-se ao Bureau Sul-Americano da Internacional Comunista, com sede em Buenos Aires, Argentina.

29 Refere-se a eleições na Alemanha, onde o Partido Comunista da Alemanha obteve significativa votação.

30 Em agosto de 1929 ele já escreve do Rio de Janeiro, o que indica seu retorno ao Brasil.

31 Entrevista a Lourenço Dantas Mota e Ferreira Gullar. In: A História vivida, 1981, p. 238.

32 Trata-se de Albert Mathiez, historiador francês muito conhecido pelos seus estudos sobre a Revolução Francesa.

33 Em nota extraída de Léon Trotsky – Oeuvres (juillet/octobre 1933), 1978, p. 255, encontramos: "Otto Maschl, ou L. Revo, ou Lucien Laurat (1898-1973), foi um dos fundadores do Partido Comunista Austríaco e depois colaborador da IC, com a qual rompeu em 1927. Tornou-se posteriormente um dos teóricos da corrente 'planiste' na SFIO".

34 Refere-se a Rodolpho Coutinho.

35 Refere-se a Otto Maschl, ver nota 33.

36 Refere-se ao livro de Octávio Brandão Agrarismo e industrialismo...

37 Refere-se respectivamente a Azevedo Lima (deputado pelo Bloco Operário e Camponês), Maurício de Lacerda (parlamentar de oposição desde 1912 e irmão de Paulo e Fernando de Lacerda, dirigentes do PCB) e Luís Carlos Prestes.

38 Refere-se respectivamente a Octávio Brandão, Astrojildo Pereira e Paulo de Lacerda, dirigentes do PCB.

39 Refere-se a Sávio Antunes e irmão (não identificado), Rodolpho Coutinho, Mário Pedrosa, Wenceslau Escobar Azambuja, Silva (não identificado) e Antônio Bento (do círculo do professor Castro Rebelo e amigo pessoal de Mário e Lívio).

40 In: Lourenço Dantas Mota, op. cit., pp. 237-8.

41 Refere-se a Di Cavalcanti e Paulo de Lacerda.

42 In: prefácio do livro Na contracorrente da História, 1987, p. 21.

43 Refere-se à sua exclusão do PCB.

44 Ver Capítulo II deste livro.

45 Refere-se ao jornal do PCB: A Classe Operária.

46 Refere-se ao assassinato de João Pessoa, em 26 de julho de 1930.

47 Ver, neste capítulo, carta de Wenceslau Escobar Azambuja para Lívio Xavier.

48 Em 2 de fevereiro de 1930, o Secretariado da Internacional Comunista para a América Latina, num "giro à esquerda", critica a política do PCB e anuncia que no Brasil existiam condições imediatas para uma revolução democrático-burguesa, seguida de uma revolução socialista. Ver, a propósito, *A Classe Operária* (abr. 1930).

49 Jean-Jacques Marie, *Le trotskisme*, 1970, cap. IV.

50 Refere-se ao comportamento dos militantes cisionistas de maio de 1928, que não conseguiram se manter unidos após a demissão do Partido.

51 Entrevistado por Lourenço Dantas Mota, Lívio Xavier assim relatou sua frustrada viagem: "Fui indicado pelo Aristides, nessa ocasião, para fazer um jornal em Buenos Aires, que seria controlado pelo próprio Prestes. Por felicidade – ou infelicidade, não sei ao certo –, eu estava de bagagem pronta quando rebentou a Revolução de 30 e recebi instruções de Prestes para não partir." In: *A História vivida*, 1981, p. 383.

52 Em entrevista a Lourenço Dantas Mota, Pedrosa recorda-se: "Foi nessa época que recebi um convite para ir a Buenos Aires conversar com ele. Lembro-me que recebi três contos para a viagem [...] [Prestes] levantou a hipótese de o melhor caminho para ele não ser o PC, mas um partido socialista revolucionário para liderar um movimento camponês. Falava-se muito em reforma agrária naquele tempo. [...] Prestes recebeu-me muito bem e ouviu minhas opiniões, como estava fazendo com os outros que o procuravam.". Ibid., p. 239.

53 Fundada em julho de 1930, sob a direção de Prestes. Criada com o objetivo de ser o "órgão técnico de preparação para o desencadeamento da revolução agrária e anti-imperialista", foi muito criticada pelo PCB, que a considerava um partido anticomunista. Desfeita após a Revolução de 1930 pelo próprio Prestes, já no seu exílio em Montevidéu, em reunião com Aristides Lobo, Emídio Miranda e Silo Meireles.

54 Lourenço Dantas Mota, op. cit., p. 238.

55 Ibid.

56 Apesar de essa informação ter sido negada depois por Prestes, Aristides Lobo confirmou-a em entrevista realizada em 17 de junho de 1953, concedida a Robert Alexander. As cartas de Mário e Mary Houston Pedrosa que tratam do assunto confirmam a versão de Lobo.

57 Refere-se ao episódio envolvendo o interventor João Alberto e Plínio Gomes de Mello. Assumindo a interventoria do estado de São Paulo em nome da revolução, o ex-tenente João Alberto, em outubro de 1930, autorizou por decreto que

se organizasse o PCB no estado sob a responsabilidade de Plínio, Josias Carneiro Leão e Luís de Barros. Esse decreto foi repudiado pelo PCB e pelos trotskistas.

58 Codinome de Aristides Lobo.

59 Cf. *Anarquistas e comunistas no Brasil*, 1977, p. 351.

60 Refere-se a Mary Houston Pedrosa e sua mãe, dona Arinda Houston.

61 Refere-se ao dinheiro recebido por Prestes de Osvaldo Aranha para comprar armas e organizar uma revolução contra o governo de Washington Luís: oitocentos contos de réis. Prestes confirma o ocorrido, por exemplo, na entrevista dada a Dênis de Moraes e Francisco Viana, no livro *Prestes: lutas e autocríticas*, 1982, p. 49.

62 Refere-se a Lindolfo Collor, então ministro do Trabalho de Getúlio Vargas.

63 Refere-se ao artigo "Esboço de uma análise da situação econômica e social do Brasil", escrito em outubro de 1930 e publicado em *La Lutte de Classes* número 28-29, fev.-mar. 1931, sob os pseudônimos de M. Camboa (Pedrosa) e L. Lyon (Xavier). No Brasil, foi publicado pela Liga Comunista (Oposição) no jornal *A Luta de Classe*, n. 6, fev.-mar. 1931.

EPÍLOGO

Ao delimitar a sempre difícil mas necessária periodização da pesquisa apresentada neste livro entre 1921 e janeiro de 1931, momento em que a Oposição Internacional de Esquerda começa a se afirmar e a Liga Comunista (Oposição) rearticula suas forças e se percebe mais bem preparada para atuar segundo as ideias e a prática política dos comunistas, não posso evitar perguntas de várias ordens: Conseguiram manter sua linha política? O doutrinarismo presente nos primeiros momentos de acirramento político com o Partido Comunista conseguiu ser ultrapassado? A Liga desenvolveu uma análise inovadora da situação nacional, interferindo concretamente no cenário político e institucional? Deixou marcas de sua presença na cultura política da esquerda brasileira?

Se o eventual leitor deste livro for instigado a pesquisar sobre os oposicionistas dos anos 1930, certamente não se decepcionará. Aqui não é lugar para maiores considerações prospectivas sobre o grupo de Pedrosa, anunciadas na Introdução. Mesmo porque o necessário estudo que se fizer da Liga Comunista (Oposição) e de suas organizações sucedâneas nos anos 1930 deverá contemplar um trabalho exaustivo de pesquisa, a fim de evitar a indesejada dissimulação histórica.

No entanto, os anos 1930, que no Brasil foram marcados pela industrialização e pela subserviência dos trabalhadores, ambas sob o impacto e a liderança do Estado que surgiu da Revolução de 1930, constituem-se num forte cenário para o desenvolvimento das ideias trotskistas e seus desdobramentos.

Anunciei na Introdução a influência dos oposicionistas na difusão da literatura marxista e também nos combates teóricos e na prática política na luta contra o fascismo, e cabe agora uma referência, embora ligeira, a uma impossibilidade que se impôs aos divergentes. Trata-se – e hoje podemos retrospectivamente analisá-la – da absoluta falta de condições conjunturais para a existência de um espaço democrático e de debate entre os comunistas e as suas divergências à esquerda. Entendo que o lugar do Estado soviético é central para analisar esse problema.

O estatismo que caracteriza esse período histórico, e que atinge também o liberalismo capitalista na Europa, tem perfil próprio na República soviética, onde se consagra o Estado como executor do socialismo. Não adentrando nas origens marxistas dessa concepção de Estado, ou mesmo na leitura do bolchevismo leninista sobre o tema, ou ainda nas peculiaridades cruéis e estreitas do stalinismo ao exercer o poder de Estado, é importante percebermos que se instaura, a partir da "aura" em defesa do Estado soviético, a impossibilidade de questioná-lo nos anos 1930. Questioná-lo poderia significar a crítica contundente que iria às raízes do sistema político que o bolchevismo consagrou. É verdade que, no seio da própria Oposição, o "caráter proletário" do Estado na URSS sempre foi alvo de debates, que provocaram até o rompimento de Pedrosa com Trótski em 1940.

No entanto, esses debates entre os oposicionistas de esquerda não aprofundaram argumentos que promovessem um avanço de concepções e que os habilitassem, ao menos do ponto de vista teórico, a ser uma alternativa real ao pragmatismo stalinista que se impunha na "pátria do socialismo".

As últimas linhas de um opúsculo da Liga Comunista (Oposição), editado no primeiro semestre de 1931, hoje parecem fazer um apelo inútil:

Os operários devem reagir contra a ridícula proibição da leitura dos livros de Trótski e das publicações da Oposição de Esquerda. O PC é um partido revolucionário do proletariado e não pode ser transformado numa espécie de Igreja Católica, onde a prepotência dos padres procura esconder a verdade ao povo, por meio da barreira das excomunhões e dos castigos[1].

No início dos anos 1990, quando o símbolo do Estado soviético e do comunismo foi arriado de sua haste no Kremlin – justamente no dia máximo da cristandade, 25 de dezembro de 1991 –, poderíamos inferir que a impossibilidade do diálogo dos anos 1930 transmutara-se na própria impossibilidade do sonho libertário do socialismo.

Mas, felizmente, há o lúcido otimismo de pessoas como Mário Pedrosa, que, com sua história de vida, pode ao menos nos chamar à não limitação intelectual e à audácia necessária aos grandes desafios.

Expulso da IV Internacional, definitivamente avesso à política criminosa de Stálin, Pedrosa renova-se nos anos 1940, em mais um de seus vários retornos do exterior ao Brasil, e funda, com ex-companheiros da Liga, o jornal *Vanguarda Socialista*, defendendo uma nova proposta socialista e de partido:

> O socialismo não consiste apenas na conquista do poder pelo proletariado e na execução das reformas de estrutura com a socialização dos meios de produção. O socialismo é a ação consciente, cotidiana e constante das massas, mas por elas mesmas e não por meio de uma "procuração" a um partido de vanguarda mais consciente[2].

Como analisa Isabel Maria Loureiro, a proposta de Pedrosa, ao considerar o "socialismo como resultado da ação autônoma das massas organizadas pela base"[3], tem forte influência de Rosa Luxemburgo, a mesma autora que ele passou a admirar quando esteve na Alemanha em 1928-29.

No momento em que sua crítica ao stalinismo é acrescida de novos conceitos e sua esperança reacende-se, o mundo vive o apogeu da URSS, vencedora na Segunda Guerra Mundial. Novamente Pedrosa vê-se na contingência de esperar na sua posição de intelectual e revolucionário, preservando e debatendo os "valores extraproletários consubstanciados nas liberdades democráticas e no respeito à dignidade humana, em face das tendências totalitárias do Estado moderno"[4].

Guardando grande coerência política, suas atividades como militante desdobram-se durante os anos seguintes e, já no fim da vida, entusiasma-se com a criação do Partido dos Trabalhadores, no qual vê concretizadas suas ideias da época do jornal *Vanguarda Socialista*. Da morte de Mário Pedrosa, em 1981, doze anos se passaram até a primeira edição deste livro, em 1993. Seu último entusiasmo por um partido operário que lutasse pelos valores do socialismo democrático, o PT começava a firmar-se como opção eleitoral à Presidência da República. Ao mesmo tempo, o regime do chamado "socialismo real", que Pedrosa combateu, também sofreu, naqueles anos 1990, uma ruína que o exterminou, e com uma velocidade que deixou perplexos todos os que acreditavam que tal regime era suficientemente socialista.

Nestes nossos anos de grande transformação, semelhantes aos vivenciados pelos homens que percorreram este trabalho, cabe uma última reflexão daquele que inaugurou no Brasil, há mais de noventa anos, uma nova perspectiva da batalha inconclusa pela emancipação libertária da sociedade:

> Os caminhos que levam à emancipação do trabalhador, à transformação do regime capitalista em regime socialista não podem ser traçados de antemão por quem quer que seja; é a própria vida que os traça; as próprias condições objetivas do desenvolvimento é que os abrem[5].

Notas

1 Cf. Liga Comunista (Oposição), *A Oposição Comunista e as calúnias da burocracia*, 1931 (Arquivo Cemap).
2 Cf. "A luta cotidiana das massas e o PC". In: *Vanguarda Socialista*, 14 jun. 1946. Apud Isabel Maria Loureiro, op. cit.

3   Ibid.
4   Cf. "Vanguardas, partido e socialismo". In: *Vanguarda Socialista*, 9 ago. 1946. Apud ibid.
5   Cf. "Os caminhos do socialismo". In: *Vanguarda Socialista*, 5 jul. 1946. Apud ibid.

DOCUMENTOS

O ESPÍRITO DA ÉPOCA
(Mário Pedrosa escreve para Lívio Xavier)

As cartas a seguir, inéditas até a primeira edição deste livro, foram selecionadas para compor este anexo. Fazem parte do acervo de Lívio Xavier e abrangem o período do início da militância de Mário Pedrosa no Partido Comunista do Brasil, em 1925, até o esgotamento do Grupo Comunista Lenine, no final de 1930. O objetivo de transcrevê-las na íntegra, além de contribuir e auxiliar na reconstrução da personalidade de Pedrosa e do clima da época, é fornecer ao leitor informações adicionais àquelas ligadas à política comunista, objeto principal do trabalho apresentado neste livro e que foram comentadas no Capítulo III. As cartas estão ordenadas cronologicamente, agrupadas em blocos, de acordo com o ano em que foram escritas. Informo, no início de cada uma delas, o local de onde foram escritas e de destino, além da data exata que aparece no próprio documento (reconhecida quando houver referência ao dia do mês) ou a data provável, que foi possível inferir através do cruzamento de outros dados da pesquisa. No final, consta um pequeno glossário dos nomes próprios, apelidos e abreviações mais utilizados na correspondência. Quanto à redação das cartas, procurou-se manter sua característica peculiar, efetuando-se, além da atualização da ortografia, apenas pontuais ajustes de sintaxe a fim de priorizar o pleno entendimento do texto pelo leitor.

CARTAS DE 1925

Data: Agosto ou setembro de 1925
De: São Paulo
Para: Rio de Janeiro

Lívio!

Ainda vives, meu filho?! Recebi teu cartão como se viesse de muito longe, do outro lado da vida ou "de ce monde ancien" de que só nos resta uma nostalgia erudita e inexplicável. Pensava que tudo isto, que eu, contigo, somos, já tinha morrido num passado imemorial. Deste-me outra vez – o tom que já havia perdido, por excesso de [ilegível]. Nunca mais pensei em Aragon, em Ubu, em Trótski, em Mikhail, surrealismo, essencialismo, *Clarté* e *tutti quanti*. Teu cartão veio reviver dolorosamente esse eu que tinha parado, por inércia. Senti saudades, voltou-me a sensibilidade, que estava sob a ação de um analgésico qualquer, minha cabeça está outra vez povoada dos mesmos espectros, nossos tormentos – foi teu cartão que me acordou. Não sei onde estás. Ubá, onde fica, será o reinado de Ubar? Lá pelo Rio todos vocês ainda existem? Sou um revenant. És o excitante da glândula que acordou a minha amada miséria, meus voluptuosos vícios intelectuais... Infame, por que me trazes *o pó*?...
    Vou dormir, até amanhã.
    Se estás agora enterrado, eu acabo de sair da terra – passei quase um mês segregado em Lindoia, completamente burro, alegre, feliz, de todo antipascaliano e onde por um triz ia ficando apaixonado por uns olhos pretos, perigosos, que puxavam, que puxavam para dentro como os de ressaca da Capitu. Imagina que lá não cheguei a ler um só livro: no dia que saí daqui, encontrei na Garraux – o livro de Trótski – *Literatura e Revolução* – de que me tinhas falado na última carta. Pois bem, só o li durante a viagem! Lá, nem uma linhazinha sequer. E aqui também. Fiz diversas tentativas para te escrever: impossível, o motor não pegava. Nem jornal lia, ao menos por alto. Nem na revista pensei.

A propósito, a revista sairá agora; domingo os originais serão juntados para impressão. A demora foi devido não somente à estadia em Lindoia, como sobretudo pela espera da resposta à consulta que os companheiros daqui, que são disciplinados, fizeram à Central do partido aí no Rio. Esta entendia não ser conveniente a publicação de uma revista por falta de quem a pudesse fazer, aqui, com competência, assim seria preferível um jornal. Por isso eles ficaram insólitos e deliberaram escrever outra vez ao Rio, fazendo ponderações a respeito e insistindo na publicação; a resposta do Rio ainda não veio, mas, segundo me disse o Mário, o Comitê daqui vai reunir-se e resolver-se pela publicação. Todos gostaram muito do teu artigo como também o do Castro. Notei que ficaram satisfeitos. A minha colaboração é que ainda não está feita, porque deixei para fazer em Lindoia!

Preciso de outras colaborações. Manda-me o artigo sobre arte que já tinha na cabeça. Estou burro demais. Imagina que ontem comecei a *ensinar (!) economia* ao Mário Grazzini. Todas as quintas agora é isso. E comprometi-me a ensinar-lhe tudo. Tenho agora que estudar. Manda-me dizer se sabes de algum livro didático bom para o caso. Porque Marx ele estudará depois. Agora está estudando gramática, aritmética e noções de economia.

Então fazes ou não concurso de história! A tese para apresentar é ótima. Acho que deves fazer.

O Ludolfo já voltou? Que conta ele? E o Hahnemann, seguindo a rota, sem desvio, com aquelas duas coisas ao lado dos olhos para não espiar para os lados?... bom truque. Ando com muitas saudades do Rio. O Luís ainda anda por aí? O Nelson? A Mary aderiu a Aragon? Parabéns. Lindoia me fez aderir ao choro, ao [ilegível], ao lundum, à modinha nacional – com violão e cavaquinho. Por que não, você tem preconceito estético? Você gosta de Bach ou Stravinsky por amor e compreensão da arte pura, cama sem sombra, ou por romantismo intelectual? De Beethoven não é por romantismo social e psicológico? De Chopin ou Schumann não é por pieguismo e brochura? Pois, eu de Lindoia, tu, de Ubá, podemos gritar: viva a música nacional e a Madama Butterfly! Comunique a Elsie minha adesão. A Ninon Vallin está outra vez aqui em São Paulo. Vou ver se arranjo dinheiro para ir ouvi-la.

Da outra vez fui a um concerto de música de câmara – dado pela Sociedade Quarteto Paulista, de que o Autuori é o diretor e o Mário de Andrade o vice-presidente – em que a Vallin tomou parte, gostei. Mas achei-a gorda excessivamente. Ouvi a Bidu Sayão, que, sem me lembrar, a conhecia muito de vista aí do Municipal. Há anunciada uma enxurrada de concertos. Maestro V. Lobos também está aqui. Etc.

    Clarté já veio? Mandei pedir ao Xavier, que vai agora para Paris, a assinatura da *Revista Surrealista*, outra de *Clarté*, com os artigos e as obras do Marx, Lênin etc. – e as do Aragon. Que há de novo? Li *V. Literária*, [ilegível], *N.F.R.* etc. Como vai o Murillo? O Castro não me *gozará* – o teu número da revista pelo menos garanto. Hão de ver, homens de pouca fé. Vou parar. A pena está safada e não tenho outra. Adeus. Tenho pensado séria e profundamente no suicídio e tenho esperanças de que, dentro desses cinco anos, terei resolvido esse caso de consciência.

                                                                            Mário

Data: Outubro a novembro de 1925
De: São Paulo
Para: Rio de Janeiro

Lívio, se voltei à liça outra vez, não foi por vaidade. Foi maquinalmente. A revista sairá no dia do aniversário da morte de Lênin. Por favor me acuda: mande o artigo. Continuo desmoralizado, e se estou metido nisso é à custa de um esforço desesperado e muita vontade de ser durão. Minha desagregação é absoluta. *Clarté*, já viu o último número? Ainda apela para a Revolução: nesta pôs a sua fé e as suas últimas esperanças. Mas nós, neste embrião fedorento de América do Norte, que é o Brasil, cujo futuro será de um passadismo ultra [ilegível]. É como clamar a vida toda pela revolução e a revolução não vem e a gente teoricamente desesperado vai, bem ou mal, gozando a vida... que condenamos, no meio da burguesia... que condenamos, cavando o dinheiro, que condenamos, as mulheres, que condenamos etc. etc. que condenamos!... O ridículo, meu querido Rimbaud mirim, nos espera. Eu de mim recebê-lo-ei com fervor, minha mística vontade de esculhambar-me. Quero indulgências, como Claudel, somos os Claudel do comunismo. E no Brasil, que revolução é privilégio de Isidoro, Lênin de opereta!!... Como não ser o suicídio a única solução revolucionária, marxista (Freud está no marxismo, o Trótski acha que sim) ou a adaptação completa, a solução empírica e sabida? Que terrível impasse, donde não há fugir: morrer ou chegar o cu para a seringa. E o pior é que somos bestas, orgulhosos e tímidos: fazemos uma cerimônia danada para arriarmos, num instante, as calças e levá-lo à seringa. – Felizmente meu emburrecimento continua: que Deus me conserve nessa santa beatitude.

 Meu derrotismo continua ainda mais agudo. Ora, [ilegível], e justamente agora que faço parte do partido! Bernier tem dez mil vezes razão: como acreditar no proletariado ocidental vendo-se o que se vê, sendo-se intelectual burguês embora diga-se ou sinta-se revolucionário, artista, conservando-se fora da política (em que é obrigatório o otimismo) sem se estar preso às conveniências e disciplina partidárias?...

Agora é perigoso esse ponto de vista, por faltar uma linha nítida de divisão. La [ilegível] *métaphysique*, de que *Clarté* se lembra, falava antes da crise *determinada pela luta de classes*...

Sim, pode não haver perigo de confusionismo, de reformismo, de concessões e compromisso, mas pode haver o de fazer da revolução – um ideal abstrato, longínquo, transcendente, no plano do espírito, exclusivamente, uma finalidade metafísica, intelectual, um idealismozinho vagabundo como outro qualquer (gênero nosso como o *bon maître*) capaz de contentar cérebros almofadinhas e escleróticos (?) de poetas pequeno-burgueses. E para evitar isso, entrei para o Partido. Mas o otimismo necessário, a limitação intelectual, eis aonde não posso chegar. Meu ponto de vista, ou melhor, meu estado d'alma é exatamente o do Bernier. Isso há quanto tempo não vínhamos sentindo?! Mas a nossa desgraça aqui no Brasil ainda é maior do que a deles. Ou forçamos o nosso pessimismo ou morremos asfixiados, isolados duma vez. Não há ambiente para o pessimismo revolucionário, mal, quase irrespirável, se pode achar para o otimismo. A nossa tragédia é ver o Brasil pelo outro lado do binóculo: longe, muito ao longe, miudinho – *a mesma vagabunda paisagem* que nos cerca – em relação ao otimismo burguês, estético com o Graça, econômico com o Afonso (?) etc. – O fato é que estamos bem arranjados, com a visão necessária do mundo bastante lúcida para falharmos, e vamos falhando admiravelmente. Mesmo, sobretudo, no campo de nossa revolta. E desta falência absoluta integral, tiramos vaidade, e dessa vaidade é que vivemos. O tema é conhecido demais. Que pobreza de imaginação, porra! Porra!

Parei há dois dias. Ontem chegou a Elsie com várias horas de atraso. Estive em Santos, onde passei o domingo e só voltei ontem, pela manhã, quando encontrei o teu telegrama. Não pude por isso esperá-la. Mas ela veio para aqui – porque não encontrou cômodos na pensão da Av. Paulista. Aqui parará alguns dias aguardando *vaga*. Vai bem.

– Recebi ontem também teu artigo sobre Lênin: desde já te digo que não posso verificar a exatidão das citações do Marx porque este número de *Clarté* não tenho aqui. O meu Lênin ainda não saiu: há dias havia tentado, mas nada; mas tenho uma preocupação mais psicológica e mais lógica: é preciso criar a legenda - Prometeu. Mas estou completamente brocha: a revista sairá no dia da morte dele. O artigo sobre o partido da mocidade ficou no tinteiro porque o Castro ficou com o programa etc. e nada fez. Continuo no firme propósito de embarcar para a Europa, de terceira. O Castro, gozador, não tem eu para tanto. E tu também não: eu sou aquele coitado do P. T. Irei. - Disse-me a Elsie que o Iberê não volta de maneira alguma: qual é na verdade o cargo dele: secretário ou auxiliar de consulado? Vou tentar outra vez. No último caso irei de qualquer maneira. Reitere o convite ao Castro, cobre o artigo e lhe diga que hoje às quatro horas vamos corrigir as provas, que estão boas. Minha amargura é infinita como a desoladora tristeza de um mar morto.

Vou fazer força para ver se *passo* - o artigo. Vou limitar-me à biografia - e logo em seguida - publicarei teu artigo. E o outro então sairá como editorial.

Por ora é só. Li o Dostoiévski. Tipo da coisa atual: o mesmo burguês, antipoético, realista mambembe, com a barriga cheia de ideal, e sórdido.

Estou lendo o Barrès: o canto de cisne da burguesia romântica, lirismo tarado e livresco: gostando, *hélas*. Mas sinto-o como uma exalação atraente, porém malsana de cemitério.

Não te desejo dizer mais nada. Estude a questão da arte nacional para a construção da teoria social brasileira - revolucionária - naturalmente. Eu não existo: sou uma abstração vagabunda e superficial, sombra à cata de seu corpo.

Mário

*Diz a Sônia para me ir separando as *Huma*. E que ela me mande *Clarté*.

CARTAS DE 1926

Data: Princípio de 1926
De: São Paulo
Para: Fortaleza

Lívio, já havíamos quase desesperado de receber notícias suas, quando chegou a sua carta. E sem querer, demorei também demais na resposta. Primeiro que tudo, faço votos para que seu pai já esteja melhor de saúde e melhor a sua situação. É preciso que você saia dessa situação. Eu, pelo bem que lhe quero, desejo isto como se fosse para um irmão meu. Aliás, os amigos que você aqui deixou pela mesma maneira. Você me tem feito uma falta danada. A todos nós que sempre falamos em você com saudades. A propósito, tenho a lhe dizer duas boas notícias.
– O Plínio o tem em muita consideração e ainda há pouquinhos dias disse ao novo secretário (depois lhe conto) que *o seu lugar estava garantido no* Diário *em qualquer ocasião que você viesse.* Agora a outra notícia – o Pedrinho, no começo deste mês, depois de outro atrito com o Sartorelli, pulou fora de verdade. É bom que se diga que o Raphael muito contribuiu para isso... O Pedrinho quis me botar para fora e por causa dele vim até agora ganhando os 300$000 da *Chronica Internacional*. Fazia uma guerra muda a mim e ao Antônio Bento. O Rubens do Amaral (o novo secretário) já é o antigo subsecretário do *Diário* que o Raphael substituiu. É um bom rapaz, inteligente e mais identificado conosco. O *Diário* começou agora a ter duas edições – uma às 4, outra às 6. O Di continua nosso camarada. Vamos aqui arrastando uma vida, sem nenhuma literatura, perfeitamente estúpida. Tivemos planos de irmos para Paris. Estão um tanto desmantelados, mas não abandonados. A Elsie segue para Paris este mês, você já deve saber. Talvez a Mary vá. O Ismael continua numa evolução de arte danada. O Mário de Andrade, muito nosso amigo, já se nota nele alguns preconceitos estéticos a menos. Temos outros camaradas. Mas tudo é inútil e estéril. Meu proselitismo continua. De música, quase nada. A não ser a mania da brasileira. Se achares por aí alguma coisa interessante, manda. Coco etc.

Tenho recebido *Clarté*. Recebi há poucos dias – duas brochuras – uma – *La Révolution et les Intellectuel* – assinada pelas iniciais A. D. O autor é do Partido. Faz uma análise profunda e bem-feita das relações do surrealismo com o comunismo. A outra – é do Breton – *Légitime défense* – como o nome indica defende-se e explica a sua não adesão ainda ao Partido. Em alguns pontos, tem razão; em outros, não. É a questão de *La Guerre Civile* etc. Gostei de ambas. Breton diz que não há razão para que ele e seus amigos abandonem de vez o surrealismo e as pesquisas nesse sentido, como parece exigir o Partido. Diz ele que aguarda a resposta do Partido para nele ingressar sem reservas. Precisa antes saber se dentro dele é possível certos debates que quer levantar, a discussão sobre certos pontos que tem em vista para uma decisão mais profunda do Partido a respeito. Ataca *L'Humanité*, dizendo que nela só a colaboração de Doriot, de Camille Fégy, de Fourrier e Castre se salvam. Ataca Barbusse também. Tenho recebido *L'Humanité*. No Rio, onde estive no mês passado – estive com o Castro, que me perguntou por ti, com o Hahnemann e os outros amigos.

Presumo que estejas advogando com aquele teu amigo de Fortaleza. Que pretendes fazer? Já podes resolver a tua vida? – Aqui tudo corre como deixaste. Dispõe de mim para o que quiseres. Escreva-me.

Recomendações à tua família e receba um abraço de teu velho

Mário

P.S.: Naturalmente deixamos o Hotel por ser caro demais. Estamos presentemente numa pensão na Rua 7 de abril, 52. Moramos eu e o Bento num quarto grande, pelo qual com a pensão pagamos 500$. Mas vamos deixar esta pensão, que é muito frege. Por isso nosso endereço continua a ser o *Diário*. Estou com o P. Orlando com escritório montado. Mas até agora só tem dado para as despesas. Manda dizer quando é possível vires – ou o que decidiste sobre isto.

O Antônio Bento e o Raphael te abraçam.

Data: 12 de fevereiro de 1926
De: São Paulo
Para: Fortaleza

Lívio, rompeste o encanto, ontem, quando à tarde encontrei [ilegível] – e a tua imposição: quero carta. Lá vai carta, meu filho. E carta desolada, lamurienta ainda, como dizer de outro jeito? E depois para que te escrever mais? Repetir como uma obsessão as mesmas lamúrias? E de mais a mais, agora, eu não queria te escrever para não deixar passar a mágoa enorme que senti e ainda sinto, a minha profunda saudade de meu querido Eudósio. Não escrevi naquela época a ninguém. Esperei que a crueza da dor estancasse mais. Hoje – o seu gesto já entrou para mim no quadro normal de sua vida, foi uma consequência dela e que eu não desconhecia. Por ele porém posso medir a distância enorme que vai das coisas resolvidas no plano mental ao plano moral, da ação. Nos primeiros momentos, quando soube da tragédia – inconscientemente recuei, neguei a legitimidade dela; depois, senti que havia renegado, mas ainda não tinha a coragem intelectual para compreender (com medo, com horror que essa compreensão fosse inumanidade, insensibilidade).

Hoje, seguro que estou de meu afeto e certo de minha mágoa, recuperei a coragem para dizer que o meu pobre e querido amigo matou-se, não por um ato de tresloucamento, mas por necessidade moral, por uma exigência incorruptível de sinceridade. Dentro daquele turbilhão de paixão, de ternura e de afetividade que ele era – havia uma luz branca que clareava sempre, sem bruxulear – a lucidez moral. Ele só sentia, não pensava e, por isso mesmo, seu coração era um sentido formidavelmente aguçado de penetração psicológica, como faro de cão.

Sabia que era ele aquele que me havia de cobrir as costas quando eu brigasse com o mundo. Era mais do que um amigo, uma dedicação com que contava, um apoio que não falharia. Era uma natureza profundamente afetiva, sua ternura contrastava com a bruteza nativa de seu temperamento, e apesar de transbordante e máscula, tinha às vezes gestos, detalhes de ternura feminina, chocantes naquela compleição atlética, soberbo espécime de macho.

Como nós somos uns pobres-diabos, impondo a vaidade intelectual, mandarins para quem pensar é agir – machine à ratiociner. Dói-me hoje como um remorso pensar (dúvida cruciante) que não sou eu capaz de um gesto como aquele e, no entanto, sempre defendi a sua legitimidade. São essas coisas os [ilegível] *coloniaux* de que fala R. Rolland. É horrível nossa condição moral, esse mandarinato em que vivemos. Além de saudade profunda do amigo querido, esmaga-me a rudeza de seu gesto e sinto com toda nitidez e com a mais sincera humildade a minha inferioridade moral e espiritual e a hediondez de meu intelectualismo. Dualismo imundo em que se baseia a nossa cultura, toda a miséria, a hipocrisia, o onanismo, o imoralismo da cultura idealista está aqui. De que humildade absoluta precisamos nos revestir para não merecermos ser corridos a pedra pela populaça, para merecermos o perdão misericordioso das massas? Dia virá, num novo código moral que se construir, em que pensar será um ato criminoso e, sobretudo, imoral que degrada o seu autor. Sobretudo, agora, nesta fase terminal em que vivemos; tudo é fruto do regime, cuja estrutura espiritual é essa cultura imunda de que nos alimentamos, o idealismo de que nos embriagamos. Liberdade de consciência, liberdade de pensar, hoje? Mas onde já se viu coisa mais imoral? E mais nefasta e ociosa? É preciso castrar os cérebros, primeiro ato de moralidade pública. Pensar por pensar é o mais refinado ato de hipocrisia, de covardia e perversidade. Quero crer que a atividade espiritual recuperará a sua nobreza quando o trabalho for a base física da moral, o nivelador das condições econômicas e sociais do indivíduo – e nesse sentido compreendo e aceito a ideia do proletariado do espírito, imagem do Aragon – proletariado como o outro, classe cujos interesses vitais estão precisando da Revolução para se realizar integralmente. Por ora, não há mais intelectual, nem artista – só há o proletariado hoje, nossa atividade só pode ser *didática* – a única legítima e moral.

Li o Drien, já cheio de concessões, reservando seu terreno para o futuro, é deplorável este avacalhamento antecipado ou esta antecipação do avacalhamento, mas ainda a mesma chama desamparada, vacilante, à mercê dos ventos que estão soprando, de todos os lados, quebradas as paredes de vidro do lampião em que ardia... Ainda é simpática aquela inquietação e aquele esforço consciente da chama para esconder-se, amparada, por detrás de algum pedaço maior de vidro que ainda resta como parede... Ainda pode merecer alguma simpatia porque é um gesto pueril e trágico... A grandeza, o heroísmo de Aragon está em que ele é são. Barrès, Claudel, Drien, que raça mestiça, decadente – junto ao puro-sangue Aragon. De que formidável pureza e vitalidade é ele feito para resistir assim aos miasmas, para matar assim os germes infecciosos nele inoculados, como nos outros?! É um milagre.

Lívio, vou parar. Mande logo o artigo. A Elsie diz que lhe escreveu. Saiu-se bem no concerto. Tenho estado com o Mário de Andrade, que me parece um bom rapaz, e literato. A Mary, segundo me disse a Elsie, deve chegar. Vou fugir do Carnaval. Pode ser que um dia convide você para vir para aqui. Vamos ver. O Sávio já chegou da Alemanha, mas ainda não sei se trouxe minhas encomendas. Não sei onde você descobriu meu terror graçarânhico do romantismo e insiste nisto? Não compreendo. A fase de neoanarquismo em que estávamos já está passando: o Aragon já nos disse por que e o Bernier já explicou. Mande artigo para a Revista. E o Castro? Quero o roto do artigo dele. Mande-me a sua opinião sobre o primeiro número e a opinião do Castro. Diga-lhe que me escreva, dizendo alguma coisa que me oriente. Vou fugir do Carnaval e ver se escrevo o meu artigo para este próximo número, que deve sair no fim do mês. Adeus. Abrace os amigos. Escreva-me. Leio agora uma tese de um cidadão de Alger sobre – *Les idées sociales de Georges Sorel*. Tens lido o Sorel? Mais um abraço e queira bem a mim, com toda a miséria que possuo.

Mário
12.2.26

Data: 25 de abril de 1926
De: Campinas (SP)
Para: Fortaleza

Lívio – parabéns!!
  Não te telegrafei porque acho que não é motivo.
  Tu és mais velho ainda do que eu!
  Que coisa triste.
  Adeus.
  Estou em Campinas foragido.
  Até logo.

Mário

Mande já, já o artigo – recebi o dinheiro – mas quero agora o artigo seu e do Castro – para segunda-feira. Adeus.

Data: 7 de maio de 1926
De: São Paulo
Para: Rio de Janeiro

Seu indecente:
O Raphael, meu amigo, vai te fazer chegar ao Rocha Vaz, com a apresentação do cunhado que é troço junto àquele conspícuo cidadão. Esteve lá com carta minha para você, mas os feriados atrapalharam e a necessidade de voltar antes do tempo também.
Recebi os 80$000 – mas não sei que verba é: se de assinatura que o Castro arranjou, se de uma contribuição pessoal para o próximo número. Mande me dizer já. Mas o comunista de merda ainda não teve ânimo ou coragem de mandar nem ao menos a continuação do primeiro artigo sobre organização do trabalho do Thomas, [ilegível] *imoral*. Estou parado sem saber o que fazer, esperando as bostas que vocês queiram mandar. Já não pode sair, creio, no dia 13. Há mais de mês que espero e nada. Note bem: esta vai expressa, isto é, é urgente.
Nunca vi gente tão incapaz, tão avacalhada quanto vocês dois: o professor Castro Rebello (imaginem só – professor de uma escola de direito – de Ciências Jurídicas e Sociais – dirigida por Afonso Celso, Conde, professor de Direito Comercial e de Legislação Operária, generoso Thomas – advogado do foro da Capital da República, membro honorário do Instituto da Ordem dos Advogados, elegância do Segundo Império, Parlamentar por vocação, de camisa engomada, plastro duro luzidio e virtualmente de cartola na cabeça e sobrecasaca – comunista! Quá quá quá! eu não digo!!) e tu, meu grande filho da puta, segundo Rui Barbosa manqué, saído formadinho do Colégio Pedro Segundo e da faculdade de direito, laureado em latim e comportamento exemplar, ex-futura glória acadêmica, decorador do Anatole meetingueiro – quem diabo te meteu na cabeça que eras comunista, revolucionário sei lá o quê. Se fui eu – agora arrependido rezo o mea culpa etc.
Fodam-se! Vão à merda – não dão para isto. Vá fazer concurso de história que é melhor!...
Minha vontade era parar aqui – mas o hábito de conversar me fez continuar esta: então – como é – *Clarté*, Guerra Civil morreu? Que

grandes filhos da puta. E as *Humas* nunca mais recebi. E a greve na Inglaterra – acabou em merda – desconfio. Tenho medo de torcer demais para não ficar de cabeça inchada depois. Já os sacanas do Mac-Donald, Thomas, Smowden etc. *tutti quanti* – começaram a agir. Você na sua carta não disse nada e não me respondeu coisa alguma. Diga-me detalhadamente as assinaturas que você arranjou, as do Castro etc. para eu fazer as contas e entregar ao Grazzini tudo direito. O Antônio Bento lhe deu algum recado?

Escreva-me, indecente. A carta para você de apresentação segue hoje. Conforme o resolvido mande-me dizer. Quando quiser vir – venha. Para o mês caso você não tenha conseguido nada com o Rocha Vaz – talvez já tenhamos aqui uma coisa certa para você. Cave uma pessoa que seja amiga do Júlio Mesquita – e traga carta para ele.

Recebi seu telegrama. Não passei um porque achei que não valia a pena. Recebeu a carta-bilhete?

Recebi, não sei se já lhe disse, uma carta do Murillo, respondi já uma carta indecente. Não sei se ele já mandou o quadro lá para a casa.

Mostrei ao desenhista do *Diário da Noite*, alemão, Wise, os desenhos que tenho do Ismael. O alemão admirado disse: se não é cópia é a melhor coisa que até hoje já vi no Brasil.

Me mande a baboseira do Castro, se foi publicado, sobre o Ingenieros, de quem desconfio muito. O Murillo já lhe deu as revistas surrealistas? Não recebi mais nenhum outro número. Já escrevi para lá. Se não for atendido – escreverei ao Aragon, que é o gerente. Para *Clarté* também escrevi, dirigida ao Fourrier.

Lido história – abolição – mas nada feito. Li o Tomas Bastos, alguma coisa interessante.

O Hahnemann, safado, prometeu mas não mandou a tese.

Adeus.

"Não quero mais te bem." (frase de Erlanda, minha sobrinha)

Mário

CARTAS DE 1927

Data: 5 de janeiro de 1927
De: Rio de Janeiro
Para: Granja (CE)

Lívio, estou aqui te escrevendo quase de mala arranjada para ir ao Norte. Deixei São Paulo. O Raphael ficou de ver o teu caso lá. O Bento, pediram o lugar a ele. Fui nomeado fiscal de consumo... no interior da Paraíba! O meu estado de cretinização, cujo começo você presenciou e sentiu também, quando saiu de São Paulo, tornou-se dinâmico e ficou absoluto. Antônio Bento, também. Atingir o sublime para nós era a coisa mais fácil deste mundo. O Di – também chegou a um perfeito estado de cretinização. Com a companhia de revistas preta – então, deu-se a merda. Descobrimos coisas fabulosas. Todas as noites íamos a Santa-Helena assistir a mesma coisa. *Batistei* logo sobre isto uma metafísica de grandes arroubos. Ficamos apaixonados por vários pretos. O Antônio Bento então quase segue com a companhia para Araraquara. Eu aconselhei ele a fazer isso. Era a solução brasileira, como Rimbaud na França. Projetamos (Di, Antônio, o Bopp e eu) a formação de uma companhia, aproveitando os melhores elementos da companhia, e seguimos de mato adentro, correndo todo o Brasil (o Bopp chegou a fazer o itinerário) apanhando motivos de arte negra, descobrindo artistas ignorados e inconscientes, criando números fabulosos, até poder ao cabo de um ano, de vila em vila, saltimbancos autênticos, chegar ao Rio, com uma companhia de bailados, autenticamente negros-brasileiros. Do Rio, iríamos a Paris e de Paris, a Moscou. Todos nós tínhamos funções determinadas. O Bopp seria o poeta e o gerente da empresa. O Di o coreógrafo, metteur en scène, decorador e dançarino, no fim. D. Maria, a mulher do Di, acompanharia a troupe. Eu faria conferências, quando as coisas estivessem pretas e escreveria peças. Antônio Bento, também. Etc. etc. Saltimbancos modernos, viajávamos de caminhão Ford, coberto com uma armação adequada. – O plano era magnífico, surrealista, poético, ultrarromântico. Mas não se realizou.

Vim para o Rio, deixei o *Diário*. Agora – vou ao Norte, onde pretendo me demorar um, dois meses por lá. Vou levar uma sanfona e lá compro uma rede: não quero outra vida. Antônio planeja ir para Paris, agora em fevereiro ou março, até com 500 ou 600$ por mês. Tenho aconselhado ele que faça isso. Por todo este ano irei também. A Mary, a 31 de dezembro deve ter chegado. Ainda não se recebeu notícias dela senão de Dakar. A Elsie me pediu para lhe mandar um longo abraço. Aqui tenho estado com ela e com o Ismael e o grupo cretino dele. O Ismael já me deu um quadro para crime e desespero do Murillo. A *Nação*, aquele antigo jornal do Leônidas, reapareceu, mas comunista. O Leônidas aderiu ao partido. Já saíram dois números. Estão fracos, mas espero que melhorem. O Brandão e o Astrojildo estão trabalhando nele. Já fui me oferecer. Vou estudar o *Ford* para escrever a respeito e pôr os pontos nos *ii*. O número último de *Clarté* – não recebi ainda. Já veio a coleção de *Le Esprit*. Estou lendo. Quer? Um novo livro de Aragon: *Le paysan de Paris*. Não mando para você porque não há mais nenhum exemplar: o que tenho foi tomado do Plínio Mello, que deixei em São Paulo, completamente cretinizado e comunista. O Aristides, em São Paulo, faz poemas, gênero Martinet e Péret.

   O livro de Aragon é magnífico: há porém páginas cacetes, muito cacetes. Escrevi para ele. Procura no ambiente urbano de Paris – o sentido da natureza e entra a quase descobrir uma mitologia moderna. Recebi o último número da *Revista Surrealista*. Está bom. Neste – vem *Légitime défense*, do Breton.

   Isso aqui está pau. Perdi o estado de graça de cretinização absoluta em que permaneci estes últimos tempos em São Paulo.

   Agora vou falar sobre seu caso. Se quiser, quando puder vir, venha. Acredito que é fácil arranjar um jornal para você trabalhar. O Zé Vieira vai, com o Facó, me arranjar para trabalhar aqui. Estou com uma baita saudade de você.

   Falei com o Hahnemann (vai fazer concurso para Direito Romano) a seu respeito: me disse que em abril lhe arranjaria um lugar no Pedro Segundo. *Isso era certo*: – Vou para o Norte agora: de lá escreverei a você. – Espero que o seu pai esteja melhor e que a crise de desânimo que abateu seu irmão já tenha passado e os negócios estejam

335

normalizados. Faço votos para que breve você possa, sem constrangimento, voltar. Você não deve esquecer a sua vaidade: como vai ela? Tem se tratado? Em qualquer época que você queira vir, venha, e o que os seus amigos puderem fazer por você, farão. Todos lamentam a sua ausência e compreendem a imensa dificuldade de sua situação. Isso tudo é horrível, eu imagino o que você tem sofrido, sob todos os pontos de vista. O Castro, depois que cheguei, vi uma vez. Antes de partir vou estar com ele e falarei sobre você.

Vai ser fundada uma sociedade dos amigos da Rússia, semelhante à que já existe em Buenos Aires. Fins: propaganda da Rússia nova, reconhecimento do governo, conferências, livros, concertos, uma revista: a *Rússia Nova*, biblioteca etc. Os membros do PC dela farão parte individualmente, isolados. No fundo, vai ser ela dirigida indiretamente pelo partido: mas queremos a adesão de todos os burgueses, quer por interesse, por sentimentalismo, por simpatia, por estética, seja pelo que for, queiram fazer parte. Tenho uma lista que estou enchendo.

Creio que por hoje é só o que tenho a dizer para você. Fiquei com saudades dos amigos de São Paulo. O Antônio te abraça. O Pires continua lendo livros grossos, cheios de nota: é cretino (no pior sentido, no sentido grosseiro) e fresco. No dia 3, comeram um jantar – os bacharéis de nossa turma. A coisa foi feita pelo Oscar Santos, secundado pelo Hahnemann. Não fui.

Adeus. Saudades e abraços de seu velho

Mário

P.S.: Uma coisa: estou sempre por te perguntar. Aquela minha bolsa de mão, você levou? Ela não era minha, mas de minha irmã, que tem muito ciúme nela porque foi do marido, meu cunhado, morto em 1922. Me diga alguma coisa a respeito. Pois não sei onde ela paira.

Recomende-me aos seus.

Data: Fevereiro a março de 1927
De: João Pessoa
Para: Granja (CE)

Lívio, velho querido.

Você recebendo esta, vai ficar besta de admiração, pensando que estou em Fortaleza, mas não é não. Estou em Paraíba desde meados de janeiro. Volto em abril. Antes de deixar o Rio, te escrevi uma baita carta. Recebeste. Já respondeste. Do Rio, do pessoal nenhuma notícia tive mais. Escreveste ao Hahnemann? Parece que a promessa dele está de pé. Manda-me dizer quando levantas voo daí desse ninho etc.

Estamos assim ambos desterrados. Eu – vou suportando bem, por ora, esse desterro. Quem sabe se por aqui, pelo interior, não ficarei pra vida inteira?...

Mas vim pra voltar até princípios de abril. Deixei o nosso caro Bento no Rio tangendo os pauzinhos para cavar um lugar, o safado, na polícia e com segundas intenções de largar pra Paris. De Mary, de Paris, não soube níquel. Soubeste alguma coisa?

Vi pela *A Nação* e li a petição de habeas-corpus, feita pelo Castro, pra se comemorar a morte de Lênin.

Tenho recebido a *Revolução Surrealista*. *Clarté* é que não. Aqui nesta província a revolta da gente, a santa revolta perpétua que queima a gente tem vida difícil, a resignação, a pasmaceira e a calúnia e a umidade do meio não lhe favorecem a vida. A gente entrega os pontos sem querer.

Minha preocupação maior aqui – é procurar as coisas da terra que a gente viu em menino com assombro e espanto e invejoso e não se lembrou mais. *Congo, lapinha, bumba meu boi, coco* etc. Quero ver se consigo colher alguma coisa, pra mim e pro Mário, que acaba agora de publicar dois livros de prosa: *Amar, verbo intransitivo* (romance) e *Primeiro andar*, contos. Este é um livro mais documento: tem contos até de 1914 ou 1915. Imagine só. Ele me mandou agora os dois livros com uma carta daquele jeitão dele. Talvez escreva a respeito só para dar notícias.

De São Paulo – estou sem notícias a mais. Tenho saudades de lá: gosto dos amigos que lá fiz: Di, Bopp, os dois Plínios, o Aristides, além do Mário.

Ando nos ares: sem poder assentar nada. Uma coisa esquisita. Mas esqueço às vezes que sou comunista. Com certeza não serei nunca homem de partido, militante político. Não dou para isso, sobretudo no Brasil. Só se for numa hora decisiva: numa greve imponente, numa comemoração cívica, sobretudo numa barricada, *guerra civil*. Porque assim eu ia com esperança de vencer, entusiasmado, e satisfeito, todo entregue, espírito e corpo, à causa, achada então a alta finalidade que procurei toda a vida, prevendo, sabendo que ia morrer. Sem risco de morte, sem a esperança de morrer, é impossível prender o espírito absolutamente a uma causa, por mais alta que seja. Romantismo, literatura – seja lá o que for. Mas é isto. Não é à toa que sou pequeno-burguês intelectualizante. Tenho lido. *Introduction à l'Économie Moderne* acabei de ler. Estou lendo *De l'utilité du pragmatisme*. É magnífico. A crítica das teorias modernas do conhecimento feita é magistral. É no fundo a filosofia do marxismo. Queria ler a obra de Lênin sobre filosofia para cotejar. Li ultimamente dois livros de Trótski: *Europe et Amérique* e *Où va l'Angleterre*. Ótimos. O último é um livrão. Li também do Max Beer (alemão fabuloso) um estudo sobre Karl Marx, vida e obra. Magnífico. Embora seja elementar, a gente aprende melhor sobretudo a formação do pensamento de Marx e tudo o que ele deve a Hegel. O Bertier reuniu os estudos que publicou em *Clarté*, juntou mais um sobre Bourget e um prefácio e fez um livro: *La fin d'une culture*. Ficou bom. O livro do Aragon – *Le paysan* – é magnífico.

Li *L'Esprit* – alguns estudos muito bons. Outros, passo. Parece que o último número de *Clarté* esculhamba eles – do grupo. Não sei se com razão e se com profundeza. Feita a resenha bibliográfica.

Ando desanimado, sem forças, sobretudo sem ânimo para continuar a luta. Voltou-me outra vez o anseio corrupto pelo falanstério. Vontade de me espichar na terra. O Brasil é uma coisa contra a qual parece que não posso lutar. O Brasil me vence. Isso aqui é um *Porto--Praia*, donde o Jaú (jacu) nunca mais pôde se levantar, pra mim.

Eu acabo recorrendo ao desmoralizado vagabundissíssimo expediente que todo namorado infeliz e ridículo recorre sempre: à garrafa. Tomar morfina ou cheirar *o pó* – é vício por demais mundano, aristocrático e almofadinha, literário que não há quem aguente. Beber, porém, já saiu felizmente da literatura. Beber é, pois, primitivismo, romantismo, passadismo por oposição a futurismo. Veja você como minha decadência é irremediável: é esta uma das soluções que agora vejo. Sinceramente. Rimbaud é inacessível. Ou isso ou soldado da Revolução. Mas a Revolução onde é que está? Você acredita em Stálin e em [ilegível]? E no Brasil, você acredita em Octávio Brandão, em Astrojildo, em Leônidas de Rezende, em Azevedo Lima? As forças históricas do Brasil, o proletariado. Os soldados, Prestes à frente, não conseguiram uma revoluçãozinha pequeno-burguesa, que será de nós? Eu sei que a gente não deve, não é científico, está errado, desprezar, negar certas possibilidades futuras, mediatas ou imediatas, só porque o momento atual não está conforme as nossas aspirações. Estes homens podem não valer nada, serem insignificantes (mas alguns deles valem alguma coisa) e amanhã surgir um acontecimento que levante acima de todos um batuta que ninguém conhecia. Mas como é difícil vencer o ceticismo, ou melhor, o pessimismo. E a gente saber teoricamente, em abstrato, que a Revolução há de vir, virá um dia – é bastante pra sustentar a nossa revolta, a nossa luta contra o presente infame e necessário, sem jeito de ser outro? Isso é o bastante pra gente viver? Uma previsão, uma teoria, uma lei sociológica tem plasticidade, concretização, raízes bastantes para penetrarem em nós a ponto de criar dentro de nós a sensualidade necessária à vida do espírito e do corpo?... Eu te abraço condenado como eu e tenho pena de ti que é uma maneira, um truque que ainda me resta de ter pena de mim mesmo e me querer bem-este merda, este cretino infeliz que sou. Adeus

Mário

* Um amigo vai levar esta carta até Fortaleza. E lá põe ela no correio. Me responda já, já. Vamos conversar. Preciso de você. O Anthenor, que encontrei vencido, com os pontos todos entregues, te manda um abraço.

Data: 2 de abril de 1927
De: João Pessoa
Para: Granja (CE)

Lívio, devo ter mandado na carta o meu endereço certo. Mas lá vai outra vez. Rua Epitácio Pessoa, 532. Estou na Capital da Paraíba. Para o interior não irei, só a passeio. Amanhã mesmo (domingo, 3) vamos sair de madrugada, em Ford, a Areia, na Borborema, visitar um cemitério de índios, numa gruta topada 300 metros de altura. A gente tem que bancar o alpinista para chegar nela. Pés descalços, subir e descer numa pedra a pique quase. O cagaço é grande. Mas quando soubemos da coisa já era tarde. Recuar, impossível. O Anthenor também vai.

Vou continuar a enumerar as coisas práticas por que você está tão sôfrego. Mas eu penso que na minha carta falei muito dessas coisas.

Devo voltar pro Rio agora por todo este mês. O Anthenor irá comigo. Não será antes de 15 de abril. Ou tirarei logo daqui uma licença ou irei de licença de *carona* para tirar lá. Estou cavando forte a merda de lugar de auxiliar de consulado. Com o Epitácio e o Lins, aquele cunhado do Mangabeira, fiscal de consumo, amigo do Orlando, e com o qual tinha escritório, sabe? O Epitácio disse a um amigo nosso, falando a meu respeito, que o lugar não era difícil arranjar, que ele arranjaria, mas não servia especialmente porque acha que seria difícil arranjar designação para Europa. Escrevi então ao [ilegível] pra ele me dizer alguma coisa a respeito e ver se me podia garantir *Oropa*. Caso afirmativo, vou então em cima do Epitácio para fazer o pedido. Bom plano?

O Facó no Rio com gente importante, taluda, montou uma agência de publicidade – Agência Brasileira S/A. O Anthenor é o correspondente dela aqui, com 200$ mensais. O Manuel Bandeira veio encarregado de organizar as agências por todo o Norte. Passou por aqui e por indicação do Gilberto Freyre, no Recife, procurou o Anthenor. Mas demorou-se aqui menos de meio dia. Não o vi. O Zé Vieira arranjou-me um lugar na agência no Rio. O Plínio Barreto assumiu a direção do *Estado de São Paulo*, em lugar do Júlio de Mesquita. Boa coisa para nós. Convém você escrever-lhe felicitando-o. Ou telegrafe-lhe. Vou fazer isto hoje. O Raphael vai importante. Foi encarregado pelo

O *Jornal* para ir à Bolívia entrevistar o Prestes. Foi e já voltou, fazendo pelo O *Jornal* um espalhafato daqueles. Vou escrever-lhe. Faça o mesmo. Parece que poderemos assim nos arranjar. O Anthenor vai também na aventura. Vamos a três assim. Três mosqueteiros voltando da seca em procura da fortuna! Você trate de se preparar para voltarmos juntos. Vamos recomeçar tudo outra vez. O Antônio Bento, fabuloso artista, vai ser muito infamemente deputado estadual na bosta do Estado dele, pior ainda do que o nosso! Mas o pai quer e ele está na mão e não arranja níquel. Só consenti nessa infâmia porque ele me mandou dizer que só aceitou com o fito de facilitar-lhe a ida a Paris e demorar por lá pelo menos um ano: arranja um projetozinho especial, e é a conta. É a tal famosa *torpeza inicial*. Por isso o safado quer que eu fique por aqui até ele vir. Virá creio em setembro, se o pai não conseguir que venha já. O Mário, Xangô fabuloso, virá em outubro com ele. Me disse o Bento que ele ficou muito satisfeito com a deputação dele, Bento. Etc.

Estamos projetando de na ida pro Rio fazermos uma pequena parada em Maceió, onde é fiscal de bancos o nosso fabuloso Zé Lins. Mas vamos tratar de voltarmos todos juntos.

– O Bento te manda abraços e perguntou por você. A Mary me disse que ele vinha por aí enquanto a Elsie tinha se ido. A Mary mandava cartas pra nós dois – que travou conhecimento com o B. Péret. Aragon, ainda não, porque tinha partido para a Inglaterra, com a amiga, por 3 dias – e já fazia 3 semanas e não tinha voltado ainda. O Breton estava gripado. Péret contou para ela que o pessoal surrealista já estava pedindo penico e que surrealistas de verdade só ele, Aragon e Breton. A Mary, tocante de ingenuidade, confidenciou que o Péret, ao contrário do que se poderia supor, era tímido e sentimental, estando bancando pra cima dela o amoroso (não tenho ciúmes por isso!) e que ela estava muito triste com isto porque queria ser apenas uma camarada boa dele.

Recebi agora o último número de *Clarté* (n. 6) de 15 de fevereiro deste ano. Traz colaboração de Fourrier (movimento chinês) – (a propósito, Shangai caiu! Vamos ter Gengis-Khan de novo, hem?). Do Victor Serge. Castre. Éluard *(L'intelligence révolutionnaire* – Le

Marquis de Sade) – bom, com *Extraits* do grande moralista: alguns gemidos do gênero. Fabuloso marquês. Aragon: – *Notes. Deux voyages en URSS* – Aragon indignado da ignorância do comunismo de seus autores, da ignorância do marxismo. Indignado dos *écarts de vocabulaire*! Defendendo os sovietes – querendo explicar as transigências econômicas apolíticas dos sovietes! Os autores são uma mulher e um homem (advogado) – este escrevendo para *Le temps* e a mulherzinha – para *Le Petit Parisien*. E termina Aragon: "nous n'avons pas le temps de faire l'education de ce couple" – Porque negar – descansei. Estava com medo desse nosso amigo. Mas o bicho está firme.

– Quanto a você – gostei do tom da carta. Estás de fato messiânico (era eu que o era antes) – decidido – calmo – a revolução assentou em você. Que bicho?! Será que você quer bancar o nosso caro Leon? Você está bancando direito "o forte". A entrada obrigada que fizeste estes últimos tempos na vida dura parece que de fato cristalizou muita coisa dentro de você. O tom está menos nervoso, pequeno-burguês e cretinizante. A propósito – resiste, resiste danadamente à terrível tentação de cretinizar os teus. A salvação é a este preço. A salvação deles, bem entendido, que é a única que se impõe, que é preciso.

Você venceu a prova e a revolta parece solidificou-se. Confesso que tinha medo... gozando também o tom dogmático, calmo, doutoral, didático – da tua carta, só o de Cachin ou Doriot nos artigos de *Huma*. A revolução, desconfio nem Lênin. Isso não. Ela pode não ser o indivíduo, mas o fenômeno, o acontecimento Lênin, isto é. O resto está direito. Você não tinha necessidade de buscar um padre judeu para avô, ou coisa que valha, para explicar o seu messianismo. Apontou nossa explicação pseudocientífica (ciência de merda) o filho da puta do Anatole e toda a sua ascendência e descendência de cretinoides, de cor de marfim, que resumem a vida em se divertir com a própria *piquinha* pequenininha, engraçadinha, dando cafunés na cabeça rosada dela.

Gentillesses et calogesis.

Meu caro, se fosse verdade o que você descobriu sobre a minha teoria da cachaça: – "apetite ancestral do caboclo vestido de super-realismo" –, a teoria era verdadeira, subia de baixo com uma força danada. Atuado pelas forças misteriosas da raça – eu teria uma conclusão genial. *Hélas!*

A língua de Mário de Andrade também serve como função cretinizadora e facilita botar a gente em estado de graça. E ajuda o pensamento mais livre da gente – mais ajustado da estrutura idiomática, seja por demais, carinhosa viciada – com que a gente *aprendeu, estudou, apanhou a doença do livro e a deformação cultural burguesa.* Descobri isso, meu caro. A gente queira ou não ela se aproxima mais de nosso povo (toda a literatura nossa de antes e até da *Revista Bolchevique* era o *moujik* – sobre o *moujik*: Trótski. Pois então?) – que é uma realidade concreta e o trampolim permitido legítimo do nosso impulso revolucionário, no campo estético, literário – até moral e político? Escrevi dois artigos nessa língua braba: escândalo pavoroso. Me jogaram pedras, apóstolo do primitivismo. Não te mandei já porque não sabia de você.

Sobre a página Beethoven – Plínio de Castro sou eu mesmo. Dei de lambugem, pro pessoal. Foi uma tapeação em regra. Opinião geral: esse Plínio é um bicho, colosso, reduziu o tal do Mário Pedrosa à humilhação. Foi um confronto humilhante etc. Mande sua opinião sobre os dois na língua braba. Ponto de vista das ideias e da língua mesma. E também se há desvio. Me esculhambe. Adeus. Meus votos para que a situação de sua família se clarifique de vez. E você venha conosco. Notícias de casa, as últimas não são boas. Papai outra vez doente, com forte gripe. Estou ansioso por notícias. Adeus. Me escreva já. Abraços do Anthenor.

Abraços, baita saudades do Mário.

---

* A volta ao Rio – mais provavelmente será no fim do mês. Conversaremos a respeito.
* Concordo com o que você diz sobre a saída de São Paulo.

Data: Maio a junho de 1927
De: São Paulo
Para: Rio de Janeiro

Lívio!

Cheguei. Chegaste. Vinhas etc.
 Uma merda. Acabei com o emprego de Paraíba! Vendi ele. Segredo. Estou ambulante: caixeiro-viajante do *Diário*. Fui lá baixo em Iguaçu. Vi o Paraguai. Estou farto e engordei cinco quilos!
 Aqui: todos encontrados na merda. Não estou triste nem desesperado não sei por quê. Mas há motivo. Vou para a Europa mesmo – até o princípio do ano que vem. Isso está assentado. Li uma carta tua ao Anthenor. Venha embora então pra aqui. Antônio Bento? Um cartão ao Anthenor, está safado. Que tem por aí? Passei o tempo sem pensar em nada. Uma frase sua que o Antônio transcreveu me estragou. Minha vida absolutamente imprevisível. Não sei de nada. Pensando nela – é uma merda. Estava com vontade de seguir hoje para aí, mas tive que adiar. Vontade de voltar ao vício: no meio de vocês. Coutinho? O Castro, a revista? Etc. Só mando um abraço apertado para a Mary. E a D. Arinda pra não se zangar...
 Me escreva uma coisa.
 Barão de Campinas, 34. O Anthenor também.

Mário

Data: Princípio de agosto de 1927
De: São Paulo
Para: Rio de Janeiro
Obs.: Plínio Mello também escreve no final

Lívio Barreto Antônio Bento

Vou bancar o Fernão Dias amanhã acompanhado dum italiano almofadinha que usa polainas brancas de cara bonita que nem Antônio Bento. É capaz de ser veado! Deve querer ser artista, imaginem: não escapa, eu acho. Desenhista de bandeira. Vamos de Sorocabana adentro, até a barranca do Rio Paraná. Um mês e tanto de viagem. Estou morando no quarto do Plínio Mello, o poeta. Ele está aqui ao lado pensando em coisas! É fabuloso. Tem sempre uma escara na cabeça. Está pau. Depois do almoço é hora de sair, por isto não escrevo mais.

Acabo de me levantar (já é o dia seguinte) e estou aproveitando pra continuar a escrever.

Cheguei aqui numa atmosfera de terror. Tinham prendido o Aristides e alguns anarquistas. Porque não veio no dia marcado (domingo, à noite) espalhou-se num instante o boato de que também tinha sido preso ao desembarcar! O gorducho Ximite seguiu pro Rio nessa triste suposição. Etc. O tal Ibrahim está agindo. O Aristides depois de 36 horas de tortura foi solto afinal, sob a condição do irmão se tornar a sombra dele! Ontem o Plínio esteve com o Aristides e voltou horrorizado com o que ouviu deste. Convém que seja publicada em diversos jornais uma relação do que Aristides e os outros sofreram na Polícia Central. Agora de manhã vou estar com ele e conversarei a respeito. Este não pode mais permanecer aqui, deve voltar aí pro Rio. É preciso que as infâmias do Ibrahim sejam delatadas aí pelo *Esquerda*, *A Manhã* e talvez mesmo o *Globo* e aqui pelo *Diário da Noite* etc. O Azevedo Lima precisa falar também na Câmara com toda a sua retórica. É isto. O Plínio está quase pedindo penico. Está vendo que o negócio não é de brincadeira. Estamos todos na merda: o Lívio deve concluir as reflexões Mussangula. O Bopp está safado e doido.

Hoje, daqui a pouco, parto pro sertão! Às 8:40, com destino a Botucatu. Vai ser uma merda. O meu negócio particular parece que se faz. Deixei o Anthenor encarregado de tratar o negócio em meu nome, pois sou um trouxa. Ele me defende melhor do que eu. Quer dizer que a Europa parece que está mesmo se aproximando. O Plínio acabará esta: pois preciso de ir jantar.

O Mário foi-se ou se foi (tenho medo do Lívio, apesar da emancipação cretinizante dele...) pro sertão. Me deixou com a incumbência de acabar esta carta pra vocês. Como acabar é sempre mais gostoso, vou procurar levar a cabo a tarefa. Continuo, dizendo que tou (verbo *tá*, de Bopp) muito safado com o Simão porque ele não me escreveu mais; a minha falta de resposta à carta dele não é razão suficiente a essa interrupção de correspondência. Você não acha, Lívio? Pois é, ele me escreveu e como eu sou ao mesmo tempo um sujeito muito ocupado, ou melhor, preocupado e também preguiçoso, não lhe respondi; vai ele, não me escreve mais! Ora, isso não se faz. Agora, também, os meus cumprimentos pela sua nomeação pra deputado lá pruma [ilegível] do Norte. Isso é simplesmente cretino (na acepção filosófica...) e digno, pois, da nossa admiração mais cretinizante. Não posso deixar portanto de juntar os meus parabéns às poucas felicitações sinceras que ele, você, Antônio Bento, certamente recebeu.

E o manifesto do M? Como vai, Lívio? É preciso terminar isso! Certamente vai ser uma grande satisfação pra muita gente que anda a se procurar sem rumo certo. Quando eles caírem no *sublime* se libertarão, não há dúvida. E o aspecto político, isto é, tático, da teoria é simplesmente fabuloso! Que saia o manifesto e o congresso e vocês vão ver quanta gente aderirá... Mas tratemos de coisa mais momentânea.

Como o Mário disse acima, a coisa aqui tá preta! O barbarismo mameluco dos policiais paulistas está nos ameaçando com unhas e dentes. O Aristides já foi vítima dele. Esteve 32 horas sujeito às maiores torturas a que se pode condenar um homem que tenha um pouco de sensibilidade que seja! Imaginem vocês que colocaram ele numa cela de 2 metros de altura, 2 metros de comprimento, 1 metro de largura, gelada, sem luz, sem nada, e pra cúmulo de tudo na companhia de um indivíduo já amalucado de tanta tortura... Boia "pior que vômito de cachorro" (textual), café repugnante, intragável. Mas isso não é nada diante da preocupação de ficar ali indefinidamente (como lhe foi sugerido pelo agente que o prendeu), e sob o temor daquela companhia desagradável. Momentos houve nessa noite de tortura, me disse o Aristides, que ele tinha a convicção de que aquele indivíduo se atirava nele, e ao mesmo tempo o Aristides percebia que ele, o sujeito, tinha um temor doido dele, Aristides... Imaginem vocês que coisa pau!... E o frio, então! E a obsessão da liberdade! O Aristides disse que nunca desejou tanto o suicídio como nessa ocasião. Teve ímpetos de se lançar no guarda para ser morto por este. Pra concluir, me disse o Aristides que é inimaginável o que ele sofreu; só mesmo sentindo aquilo é que se pode avaliar o que seja!...

Eu acho, com o Mário, que vocês devem fazer o possível aí pela divulgação desta coisa. Isso servirá para desmascarar a hipocrisia desses cretinoides. O mais interessante e revoltante de tudo isso é mesmo a hipocrisia deles. O tal delegado Ibrahim Nobre, quando o Aristides ia ser solto, bancou o espetaculoso, conselheiral, besta pra burro, dizendo isto e aquilo em tom oracular. O Aristides discutiu com ele e esculhambou. Quase que se complica mais...

P.S.: Me faça o favor de fazer com que a CCE tome providências no sentido de ser enviado o *A.B.C.*, correspondência (9 e 10 principalmente) [ilegível] etc. A biblioteca do PC aqui está muito desfalcada e está sob a minha responsabilidade.

Bueno, abraços comunistas do camarada

Plínio

Data: 24 de dezembro de 1927
De: Berlim
Para: Rio de Janeiro
Obs.: Primeira carta após sua chegada a Berlim

A data desta não é possível. Ficou muitos dias uma parte escrita. Hoje é 24. Boas festas.
Me escreva depressa que estou precisando. Por via das dúvidas manda pro Consulado: Kurfürstendamm, 170 (Brasilianisches Konsulat).

Lívio!

Afinal resolvi te escrever. Estou aqui já há muito tempo. Devia estar em Moscou. Mas... pensei quando cheguei que estava fora de tempo. Depois houve tempo ainda. Na véspera da partida, já de passaporte visado etc. – uma gripe com dor nas costas, do lado mau, que pensei tinha chegado a vez. Vim pro quarto com medo, fazer o testamento. Mas isto ainda não é nada: cheguei, como é natural, depois de vinte e tantos dias *em jejum* – seco por uma trepada. Trepei. Salvei-me muito bem: paguei 10 marcos e um esquentamento! É o cúmulo. Palavra, tive vontade de me suicidar. Depois, soube: isto aqui é à beça. Felizmente o médico é de graça, brasileiro, justamente aqui fazendo essa especialidade. Dura 8 semanas o tratamento. Desanimei. Depois dessa embrulhada toda – (uma semana quase sem sair de casa, com vontade de morrer) – ainda estou esculhambado, mas não voltei ainda à *Central*. E agora estou com vergonha. Dizer essas coisas é pau. Sobretudo na minha situação. No dia 15 devia partir para Moscou. Você tem razão: o futuro a Deus pertence.

Hoje está fazendo um frio tremendo. Já fez até 12 graus abaixo de zero, onde moro. Em certos lugares fez 14 e 17. Agora, no termômetro da janela do meu quarto está marcando 11 graus! Não é canja a gente sair na rua com este tempo!

Passei muitas noites sem dormir pensando na minha situação. Você já viu que vivo cada vez mais encrencado.

[Pedrosa abre parágrafo na margem do papel:] Pensei estar melhor: hoje com a mudança de temperatura brusca e chuva e degelo – a umidade está tremenda (de 15° abaixo passou de noite a 6° acima) – (nas ruas só lama e água) – não me sinto bem. Só saio à rua hoje para comer. Adeus, abraços. Mário. Um abraço na Mary. A D. Arinda devia ter chegado ontem, 23, a Paris, segundo uma carta que recebi de Elsie. [Fecha parágrafo na margem.]

Talvez ainda possa ir. Pois o tempo não é tão apertado assim, foi o que pelo menos pude aprender lá na *Central*. Um, de lá, me conversou em alemão. Entendi o essencial, mas pedi penico. Perguntei se ninguém falava francês. Ninguém na hora. Afinal vem uma camarada, simpática, de blusa, elegante, mas com ar de professora, e cabelos bem penteados, lisos, e me falou em inglês (eles pensam que falamos inglês no Brasil). Falei-lhe um inglês impossível de misturado com o alemão (e está cada vez pior). Afinal nos entendemos bem. E ela me disse que havia tempo. E fosse imediatamente ao Consulado polaco (tomasse um carro) e só dissesse lá o que me fosse perguntado. (E de fato foi o que fiz. E nesse mesmo dia visei o passaporte.) Depois voltasse à *Central* para ir à embaixada soviética, no dia seguinte, e nesse mesmo, às 7 horas da noite, partir. E deu-se a cagada. Antes porém já tinha ido lá diversas vezes, inutilmente. Pela 1ª vez e sem se conhecer o alemão é difícil achar-se. Tem hora certa para se falar etc. Uma vez afinal, acertei. Me anunciei ao Camarada porteiro, disse quem era, o que queria e pedi pra falar com um camarada da *Central* que falasse francês. O homenzinho me respondeu que *"eu não precisava pois que estava falando com ele aquilo tudo em alemão"*! Fiquei safado. Afinal mostrei-lhe o lenço – com a identidade – pediu-me a carta do partido. E o passaporte. Levou lá pra dentro. Me pôs numa saleta, esperando. E voltou perguntando se eu tinha dinheiro. Já muito antes havia ido também ao *Rote Fahne*. Aliás no 1º dia que fui lá, no domingo da chegada, não encontrei. Depois vi que o prédio estava fechado. Calculava encontrar uma grande placa na varanda da rua, mas nada.

Não mandei dizer nada disto lá pra casa. À Mary escrevi um cartão que não dava todas as razões, você compreende.

– Agora, *aqui pra nós*. Desanimei duma vez de ir, hoje mesmo que te escrevo. O congresso bolchevique do PR – expulsou Trótski e Oposição do partido! Acabou assim com a Oposição. Vocês já receberam aí – a plataforma da Oposição, unificada por Trótski, Zinoviev etc. – apresentada ao congresso do partido. Já vi em alemão. Vou até mandar pro Coutinho. E mandei pedir em França – em francês, que há também. Pelas leituras, por alto, que posso fazer de *Rote Fahne* – vi logo que acabaria nisto.

Vocês têm recebido *Clarté*? Nunca mais vi alguma. Já escrevi ao Naville, pedindo, e respondendo a carta dele.

Andei animado para ir – e fazendo força mesmo. Ainda hoje de manhã amanheci resolvido a voltar hoje mesmo ao partido, me apresentar e acabar as démarches – ir à embaixada soviética – isto – pelo que me disseram é num instante – e zarpar, pois parece que ainda há tempo. Mas – quando vi na *L'Humanité* a resolução publicada ontem – não foi surpresa, pelo contrário – foi como uma desgraça que já se estava esperando. Que deve a gente pensar? Já tenho tido desejos de procurar o Guilbeaux – para me encostar a ele e fazer-me camarada dele para conversarmos. Mas essa série de contratempos não me deu oportunidade ainda fora isto. Preciso primeiro saber do endereço dele. Na *Rote Fahne* perguntei – o camarada não sabia. Perguntei se havia outro camarada do partido francês aqui, me disseram que não. Vamos ver se o Naville me responde. Agora não existe mais a questão da oposição. Que atitude tomará ele? E estes órgãos meio simpáticos como a *Clarté* e Naville, Victor Serge etc., como farão agora, poderão continuar com a mesma liberdade?

Quero primeiro resolver meu caso – se vou, se não vou, vou ver o que resolvo de acordo com a *Central*. Depois então vou procurar o Guilbeaux.

– Há aqui agora uma exposição de comemoração ao decenário dos sovietes. Fui ver. Cartazes, dísticos, estatísticas etc., propaganda. Interessante. Na casa de Liebknecht – onde é a sede do partido. Fotografia do tempo da revolução. Terror branco. Obra malvada. Livros, literatura, gravuras, gráficos etc. Vi retratinhos dos chefes pra vender (sobretudo Stálin, Bukharin). De Trótski nenhum. Livros bons. *Materialismo e Empirocriticismo*, de Lênin, acabado de aparecer. Etc. Mas tudo em alemão. Uma pena. Há também aqui - um teatro comunista - dirigido por um comunista, parece que muito bom. O *Piscatocbühue* (Cena de Piscator). Piscator é o nome do diretor. Levam agora uma peça do Alex Tolstói - muito moderna, de técnica etc. *Rasputin, o Romano, a Guerra, o Povo* etc. É o título. (Os personagens são esses tipos.) O Kaiser também estava representado, mas protestou. E o governo proibiu que saísse a figura dele. O papel foi suprimido: apenas é lida em cena a decisão do ministro republicano proibindo ofensa ao Kaiser. Ainda não fui ver. Espero ir mais adiante, por causa do alemão. Levaram antes uma peça do Falber. Depois - adaptação ao teatro na obra de um poeta tcheco, morto moço, *3 soldados*, que foi comparado ao D. Quixote. É uma revelação fabulosa e muito recente. Um nome que se vê muito aqui - nas [ilegível] é o *Sinclair* e o *John dos Passos*, grande sucesso.

 Vou dormir que o sono com uma fominha vem aí. Já é tarde, faz um frio danado e não posso mais sair nem tenho dinheiro para ir comer qualquer coisa.

 Hoje (21) é que soube que o Trótski e o Zinoviev já tinham sido expulsos desde o dia 14 de novembro! E o resto da oposição é que foi agora expulso, Radek, Rakovski, Kamenev etc. etc. *L'Huma*, de ontem, 20, dá a resolução do congresso: 94 novas expulsões. E dá também a notícia que Zinoviev e Kamenev e mais 10 membros da oposição capitularam: mandaram ao presidente uma declaração dizendo que se submetem sem restrições às exigências do partido, reconhecem os próprios erros, renunciam a propagá-los e solicitam a readmissão no partido. O congresso julgou impossível examinar esta declaração. Questão de processo de reintegração: só dentro de 6 meses, cada pedido examinado individualmente, se ficassem direitinhos a juízo do Comitê Central. Um buraco. Em que vai dar tudo isso. Vamos ver a atitude de Trótski. Historicamente o partido tem razão. Mas o que temo são as inimizades pessoais, as intrigas pessoais contra Trótski. O ódio que há lá dentro contra ele.

 Na China houve agora um estertor - e por algumas horas os operários tomaram Cantão. Depois perderam e a reação está arrasando tudo. Doriot escreve um artigo na *Humanité* - dando isto como a nova fisionomia do movimento revolucionário na China. E dá tudo – como um brilhante resultado da tática da 3ª Internacional: a luta agora esclarecida – o partido comunista só. Quer dizer – o resto que foi salvo da derrota, ainda em tempo, como uma conquista brilhante da política da Internacional. O movimento revolucionário chinês está agora definido – O Kuomintang desmascarou-se reacionário etc. – quer dizer, *a luta de classes esclarecida* – como um fruto da política da Internacional! Desse jeito – tudo é bom. Não há política que não dê certo: pois toda luta política – *é pra definir a posição inconciliável das classes,* sobrepondo uma sobre a outra! Assim justifica ele a Internacional e ataca a oposição, que foi pessimista por má-fé. E dá a criação e o aumento do partido comunista como resultado e também a organização do operariado chinês – como objetivo que se conquistou da luta política pela independência da China!

Li na *Humanité* a declaração da capitulação de Zinoviev, Kamenev etc. É boa. Diz que a resolução do congresso põe diante de cada oposicionista – a questão de sua atividade ulterior para com a revolução proletária. E que é impossível servir à Causa – fora do partido comunista ou criando um segundo. São obrigados pois a submeterem-se à vontade do Partido, que é o único diretor da revolução proletária e o único juiz supremo do que é útil ou prejudicial ao movimento vitorioso da Revolução. É, como se vê, a fórmula do Trótski. Agora resta a saber as coisas como se passam lá dentro na intimidade: as intrigas, os ódios etc., as manobras. Em França já vi anunciado em *L'Humanité* folheto – que pelo que parece – é de injúria contra o Trótski etc. Este parece que ainda não fez nenhuma declaração. Será possível que ele fique alijado duma vez do movimento revolucionário mundial? E que se contente com uma mera atividade individual – no campo teórico e intelectual somente? Talvez seja a isto – a que o queiram reduzir – Bukharin, Stálin etc. O erro da oposição, fundamental, é que ela ficou sem a massa. Agora, depois dos fatos consumados – expulsão etc. – a razão individual deles só não basta. O partido tem razão, pois, historicamente contra eles, *Trótski compreende tudo isso.* Que irá fazer ele? Se contentará fora do partido, é uma atitude de mero intelectual? Um homem como ele: o maior revolucionário depois de Lênin, depois de Lênin – a maior legenda revolucionária no espírito mesmo da massa? A grande superioridade, a superioridade genial de Lênin sobre Trótski – foi justamente – a criação do Partido Bolchevique – que Trótski não soube ou não quis criar. Daí tudo se deriva. No dia da revolução, quando Lênin pôs para funcionar a arma nova, a máquina nova de fazer a revolução – que ele inventou – Trótski foi o aperfeiçoamento técnico da máquina – uma peça essencial, a alma talvez da máquina – na hora de funcionar. E Trótski acabou compreendendo isso – e nunca quis se separar da máquina – reconheceu a superioridade de Lênin. Talvez Trótski nunca pudesse criar o partido – por incapacidade de organização psicológica. É agora que ele vai mostrar se aprendeu ou não a lição de Lênin e se sofre mesmo dessa inibição psicológica. Se aprendeu, sua função histórica ainda não terminou e ainda pode jogar grandes coisas, acredito, apesar de seus inimigos (tenho sempre quase a convicção que grande parte do que sucedeu a Trótski vem de ódios pessoais contra a pessoa dele: e talvez seja isto a grande dificuldade para que ele consiga ainda tomar pé nos acontecimentos históricos como um dos grandes chefes da 3ª Internacional. Não só por causa da ação dos inimigos contra ele como da sua *própria* reação a esta ação, não só do ponto de vista do amor-próprio como *da consciência de que contra a má vontade dos inimigos – é inútil* tentar qualquer gesto, e largar de vez uma organização, mesmo a Internacional, cujos chefes que têm a direção incontestada não o querem mesmo. É verdade que mesmo neste caso – fica sublinhada a superioridade de Lênin sobre ele: não se concebe Lênin expulso dum partido ou alijado do movimento revolucionário – por conchavos e intrigas dos chefes do organismo revolucionário mundial. Trótski está nesta situação atual – prova contra ele em relação a Lênin. Confirma também muita coisa do Eastman). Em o gênio – o indivíduo – na história é uma coisa muito séria. E que para a eleição dum papa como para se transformar a face das coisas – as mais ridículas e mesquinhas safadezas dos homens entram também como um grande fator. A gente hoje sabe que agindo certo ou errado – o partido tem sempre razão. Mas os grandes problemas que estavam no ar – não foram resolvidos, mas suprimidos. Que é também uma maneira de resolvê-los, afinal. A hora é dura e a gente tem de ser lúcido – disciplinado e coerente. Do meu ponto de vista pessoal – uma desolação. Saí tão acabrunhado quando vi tudo consumado que – no restaurante onde como – um russo qualquer de lá também come – e com quem nunca falei – me perguntou se eu não estava muito triste pois minha fisionomia denotava que alguma coisa me tinha acontecido ou estava sentindo. E como é que vou pra Rússia assim? Me diga se é ou não é uma situação filha da puta a minha. Veja lá que esta carta não é toda *dos outros*, você compreende. Abrace os amigos, me dê notícias deles e me escreva depressa.

Mário

CARTAS DE 1928

Data: 30 de janeiro de 1928
De: Berlim
Para: Rio de Janeiro

Lívio

Seu merda, por que você ainda não me escreveu? O Naville me convidou para fazer um trabalho para *Clarté* sobre a América do Sul (aqui não se conhece o Brasil ou Argentina etc. – é só América do Sul que interessa). Mandei lhes dizer que não podia fazer isto já e que só mandando pedir dados aí. Você se encarrega disto, faz favor. Peça. Fale com Coutinho, com o Castro. E com o Mesquita, que diz conhecer muita gente lá na Argentina. E depois me mande o que conseguiu e alguma opinião e sugestão daí de vocês. Quero fazer uma coisa – como sendo quase coletiva, nosso pensamento. Desenvolvimento das classes, sobretudo Brasil e Argentina. Proletariado e burguesia. Luta contra o imperialismo-nacionalismo pela burguesia? Relação de burguesia do campo, lavoura – o famoso Café Feudal (?) do Brandão e a da Cidade Industrial. Isso aqui interessa muito. A América do Sul interessa ao movimento mais do que pensava. Soube que Zinoviev – punha ou põe muita esperança na América do Sul?! Os russos se interessam muito por nós. O Naville me mandou dizer que era muito interessante. E era uma ocasião – para darmos nossa opinião – mais livremente, mais seriamente, com mais espírito crítico – do que nos órgãos oficiais. E a difusão seria garantida. Isto é uma coisa necessária. A questão da luta contra o imperialismo depois da experiência da China é por demais importante. E nós – como militantes de país semicolonial, poderemos dizer claramente como é a situação – etc. Mande-me também o livro de V. Viana sobre a formação econômica do Brasil – tem na Imprensa Oficial. E o retrospecto do *Jornal do Comércio* etc. Veja isto com urgência. Converse com o pessoal – Castro, Coutinho etc. Concebam um plano. Podemos até manter uma colaboração quase permanente em *Clarté* – sobre o desenvolvimento político etc. do imperialismo americano etc. – entre nós – uma denúncia constante etc. Ainda agora por ocasião desta bosta do Congresso Pan-Americano – *L'Humanité* e a *Rote Fahne* deram uma importância exagerada a isto e os jornais burgueses também. Poderia até entrar em ligações com gente escolhida, que estude e entenda as coisas – de Argentina etc., intelectuais comunistas naturalmente, sem ser iluminados. Hoje é só pra isto. Acho que podemos fazer uma boa tarefa – e precisa – e que a Internacional pode dela ter conhecimento, sobretudo os chefes de responsabilidades – porque as fontes de informação que eles têm, você sabe, são as mais deploráveis possíveis. (Basta pensar no nosso caso aí.)

Trótski mantém o seu ponto de vista e a fração. E rompeu contra Zinoviev. Acha que o grupo oposicionista deve manter e defender o seu ponto de vista – contra Thermidor – e trabalhar para conquistar o Komintern. É contra a criação dum 2º partido e I quarta Internacional. Minha impressão é que a posição dele, embora se justifique (pois se Thermidor existe, como ele acredita – ficar dentro do partido – sem denunciar, sem poder denunciar, pelo contrário, obrigado a negar Thermidor – é inútil e prejudicial à Revolução e talvez pior do que ficar de fora, denunciando Thermidor, sem se cansar) é muito difícil – pois pode se distanciar da massa – e a força da coisa levar a combater na direção do PC o próprio partido e no Governo – a própria URSS. Vamos a ver. Como estava prevendo – com o famoso Testamento de Lênin – que *Clarté* publicou – tudo veio de má vontade, do capricho de Stálin contra Trótski, segundo o próprio Lênin. Ioffe escreveu I carta ao Trótski muito interessante antes de matar-se. Fez um barulhão esta carta. *Clarté* publica um longo trecho – A *Rote Fahne* publicou um pedacinho – com um comentário muito besta. Este vou mandar pro Coutinho. V. Serge publica agora em *Clarté* uma exposição mais ou menos franca da situação russa – e os pontos de vista divergentes – do CC e da Oposição.

As declarações de Zinoviev dão a impressão de que ele está desavorado – ficou com cagaço – como se *não previsse* o desenlace da questão e há contradição. Pois chega a dizer agora que a plataforma da Oposição ao 15º Congresso – "foi estabelecida como um documento se opondo à política da CC do partido em toda a linha" – e não então como uma análise marxista da situação e o ponto de vista da oposição sobre a melhor política a seguir pelo partido? Dá pena – e mostra fraqueza. A sua posição é justa – mas não poderá mais ter influência no partido nem será mais um chefe. Mas há outros pontos de sua declaração que são justos e bem definidos, como o da importância da URSS para o movimento operário mundial e como força motriz da revolução mundial, aliás não negado por Trótski.

Minha situação ainda não está regrada. Até hoje ainda não recebi decisão da CC sobre o meu caso (a burocracia é sempre a mesma – um mês para decidir uma bosta). Vou lá outra vez. O meu professor de alemão – é membro do PC e presidente da célula – e não como eu pensava simplesmente – Adeus. Me escreva – e isto, porra, não se explica que você não me tenha escrito uma linha! Palavra de honra que estou safado. Não compreendo mesmo que tenha sido preciso esperar uma carta minha – para então protocolarmente me responder. E se é por isto – já lhe tinha escrito um cartão. Mas se isto é amizade, merda.

Mário
30.1.28

Data: Março ou abril de 1928
De: Berlim
Para: São Paulo

Lívio

Recebi sua carta. Você sabe que eu sei que você tem razão 90% ou até mais. Mas tem reparos a fazer. Primeiro – "a justificação antecipada da defecção", o "fatalismo social-democrata", a "confusão *voluntária* (à Pascal) da *discussão geral* com os acontecimentos futuros" não estavam assim tão evidentes e *predeterminados*. O meu estado de espírito era de indecisão – e esperava sinceramente (torcia até) para que aqui – estes acontecimentos futuros, novas circunstâncias me *levassem* afinal até o ponto final – sem que eu, de moto-próprio, por calculada deliberação resolvesse o dilema, cortasse a hesitação (e esta tem sido a *nossa maneira* de agir – e tomar atitude). *Segundo:* carência de "uma base moral sólida" (de fato carecemos). Mas não sei como você – com todo o seu objetivismo pode negar e desprezar – o estado mórbido do organismo como *fator também objetivo*? A saúde é um fator meramente subjetivo? Nisto então é *brandãomismo*. 3º – o seu desprezo escolástico ou fanático por todo estado subjetivo e o seu dogmatismo moral abstrato são desvios também doutrinários. No mínimo – jacobinismo. No mais, e nisto mesmo, o seu julgamento *moral é* verdadeiro e eu aceito.

Hoje – posso dizer que foi melhor que eu ficasse. Não devia ir. Teria sido pior. O valor da informação talvez fosse nulo – *por impossível no regime da escola*. Esta, entre outras, a opinião do Naville, que me disse: "Je pense que les événements actuels, en Russie, ne vous incitent pas à aller là bas avant d'être renseigné à l'avance sur la crise, de l'extérieur. Selon mon expérience il est indispensable d'étudier la question de *l'extérieur* d'abord (o grifo é dele), le plus profondément possible."... A situação é mais grave do que parece. E você acredita que eu teria a liberdade (sem saber o russo) de me informar seriamente? Na escola? Não, talvez fosse pior pra mim. Hoje, estou perfeitamente conformado em não ter ido. Minha situação política aqui está definida. Membro do PC - já compareci a uma reunião de zona, mais importante - problema da greve geral dos metalúrgicos - em perspectiva para abril (um movimento de grandes proporções) e a reunião da minha célula. (Naquela reunião - 3 camaradas da oposição criticaram o ponto de vista da direção - mas quase não falaram. *A tendência é para a intolerância. Bourrage de crâne.* A *Rote Fahne* também é *cretinizante*) Daqui - posso ver as coisas melhor e juntando material e me informando. (Esta aqui - é *privada*)

Data: 14 de maio de 1928
De: Berlim
Para: Rio de Janeiro

Lívio

Recebi tua carta em Paris, no dia da volta. Não vejo em que esteja louco. Sei bem que a coisa é difícil, mas não impossível. Não se trata de fazer uma coisa definitiva. Mas uma mise-en-point – que mais dia menos dia *nós temos como desfazer*. Como podemos, na nossa posição de intelectuais do Partido no Brasil, continuar sem de nossa parte tentar definir a situação brasileira, sul-americana? Que diabo de militantes somos nós? Não podemos continuar nessa irresponsabilidade em que temos deixado o barco correr. Isso é até brincadeira. Estamos todos falhando ao nosso dever. O Coutinho e o Castro na frente. A atividade do Coutinho numa vaga CCE ou num mais vago ainda trabalho de organização camponesa no Distrito Federal (!) é irrisória, do ponto de vista político e histórico. O Castro, também, ainda pior. A responsabilidade dos dois ainda é maior do que a nossa. Se o Castro não tem consciência de suas responsabilidades, então deixe de brincadeira, que não é comunista nem político coisa nenhuma. E nem venha se desculpar com a formalidade de dizer que não é membro do PC.

    Quanto a nós – é a mesma coisa. Que pseudofunção é a nossa no partido! Para que serve a nossa presença nele – para fingir que somos bolcheviques e termos uma atividade puramente formal – comparecendo a reuniões de células e fingindo acreditar na organização e na existência dum movimento comum no Brasil? Ser membro do PCB e ir à célula é bonito e romântico – para nós "que não queremos ser literatos" etc. etc. Mas o tempo do romantismo já passou. Não me recuso a fazer o artigo. Mas queria um ponto de partida – nem que fosse o livro do Brandão – para dele fazer ponto de referência, embora contrariando. Aliás esse ponto de vista é essencial – porque é a única coisa que há sobre o assunto, é o ponto de vista oficial do partido e da IC. O Coutinho não me escreveu nada. Ainda estou esperando. Seria muito útil se ele fizesse isso. Ficaria muito agradecido a ele.

Comprei em Paris o último *Annuaire du Brésil*; aliás por 50 francos e perdi, deixei no táxi quando ia tomar o trem. E estava acompanhado da Elsie e da D. Arinda. Espero pois que você me mande alguma coisa, alguma nota. Alguns pontos de vista etc. Situação geral: merda. Em Paris conheci o Naville – Muito inteligente e bem informado. Expulso do partido mas sem formalidade. (O Fourrier também. Mas ainda sem formalidade etc. As eleições absorviam todas as atenções.) Me pareceu sofrer uma grande influência do Souvarine. O partido em França ultracorrompido. Sem vida interna. Mecanizado ao extremo. Os elementos mais competentes e inteligentes, com raras exceções, estão todos fora. Com uma grande diminuição do número de aderentes. Os chefes parlamentares como sabíamos oportunistas e tão corrompidos como os outros políticos. (Gozei a derrota eleitoral do Vaillant.) Doriot completamente estragado pela política interna do partido e comprometido com Stálin irremediavelmente. Assim como Semard. (É uma gente falhada: ainda se mantém na direção do PC devido à subserviência e aos cambalachos com a direção russa. Uns se apoiam nos outros etc. Como a política aí no Brasil.)

Aqui na Alemanha: a direção na mão duma frente sem valor. Dizem que Thaelmann é um pau-d'agua (Instrumento de Stálin – e como tal ainda se mantém na direção). Os melhores elementos são os velhos – espartaquistas – que caíram em 1923 e foram sucedidos por Ruth Fischer etc. Brandler etc. – que se conservam em Moscou desde que caíram. Não podem voltar a Berlim porque a direção atual tem medo deles. E de vez em quando Stálin ameaça de mandar Brandl para aqui etc. É um deus nos acuda.

Mas em conjunto, hoje, devido ao seu grande contingente de operários e experiência de lutas passadas – é ainda o partido mais são de toda a Internacional. Mais que o russo – hoje completamente sem vida e autonomia. Os operários que dele fazem parte – gente nova – estão nele para evitar o chômage e fazer das vantagens como seguro de vida, de risco etc. E o elemento verdadeiramente comunista que ainda nele se conserva – está sob o regime da pressão, do terror. Na Bélgica – foi um desastre. A IC querendo fazer pressão sobre o PC belga – acabou dividindo o partido pelo meio. Os líderes oposicionistas recusavam a obedecer individualmente e arrastavam consigo mais um pouco da metade de todos os membros do partido! Se constituíram à parte, em células, comitês etc., conservaram muitos locais etc. de partido, organizaram um jornal hebdomadário e se denominaram PCB - Grupo da Oposição, Secção da IC etc. O partido se compunha de mais ou menos 1.000 membros, destes uns 600 ficavam com a oposição. Este fato é de uma grande significação e deverá ter uma grande repercussão na IC.

O que está salvando o PC alemão de desagregação, como os outros, e impediu que a crise russa tivesse e tenha maior repercussão aqui é a situação interna do país. O movimento operário está tomando envergadura com as consequências da racionalização etc. A perspectiva pró-proletariado é de luta em defesa dos seus interesses mais imediatos etc. E isto tudo impede que as tais manobras políticas etc. absorvam toda a atividade do partido. Apareça uma situação mais séria e grave - e é possível que a crise de direção latente venha a furo - e o partido então caia em mãos responsáveis e hábeis. Aqui felizmente a base ainda é sadia, apesar da burocracia: o elemento proletário é ativo.

Na URSS - a situação continua como dantes. Apenas Stálin com medo de não poder mais resistir à pressão da direita - procura agora ver se consegue dar "un coup de barre à gauche", tomando à oposição algumas palavras de ordem etc., tentando executá-las. Mas ele não compreende ou não quer compreender - que para que essas medidas tenham eficácia - é preciso mudar o regime existente no partido, nos sindicatos e nos sovietes. Não é a burocracia que pode lutar contra a ofensiva burguesa. E aí tudo fica no papel, sem eficácia positiva. E serve apenas para dizer que o partido se defende e luta contra os nepmen etc.

A situação é mais difícil do que parece. Os problemas russos são muito complicados. Já muitas palavras de ordem da própria oposição não podem ser mais postas em prática. Há certas aquisições vindas depois da revolução e que se cristalizaram: estas não podem mais ser aniquiladas. Qualquer direção tem que contar com ela. Muitos dos mais responsáveis opositores já perceberam isto. A questão não é só ficar *na esquerda*. A coisa não é só tomar uma posição na esquerda e tudo está resolvido. Isso é encarar a situação, as coisas, sem análise, superficialmente, como Zinoviev – que só tem essa preocupação. E isto é a preocupação de uma grande parte da oposição. Treint na França, Ruth Fischer aqui na Alemanha. Essa gente não vê a situação com clareza. Para eles é só mudar a atual direção e adotar as palavras de ordem da oposição – e tudo está resolvido, a situação russa melhorará incontinenti etc. Mas – os homens mais inteligentes do comunismo já veem mais longe. Desde Souvarine, em França, a Trótski, Radek etc. na Rússia.

Do ponto de vista da IC – uma palavra define melhor a situação: se trata duma *crise do bolchevismo*. Do ponto de vista russo é o impasse em que estão. As faltas de recurso do Estado para a industrialização e a ascensão progressiva da economia privada no campo. O processo clássico de acumulação do capital etc. etc., o advento em cena da nova burguesia do campo e da cidade, o enfraquecimento das bases econômicas do proletariado e consequentemente de seu poder político etc., agravado com a burocratização do Estado, que pelo próprio peso da burocracia tende cada vez mais a se libertar das suas origens *de classe* – para se considerar acima das classes, com interesses e objetivos próprios.

O pior é que a degenerescência burocrática atingiu aos próprios órgãos de combate e defesa do proletariado, aos sindicatos e partido.

O partido e os sindicatos veem primeiro os interesses do Estado antes de ver os de sua classe. E veem tudo portanto deformado. E os processos de mecanização adotados e hoje já enraizados no partido permitem que de dentro dele, de seus organismos da base venha uma reação de vida etc. A mesma degenerescência burocrática que se deu com o Estado, se deu com o partido. E hoje o partido tende a encarar as coisas dum ponto de vista próprio – que não é mais o do proletariado como classe. E é evidente que esse processo de degeneração foi facilitado pela ideologia bolchevique da endeusação ou superestimação do partido etc. etc. Todas as teses da IC – a partir do 3º Congresso exclusive – têm que ser revistas e retomadas. A questão do fascismo. A Frente Única. A social-democracia. Capitalismo descendente, luta de trustes. A tese de Rosa Luxemburgo sobre a acumulação do capital explica hoje melhor a situação do capitalismo mundial do que a de Hilferding, Lênin, Bukharin – que a deformou como sempre. Etc. A questão do imperialismo. A questão colonial. Etc. O bolchevismo enfim está em crise.

Trótski, se tivesse mantido intransigentemente a oposição de 23 – talvez as coisas não se tivessem agravado tanto. O Ioffe – tinha razão quando o acusou de não ter podido ou sabido ficar sozinho, intransigente, como Lênin fazia – e de ter sobrestimado a ideia de unidade, de acordo etc. E mal maior foi ainda quando fez a fusão com Zinoviev, cedendo à pressão da Krupskaia e dos operários, da massa que o seguia, que exigia, juntamente com a que seguia Zinoviev, a junção dos dois líderes. O bloco foi feito naturalmente com prejuízo da clareza de muito ponto de vista e da profundeza de análise.

Então Stálin lançou mão de todos os meios para ver se conseguia atrair Trótski – e Souvarine acha, como disse na época, que a fazer aliança era preferível, para a clareza da situação e de consequências mais úteis, fazê-la com o grupo de Stálin, cuja política de equilíbrio era a mais influenciável.

Em parte as transigências de Trótski se explicam pela situação individual, sua falta de *nobreza* bolchevique etc. Aqui – o paralelo que tentei entre ele e Lênin tem sua razão de ser. E explica muito da atitude dele e do que lhe tem vindo acontecendo. Faltava-lhe por seu individualismo, seu isolamento anterior – o privilégio providencial de poder ficar isolado, só contra todos etc., como só o tinha Lênin. É inegável que hoje a ideia de partido está numa fase de crise, de dúvida, de discussão. E é evidente também que a bolchevização, ou seja, tema interno que tem vigorado até agora – e que foi a salvação da Revolução Russa – e o elemento decisivo, histórico para o reerguimento do movimento revolucionário internacional – agora que a situação não é mais revolucionária, época de estabilização etc. – não serve mais. Até a última revolução alemã. De lá pra cá começou a degenerescência. Os sintomas são evidentes – e todas as ideias estão sendo outra vez discutidas – etc. Há uma grande efervescência intelectual nos meios comunistas, revolucionários, de toda a Europa. Crises de consciência por toda parte. O caso de Doriot – é típico. Doriot numa longa evolução acaba de aderir ao sindicalismo-comunismo, juntando-se ao grupo de Monatte-Rosmer, da Révolution Prolétarienne. Estamos numa época de balanço. Ingrata, dolorosa para os revolucionários. Uma triste hora para a Internacional. Eu estou trabalhando no partido. Não tenho outra coisa a fazer: assim vejo como um organismo de base trabalha, estou em contato com camaradas, embora a maioria esteja ainda fanatizada e acredita cegamente, não discute o que vem de cima. Como atividade intelectual – tenho estudado alemão, tenho lido bastante e estou seguindo uns cursos na Universidade – dois sobre Marxismo – História, Estado e Sociedade, por Iunow (social--democrata). Ideia do Socialismo – por Meyer – entre o *Id* – e o PC. Outro sobre história econômica da América do Sul. História econômica da Alemanha – Sociologia.

Por enquanto – meu maior objetivo é ouvir e aprender alemão e sobretudo conhecer a literatura alemã a respeito.

Recebi uma carta do Astrojildo em resposta à minha. Não vi os camaradas que vieram. Nem soube da passagem deles. Quer que estude aqui a *organização* – pois diz ele que é o que falta aí. Naturalmente tenho me interessado em conhecer. E tenho aprendido alguma coisa. Neste ponto aqui tudo é bem feito. Vou responder-lhe breve. Já não o fiz porque só recebi a carta dele depois que voltei de Paris.

Agora você me explique que história é essa de depuração. Vocês estão ameaçados de expulsão também? Fizeram alguma coisa? Vocês tomaram alguma atitude definida – em comum etc.? Me diga qualquer coisa de claro. Mas acho que vocês não devem esconder a própria opinião se o momento aparecer de expressá-la. Soube em Paris (o Naville) que em Buenos Aires se formou um grupo oposicionista. Souberam vocês de alguma coisa aí? A Me. Houston por estes dias estará aí – e te levará alguma coisa de mais essencial. Me mande o endereço dela que quero lhe escrever. O Antônio Bento foi afinal pro Norte? Quero escrever pra ele e não sei pra onde. Acho que fez uma grossa besteira de ir pro Norte. De duas uma: ou ele entrega os pontos, fica por lá – ou então se arremedeia duma vez pelo Rio ou São Paulo e continua na improvisação em que temos vivido. Apesar dos pesares, acho este último caminho mais aceitável – sem encarar mesmo do ponto de vista da decência – mas da própria felicidade (?) do próprio comodismo, é melhor dizer. Acho que ele dava muito bem, estava mesmo talhado pra essa vidinha dúbia, nem lá nem cá, à cata de emprego ou com emprego vago e hipotético etc.

Em Paris estive algumas vezes com os surrealistas. Bons rapazes. O Breton fisicamente causa boa impressão – é forte, grandão, cara de macho, beiços grossos, bom aspecto de saúde física e força. Isso vai pra Mary. Quanto ao mais – simpático, muito inteligente – e acostumado a falar pra ser ouvido. A meninada escuta e respeita. O Péret – é aquilo mesmo que nós pensávamos. Camarada simpático, simples, sem grande inteligência, doido, vagabundo, poeta, entusiasmado, forte – e intelectualmente – seguindo o Breton e o Aragon, sobretudo o primeiro. Este último – fisicamente outra coisa – não *tem pé grande*, nem nada. Fraquíssimo de corpo, requintado sem querer – é de fato a sedução em pessoa. Extremamente simpático e simples. Vê-se que é uma grande inteligência – preocupado com ideias etc. Tem um rosto infantil, mas cheio de tiques nervosos. Aliás – a gente vê que é todo nervos. Quando discute, torce às vezes a boca e quer falar muito depressa e as palavras não saem. Gagueja. Me deu num momento a impressão que era histérico. E uma pessoa que prende. Pela fineza etc. me lembrei de Shelley. E um produto de raça muito fina: não é à toa que é filho da puta. Imagino que combinação fabulosa não saiu ela. Foi de todos o que mais me impressionou. Se acamaradou num instante com a gente. Impressiona pela irradiação de simpatia, de alegria, de finura (no bom sentido). Não é nada másculo.

Boatos perversos dizem que ele dá *o Zé*. Mas os amigos mais íntimos negam isto de pés juntos. E apesar de tudo não tem jeito disso. Veste à la diable. Mas fica elegante nele. Tem uma amante rica, com quem vive. Filha do dono *da Both* [ilegível] Mas é sabido que ele confessou – que é meio brocha. Não tem ereções perfeitas, declarou ele no inquérito sobre sensualismo que está fazendo à *Rev. Surr.* Parece que tem uma acuidade sensível extraordinária. Enfim, é um poeta fabuloso, um Ariel (não queria dizer isso – palavra, mas lá vai ela mesmo). A gente fica querendo bem ao garoto. Destinado à poesia, ao romantismo, à revolução. Dizem que acabará matando-se.

O tamanho desta já é dum bonde. Vou parar. Naturalmente não foi dum fôlego só que cheguei – mas em 3 ou 4 botes. Abraços nos amigos. Estou aqui numa situação apertada. Com menos de 10 marcos no bolso – para passar o mês e sem um vintém só no banco pra mim. O meu pessoal desta vez me esqueceu – e estou na mão. O Anthenor – não sei mesmo por onde anda. Disse que vinha em maio – e não sei mais nada. Não sei por que não me escreve e nem me responde. O Bopp – fechou-se o tempo duma vez. Terá morrido? Adeus. Abraços no Nelson, no Coutinho, no Castro, no Hahn etc. Como vão o Murillo e o Ismael etc.? Você se arranjou no Pedro 2º – ou foi mesmo despedido? Que fez? O chômage continua? Veja se ao menos não morre de fome. Me escreva. Me ajude a escrever pra *Clarté*? Aja. Abraços e saudades.

Pedrosa

[Anotações à margem:] Ah! nesse intervalo: fizemos amor. No dia que cheguei de Paris. Foi um dia safado pra mim. Sem dinheiro – [ilegível] etc. Estamos velhos – e já rangendo como porta pensa. Uma merda. *Abraços grand-même.*

Mário

P.S.: Estamos em plena propaganda eleitoral. Na célula – trabalha--se pra burro. Já andei de porta em porta carregando brochuras etc. A eleição é domingo.

Último post scriptum
Esta carta já não seguiu pra não gastar dinheiro em selo. Felizmente já chegou dinheiro – e agora posso mandá-la. Vai chegar por isto um pouco atrasada. Ontem – houve eleição. Chuva desde a manhã. Vitória completa da esquerda – sociais-democratas e comunistas. O resto todo perdeu. O sucesso comunista espantou todo mundo. Aqui em Berlim – quase igual ao social-democrata: 390 este contra 350 mil comunistas (um aumento de quase 200 mil votos). Cavei um voto pro partido – *da pequena*, que queria votar nos democratas ou nos sociais-democratas. A oposição não conseguiu nenhum mandato – mas alcançou – em todo o Reich – 70 mil e tantos votos. Adeus.

Mário

Fiz uma entrevista com Péret sobre o surrealismo. Gozada.

P.S.: Na última vez que tive com Naville – este me disse que corriam boatos que Stálin procura um entendimento com a oposição, Trótski etc. Havia qualquer coisa nesse sentido. De mais nada soube.

O fato é que Stálin está com medo de naufragar com o barco duma vez e procura parar.

Mas tudo é problemático.

Mário
14.05.28

Data: 22 a 24 de agosto de 1928
De: Berlim
Para: Rio de Janeiro

Domingo, parece que é 22 ou 23

Lívio

Não escrevi logo porque relaxei: Acho que o seu pito em alguma parte tem razão, mas na maior parte não tem. Aliás já esperava por ele. Quis escrever logo depois que recebi a sua remessa, mas fui deixando, deixando até que veio sua 2ª carta, já em resposta à minha. A suposta censura que fiz não é censura coisa nenhuma. Foi tudo motivado naturalmente pela surpresa que causou o ato de demissão: vocês deram uma solução rápida demais à crise. Se bem que o ato final deveria ser esse mesmo – em todo caso acho que vocês o precipitaram. Menosprezavam o valor de *algumas formalidades* quando mais não fosse para facilitar a justificação da atitude de vocês perante a IC e sobretudo mostrar aos *fanáticos da disciplina* (que é a maioria) a sinceridade da atitude dos chefes etc. Vocês erravam na tática – não aproveitavam nenhuma oportunidade, não para fazer conchavos ou concórdias puramente formais etc., não, – foram logo às vias de cabo etc. A 2ª carta não me convenceu do contrário. E por isto nesse sentido achei graça e acertada a definição dada pelo Castro – de raid comunista. Não há nisto nenhum zelo maior excessivo pelas formalidades etc. Estou certo que tudo acabaria como acabou – e era mesmo a solução verdadeira –, mas acho que foi tomada sem preparativo prévio – de modo a facilitar a compreensão do ato pela maioria ou ao menos pela parte hesitante, indecisa desta. Ou vocês não ligaram, desdenharam esse *resto* – como massa sem significação? O que seria também uma atitude errada, intelectual e sectária.

Quanto ao mais os meus receios e dúvidas eram justificados – pois nada tinha recebido de vocês. Apenas não sei onde você descobriu na minha carta a ideia de *deixar os operários no partido.* O que disse e pensei – e ainda penso – é – que como vocês, como eu, não são proletários, mas intelectuais burgueses, vivendo separado do proletariado etc., estão sujeitos a todas as consequências desta situação – e de uma hora para outra – *podem entregar os pontos* – sobretudo sem mais nenhum outro fator – exterior, afinidade fora, mesmo *formal*, como é o caso do partido aí no Brasil, e assim sendo – os proletários que tivessem acompanhado vocês – ficariam no ora veja, teriam por força retrogradado politicamente etc. etc. E isto sim seria um mal. E por isso tive e tenho razão. Que é que vocês fizeram depois que deram o fora do partido? Estão verdadeiramente organizados? Estão trabalhando nos sindicatos seriamente onde podem ter influência? Já fizeram alguma publicação? Rudimentar que seja? Ou apenas se limitam a discutir *nas mesas dos cafés* como é o nosso hábito? Me admira que você com todo o seu objetivismo, todo o fanatismo de seu objetivismo não veja nada disto, para só encarar a situação debaixo duma verdade puramente abstrata e teórica. Vocês só se podem agora se justificar pela ação orgânica que desenvolverem por mais vagabunda ainda que seja. E todo o nó da situação está aí. E da capacidade de agir e de organizar é que ponho vocês todos em dúvida. Assim também como eu. Que estou passando por uma crise e tomando consciência de uma posição que só no Brasil poderá ser esclarecida.

    Outra coisa agora. – Você me mandou dizer que junto à sua carta vinha um cheque para o Naville e umas notas que podiam se aproveitar para *Clarté*? Nada disto veio. Escrevi pro Naville perguntando. Já soube que o dinheiro você remeteu diretamente, mas as notas não vieram – e o Naville na resposta me perguntou por elas e me disse que tinha te escrito pedindo ou perguntando. Já é a 2ª ou 3ª vez que você me prega peça. Já estou ficando não sei o que e já tenho vergonha de me desculpar. Que diabo, você agora não tem mais nada a fazer no partido. Pode muito bem me mandar um esquema já que não se quer dar ao trabalho de escrever alguma coisa para *Clarté*. Eu aqui – não tenho mesmo tempo para pensar nisto – cavar alemão, ler alemão, escrever ainda bostas para os jornais de São Paulo etc. Você podia bem fazer – ou pelo menos me facilitar esse trabalho. Você compreende, eu aqui estou preocupado com outra coisa – e tenho que fazer qualquer coisa – de mudar completamente o rumo das minhas ideias e a orientação do meu esforço intelectual, que apesar de vagabundo sempre está ajeitado pra um lado. E você não sabe a burrice, *a estreiteza em que se fica quando se está embrenhado em aprender um raio duma língua como o alemão*. Fica-se sem agilidade intelectual e ainda mais para escrever numa outra língua, numa terceira língua, qualquer coisa de importante. Faça pois isto duma vez. É uma vergonha, pra você e pra todos nós. Tenha coragem – é só ter um pouco de disposição e largar a preguiça. Faça sobre o Brasil. Escreva pro Pénelon ou coisa que valha pra ele dar alguma coisa sobre a Argentina. Vocês – os 2 grupos do Brasil e Argentina precisam, é mais do que evidente, ter relações. Me manda o troço ou manda direto pro Naville. Vamos acabar com isto. Aliás seria a melhor coisa que você podia fazer agora. Larga a merda da política e caia completamente duma vez na única coisa pra que você dá – na teoria. Com o Coutinho e o Castro como auxiliares e informadores – você pode muito bem melhor do que ninguém, eu – fazer uma bosta passável para *Clarté*. Bem, agora é hora de ir jantar – é sábado, véspera de domingo, estou de fatiota nova, como convém ao dia, e a professora já está aqui ao meu lado no quarto esperando já meio impaciente. Adeus.

– Hoje é domingo, 1h da tarde. Quero ver se ainda ponho esta carta no correio. Não tenho sua última carta em mãos pra responder tim-tim por tim-tim. Quanto à ligeireza ideológica de que você me acusa, seria verdadeira se eu tivesse condenado quanto ao mérito da questão: a retirada de vocês do partido etc. Quanto ao Leônidas, continuo a pensar o que pensava. Confusionista, burro e inaproveitável. Basta ver o horror que ainda tem do Trótski. Que diabo de crítica pode ele bem fazer do livro do Brandão e que diabo pode ele entender de marxismo. Tenciono ver muita coisa interessante agora pelo inverso. Outro dia escrevi ao Anthenor. Viu? – Me mande – dizer – informe – alguma coisa sobre concurso no Pedro 2º ou Escola Normal: Sociologia e Alemão. Quando se fala que seja o concurso. Quem vai fazê-lo. Nós dois podíamos tentar o de Sociologia juntos. Você cavava literatura inglesa e eu a alemã, tendo ambos a francesa como denominador comum. E trocávamos a ciência de cada um – de maneira a dar ao outro uma ideia dela – Que acha? Que há de novo por aí?

Do Congresso do SIC – nada de interessante. Continua tudo cada vez mais cretinizado. E a situação caminhando. Gostei da carta do Naville – ao grupo *Contre le Courant*. Quanto ao frustrado imperialismo – Lênin – Rosa Luxemburgo – é muito complicado. E eu mesmo ainda não li a Rosa. O que vou fazer breve. Isso está mais ligado à questão do monopólio – como explicação do capitalismo imperialista. A Inglaterra por exemplo é um país que tem monopólio etc. Hoje só te posso falar muito por cima. Se trata da interpretação de Bukharin quanto à estabilização atual do capitalismo etc. *Lutte de Classes* parece que vai pendendo pro pensamento de *Bordiga*, que é pouco conhecido de todos. Estou curioso. A crise continua na mesma. Me digam o que pretendem fazer e o que estão fazendo. Recebi outro dia carta do Astrojildo, junto com resoluções da reunião do Secretariado Sul-Americano – em Buenos Aires, naturalmente ultrastalinianos; ele me perguntava se tinha lido os documentos que tinha remetido sobre o caso de vocês mas ainda não pediu a opinião, até hoje nunca me referi a isso.

Mandei uma tradução sobre as eleições – *A Classe Operária* publicou etc. O amigo do Coutinho que já está na Rússia – pela amostra – parece que está completamente cretinizado – vocês precisam levar o resto que acompanhou vocês até o verdadeiro conhecimento da situação. Pelo menos fazer com que leiam os documentos da oposição.

Não se esqueça – de fazer o troço pro Naville. Vocês precisam de expressar o pensamento sobre a situação brasileira. Vocês agora, que diabo, são diretamente responsáveis sobre uma corrente de opinião. Aproveita a sessão do Secretariado Sul-Americano – veja todo o material que a respeito foi publicado – e faça a crítica. O Secretariado deve ter feito uma análise ou coisa que valha sobre a situação sul-americana – tome isto pois como ponto de referência. Fica muito bom para ser publicado em *Lutte de Classes*. A ideia é ótima – é aliás o dever de vocês. Vou mandar dizer isso ao Naville. Me escreva dizendo a respeito e faça a coisa. Todo dia mando dizer ao Naville que vem coisa do Brasil – que nunca chega. A culpa é sua – que sempre me manda dizer isso – desde a prometida carta do Coutinho. Abraços, Castro e o resto. Hahn, Anthenor, Mary etc. etc. Como vai Antônio Bento? Abraços do

Mário

CARTAS DE 1929

Data: 6 de abril de 1929
De: Paris
Para: São Paulo

Lívio – recebi enfim um retrato seu. Se o Aristides está a seu lado, isto não quer dizer nada, e nem por isso você deixa de ser menos desertor e renegado. Estou em Paris desde o começo do mês. E esse tempo todo estava esperando que você desse sinal de vida – mas você bancou o menino sabido. Já passou a raiva já?
O [ilegível] traiu como o Zinoviev, isto quer dizer que a oposição esculhambou-se toda e dissolveu-se? Mas este fim era fácil de prever. E depois, entregaram os pontos? Que faz o Coutinho no Rio? Me manda o endereço dele. É pena que vocês não se tenham aguentado organizados ou pelo menos juntos – não existam como grupo. E nem ao menos se tenham dado ao trabalho dum esforço comum de teorização do movimento brasileiro; a crítica fundamentada do *Agrarismo* do Octávio etc. E nem tampouco entrado pelo menos em correspondência com a oposição de Buenos Aires e Montevidéu etc. De modo que os acontecimentos na escala inicial que se estão precipitando vão apanhar vocês de imprevisto, de surpresa, sem preparação pra recebê-los e utilizá-los. É pena, é lastimável. E o Brasil como sempre vai primar pela inexistência. E tudo por culpa exclusiva de vocês, que têm medo de assumir as responsabilidades do movimento. E o que pode acontecer então? O que pode acontecer então é que os Zinoviev daí tornarão a se arrepender de se terem arrependido e os Stalinezinhos mirins que mandam aí nesta merda aderirão pra continuar na chefia do movimento – na ordem inicial – fazendo todas as burradas possíveis – ou então se adaptarão duma vez ao Azevedolinismo, ao Lacerdismo, ao Prestismo, na luta contra o imperialismo e a democracia. Porque na Rússia as coisas

já estão no fim. E vocês ficarão outra vez de lado – ou aderirão outra vez à Troika – Octávio – Astrojildo – Paulo.

11.04.29

Esta foi interrompida por muitos dias. Tenho estado aqui sempre com o Naville etc. Assisti a um curso sobre o Diretório feito pelo Mathiez. E, em casa do Naville, um sobre a situação internacional e o imperialismo, feito pelo Lucien Revo, que está aqui agora (isto é, desde muito tempo) em Paris. Quem assina *Primus* no *Bulletin Communiste* é ele. Gostei dele. Sabe pra burro. Perguntou pelo Coutinho – e disse – "c'etait un garçon très capable. Qu'est-il devenu?" Vou te mandar uma brochura dele. "L'Impérialisme et la décadence capitaliste". Combate a teoria Lênin-Bukharin do imperialismo. É luxemburguista. Do ponto de vista econômico-marxista estou completamente de acordo. Politicamente – ainda não sei bem – não estou bem firmado. Estou estudando e tenho me encontrado com ele para discutir.

– Você deve talvez estar ao par do que se tem passado ultimamente? A respeito da expulsão de Trótski da Rússia etc. Já sabe que *foi à força* a expulsão – a fim de tornar *impossível qualquer atividade política de Trótski* etc.? Vou te mandar *Contre le Courant*, últimos números, e o *Bulletin Communiste*. Nestes estão os últimos documentos e escritos do Trótski etc. Este está ainda na Turquia – e não se sabe ainda se virá à Alemanha, ao menos para tratar-se etc.

A situação russa é cada vez mais premente – catastrófica. Politicamente é a dissolução já. Economicamente – inaguentável. A luta interna no partido etc. vem a fuso. O Bukharin já não está à frente da 3ª Internacional e agora é o Molotov, instrumento de Stálin. O Bukharin já *teve que ir se justificar perante a Comissão de Controle*. E parece que as coisas tomaram feição dramática – pois quando ele se viu defronte da Comissão caiu num pranto de cortar coração etc. O Rykov e o Trótski se demitiram do Bureau Político etc. Anteontem constou no *Le Temps* que o Tomsky tinha sido deportado etc. Mas naturalmente não se sabe nada do certo – e até quando podem, provavelmente vão se mantendo mais ou menos dentro da legalidade e fingindo que se submetem, disciplina etc. Toda conversa fiada. Ajeitamento formal das coisas etc. Antes que me esqueça: Bukharin foi à Comissão de Controle porque foi apreendida uma carta dele a Kamenev e Zinoviev, convidando a estes pra lutarem contra Stálin e dizendo que preferia os 2 a Stálin na direção do partido. (O melhor é que segundo dizem - foi o próprio Zinoviev quem denunciou a carta!)

Na Alemanha - o partido cada vez mais mecanizado - e com os melhores elementos do ponto de vista intelectual e moral - de fora: a expulsão de todo o grupo de Brandler-Thalheimer. É o grupo da direita. É a melhor gente do partido sob todos os pontos de vista com uma bagagem política e uma experiência e um passado de primeira ordem. Do ponto de vista nacional - a situação dele é muito forte e justa. Do ponto de vista internacional porém - estão hesitantes, é confusa, ou melhor, de expectativa: aguardam os acontecimentos. Acham porém a posição da oposição russa - Trótski etc. - perigosa demais. O Paul Frölich, um dos líderes do grupo, o único deputado que eles têm reunidos, historiador do partido, me disse textualmente, numa longa conversa que tive com ele antes de vir pra aqui: - realizar o programa de Trótski - é liquidar a situação russa, os sovietes, com um grande jogo de artifícios. A luta contra o *kulak* como quer a oposição russa - é o suicídio. Aliás esta é a opinião de Souvarine etc., de Lucien Revo etc. Ainda ontem o Naville me dizia que em resumo a solução pro Souvarine é a seguinte: realizar o programa econômico preconizado pela direita mas executado não pelos homens da direita (Rykov, Tomsky, Bukharin) e sim pela oposição russa, Trótski etc. Uma vez em casa ainda do Naville - eu disse numa roda - então se pode talvez formular a questão russa assim: restaurar a democracia nos organismos básicos da ditadura do proletariado - dar de novo vida própria ao partido, aos sindicatos, aos soviéticos, reforçar a base de classe do Estado proletário - e então - assim garantido pelo controle de baixo - fazer uma política de oportunismo econômico.

O Lucien então respondeu - mais c'est ce que j'ai toujours dit! - Eu conto isso pra você ver como andam as coisas e conhecer o estado de espírito e a opinião geral a respeito.

Aliás nenhum programa da direita foi até hoje elaborado e publicado – como por exemplo – a plataforma da oposição. Mas isto é compreensível. A direção russa não tem interesse *pelo contrário* – de deitar programa enquanto os agrupamentos oposicionistas dos outros setores, *que não seguem in totum ou que divergem da plataforma da oposição russa* – não ousam fazê-lo ou porque não se julgam bastante seguros e capazes pra isto – ou por não quererem com isto – favorecer a política da ditadura russa ou romperam com a esquerda, isto é – a oposição – com a qual eles se acham do ponto de vista político em completo acordo. É o caso por exemplo de Souvarine – que acha que Trótski (segundo os últimos escritos deste) parte de um princípio falso *mas chega a conclusões certas*, com as quais concorda perfeitamente. Ou então é o caso da direita alemã (Brandler etc.), que *acha que se deve evitar de realizar a plataforma da oposição russa*, levar a efeito o ponto de vista da Oposição de Esquerda (Urbans – e toda a gente que foi zinovievista e hoje é trotskista 100% etc.) – o que seria *um suicídio romântico*, e aguardar que a ditadura russa elabore um programa, se defina afinal – e então ver as coisas e tomar posição. É preciso a maior prudência no caso russo, traçar um programa definido, preconizar isto ou aquilo só – é arriscado – e por tudo isso – o que há a fazer – é deixar a questão russa mais ou menos em paz e *agir do ponto de vista nacional* e tratar de arrastar a massa a uma ação política mais inteligente e a corrigir a política cretina do partido – *sempre dentro do quadro nacional*. E é o que estão fazendo na Alemanha. É esta uma posição que peca naturalmente por falta de clareza na escala internacional. Mas o seu maior erro – é o de não querer ver – ou por outra – denunciar a ditadura russa como a ala Thermidoriana do partido – a boa ponte de passagem para a burguesia – embora até agora ela ao menos nos seus chefes mais em vista não tenha também consciência disso ou não reconheça isso – sobretudo porque os acontecimentos ainda não o obrigaram a precisar um programa etc. etc. E também o erro (ou talvez a má-fé) de confundir, de não querer distinguir, o ponto de vista dos trotskistas atuais, ex-zinovievistas, bolchevizadores 100% (até Treint hoje faz profissão de fé trotskista etc.!) e camaradas – todos ortodoxamente baseados na plataforma da oposição russa – com o [ilegível] atual de

Trótski – que afinal ninguém pode saber qual é – pois nunca mais disse ele alguma coisa a respeito desde *a plataforma* – e é evidente que *esta hoje já não está mais completamente à la page dos acontecimentos*. As coisas de então pra cá andaram muito e em *muitas partes aquele documento envelheceu*. Muitas medidas ali preconizadas, justíssimas na época, hoje são impossíveis de serem aplicadas. Ainda ontem (11 de abril) o Naville me mostrou um cartão de dias atrás do Victor Serge (V. Serge é trotskista ortodoxo) em que dizia que na má vontade contra o Estado *já não se podia mais distinguir o camponês pobre, o trabalhador rural do* kulak. *Politicamente a diferenciação do campo não existia mais,* kulak *ou não – o camponês está descontente com o estado de coisas atual, com o regime.* Penúria não só de objetos e produtos manufaturados como sobretudo de artigos de consumo imediato etc. etc. Cansado de política e da política de zigue-zagues do Estado, da burocracia intrometida por toda parte etc. O camponês pobre hoje *prefere à aliança com o Estado etc. a aliança com o* kulak – *que lhe assegura trabalho, o pão etc.* – mais fácil e simplesmente etc. do que a burocracia.

Por aí se vê as coisas como andam. Quando a oposição levantou a ideia de liga dos camponeses pobres – foi aquela celeuma danada – trotskismo, subestimação do camponês e da famosa diferenciação de classe nos campos, *luta contra o camponês médio, antileninismo* etc. etc. etc. No entanto, hoje se vê que a medida então era acertadíssima – e afinal que *o trabalhador do campo não é o mesmo trabalhador industrial* etc. etc. Vou parar que isto já está grande demais. Aliás você verá melhor nas revistas que lhe mando.

Não respondo a carta do Plínio porque não vale mais a pena. Ele deve durante este tempo todo ter amadurecido as suas dúvidas etc. e já deve estar além do ponto de vista revelado na carta. E de mais a mais você agora está aí em São Paulo e deve tê-lo ajudado a caminhar. Será que você deu a ele como a Aristides alguma coisa a ler? É capaz de nem nada. Você precisa mostrar e explicar tudo ao Aristides etc. Discutam. Não deixe o pessoal assim cretinizado pra depois não se perderem. Escreva ao Coutinho e ponha ele ao conhecimento disto tudo.

Abraços na tropa. Bopp etc. Plínio, Aristides etc. Antônio Bento me escreveu dizendo que vem. Estou esperando.

P.S.: Trótski deu pro *New York Tribune* ou *Herald,* não sei bem mais, uma série de artigos contando como foi expulso desde Alma-Ata. Vendeu os artigos por muito bom dinheiro: 5.000 dólares. Naturalmente aproveitam a coisa para esculhambá-lo, colaboração em jornal burguês, vendido etc. etc. Vocês aí devem ter sabido disto. Mas – isto é o mesmo caso do *trem blindado* de Lênin. Precisava de uma tribuna *de onde pudesse ser ouvido por todo o proletariado mundial* – e depois o dinheiro – destinou à publicação das obras e trabalhos da oposição russa e internacional etc. Fez muito bem. Conto isto que é para você ficar a par das coisas claramente. Tanto que deverá em breve sair uma revista internacional da oposição ou das oposições – teórica – e política etc.

Última hora: a Alemanha recusou dar o visto para ele vir pra Alemanha. Isso é um buraco. O pretexto foi que o governo *dos sovietes não vê isto com bons olhos – como um ato amigável do governo do Reich* – e segundo – que as empresas balneárias – pra onde Trótski pensou ir – comunicaram ao governo não quererem tal hóspede – que iria afugentar a freguesia. Está assim o Trótski como a mãe de São Pedro. Agora dificultou tudo – pois os outros países vão levar em conta a decisão do governo alemão. Os outros países – isto é – Áustria – Tchecoslováquia e Noruega etc. (onde há governo de esquerda). E a vinda dele pro centro da Europa era de grande necessidade. Constantinopla é muito longe – e ele fica isolado. Além disso o grande perigo que está correndo a toda hora – de ser assassinado etc. – todo o rebotalho de Wrangel que ele expulsou da Rússia vive em Constantinopla etc.

Naturalmente teve o governo alemão medo que em torno dele se viesse a cristalizar uma oposição internacional – e nacional – verdadeiramente comunista etc. Isto prova – que o governo *pode viver muito bem com o* PC *oficial e prefere que ele continue assim e não venha a sofrer da crítica e duma pressão* de núcleo de classe verdadeiramente comunista e revolucionário – de modo a influenciá-lo e a transformá-lo e revigorá-lo.

E depois eles ainda vão cretinizar o operário acusando a oposição de ser aliada da burguesia!

Bem, acabou mesmo desta vez.

Você viu por aí – o Benjamin Péret e a Elsie? Me escreva pro consulado em Berlim. Tem tido notícias do Castro? Me conte alguma coisa do que vai por aí.

Abraços e saudades do Mário.

O dia 25 vem aí – e é preciso então preencher as formalidades do protocolo – por isso – aí vai um abraço que não é, e nem pode ser, nem de felicitações, que não se explica, nem de votos... de felicidade, que pode dar vontade de chorar ou de rir, mas talvez de obrigação ou simplesmente uma concessão que me é fácil ainda de fazer ao sentimentalismo. E pra não mentir – é isto mesmo.

Adeus – abraços

Mário

P.S.: Se você achar conveniente – pode dar um abraço no Rubens de minha parte.

Data: Agosto de 1929
De: Rio de Janeiro
Para: São Paulo

Lívio, recebi a carta, não escrevi ainda por falta de disposição. Já estou de novo completamente desmoralizado. E agora pior porque com uma bruta vontade de voltar. O Coutinho está decidido a voltar. Já arranjou meios pra isso. É coisa assentada. No máximo dentro de 3 meses. O Antônio Bento está dizendo que vai também. E eu fico cada vez mais desesperado. Encontrei aqui tudo ainda pior do que esperava. Não só a cidade em si como a gente – como sobretudo – *a nossa gente* e meio. O Coutinho completamente desanimado (aliás com razão) etc. E os outros, cretinos, [ilegível], e os outros, no mundo da lua, em plena seita. Isto aqui acaba tudo em nacionalismo histérico. Brandão, a quem ainda não vi – cada vez mais asceta. O Paulo, irremediavelmente o mesmo. O Castro – me causou decepção. Sem a menor compreensão da situação internacional, sem consciência do momento, fazendo críticas completamente atrasadas e, o que é pior, parece sem grande disposição de espírito pra fazer uma séria revisão de seus pontos de vista etc. etc. O Azambuja ainda não o vi – Mas combinei com o Coutinho – de reunirmos um grupo. Ele acha que o grupo deve ser o mais fechado possível, só com gente de toda confiança. Não se faz nenhuma política de militante. Só de estudos teóricos, revisão de pontos de vista, informações da situação internacional, nacional etc. E depois de uma certa homogeneidade de ideologia – entra-se em comunicação com Trótski – por intermédio do Naville (coisa aliás combinada entre mim e este) – não só dando informações de que se passa aqui – como situando nossa posição do ponto de vista internacional, mas tudo numa atitude de completa independência. A nossa ideia é nos reunirmos. E fazer uns esforços pra estudarmos alguma coisa coletivamente – não só do ponto de vista puramente teórico como também de análise dos fatos, dos acontecimentos etc. – de modo a não perdermos de vista a situação mundial e nacional, de modo a sempre podermos tomar pé nos acontecimentos. O Coutinho acha que a coisa deve ser bem fechada. Só de elementos com que se conte absolutamente. Assim, somente o Sávio e o irmão, ele e eu, e talvez o Azambuja (pois casou-se e ninguém sabe mais) e o Silva, alfaiate, e o Antônio Bento, enquanto não for embora. E mais ninguém. E isso não deve transpirar lá fora. Acha o Coutinho que não devo dizer nada a ninguém. E que quando for ao partido (pois que não pedi demissão de membro do PC alemão) não manifestar o meu ponto de vista e apenas pedir uma licença sob o pretexto de não saber ainda se fico aqui no Rio ou não etc. Eu estava pensando em ir *lá* – e sendo interrogado, como é certo, dar a minha opinião franca, embora em bons termos etc., e então conforme o que me disserem – pedir minha demissão sem barulho e sem briga, reservando-me o direito de voltar outra vez ao partido, de acordo com a marcha dos acontecimentos e se as coisas mudassem de rumo etc. Não sei ainda o que resolvo. Estou ainda inclinado a tomar o último caminho. Porque dias atrás, estando com o Di, que anda aliás muito cretino, me encontrei com o Paulo. Este então me perguntou por que não tinha ido pra Rússia, e o Di, pra fazer graça, entrou na conversa e disse que a razão era porque eu era trotskista, o que estragou bastante o nosso plano (Coutinho e eu). Fui obrigado a dizer que era ideologicamente, mas que em todo caso tinha me conservado no partido etc. Uma tapeação besta. O Coutinho achava que eu não devia me abrir perante os chefes – pra não prejudicar o desenvolvimento futuro do grupo ou mesmo a sua formação – pois bastava que *eles* dissessem que éramos todos trotskistas pra todo mundo fugir às léguas de nós etc. Estou enroscado e ainda não resolvi nada. E por isso mesmo não apareci ainda por *lá*. Me mande a sua opinião não só sobre o meu caso enroscado e o grupo – pois naturalmente contamos com você.

O Antônio Bento continua complicado – fazendo-se equilibrar numa posição insustentável, conciliando coisas inconciliáveis. Os literatos de mal a pior. Conheci a Tarsila, muito, mas muito mais interessante que sua pintura sem importância, e conheci o Oswald, sujeito simpático e engraçado. Anda me procurando pra conversar e afirmando os pontos de contato da antropofagia com o comunismo. Disse ele que fizesse um congresso e convocasse a nós todos e então discutiríamos etc. Ficou combinado isto.

Ando aqui sempre com o Antônio ou então a Elsie e o Benjamin. O resto do pessoal não se suporta. O Oswald e mesmo a família se andassem sozinhos – mas vivem com um tal de poeta Álvaro Moreyra e sua mulher – que é o par mais burro e idiota que se pode imaginar. Por isto – fujo deles quanto posso. Compro bilhetes de loteria pra ver se dou o golpe. Ando sonhando com um meio de voltar. Acabo fugindo como passageiro clandestino. Por enquanto estou vendo se arranjo uma merda qualquer pra ganhar meus cobres. O *Diário da Noite* que irá me dar qualquer coisa. Como observador parlamentar, por exemplo? Ou o teu fabuloso jornal? Há alguma oportunidade por aí? O Raphael Correia, com quem estive ontem, me prometeu alguma coisa lá por Santos. Estou esperando. Aqui em casa é a coisa mais pau que existe no mundo. Só dou agora pra viver sozinho. Você acha que devo escrever ao Oswaldo Chatô? E o Bopp? Pergunta a ele se ele pode arranjar alguma coisa por aí. Um abraço nele aliás. Etc. Você me escreva já e diga tudo que sabe. Não sei quando posso ir por aí.

Ah! Uma coisa muito importante: todos aqui – sem exceção – achamos que você deve fazer o *Toque de Acesso*. Fui mesmo encarregado de falar isso a você – em nome dos amigos. Se bem não lhe fizer – mal também não há de fazer. Estamos dispostos mesmo a fazer uma subscrição pra isso. O Raphael que conhecia em Santos alguém que fazia isto de graça. Aqui estamos às ordens. E se você quer – vamos arranjar tudo. Resolva.

Abraços
Mário

Data: Outubro de 1929
De: Rio de Janeiro
Para: São Paulo

Lívio, aí vai a tradução. Só agora, porque estive doente assim que cheguei. Uma semana inteira cagando. Quase me acabo em merda. Ontem falou o homem na Academia. Gozado. Aí vai tudo. Creio que ainda está em tempo. Fui fazer uma nota – e *saiu isto tudo depois da conferência*. Está um pouco talvez simplista, mas não faz mal. E pela ordem. 1) Keyserling em sua casa, 2) Keyserling em geral, 3) Keyserling na Academia.

O Antônio Bento seguiu de avião para o Rio Grande do Norte. Vai passar lá um mês. O Zchins também já voltou. O Coutinho ocupadíssimo com os seus camponeses – agora estão na ponta – com uma cooperativa de venda – no mercado. Negócio parece que vai prosperar. Já houve dia de vender mais de 900$000. Depois a Alemanha – etc. – O resto na mesma merda.

Os meus negócios deram em merda. A carta do Oswaldo não me serviu de nada. Disse-me o moleque Barata que era a tal carta uma ordem para ele – mas tudo honorificamente – pois no *Diário da Noite* não cabia mais ninguém e na sucursal do *Diário de S. Paulo* já tinha posto um substituto. Prometeu porém mandar fundos, primeira oportunidade etc. Conversa fiada. Você acha que devo escrever ao Oswaldo dando conta do resultado? Estou com vontade de escrever-lhe. Você sonde ele – e pode dizer que parece que não arranjei coisa alguma.

A vida aqui continua intolerável. Preciso arranjar qualquer coisa. Estou com vontade até de ser caixeiro.

Recebi ontem *La Vérité*, jornal hebdomadário da oposição em França. Pelo que pude deduzir – é feito por gente do *Contre le Courant*, do *Cercle Communiste Marx-Lénine* e de *La Revue Prolétarienne*. Parece que a direção dele está com o Rosmer, naturalmente sob a influência do Trótski – pois o Rosmer estava em Constantinopla. O grupo está também de acordo em colaborar. Com certeza – se continuar deslocará muita gente desses 3 grupos, ficando de fora por incompatibilidade – o grupo de Treint – Monatte, por questões de doutrina e ainda talvez Souvarine – por divergência de apreciação política de situação – etc.

Ali tem dedo do Ogum – e com certeza foi sob a pressão dele – sobre o pessoal que estava lá, com ele – que o jornal apareceu. Vamos a ver a continuação.

Não desanimei ainda de juntar o pessoal aqui. Quero ter agora uma conversa muito séria com o Coutinho para resolvermos então muita coisa.

E a revista, quando sai? Como vai o pessoal? Que é feito de Mary? Mudou-se mesmo? Etc.? A D. Arinda quer ir 6ª-feira até aí – ver isto tudo. Eu não procurei esconder as coisas não. Dei minha opinião mais ou menos, mas defendi um pouco o Bopp e procurei atenuar as coisas. *Abraços nela.*

E o resto? O fabuloso casal? E os camaradas? Os cretinos antropófagos? Abraços nessa gente. Me escreva. Vou fazer 1 merda pra revista. Abraços.

Mário

Data: Final de 1929
De: Rio de Janeiro
Para: São Paulo

Lívio, abraços.

Afinal você não deu mais sinal de vida. As coisas aqui estão tomando um rumo interessante. Desenha-se a possibilidade de um bom movimento. Há no PC um grande descontentamento, expresso no documento que agora te remeto. É um processo que vai amadurecendo a olhos vistos. E creio que desta vez vai. Sobretudo se soubermos delimitar bem as coisas e o trabalho a fazer. Esse pessoal que agora estourou está em excelente disposição ideológica. Imagine que por si sós já leram o T. – *Rév. défigurée* – isto por iniciativa própria. O partido está temendo a crise e acena para eles com um acordo. As coisas estão assim neste pé. Mas eles estão dispostos a só ceder – resguardando bem claramente todos os seus pontos de vista, causa de cisão, de modo a permitir que a diferenciação ideológica fique e continue visível dentro do PC.

Quanto a nós – estamos animados – e aguardando a oportunidade para a nova ação. Você fique pois avisado. Leia a carta deles – que está muito boa – e distribua os outros exemplares. Pode dizer que foi o Dalla Déa quem mandou pra você.

Recebi longa carta do Naville – dando conta das coisas em França – e pedindo notícias e colaboração para *La Vérité* – que você já deve ter recebido – e para a *Revista Internacional da Oposição* – a sair em dezembro.

Se você quer fazer alguma coisa – em forma de carta – para *La Vérité* – sobre a situação geral interna do PC – sobre as atribulações do movimento oposicionista aqui no Brasil – ou sobre a questão sindical – faça – e me mande. O Naville quer uma *colaboração regular* daqui. E coisa ligeira – noticiosa etc. Vou ver se mando...

O Escobar voltou à atividade. Está animado. Talvez se possa mesmo publicar – um jornalzinho – uma espécie de boletim etc. Me escreva.

E a merda da revista? Sai ou não sai? Desistiu? Se não sai – me manda o artigo. Que é que você fez dele?

O Castro tem um projeto de uma nova revista para janeiro. Etc. Que há de novo? A Mary já está boa? Dê um abraço nela – a quero visitar. E o fabuloso casal? Um abraço neles e na D. Arinda. Etc.

Por aqui vai se indo. Eu – na mesma merda. Nada até agora arranjei. Cavei ser inspetor de exame – mas sem resultado. Afinal sempre se cavou ser examinador – mas em 2 colégios vagabundos sem gente – e da 2ª Junta – Inglês e Alemão. Uma bosta. É capaz de dar 100 mil réis. Andei, agora ando menos, atrapalhado com uma operação cirúrgica aqui. Papai teve de se submeter. Faz disso agora 10 dias. E tive de estar quase sempre na Casa de Saúde – ainda hoje dormi lá. Papai vai passando bem. Quanto ao meu fabuloso projeto de voltar pra Terra – ainda não se desmanchou. Não há modificação nenhuma a respeito: Vamos ainda esperando. As probabilidades continuam.

Isso aqui está mesmo uma merda perfeita. E chove que nunca mais para. Está úmido de dar dor de pescoço na gente e precisa de andar embrulhado. Um tempo incrível – quanto ao poeta, na mesma merda e idiotice. O Coutinho me disse que ia te escrever. Etc.

A polícia aqui anda querendo tornar os creta do Partido em mártires – e só falta isso pra que tudo acabe de tomar um aspecto definitivo de seita.

O Antônio Bento, no Norte – me escreveu um bilhete dizendo que se eu quisesse ir de avião – era só telegrafar. Vou – pra ir mesmo – e disse mais que o Chico Antônio estava fabuloso etc. Volta ou deve voltar agora neste mês ou no outro.

E os cretinos da Antropofagia – como vão? Abraços no Bopp.

Abrace os companheiros, me escreva.

Mário

Data: 20 de dezembro de 1929
De: Rio de Janeiro
Para: São Paulo

Lívio, poeta besta. Recebi sua carta e o recado pela Mary. O Coutinho sustenta que lhe escreveu uma carta até amorosa e mandou os troços. A crítica do Bloco veio, porque o Leal me disse que está com ele. O que você diz a respeito da carta é besteira. O de que se trata é de provocar dentro do partido *entre o maior* número possível de membros – um movimento de reação – em torno de *um caso concreto* – contra os processos usados pela direção. Ninguém, por enquanto, pode alargar os problemas etc. A maioria dos que assinaram a carta – não nos acompanhará se quisermos desde já aprofundar a questão. De modo que a carta só pode ser assinada por membros do PC.

Por aqui a coisa vai, mas se arrastando irritantemente. Estamos ainda a nos organizar. Estamos deixando que o pessoal amadureça. A questão dominante agora é a *sindical* – e nomeamos dois camaradas gráficos – pra relatar sobre a questão de modo que isto seja discutido completamente e se possa então traçar uma linha geral. Depois – então – passaremos a outra questão. E assim pouco a pouco até discutirmos todas as questões e problemas. O diabo é que o pessoal – é anarquista, hesitante como diabo. Chame a atenção do Aristides para a maneira arbitrária e ilegal, safada, com que agiu o *Plenum* etc. para com a 4R. E naturalmente vá analisando com ele os erros e a burrice da política do PC em todos os campos etc. Vamos assim agindo por aqui como podemos e como permite a ineficiência do pessoal. O momento é aqui de absoluta e sistemática reação. Nunca houve tanto método e deliberação na repressão: eles querem acabar de uma vez com toda e qualquer veleidade de organização sindical, quanto mais política, do proletariado. E essa tendência tende a agravar-se à medida que a agitação política for se tornando mais intensa etc. A política do partido até hoje foi feita como se tivesse por fito exclusivo facilitar a ação da polícia etc. Agora naturalmente a coisa vai por si mesma. E enquanto durar a questão da sucessão a repressão só tende a crescer. E se não conseguirmos criar um núcleo, uma base de salvação que reserve o futuro, para o movimento comunista no Brasil – este será aniquilado no Brasil por muitos anos. Nunca vi tanta cretinice e estupidez como a dessa gente do PC. É incrível.

No Conselho – estão completamente desmoralizados. Conseguiram atrair sobre eles próprios um ridículo invencível. E não podem fazer mais nada. Há coisa que só de boca se pode tratar. Etc. Soube do endereço do Plínio em Porto Alegre. Vou mandar estes documentos pra ele.

Da Europa não recebi mais nada. A não ser o jornal oposicionista *da Alemanha*.

Por aqui vai se indo. A Mary chegou e, coitada, de azar teve uma recaída. Tem tido febre de novo – com infecção intestinal. Vai melhor porém. O Antônio Bento chegou ontem à noite. Ainda não pude falar longamente com ele. Continua *a achar* que vai para a Europa já. Passou pela Paraíba – onde esteve com o Anthenor, que vai bem. O poeta Bopp fui levá-lo a bordo do Kanagava – vai fugindo *a uma situação embaraçosa* pra ele – não só do ponto de vista *sentimental* como *político*. Compreendi que estava se sentindo mal nas *duas*. Queixa-se da velha Houston. Mas acho que isso não explica o desenlace. Creio que o motivo determinante gira em torno daquelas conversas que tivemos em São Paulo. Além do mais o poeta é um solitário – e só pode viver mesmo sozinho, e a Mary naturalmente sem experiência. Fui eu o único amigo que foi levar o poeta a bordo.

Por aqui tudo pau. Minha vida completamente insustentável. Nada faço. Não tenho vintém. Uma merda. A atividade política não me basta – porque ainda é muito precária e me falta calma e paciência para suportar a passividade do pessoal. Mesmo da parte dos amigos: o Coutinho completamente cansado, o Sávio, influenciado pelo Coutinho – com um ceticismozinho irritante, o Escobar impossibilitado duma ação regular, aparecendo esporadicamente. O resto não merece confiança: Octaviano, Mesquita e caterva. Em outro campo – O Castro e os que o cercam – naquela arretação, naquela punheta confusionista de sempre. Em todo caso ouvir aquelas manias e modos do Castro – é sempre menos cacete. Ele às vezes é gozado. Naturalmente – não pra fazer política. Os literatos incríveis. Continua o Castro a pensar na revista. Título: *Outra América*. Minha participação nela se limitará somente, é claro, a colaboração literária. Mais nada. Ele – com os merdas, Adelmo etc. de volta dele – é quem a dirigirá. Acho útil que façam a coisa. Uma espécie de *Monde* de *Clarté* antiga por aqui – sempre é bom. Prepare colaboração pra ele e me remeta que dou pro Castro. Diante de tudo isto – como evitar a neurastenia e a *tendência para as soluções desesperadas e românticas*? Tenho reagido, quero *reagir* – mas não me aguento mais; porra.

Minha volta à Europa – ainda não está desfeita. Há promessas fortes e formais nesse sentido. De modo que isto ainda não está fora de minha cogitação. Creio por isso que a coisa se fará.

Mas a época não sei quando – não posso dizer – 1 mês, 2, 3, não sei. De modo que a coisa não é sem razão de ser. Nem é vaga. Vamos ver.

Pra janeiro – talvez vá ensinar no Colégio Yiddish – daqui – isto é – do Méier – que vai se abrir sob a direção do Mesquita. Terei 350$000. Ao menos – para quem nada tem, serve. Você não pode dar um pulo até aqui? *Venha até aqui – poeta*. Pois não suporto mais essa gente – e precisava de você pra conversar. A propósito – o Diniz já lhe levou as revistas? Ele esteve aqui e carregou a bagagem e me disse que em S. Paulo agora levaria tudo pra você. Estive vai não vai ao Norte. Mas agora é difícil. Papai vai bem mas tem que fazer a 2ª parte da operação agora em janeiro.

Mas como vão os creta daí?

Ah! soubemos que a Elsie estava doente. Espero que a coisa não tenha gravidade e que já esteja boa. Faça visita em meu nome. Fiquei com pena dela – pois acho de fato que o fabuloso casal é mesmo digno de melhor sorte. Não se esqueça de dar nela um apertado abraço meu e outro no fabuloso poeta. Ando com saudades deles. Vocês deviam todos vir pro Rio – pra ver se tornavam isto aqui mais suportável e largar esta merda aí – que é inabitável. Aqui pelo menos tem rua sem buraco e um café aonde a gente se pode sentar sem se ficar sujo. Felizmente o Antônio Bento já voltou – pois ele, a Mary e o Coutinho são os únicos bons companheiros que tenho aqui. A vantagem única de S. Paulo é que se fica fora da família, o que não é pouco. E o calor menos. Adeus – poeta à força, revolucionário esculhambado.

Mário

P.S.: Venha até aqui: há muito o que conversar. Sobre *tudo*. E não só sobre política. Se fosse-me embora – quem sabe se você não podia ficar como meu herdeiro aqui? Quem sabe se você não pode outra vez se arranjar por aqui? Aproveite as festas e venha. Você não morrerá de fome. Se arranja tudo. Eu preciso muito falar com você. Venha, poeta, venha ver seu amigo mais fabuloso.

[Anotado na margem esquerda da página 4 do original:] Palavra de honra – que tentarei um assalto – se a situação propícia se apresentar – e eu nada tiver feito. Talvez que caso não volte pra Europa suma pro Brasil adentro, com nome trocado, para descontinuar minha vida – e recomeçar outra – de outro jeito. E se *houver qualquer coisa* – falhando o assalto – cometerei outro gesto – que poderá ser inútil – mas definitivo ou comprometedor. Isso é resolução fria e inabalável. Aqui não ficarei.

CARTAS DE 1930

Data: Janeiro de 1930
De: Rio de Janeiro
Para: São Paulo

Lívio, não tire licença já, nem vá pra nenhuma fazenda. Arranjei com Azambuja mais um pouso pra você. Venha. A partir do dia 22 deste você ficará em casa do Escobar – que está em Petrópolis. A boia se arranja mais facilmente: um dia come aqui, outro acolá etc. É bom que você venha. Temos muita coisa pra fazer. Está coligindo as notas de que se encarregou? Mande dizer se quer vir ou não?
O meu negócio aqui ainda não se resolveu. Estamos esperando.
O Aristides me escreveu. Ele quer que se volte ao partido – para agir dentro dele consequentemente, indo até o fim. Amanhã vamos à casa do Escobar discutir isto mais a sério: Aristides, Escobar e eu. O Coutinho, depois que pariu uma Krupskaia, nunca mais se viu. Acho – pelo que se tem visto até hoje – que por enquanto ainda não há possibilidades para um trabalho qualquer de organização – fora do PC. Por este lado, pois, acho que a proposta de Aristides se justifica. Trabalho prático fora do partido agora, se não irrealizável ou impossível, pelo menos ainda não pode ser efetuado. E isso é preciso levar em conta. – Por outro lado – o trabalho teórico, de crítica ideológica etc. – é absolutamente urgente – mesmo para que a nossa atividade dentro do partido não seja descontínua e empírica demais. Logo, não há como se evitar a necessidade dos melhores se organizarem, ou se reunirem – para um trabalho de elaboração ideológica coletiva e sistematizada.
    O Aristides ainda está em crise de consciência. E a *censura* nele ainda é bastante forte e reage a qualquer palavra menos ortodoxa como *facção* etc. É preciso ir com muito jeito com ele – concordando, num primeiro momento, e depois discordando etc. Mas o acho firme – e acho que seu amadurecimento é uma questão de tempo. Me escreva sobre tudo isto. Abraços.

Mário

Data: 3 de fevereiro de 1930
De: Rio de Janeiro
Para: São Paulo

Lívio,

Estou pra lhe escrever, há quanto tempo! Esperando sempre poder dizer alguma coisa de mais definitivo. Você deve ter já visto o tal manifesto – *Pela revolução agrária e pela revolução anti-imperialista* – o tal famoso manifesto dos intelectuais – saído na *A Classe Operária*. Procuraram as assinaturas de todos os soi-disants, intelectuais revolucionários etc. Coisa do Mota Lima, de acordo com o partido. Fomos, é claro, procurados para assinar – e não assinamos, é evidente. É típico como miséria ideológica. Não é nem menchevismo. É radicalismozinho vagabundo. De comunismo, de marxismo – nem cheiro. Assinou todo mundo, desde o Di e o Neves até o nosso caro Plínio Mello, e o Everardo, o Mendes etc. É preciso lê-lo pra esculhambar.

Saiu também a *Auto-Crítica* com as teses do partido sobre a situação – as perspectivas e palavras de ordem, você viu? É preciso lê-las. Coisas, já se vê, absolutamente insatisfatórias. Algumas observações rudimentares exatas, algumas conclusões e pontos de vista superficialmente exatos – e muita confusão, erros palmares etc. – e tudo muito bem enquadrado na linha da IC.

Vamos aqui agora nos reunir pra fazer um estudo e uma crítica séria dos dois documentos. E depois em conclusão escreveremos uma contratese ou coisa que valha. E se possível – se publicará este folheto. Isso, quanto mais não sirva, servirá para que no futuro fique resguardado o nosso ponto de vista e demarcadas as nossas responsabilidades etc. Você deve já fazer um trabalho paralelo. E depois faremos um trabalho em comum – que receberá as assinaturas de todos que estiverem de acordo ideologicamente etc.

Recebi há uns dias uma carta do Naville. Insiste na colaboração, pede pra renovar as assinaturas do pessoal para *Lutte de Classes*, diz que o trabalho lá tem que ser feito com certo sucesso. Recebi também há dias uns números do *The Militant*, órgão da oposição norte-americana. Bem feito. A oposição norte-americana é maior em número e melhor em qualidade do que o próprio partido. Recebeu a brochura que lhe mandei pelo Benjamin? Apareceram por aí os livros do Istrati: *Soviets 1929* e *La Russie Nue*? São dois livros excelentes, com precisão, clareza, objetividade e documentação sobre a Rússia. Aliás esses 2 livros – saíram com o nome dele – mas de fato não foram escritos por ele. É preciso tê-los. Só não te mando – porque ando numa merda monetária completa, absoluta, integral. Mas vou ver se Antônio Bento manda. O Castro, como sempre hesitante e indecente, não quer nem ouvir falar nisso – porque se compraz com o liberalismo de bom-tom de *Monde* ou com os clichês e a demagogia de *L'Humanité*.

Por falar nisso tudo, você tem o 2º *Manifesto do Surrealismo*? O ataque ao Naville, já disse aliás ao Péret, não me impressionou em nada. É mais fruto de um certo despeito ou coisa que valha contra o Naville, que se separou completamente deles, sem querer saber mais de coisa alguma a não ser a política etc. E o Breton, fabuloso Ogum, ficou perdido, com a vaidade um tanto ferida. Mas do pacto final do manifesto eu gostei – e no fundo é, aliás, uma concessão – que se estava esperando por ela. É uma espécie de NEP surrealista. Está bem. Agora Breton diz uma coisa ali que não é exata – e a posição política dele em relação ao partido e a oposição não é firme. É hesitante e cômoda demais. Medo talvez de se comprometer. Ele insinua que não deve concorrer para agravar as divergências que no fundo não são tão graves assim – porquanto viu-se Rakovski fazer uma declaração conciliatória, pronto à reconciliação, e Trótski solidarizar-se com isto. A coisa não foi bem assim. E a prova mais evidente de que a declaração de Rakovski não foi considerada reconciliatória e muito menos capitulatória – é que logo depois dela Rakovski foi deportado para mais longe e agravadas as suas condições de exílio e de isolamento. Foi castigado mais duramente por causa de sua famosa declaração dita conciliatória. A declaração de Rakovski era só *formalmente conciliatória* – pois ele mantinha na íntegra os princípios e as divergências fundamentais da oposição. O tom conciliatório foi uma manobra para evitar a debandada da oposição quando se deu a capitulação de Radek, Preobrajenski, Smilga – que causou uma impressão profunda de desânimo, de desconfiança no seio da massa oposicionista – espalhada pela Sibéria e fragmentada e isolada. Houve um verdadeiro [ilegível] nos meios oposicionistas, que, é preciso que se tenha sempre em mente, vivem em condições muito duras – vivem na merda mais absoluta – prisão, fome, isolamento, perseguição – etc. Quando viram os chefes se entregarem – foi um verdadeiro salve-se quem puder – e cada qual tratou de ser o *primeiro* a se *reconciliar*, é claro. A declaração de R. veio no momento oportuno. Deu como que uma expressão coletiva a esse estado de espírito. Reagrupou o pessoal, reteve a debandada e fez voltar a confiança do pessoal – em alguns chefes, como o próprio R. que resistiram à vaga derrotista e pela sua firmeza salvaram o movimento. Breton devia ter sabido disto tudo pela leitura de *La Vérité*. Será que você não a recebe? É preciso. Outra coisa é a posição de Fourrier: que compareceu ao tal congresso de tal partido alsaciano – que se desligou do PCF – tendo Hüber, que foi deputado, no fundo um social-democrata, aliado ao partido clerical da Alsácia, e hoje, por uma combinação, em cambalacho com os outros partidos burgueses autonomistas, conseguiu ser *Maire* de Strasbourg, ponto em que se mantém há mais de um ano, apoiado pelos outros partidos, à frente. Fourrier é um sujeito honesto, mas a sua posição política atualmente é equivocada. Acredito que com o tempo ele se aprumará outra vez – mas por enquanto o Breton não tem razão de contrapô-lo ao Naville etc., pois a posição deste é que está certa e a do Fourrier que está errada. Etc. Me alonguei nisto por não saber se você está a par destas coisas.

    O resto do número de *La Rev.* é interessante. O artigo do Aragon, muito bom, e insiste justamente em um ponto que acho também essencial. Coincidindo até bem comigo – que andava pensando escrever alguma coisa naquele sentido – para sair em qualquer revista que aparecesse agora. Até *Cultura* – que vai sair agora o nº e pra quem dei o tal artigo sobre o [ilegível]. O artigo a [ilegível] está muito bom também. Etc.

O Diniz te procurou e levou as tais revistas? Ele me escreveu dizendo que ia fazê-lo.

Por aqui vai se indo. O Antônio diz que desta vez segue mesmo até o fim do mês. A Mary vai também, e trabalhando na repartição com uma terrível consciência de funcionária. Nunca vi tanta vocação para a burocracia. O resto do pessoal não sei. O Coutinho andou muito doente – com o fígado esculhambado. Já se levantou e continua a viver. O Azambuja aparece esporadicamente – foi a Minas – não sei se já voltou. O Castro naquela alternativa constante entre a arretação e neurastenia, conversando com todo sujeito que encontra, esquecido do que vinha dizendo a outra pessoa uma sílaba antes. O Hahnemann instalado importando livros famosos da Alemanha, marxismo através das universidades, como um importador direto de vinhos, fabuloso português rico que tem adega. Recebi uma carta do poeta Bopp – de [ilegível]. Projetos fabulosos misturados com desabafos.

– Por aqui mais nada. Ah! sim. Você está ganhando uma miséria. Baixaram o salário. Você tinha projeto de vir até aqui: veja se vem. Comida se arranja e quem sabe até dormida. Vou ensinar num colégio judeu – no Méier – de que o Mesquita é secretário. Vou perguntar (o colégio só abre agora) a ele – se não arranja pra você ensinar Inglês e Latim? Talvez, isso lhe dê uns 600 ou 700! É melhor, não?

Abrace o fabuloso casal Péret, cuja performance na vida é de fato admirável e dá vontade na gente de assinar um manifesto de solidariedade com eles.

Quanto ao meu fabuloso negócio – nada de novo. Aguardem os acontecimentos. Esperar é a palavra de ordem.

A Mary e o Antônio mandam um abraço.

Adeus. Abraços.

Mário

Data: 31 de março de 1930
De: Rio de Janeiro
Para: São Paulo

Lívio: as coisas vão indo. Grupo reunindo-se. Aristides, fabuloso artista, de acordo. Todos firmes – no trabalho de organização de um jornal *Alerta!* que deve sair em 1º de maio. Terá num primeiro número um caráter mais geral, melhor definido: dirigindo-se à massa em geral e aos comunistas em particular. Sairá com – editorial explicativo, da lavra do grande poeta Aristides, que anda muito inspirado. 1 artigo sobre 1º de Maio. Outro cá do Degas – sobre a merda do Manifesto pela Revolução Agrária e Anti-imperialista. Outro do Déa sobre vida sindical. Crítica do livro de Castro sobre greve dos padeiros. Etc. etc. Você mande uma merda sobre qualquer coisa, mas em linguagem que se entenda, descendo um pouco das abstrações.
 Vou te mandar 3 listas de subscrições para você enchê-las todas.
 Afinal, você vem ou não vem? Tem tudo aqui: até comida – pois a Jézi ofereceu a mesa: ela agora mora em Itapiru – e é perto de casa do Azambuja.
 Recebi hoje – uma circular do *Bureau Internacional da Oposição Comunista* de esquerda – dirigida – a nós – como grupo da oposição comunista do Brasil: pedindo nossa opinião etc. sobre as possibilidades de reunião da Conferência Internacional das Oposições de Esquerda a fim de se elaborar *uma plataforma internacional* etc. etc. Venha até aqui!
 Abraços de todos os poetas – da Mary, Aristides até eu.

Mário
31.03, 9:30

Data: Final de junho de 1930
De: Rio de Janeiro
Para: São Paulo

Lívio:

Recebi seu bilhete que o Barreto trouxe. Você já devia ter preparado a merda para o jornal. Está esperando o quê? Já está ultra na hora e você nem nada. Deixe esta conversa para depois. Li sua carta para o Azambuja com a crítica pernóstica que fez. Acho que você não tem razão nenhuma. Não há tanta pressa assim. Ninguém pode exigir dos outros que tomem partido por alguma coisa sem ter o menor conhecimento dela. Isso é besteira. Ninguém sabe nada da situação internacional. Você pensa que o creta do Partido sabe o que é socialismo num país só, questão chinesa, democracia na base, comitê anglo-russo, burocracia, centrismo, direitismo, oposição, Stálin, Trótski etc. Você é besta. É a distância que está fazendo isso?
  Nós estamos agindo direito. Primeiro é preciso dar a essa gente alguma coisa a respeito para ler, antes de exigir que tome posição. E é o que estamos fazendo, publicando de cada vez um documento com um comentário simplesmente elucidativo e traduzindo também alguns para publicar em folheto e espalhar. Depois que se tiver feito isto um certo tempo necessário para pôr o pessoal mais ou menos a par da situação, então convidaremos o pessoal para uma reunião onde se discuta a questão ao mesmo tempo que o jornal tomará posição de princípio em nome do GCL sobre a questão. Isso é que é. Não estamos repetindo as besteiras que vocês fizeram. Logo guarde a sua arretação trotskista para mais tarde.
  Não se esqueça de ir aprontando a merda para a discussão das teses no fim deste mês. Precisa mandar a coisa antes do dia 30.
  Um abraço para os poetas. Até logo.

Mário

P.S.: Veja se pode traduzir alguma coisa, a plataforma da oposição por exemplo.

[Margem esquerda da primeira página:] Não precisa mais mandar artigo para este número que já está no prelo e não há mais tempo. Escreva. Vi a entrevista do Brandão. Estão para acontecer coisas.

[Margem esquerda da segunda página:] Esta carta está muito velha. O jornal já saiu cheio de merda e erros. As coisas estão pretas. O Rodrigão esteve aqui, me *procurou, conversou* e volta hoje. O *Pachá* disse ele que deve chegar hoje aqui – vem fazer *uma consulta* ao *pessoal*, compreendeu? *Prepare a tese.*

Data: Final de julho de 1930
De: Rio de Janeiro
Para: São Paulo

Lívio,

Afinal chegou a vez de lhe escrever. Você já deve ter recebido o 3º número, que mandei pela Elsie. Está bom, e mais variado. O seu artigo está muito bom como análise, mas várias pessoas o acharam se não confuso, sibilino, segundo a expressão do Castro. Seria bom que você voltasse sobre o assunto fazendo mais insistentemente uma exposição mais clara e mais acessível aos leitores do jornal. Vá desde já preparando a coisa para o próximo número. O jornal está fazendo já o seu efeito por entre a gente do próprio partido. Já merecemos duas descomposturas da *Classe*, uma delas emanada do próprio *presidium* do partido. Creio que já entramos em fase da organização e estamos decididos a lhe dar forma: estamos já tratando disso. Vamos adotar os estatutos da Liga de Paris. Estamos tratando de organizar logo o curso e agora mesmo vou escrever ao Luís para o seu pessoal entrar em ligação conosco e começarmos, desde já, a cretinização dele. E, é claro, também do pessoal nosso. Quanto às teses, acho que devemos trabalhar nesse sentido, apenas com a diferença formal de não fazermos mais das teses do partido ponto de partida. Isto é, elas não devem ter o caráter de contrateses, pois as do partido já foram revogadas, segundo soubemos. Devem servir antes como uma espécie de plataforma, em torno da qual agruparemos todos os elementos que queiram reagir contra a situação. Talvez devam por isso ser mais extensas etc.

    Como é, você vem ou não vem? Faça força para vir, pois precisamos estudar muita coisa. Diga alguma coisa a propósito do curso e das teses, organização, jornal etc. Recebi carta do Naville, oferecendo-se para escrever uns artigos sobre a situação internacional etc. *A Classe* escreveu outro dia que o Zé Pereira era agente do imperialismo inglês e João Pessoa do americano. Como concorrência à *Manhã* está fabuloso. Como se vê, o imperialismo americano anda pesado. Acabaram com a sua última esperança e o seu mais valente representante.

É bom que você escreva já ao nosso amigo Lobo, para Buenos Aires. É preciso manter uma comunicação constante com ele e com o Ogum de lá. Dê-me notícias do fabuloso Plínio. Seria bom que ele viesse pra cá, precisamos dos serviços dele aqui. Será que ele foi pra Santos? Diga-lhe que ao menos mande os meus livros, pois estou precisando deles. Sobretudo da revista e do *1905* do Ogum de Constantinopla. Ponha ele pra escrever alguma coisa para o Jornal. Fala-se em grandes coisas para o dia 1º de agosto, mas acredito que tudo fica na intenção. A garganta porém é grande e a chantagem com os elementos da base faz efeito. Vamos ver se não sai alguma besteira mesmo.

Creio que não há mais nada para dizer, e mesmo já estou cansado de bater na máquina e tou errando demais: é uma arte esta, a datilografia, mais complicada do que à primeira vista parece, e os meus talentos são infelizmente muito reduzidos e não tenho esperanças de me tornar algum dia algum fabuloso datilógrafo. Ter um ofício não é sopa não, e parece que não há outro recurso do que se cair no embrutecimento das redações dos jornais.

Até a vista ou adeus. Abraços.

Mário

P.S.: Abrace o casal de poetas.
Recebi agora tua carta. Não se zangue com a pecha de obscuridade: muita gente achou assim. Faça uma coisa mais explícita, sem ironias e subterfúgios, acentuando mais as coisas, mesmo com prejuízo da concisão e da elegância da frase. Encontrei o jornal pronto – e não sei por que o teu artigo não saiu como editorial. Com certeza o Azambuja nem pensou nisso. Estamos de acordo com o teu ponto de vista. Pelo menos não ouvi nenhum dos nossos censurá-lo, quanto à lustra.

[Anotado na margem esquerda:] Vou escrever ao Plínio. Todos te abraçam, inclusive a Mary.

Mário

Data: 20 de agosto de 1930
De: Rio de Janeiro
Para: São Paulo

Lívio

Recebi tua carta. Levei ao conhecimento do pessoal o convite que você recebeu para ir para Buenos Aires. Resolveu-se que você aceitasse o convite. Você deve escrever para lá já, dizendo que mandou primeiro consultar o grupo no Rio e que aguardava a decisão dele para então resolver definitivamente. Isso é para que você siga como representante oficial do grupo. E que vai ser lá o executor da nossa linha política junto ao Ogum de Buenos Aires. Embora você venha fazer uma grande falta em São Paulo a nós, em todo caso, você, dadas as circunstâncias especiais suas, não podendo fazer grandes trabalhos práticos, é-nos ou pode nos ser muito mais útil lá do que aqui. Naturalmente antes de você seguir, você precisa vir até aqui para termos uma séria conversa de modo a esclarecermos todos os nossos pontos de vista e assentarmos um plano de ação de conjunto. Estamos precisando muito que você venha até cá, pois o pessoal por aqui anda muito ruim e preguiçoso, incapaz de traçar uma linha política com alguma segurança e perspectiva. Você precisa de passar aqui uma boa semana para conversarmos sobre tudo. Acho que é uma boa experiência para você mesmo do ponto de vista pessoal, além de agradável mudança de panorama etc.

Vai lhe fazer bem essa viagem, mesmo que você não possa demorar-se por lá muito tempo, ou se veja obrigado por qualquer motivo a voltar, ainda assim é uma excelente oportunidade que você terá de mudar de ares e de experimentar um pouco a vida do rev. profissional. É fabuloso! Não tenha medo de ficar por lá sem vintém, pois ao menos dinheiro para você voltar nós nos comprometemos a arranjar. Isso mesmo ficou decidido entre nós. De modo que pode ir sem receio. Mande dizer o que resolve. Parece que o Ogum de lá tem mesmo os tubos. Ainda agora tenho provas disso. Você devia ter mandado dizer alguma coisa sobre o manifesto da *Praça de Santos*. O Azambuja manda dizer que mandou os jornais, desta vez até embrulhado em outro jornal. E que mandou também para outros endereços.

Junto com esta segue uma carta para o poeta nosso amigo, respondendo a carta dele. Você faça chegar a carta a ele. Não a envio diretamente daqui para não denunciar onde ele se encontra: parece que a polícia andou procurando por aqui, devido a um telegrama que interceptou ou coisa que valha dirigido a ele. Parece que pensa que ele se encontra no Rio Grande do Sul. O poeta em questão é um bom elemento, mas não se pode confiar a ele a orientação de nada. Precisa ser constantemente instruído e dirigido. Em todo caso, na tua ausência, é por enquanto o único elemento com que podemos contar aí em São Paulo. Por aqui tudo no mesmo. O poeta Benjamin doido atrás da macumba.

Bom, a Mary disse que já chega. Até logo. Abraços

[Ao pé da página, a lápis:] O Alberto segue amanhã (hoje é 20) e ficou de mandar ordem para você no endereço aqui em meu nome. O jornal está para sair: o teu artigo excelente.

P.S.: Posso escrever pra lá dizendo que decidimos que você aceitou o convite?

Data: 8 de dezembro de 1930
De: Rio de Janeiro
Para: São Paulo

Meu caro Lívio,

Acabo de receber sua carta. Já estava para lhe escrever, mas só agora posso fazê-lo. Passei mais de 20 dias esculhambado, no quarto, com febre. Foi uma gripe que me atacou a base de um pulmão. Agora porém já estou melhor e faz dias que não tenho mais febre. Estou na convalescença. Com bom tempo, já posso sair algumas horas. Mas preciso fazer numa estação de clima. Talvez vá para *Rodeio* passar lá um mês.

– Foi um desastre a minha doença. Sobretudo também porque o Azambuja adoeceu ao mesmo tempo, segundo soube. Além disso, por mais que mandasse recado para alguém vir aqui – ninguém veio, sob o sutil pretexto de que a família não gostava. Pedi ao Déa que viesse aqui, a Mary falou com ele – mas nada. Queria justamente conversar com ele – e mandar-te todo o material que tinha da Oposição de Esquerda. Continuo a receber coisas interessantes.

A sua carta veio me confirmar muita coisa que eu suspeitava. Estou em linhas gerais de acordo com você. O GCL faliu. Acabou-se. Vocês aí em S. Paulo – é a única possibilidade de trabalho que ainda resta. Do Plínio – penso o que você pensa. Mas em todo caso acho que [sendo] um trabalho prático o seu oportunismo é menos nefasto do que o aventureirismo do partido. É claro que devido a certos documentos assinados – por ele – em que falha na sinceridade revolucionária, de João Alberto, e na 1ª etapa da revol. brasileira que acaba de se realizar etc. – é impossível para nós tê-lo formalmente como membro da Oposição de Esquerda, íamos assim contrariar a luta – da oposição e dar meios ao partido de atacar o oportunismo oposicionista do *trotskismo*, que deve ficar acima da solidariedade com o Plínio. Eu mandei pra Mary um troço que escrevi sobre a situação, ainda escrito logo no começo da doença. Não pude nem reler a coisa de modo que não posso julgá-la. A Mary me disse que o tinha dado a Déa para levar para você. Creio que é um texto que pode servir de base a um manifesto da Oposição de Esquerda. Talvez já esteja atrasado em muita coisa sobre os acontecimentos. Precisamos de nos manifestar em nome da Oposição Internacional de Esquerda sobre os acontecimentos – e marcando a nossa diferenciação da linha do Partido e da linha do Plínio. Este então será obrigado a fazer uma declaração de princípios – se aceitar ou não *in totum* a linha da Oposição Internacional de Esquerda. É claro que se ele a aceita – tem que retificar as besteiras que disse – e perderá a liberdade para as *manobras*.

Na tal coisa que escrevi procuro achar uma fórmula para explicar o ato de João Alberto como sendo um ato não puramente individual, arbitrário – mas provocado pela necessidade de atender *aos desejos da massa etc.*, cujo apoio o governo precisa conquistar etc.

Quanto ao nosso amigo de Buenos Aires – acho que comprou inconscientemente os despeitos naturais do Cavaleiro – e foi embrulhado. E esse erro foi causado pela abstração que fez do *ponto de vista internacional*. E é o perigo que aqui estava com medo: de que vocês também aí *caíssem* nele. O nosso amigo está para vir. Aqui ele terá também de definir-se. Ele não pode mais continuar a manobrar com o partido, pois é isto o pior oportunismo. Ele precisa assumir abertamente a responsabilidade da luta pela linha da Oposição de Esquerda. Ele está muito satisfeito com o desenlace do caso do Cavaleiro entrando para o partido. Com certeza, porém, pensa que a aquisição é muito boa e assim ele pode *remontar o curso do partido* etc. Mas ele há de ver o resultado, pois pelo que parece o Cavaleiro com certeza continua ainda a encarar a Oposição de Esquerda como uma *questão de vaidade pessoal ferida etc.*!!!!

Naturalmente não posso saber das possibilidades de trabalho de massa que vocês têm aí. Creio que nas condições atuais, reduzidos e sem recursos como estamos, há de ser muito difícil. O partido estará melhor servido nesse ponto, com mais gente e *agora* com mais dinheiro. A atuação do C.O.O.S. é, parece, o que se pode ter no momento – mas como trabalho propriamente de organização de classe, de massa. Me parece que nesse sentido a orientação aí de vocês está certa, embora receie que o partido, com os recursos que tem, não acabe vencendo vocês com toda sorte de manobras. E o perigo está que, *diante destas perspectivas, o Plínio* com a sua falta de linha não se comprometa *definitivamente*. (E é por isso que é preciso que nós o obriguemos a definir-se e sujeitar-se completamente à linha da Oposição de Esquerda.) Do contrário, o Plínio não pode se manifestar politicamente como membro da Oposição de Esquerda.

Mas o que acho mais grave ainda é o nosso problema *puramente político*. Agora então com a defecção do GCL – precisamos de rever tudo. Eu precisava muito conversar com você, pois escrever tudo é difícil sobretudo nas minhas condições atuais de saúde. Retorno a escrever, depois de ter descansado etc. – Precisamos antes de mais nada de nos contar outra vez, com um critério mais severo, rigorosamente da Oposição Internacional de Esquerda. A base para isto está na chorumela que escrevemos juntos, no troço que mandei pelo Déa- e nos pontos essenciais da Oposição de Esquerda: contra a ditadura democrática do operário e camponês, contra o socialismo num país só – pela Direção do proletariado e pela revolução permanente e os últimos documentos de Trótski e do Secretariado da Oposição, e contra nossa política pura, provincianamente *nacional*, de modo a repor o centro de gravidade política *teórica* do comunismo na escala internacional. Não é possível mais tentar uma *organização* política qualquer sem uma posição absolutamente inequívoca e clara nesse sentido. Até hoje – toda vez que temos tentado dar ao grupo uma organização mais ampla vamos logo sacrificando a questão internacional – que para nós – deve ser fundamental e preponderante, sobretudo agora que as coisas na Europa se agravam, a situação na Alemanha se precipita e na Rússia a crise cresce com as dificuldades econômicas, o regime plebiscitário foi definitivamente instalado no partido e a destruição física dos membros da Oposição de Esquerda parece que tende a tornar-se um objetivo consciente de Stálin. Precisamos de traduzir todos os documentos de Oposição de Esquerda. Aqui – vou tratar disso em *Rodeio* e encarregar a Mary e ao Pequeno de fazer outro tanto. Você aproveite alguns merdas aí pra isso. Vamos ver se assim conquistamos alguns bons novos elementos que apareçam com a situação atual. Se não conseguirmos *novos* elementos, qualquer trabalho nosso é antecipadamente nulo, pois não podemos mais contar com os nossos antigos elementos. - Se não se puder constituir *num novo núcleo* por mínimo que seja que possa trabalhar ativamente, desisto de continuar na mesma tapeação e masturbação de antes. Prefiro fechar mais o grupo, e dar-me a um trabalho puramente teórico de divulgação dos princípios do comunismo internacional e da linha da Oposição de Esquerda e de tentativa de análise e comentário da situação brasileira, na sua ligação com a ideologia da Oposição de Esquerda. Se for possível um órgão teórico - uma revista, por exemplo, em vez dum jornal. Ando desanimado, sobretudo agora que não posso ter uma atividade prática maior e mais continuada, pelo menos por enquanto. A merda da doença me esculhambou a vida. Mas ainda estou disposto a tentar com você tudo. Mas precisamos primeiro esclarecer a nossa situação. Eu preciso escrever para a França dando conta exata da nossa situação, sem a menor tapeação. Você precisa de me escrever detalhadamente sobre tudo o que pensa - sobre tudo isto: precisamos *constatar* oficialmente a liquidação do GCL e ver se é possível dar novas bases a um novo núcleo, com que caráter etc.

Recebi um número do *The Militant* com um artigo sobre a guerra civil no Brasil. É um artigo assinado. O camarada conta que eles lá mandavam traduzir o nosso jornal - e então diz que nós - de A *Luta de Classe*, mostramos claramente o erro da tese do partido e da IC que o órgão do PC americano também adotou da luta aqui dos 2 imperialismos e que os acontecimentos nos davam razão etc. Mostrava também umas mentiras e safadezas do órgão oficial do PCA sobre os acontecimentos aqui. Então outras coisas, o caso dos bondes da Bahia como tendo sido um movimento anti-imperialista da massa dirigido pelo partido! Não mando a tradução para você porque o Coutinho, que veio aqui sábado, 6, me levou o jornal, mas prometeu me entregar de novo.

Apesar de todos os meus esforços a nossa chorumela ficou em casa do Escobar. Mandei pedir a D. Arinda para ir buscá-la, mas ela ontem, 7 (quando aproveitando o bom tempo estive lá em casa dela pela primeira vez), me disse que o Coutinho disse-lhe que o faria - mas afinal quando foi - já o Escobar tinha partido para Petrópolis. Agora vai nos dar um trabalho danado para achar aquilo. Estou aguardando alguns dias mais para ver se dou um jeito à coisa. Uma merda, gente imprestável. Até ao Déa pedi que fosse buscá-la, mas nada. Andaram por lá, e nada. Bem, esta vai já muito longa e já estou cansado, mesmo já é quase hora da janta.

Lívio, interrompi um dia esta, pois saí ontem algum tempo – Rio 10. Vi hoje no *O Jornal* o manifesto do Prestes. Não sei por que ele ainda continua a se manifestar individualmente. Esquerdismo sectário. Afinal criticar e condenar os erros e decaídas oportunistas de certos camaradas, o que é absolutamente preciso que se faça, não implica recusa sectária de tirar-se todo o partido que se possa tirar desses mesmos erros e decaídas. Parece que pelo manifesto o Cavaleiro recusa-se ou acha que o partido deve recusar a servir-se do decreto do João Alberto. Mostrar tampouco a sua precariedade natural, dada a sua origem, não deve ser motivo para impedir o partido de procurar experimentá-lo na sua eficácia e realização. O mais é ultraesquerdismo, doença infantil, manipulado aliás com motivos pessoais de despeito que o Cavaleiro pode ter para com os seus antigos companheiros. O que precisava de se fazer era explicar o ato não por motivos de "sinceridade revolucionária" deste ou daquele, como fez lamentavelmente o Plínio, mas com motivos de ordem política, efeitos da pressão da massa (embora mesmo que esta não tivesse havido) etc. Devíamos ter feito imediatamente uma declaração nesse sentido. E você ainda errou por não tê-lo feito assim que chegou a S. Paulo, tanto que depois de sua chegada aí ainda saiu o manifesto do Plínio, falando na *1ª etapa da revolução brasileira!*

Em todo caso, nos termos em que está, o manifesto de Prestes é um ato político lamentável. E aliás sem propósito. Não conheço nenhum mas o partido com certeza já deve se ter manifestado a respeito, logo era escusada mais essa manifestação do Cavaleiro. É uma capitulação completa em frente à burocracia, não só quanto aos seus métodos como quanto à sua ideologia. A revolução para ele ainda é puramente nacional e fala ainda no governo dos conselhos de operários etc., desacompanhado da ditadura do proletariado. O que é mais lamentável é que o nosso amigo estava lá, acompanhou tudo e *está de acordo com isto!* Ontem correu por aqui a notícia que ele devia chegar ontem mesmo pelo *Sierra Morena*, tendo a Mary – D. Arinda ido ao cais. Mas não veio. Talvez tenha desembarcado em Santos. Talvez já tenha a estas horas estado com você. Você precisa ter muita habilidade em discutir com ele e mostrar-lhe o erro, e a capitulação diante da burocracia, sobretudo no sentido internacional, e é preciso que ele entre em conhecimento imediato dos nossos documentos, desde o último número de *A Luta*, que ele não conhece, os nossos manifestos, a nossa análise da situação e o troço que mandei, e se você tiver coisa nova, também, é claro (aliás, se tiver me mande também). Preferiria que ele *primeiro* viesse até aqui, pois dada a minha situação atual fora da luta, serviria melhor de *para-choque*. É preciso agirmos de modo a conquistá-lo ao nosso ponto de vista, de modo que ele possa assumir com você abertamente a direção da linha política da Oposição de Esquerda.

    Esta carta já está muito longa e talvez contenha muita coisa supérflua, mas como não posso me encontrar com você já e como estava fora de todo o movimento, achei de me expandir, mesmo com repetições sobre tudo, que é pra você ficar mais ou menos a par de meu ponto de vista. Vou parar. Abrace os camaradas que ainda restam, inclusive o Plínio. Um outro abraço especial para o Matheus. O Déa já se arranjou? Quanto ao Pimenta, não sei. Mas a Mary deu dinheiro para ele seguir, faz tempo. Abraços do

Mário

P.S.: Como vai o Raphael? Fica com o jornal oficial? O Hahn acaba de ser nomeado consultor técnico para negócios do ensino secundário junto ao Chico Ciência. Veja se aproveita: fiscal de colégio? Não o vi mais. Vou mandar os troços que tenho sobre a oposição. E o [ilegível] foi na onda também, perdeu-se? É preciso arranjar um gancho qualquer para o Aristides, pois em carta a mim me pedia isso.

Glossário de nomes próprios, apelidos e abreviações mais comuns utilizados por Mário Pedrosa nas cartas:

1. Anthenor: Anthenor Navarro
2. Antônio: Antônio Bento
3. Arinda (D.): Arinda Houston (utiliza também Me. Houston)
4. Aristides: Aristides Lobo
5. Astrojildo: Astrojildo Pereira
6. Benjamin: Benjamin Péret
7. Bento: Antônio Bento
8. Bopp: Raul Bopp
9. Castro: Edgardo do Castro Rebello
10. Cavaleiro: Luís Carlos Prestes
11. Di: Di Cavalcanti
12. Elsie: Elsie Houston
13. Everardo: Everardo Dias
14. "Fabuloso casal": refere-se a Elsie e Benjamin Péret
15. Hahnemann/Hahn: Hahnemann Guimarães
16. "Humas"/"Huma": jornal do PCF, *L'Humanité*
17. Ismael: Ismael Nery
18. Leônidas: Leônidas de Rezende
19. Mário: Mário de Andrade/Mário Grazzini/Mário Xavier
20. Mary: Mary Houston Pedrosa
21. Murillo: Murillo Mendes
22. Nelson: Nelson Veloso Borges
23. Ogum: de Constantinopla – Trótski; de Buenos Aires – Luís Carlos Prestes
24. Oswald: Oswald de Andrade
25. Paulo: Paulo de Lacerda
26. Plínio/"Poeta": Plínio Gomes de Mello
27. Sônia: Sônia Veloso Borges
28. Ximite: Augusto Frederico Schmidt

BIBLIOGRAFIA

LIVROS E ARTIGOS

ABRAMO, Fúlvio. "Frente única antifascista". *Cadernos Cemap*, São Paulo, ano 1, n. 1, 1984.
_____; KAREPOVS, Dainis (orgs.). *Na contracorrente da História: documentos da Liga Comunista Internacionalista, 1930-1933*. São Paulo: Brasiliense, 1987.
ALEXANDER, Robert J. *Trotskyism in Latin America*. Stanford: Hoover Institution Press, 1973.
ANTUNES, Ricardo. *Classe operária, sindicatos e partido no Brasil*. São Paulo: Cortez, 1982.
BANDEIRA, Moniz. *O ano vermelho: a Revolução Russa e seus reflexos no Brasil*. Rio de Janeiro: Civilização Brasileira, 1967.
_____. *Trabalhismo e socialismo no Brasil*. São Paulo: Global, 1985.
BARATA, Agildo. *Vida de um revolucionário: memórias*. 2ª ed. São Paulo: Alfa Omega, 1978.
BASBAUM, Leôncio. *Uma vida em seis tempos*. São Paulo: Alfa Omega, 1978.
_____. *História sincera da República*. 4ª ed. São Paulo: Alfa Omega, 1981, v. 2.

BECI, E. Torralva. *Las nuevas sendas del comunismo (tesis, acuerdos y resoluciones de la Internacional Comunista - III Congresso)*. Madri: Biblioteca Nueva Madrid, 1921.
BELOCH, Israel; ABREU, Alzira Alves (coords.). *Dicionário Histórico- -Biográfico Brasileiro (1930-1983)*. Rio de Janeiro: FGV-CPDOC/ Forense, 1984.
BEZERRA, Gregório. *Memórias (1900-1945)*. 2ª ed. Rio de Janeiro: Civilização Brasileira, 1979.
BLASS, Leila Maria da Silvia. *Imprimindo a própria história: o movimento dos trabalhadores gráficos de São Paulo no final dos anos 20*. São Paulo: Loyola, 1986.
BOFFA, Giuseppe. *La Revolución Rusa*. México: Era, 1976. 2 v.
BRANDÃO, Octávio. *Combates e batalhas*. São Paulo: Alfa Omega, 1978.
BROUÉ, Pierre. *Le Parti Bolchevique*. Paris: Minuit, 1971.
_____ (diretor). *Cahiers Léon Trotsky*. Grenoble: CLT, 1980 e anos seguintes.

BUKHARIN, Nikolai. "Les problèmes de la Révolution Chinoise". In: BROUÉ, Pierre. *El Partido Bolchevique*. Madri: Editorial Ayuso, 1973.

CAMPOS, José Roberto. *O que é trotskismo*. 2ª ed. São Paulo: Brasiliense, 1981.

CANDIDO, Antonio. "Integralismo = Fascismo?". In: *Teresina etc.* Rio de Janeiro: Paz e Terra, 1980.

CAPELATO, Maria Helena. *O movimento de 1932 – A causa paulista*. 2ª ed. São Paulo: Brasiliense, 1982.

CARONE, Edgard. *A Primeira República*. 2ª ed. São Paulo: Difel, 1973.

_____. *A Segunda República*. São Paulo: Difel, 1973.

_____. *Oligarquias e classes sociais na Segunda República*. São Paulo: s/ed., 1974.

_____. *A República Velha II*. 2ª ed. São Paulo: Difel, 1974.

_____. *A República Velha I*. 3ª ed. São Paulo: Difel, 1975.

_____. *Revoluções do Brasil contemporâneo*. 2ª ed. São Paulo: Difel, 1975.

_____. *A República Nova (1930-1937)*. 2ª ed. São Paulo: Difel, 1976.

_____. *Movimento operário no Brasil (1877-1944)*. São Paulo: Difel, 1979.

_____. *O P.C.B. (1922-1943)*. São Paulo: Difel, 1982.

_____. *O marxismo no Brasil (das origens a 1964)*. Rio de Janeiro: Dois Pontos, 1986.

_____. *Classes sociais e movimento operário*. São Paulo: Ática, 1989.

CARR, Edward H. *Historia de la Rusia Soviética – La Revolución Bolchevique (1917-1923)*. Madri: Alianza Editorial, 1974, v. 2.

_____. *Socialism in One Country*. Londres: Penguin Books, 1975.

CHACON, Vamireh. *História das ideias socialistas no Brasil*. Rio de Janeiro: Civilização Brasileira, 1965.

CHILCOTE, Ronald H. *Partido Comunista Brasileiro: conflito e integração*. Rio de Janeiro: Graal, 1982.

CLAUDÍN, Fernando. *A crise do movimento comunista*. São Paulo: Global, 1985. 2 v.

COGGIOLA, Osvaldo. *O trotskismo na América Latina*. São Paulo: Brasiliense, 1984.

_____. "A Oposição de Esquerda e a IV Internacional na Argentina (1929-1945)". In: Estudos, Trotskismo. *Revista do Centro de Estudos do Terceiro Mundo*, FFCL-USP, n. 6, 1986.

COHEN, Stephen. *Bukharin: uma biografia política*. São Paulo: Paz e Terra, 1990.

CORDEIRO, Cristiano. "Memória e História". In: *Revista do Arquivo Histórico do Movimento Operário*

Brasileiro, São Paulo, Ciências Humanas, n. 2, 1982.
COUTINHO, Carlos Nelson; NOGUEIRA, Marco Aurélio (orgs.). *Gramsci e a América Latina*. São Paulo: Paz e Terra, 1988.
DAVIES, R. W. "As opções econômicas da URSS". In: HOBSBAWM, Eric J. *História do marxismo*. Rio de Janeiro: Paz e Terra, 1986.
DEAN, Warren. *A industrialização de São Paulo (1880-1945)*. 2ª ed. São Paulo: Difel, s/d.
DELFOSSE. "Le stalinisme et la grève des mineurs anglais". In: *Contre le Courant (Organe de l'Opposition Communiste)*, Paris, n. 2-3, 2 dez. 1927 (Fundo Lívio Xavier/Cedem--Unesp).
DEUTSCHER, Isaac. *Ironias da História*. Rio de Janeiro: Civilização Brasileira, 1968.
_____. *Trotski – O profeta armado; O profeta desarmado; O profeta banido*. Rio de Janeiro: Civilização Brasileira, 1968.
DIAS, Eduardo. *Um imigrante e a revolução: memórias de um militante operário*. São Paulo: Brasiliense, 1983.
DIAS, Everardo. *História das lutas sociais no Brasil*. São Paulo: Alfa Omega, 1977.

DULLES, John W. Foster. *Anarquistas e comunistas no Brasil*. 2ª ed. Rio de Janeiro: Nova Fronteira, 1977.
_____. *O comunismo no Brasil*. Rio de Janeiro: Nova Fronteira, 1985.
EASTMAN, Max. *Depuis la mort de Lénine*. Paris: Gallimard, 1925.
FACIOLI, Valentim (org.). *Breton--Trotski, por uma arte revolucionária independente*. São Paulo: Paz e Terra/Cemap, 1985.
FAUSTO, Boris. *A revolução de 1930: historiografia e história*. São Paulo: Brasiliense, 1970.
_____. *Trabalho urbano e conflito social*. Rio de Janeiro: Difel, 1976.
_____. "A crise dos anos vinte e a Revolução de 1930". In: *História geral da civilização brasileira*. São Paulo: Difel, 1977, t. III, v. 9.
FERREIRA LIMA, Heitor. *Caminhos percorridos: memórias de militância*. São Paulo: Brasiliense, 1982.
_____. "Mário Grazzini: militante operário". *Novos Rumos*, São Paulo, ano 1, n. 3, 1986.
FOURRIER, Marcel. 1. La libération de la Chine marquerá le déclin de l'impérialisme et ouvrirá l'ère des révolutions. 2. Où va la Chine. *Clarté (Nouvelle Série)*, Paris, n. 2-3, jul.-ago.-set. 1926 (Fundo Lívio Xavier/Cedem-Unesp).

GOMES, Angela de Castro *et al.* (orgs.). *Velhos militantes: depoimentos*. Rio de Janeiro: Zahar, 1988.
GRAMSCI, Antonio. *Os intelectuais e a organização da cultura*. 5ª ed. Rio de Janeiro: Civilização Brasileira, 1985.
HARDMAN, Francisco Foot. *Nem pátria, nem patrão!* São Paulo: Brasiliense, 1983.
_____. "O movimento operário e a Revolução de 30". In: MENDES Jr., A.; MARANHÃO, R. (orgs.). *Era de Vargas (Brasil História: texto e consulta)*. São Paulo: Hucitec, 1989.
_____; LEONARDI, Victor. *História da indústria e do trabalho no Brasil*. São Paulo: Global, 1982.
HAUPT, Georges; MARIE, Jean-Jacques. *Les bolchéviks par eux-mémes*. Paris: Maspero, 1969.
HOBSBAWM, Eric J. (org.). *História do marxismo*. Rio de Janeiro: Paz e Terra, 1985 a 1987, v. VI a X.
KONDER, Leandro. *O marxismo na batalha das ideias*. Rio de Janeiro: Nova Fronteira, 1984.
_____. *A derrota da dialética: a recepção das ideias de Marx no Brasil, até o começo dos anos 30*. Rio de Janeiro: Campos, 1988.
KOVAL, Boris. *A grande Revolução de Outubro e a América Latina*. São Paulo: Alfa Omega, 1980.

_____. *História do proletariado brasileiro*. São Paulo: Alfa Omega, 1980.
LÊNIN, Vladimir Ilitch. *Oeuvres*. Paris: Éditions Sociales, 1976.
LEWIN, Moshe. *La formation du système soviétique*. Paris: Gallimard, 1987.
LINHARES, Hermínio. *Contribuição à história das lutas operárias no Brasil*. 2ª ed. São Paulo: Alfa Omega, 1977.
LOUREIRO, Isabel Maria. "Mário Pedrosa e a *Vanguarda Socialista*". Datilografado, 1991.
LÖWY, Michael. *Para uma sociologia dos intelectuais revolucionários*. São Paulo: Ciências Humanas, 1979.
_____. *El marxismo en América Latina (de 1909 hasta nuestros dias) - Antologia*. México: Era, 1982.
LUXEMBURGO, Rosa. *Reforma, revisionismo e oportunismo*. Rio de Janeiro: Laemmert, 1970.
_____. "Problemas de organización de la socialdemocracia rusa". In: *Teoria Marxista del Partido Político*. Córdoba: Pasado y Presente, 1971, v. 2.
_____. *Greve de massas, partido e sindicatos*. São Paulo: Kairós, 1979.
MALTA, Octávio. *Os "tenentes" na revolução brasileira*. Rio de Janeiro: Civilização Brasileira, 1969.

MARAN, S. L. *Anarquistas, imigrantes e o movimento operário brasileiro (1890-1920)*. Rio de Janeiro: Paz e Terra, 1979.

MARIE, Jean-Jacques. *Trotsky e o trotskismo*. Lisboa: Publicações Dom Quixote, s/d.

MARTINS, Wilson. *História da inteligência brasileira (1915-1933)*. São Paulo: Cultrix/Edusp, 1978, v. VI.

MARX, Karl. *Critique des programmes de Gotha et d'Erfurt*. Paris: Éditions Sociales, 1972.

_____ ; ENGELS, F. *Obras escogidas*. Madri: Fundamentos, 1977.

_____ et al. *A questão do partido*. São Paulo: Kairós, 1978.

MAYER, Fritz (pseud. de Octávio Brandão). *Agrarismo e industrialismo: ensaio marxista-leninista sobre a revolta de São Paulo e a guerra de classes no Brasil*. Rio de Janeiro: s/ed., 1926.

MORAES, Dênis de; VIANA, Francisco. *Prestes: lutas e autocríticas*. 2ª ed. Rio de Janeiro: Vozes, 1982.

MOTA, Lourenço Dantas (org.). *A História vivida*. São Paulo: O Estado de S. Paulo, 1981. 2 v.

NAVILLE, Pierre. "L'économie du socialisme dans un seul pays". In: *Le Nouveau Léviathan*. Paris, Marcel Rivière, 1957.

NEQUETE, Abílio de. *Memórias: o PCB – primeiros anos*. São Paulo: Ciências Humanas, s/d.

NOGUEIRA, Marco Aurélio. "Os anos trinta". In: *Perspectivas*, São Paulo, 1988, v. 11.

PÉCAUT, Daniel. *Os intelectuais e a política no Brasil*. São Paulo: Ática, 1990.

PEREIRA, Astrojildo. *Formação do PCB*. Lisboa: Prelo, 1979.

_____. *Ensaios históricos e políticos*. São Paulo: Alfa Omega, 1979.

_____. *Construindo o PCB (1922-1924)*. São Paulo: Ciências Humanas, 1980.

_____. "Memória e História". *Revista do Arquivo Histórico do Movimento Operário Brasileiro*, São Paulo, Ciências Humanas, n. 1, 1981.

PINHEIRO, Paulo Sérgio. *Política e trabalho no Brasil*. Rio de Janeiro: Paz e Terra, 1975.

_____. "O proletariado industrial na Primeira República". In: *História geral da civilização brasileira*. São Paulo: Difel, 1979, t. III, v. 2.

_____. *Estratégias da ilusão: a Revolução Mundial e o Brasil – 1922-1935*. São Paulo: Cia. das Letras, 1991.

_____ ; HALL, Michael M. *A classe operária no Brasil (1889-1930): documentos*. São Paulo: Alfa Omega, 1979.

_____; ROIO, Marcos Del (orgs.). *Combates na História: a trajetória de Heitor Ferreira Lima*. São Paulo: Paz e Terra/Fapesp, 1990.

PLUET-DESPATIN, Jacqueline. *Trotski et le trotskisme*. Paris: Armand Colin, 1971.

_____. *La presse trotskiste en France de 1926 à 1968*. Paris: Éditions de la Maison des Sciences de l'homme, Presses Universitaires de Grenoble, 1978.

PRADO, Antonio Arnoni (org.). *Libertários no Brasil: memória, lutas, cultura*. São Paulo: Brasiliense, 1986.

PRADO JR., Caio. *A revolução brasileira*. 7ª ed. São Paulo: Brasiliense, 1987.

REIS FILHO, Daniel Aarão *et al*. *História do marxismo no Brasil: o impacto das revoluções*. São Paulo: Paz e Terra, 1991, v. 1.

RODRIGUES, Edgar. *Novos rumos: pesquisa social (1922-1946)*. Rio de Janeiro: Mundo Livre, s/d.

_____. *Trabalho e conflito: pesquisa (1906-1937)*. Rio de Janeiro: edição do autor, 1978.

_____. *Alvorada operária: os congressos operários no Brasil*. Rio de Janeiro: Mundo Livre, 1979.

RODRIGUES, Leôncio Martins. "O PCB: os dirigentes e a organização". In: *História geral da civilização brasileira*. São Paulo: Difel, 1981, v. 9.

ROIO, José Luiz del. "A todos os camaradas". *Memória & História*, São Paulo, n. 1, 1981.

ROIO, Marcos Del. *A classe operária na revolução burguesa – a política de alianças do PCB: 1928-1935*. Belo Horizonte: Oficina de Livros, 1990.

ROSAL, Amaro del. *Los Congresos Obreros Internacionales en el siglo XX*. Barcelona: Grijalbo, 1975.

SAES, Décio Azevedo Marques de. "Classe média e política no Brasil (1930-1964)". In: *História geral da civilização brasileira*. São Paulo: Difel, 1981, t. III, v. 3.

SALVADORI, Massimo L. "A crítica marxista ao stalinismo". In: HOBSBAWM, Eric J. (org.). *História do marxismo*. Rio de Janeiro: Paz e Terra, 1986, v. 7.

SEGATTO, José Antônio. *Breve história do PCB*. São Paulo: Ciências Humanas, 1981.

SERGE, Victor. "La lutte des classes dans la revolution chinoisé. *Clarté*, Paris, n. 12-13-14, ago.-set.-nov. 1927 (Fundo Lívio Xavier/Cedem-Unesp).

_____. *Destin d'une révolution – URSS, 1917/1936*. Paris: Bernard Grasset, 1937.

_____. *Lenin en 1917, Petrogrado en Peligro, La Ocrana*. Madri: Ulises, 1931.

_____. *O ofício de revolucionário*. Lisboa: Moraes, 1968.

_____. *El año 1 de la Revolución Rusa*. México: Siglo XXI, 1983.

SILVA, Hélio. *1930: a revolução traída*. Rio de Janeiro: Civilização Brasileira, 1964.

SIMÃO, Azis. *Sindicato e Estado*. São Paulo: Edusp/Dominus, 1966.

SOFRI, Gianni. "O problema da revolução socialista nos países atrasados". In: HOBSBAWM, Eric J. (org.). *História do marxismo*. Rio de Janeiro: Paz e Terra, 1987, v. 8.

SOUVARINE, Boris. "La Scission?" (Editorial). In: *Bulletin Communiste (Organe du Communisme International)*, Paris, n. 20-21, jul.-set. 1927 (Fundo Lívio Xavier/Cedem-Unesp).

TRÓTSKI, Leon. "La crise du PC Chinois". In: *Bulletin Communiste (Organe du Communisme International)*, Paris, n. 20-21, jul.-set. 1927 (Fundo Lívio Xavier/Cedem-Unesp)

_____. *Minha vida*. Rio de Janeiro: José Olympio, 1942.

_____. "Cours Nouveau. Lettre à une assemblée du Parti". In: *De la Révolution*. Paris: Minuit, 1963.

_____. *Da Noruega ao México*. Rio de Janeiro: Laemmert, 1968.

_____. *Terrorismo e comunismo*. Rio de Janeiro: Paz e Terra, 1969.

_____. *La Internationale Communiste après Lénine*. Paris: PUF, 1969, t. III.

_____. *1905 - Resultados y perspectivas*. Paris: Éditions Ruedo Ibérico, 1974.

_____. *A Revolução traída*. Lisboa: Antídoto, 1977.

_____. *A Revolução desfigurada*. Lisboa: Antídoto, 1977.

_____. *Moral e revolução*. 2ª ed. Rio de Janeiro: Paz e Terra, 1978.

_____. *Oeuvres* (juillet-octobre 1933). In: BROUÉ, Pierre (org.). Paris: Études et Documentation Internationales/Institut Léon Trotsky, 1978.

_____. *Escritos sobre sindicato*. São Paulo: Kairós, 1978.

_____. "Bolchevismo e stalinismo"; "Classe, partido, direção". In: *A questão do partido*. São Paulo: Kairós, 1978.

_____. "Programa de transição". In: *A questão do programa*. São Paulo: Kairós, 1979.

_____. *Revolução e contrarrevolução na Alemanha*. São Paulo: Lech, 1979.

_____. *A história da Revolução Russa*. Rio de Janeiro: Paz e Terra, 1980. 3 v.

_____. *Stalin*. São Paulo: Ched, 1980. 2 v.

_____. *A Revolução permanente*. 2ª ed. São Paulo: Kairós, 1985.

ULAM, Adam B. *Os bolcheviques*. 2ª ed. Rio de Janeiro: Nova Fronteira, 1976.

VIANNA, Luiz Werneck. *Liberalismo e sindicato no Brasil*. 2ª ed. Rio de Janeiro: Paz e Terra, 1978.

VINHAS, Moisés. *O Partidão: a luta por um partido de massas (1922-1974)*. São Paulo: Hucitec, 1982.

WILSON, Edmund. *Rumo à estação Finlândia*. São Paulo: Cia. das Letras, 1987.

ZAIDAN, Michel. *PCB (1922-1929): na busca das origens de um marxismo nacional*. São Paulo: Global, 1985.

_____. *Comunistas em céu aberto (1922-1930)*. Belo Horizonte: Oficina de Livros, 1989.

PERIÓDICOS

Revistas

CLARTÉ (diretor: Henri Barbusse). Números consultados: 1922: 24; 1924: 51, 63, 65, 67 e 69; 1925: 70 a 79.

CLARTÉ (diretor: Marcel Fourrier). Números consultados: 1926: 1 a 4; 1927: 5 a 8, 12 a 15.

CONTRE LE COURANT (ORGANE DE L'OPPOSITION COMMUNISTE). Números consultados: 1927: 2/3 e 4; 1928: 8 a 11, 20/21: suplemento, 23 e 24.

LA LUTTE DE CLASSES (diretor: Pierre Naville). Números consultados: 1928: 1 a 7; 1929: 10; 1930: 17, 18, 20, 21/22, 23, 24 e 25/26; 1931: 27.

REVISTA PROLETÁRIA (diretor: Mário Grazzini). Número consultado: 1 (21 jan. 1926).

Boletins

BULLETIN COMMUNISTE (ORGANE DU COMMUNISME INTERNATIONAL). Números consultados: 1927: 20/21, 22/23, 23 bis e 24/25; 1928: 26, suplemento, 27/28 e 29/30; 1929: 30 bis.

BULLETIN INTERNATIONAL DE L'OPPOSITION COMMUNISTE DE

GAUCHE. Números consultados:
1930: 1 e 2; 1931: 8.
AUTO-CRÍTICA (Boletim do PCB
preparatório ao III Congresso,
dez. 1928-jan. 1929). Números
consultados: 3 e 6.
BOLETIM DA OPPOSIÇÃO (ÓRGÃO DA
LIGA COMMUNISTA – OPPOSIÇÃO
LENINISTA DO P. C. DO BRASIL).
Números consultados: 1931: 1 e 2.
A OPPOSIÇÃO COMMUNISTA E AS
CALUMNIAS DA BUROCRACIA
(Boletim único da Liga
Comunista (Oposição)

esclarecendo seu projeto
político, em maio de 1931).
LA PLATE-FORME DE L'OPPOSITION
TROTSKISTE (Boletim da seção de
agitprop do CC do PCF, s/d).
LES DOCUMENTS DE L'OPPOSITION
FRANÇAISE ET LA RÉPONSE DU
PARTI (Boletim da *Cahiers du
Bolchévisme*, Paris, 1927).
BAJO LA BANDERA DE LA C.S.L.A.
(RESOLUCIONES Y DOCUMENTOS
VARIOS DEL CONGRESO
CONSTITUYENTE DE LA
CONFEDERACIÓN SINDICAL LATINO
AMERICANA), Buenos Aires, 1929.

Jornais

A CLASSE OPERÁRIA (ÓRGÃO DO PCB).
Números consultados: 1928: 1
(2ª fase) e 4; 1929: 63 (2ª fase) e 65.

A LUTA DE CLASSE (ÓRGÃO DO GRUPO
COMUNISTA LENINE). Números
consultados: 1930: 1 a 4; 1931: 6 e 7.

DOCUMENTOS DO FUNDO LÍVIO XAVIER/CEDEM-UNESP

1. Memorial manuscrito: "Ao Terceiro Congresso do PC do Brasil" (1928).
2. Resolução do III Congresso do PCB sobre a dissidência de maio de 1928, datilografada por Wenceslau Escobar Azambuja, com comentários.
3. Carta datilografada, sem assinatura, posterior a outubro de 1929, protestando contra a expulsão da célula 4R.
4. "Carta aberta aos membros do Partido Comunista do Brasil", de Joaquim Barbosa.

5. Comunicado datilografado, com várias assinaturas, constituindo o comitê eleitoral dos jornalistas, filiados ao BOC.
6. Recortes de jornal de julho de 1928, com artigos sobre a unidade no movimento sindical.
7. Inquérito de Aristides Lobo à Comissão Executiva da UTG-SP sobre a FOSP, manuscrito.
8. Manuscrito: "Aos trabalhadores em geral e aos sindicatos da FOSP em particular".
9. Carta de Pierre Naville para Lívio Xavier de 1º de agosto de 1928.
10. Circulares do grupo pró-GCL de 8 e 20 de abril de 1930, para debate com o Secretariado da Oposição Internacional de Esquerda.
11. Manuscrito de Lívio Xavier sobre histórico do PCB.
12. Relatório datilografado, com emendas manuscritas: "Relatório apresentado pela Comissão Executiva à Primeira Conferência Nacional da Liga Comunista".
13. Pequeno histórico datilografado, sem assinatura, sobre o GCL.
14. Documento datilografado, sem assinatura, com plano de ação para o PCB, historiando a constituição da Oposição de Esquerda.
15. Carta de Wenceslau Escobar Azambuja para Lívio Xavier de 3 de março de 1929.
16. Carta de Aristides Lobo de 13 de dezembro de 1929, desligando-se do PCB.
17. Carta datilografada e em linguagem telegráfica, de Buenos Aires, de 2 de outubro de 1930, provavelmente de Aristides Lobo.
18. Documento datilografado, sem assinatura, incompleto: "As primeiras lutas da Oposição Russa a partir de 1923".
19. Artigo manuscrito, assinado por "Zarabatana" (Mário Pedrosa), de 9 de setembro de 1929, intitulado "A situação mexicana".
20. Documentos de fundação da Liga Comunista (Oposição):
a) Assembleias:
Ata n. 01 – 21/01/1931, Ata n. 02 – 22/01/1931, Ata n. 03 – 01/02/1931, Ata n. 04 – 15/02/1931;
b) Comissão de Organização:
Ata n. 01 – 31/01/1931;
c) Comissão Executiva:
Ata n. 01 – 25/01/1931, Ata n. 02 – 08/02/1931, Ata n. 03 – 22/02/1931, Ata n. 04 – 01/03/1931.
21. Panfletos do PCB:
a) "Aos trabalhadores das cidades e dos campos" –

5 de outubro de 1930;
b) "Aos trabalhadores de São Paulo" – 26 de outubro de 1930;
c) "Crítica aos desvios do deputado do BOC" – 19 de janeiro de 1929;
d) "O Partido Comunista do Brasil perante o manifesto de Luís Carlos Prestes" – junho de 1930.

22. Panfleto de Luís Carlos Prestes: "Aos revolucionários do Brasil" – 6 de novembro de 1930.

23. Panfleto da Liga de Ação Revolucionária: "Contra os mistificadores" – s/d.

24. Cartas endereçadas a Lívio Xavier por Mário Pedrosa, Mary Houston Pedrosa, Elsie Houston, Wenceslau Escobar Azambuja, Aristides Lobo, Plínio Mello e Rodolpho Coutinho, no período de 1923 a 1931.

ENTREVISTAS REALIZADAS

Edmundo Moniz
Fúlvio Abramo
Heitor Ferreira Lima
Plínio Mello

GRÁFICA PAYM
Tel. [11] 4392-3344
paym@graficapaym.com.br